卓 新 平 学 术 散 论 ③

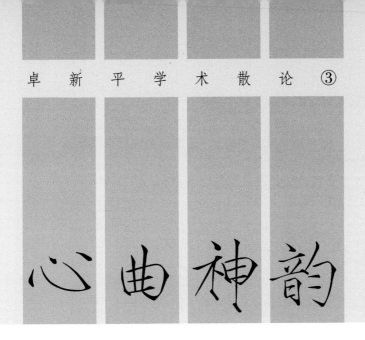

心曲神韵

——随感集

卓新平 ⊙ 著

中国社会科学出版社

图书在版编目（CIP）数据

心曲神韵：随感集／卓新平著．－北京：中国社会科学
出版社，2010.7
　（卓新平学术散论③）
　ISBN 978－7－5004－8737－1

　Ⅰ．①心… 　Ⅱ．①卓… 　Ⅲ．①哲学-文集②宗教-文
集　Ⅳ．①B－53

中国版本图书馆 CIP 数据核字（2010）第 079109 号

特约编辑　李登贵 等
责任编辑　陈　彪
责任校对　韩天炜
封面设计　张建军
技术编辑　王炳图

出版发行　中国社会科学出版社
社　　址　北京鼓楼西大街甲 158 号　　邮　编　100720
电　　话　010－84029450（邮购）
网　　址　http：//www.csspw.cn
经　　销　新华书店
印　　刷　北京金瀑印刷有限公司　　装　订　广增装订厂
版　　次　2010 年 7 月第 1 版　　印　次　2010 年 7 月第 1 次印刷
开　　本　710×1000　1/16
印　　张　25.5　　插　页　2
字　　数　393 千字
定　　价　50.00 元

目　　录

二 西方精神

三 随心随感

四 畅想畅谈

自　序

　　在系统学术研究之余，出于学者的本能和兴趣，总会思考一些问题，作各方面的探讨。这些思绪随遇而发，随感而言，诉诸笔端遂成为摆在读者面前的这些小文。必须承认，写下的这些文字，基本上属于"急就章"，其中不少为朋友所催而急忙写就，写作时就有如围棋读秒阶段要马上出子之感，所以考虑得不一定周全；另有不少是各种会议上的即席发言，只是事后才加以整理成文。对于这些散论，本来也没打算将它们汇集起来，但在各种会后都有不少朋友、同事提醒，觉得有些发言和想法还是值得记下来，写出来的，因为它们既是一些当代发展的侧记，也是自己思想无意或随意流露的印痕。这样，自己才感到有搜集这些思想碎片、学术随感断想的必要。不过，它们虽为"道法自然"之作，少有雕饰或打磨，却仍为自己在学术摸索的冥冥之中天人感应的"心曲神韵"。或许，碎玻璃在阳光的普照下亦会耀眼，敝帚自珍也有其道理。当然，由于是思想中的追忆、文档中的找寻，已很难齐全、系统，不料集腋成裘，仍有百篇之多。记得国家宗教事务局原局长叶小文先生出过一本文集称为《小文百篇》，堪称妙笔；当然，他正好是以自己的名字来表达其自谦境界，而且其中搜集的文章也超过百篇之多。而我感到自己在这里所呈献的，则的的确确是一些"小文"，且也是逾百篇仍不能打住；既然不敢再用"小文百篇"命名，遂想到自己特别喜爱的泰戈尔一本诗集的中文译名《心笛神韵》。显而易见，高山仰止，自愧弗如，我自然没有泰戈尔大师那样的微妙诗境和高超技艺，故不敢演奏"心笛"，而只可将这些小文章比为自我"心曲"的流淌；但在追求终极关切的超越心境中，自感仍能体悟到一些"神韵"，因此联想到这本文集的出版而用了《心曲神韵》之名。

　　这本"随感集"大致分为四大部分：第一部分"格思文存"为应老朋友江丕盛教授之邀，断断续续为其创办的"格思网站"所撰写的小文，涉及到"公共领域"的方方面面，有着"公共价值"的自我体悟和解读。第二部分"西方精神"则是基于给《竞争力》杂志的撰稿，其主体内容已发表在该杂志各期；但因受篇幅限制，总感杂志所刊载的内容仍意犹未尽，故在此会有所补充，亦有更多发挥。本想将"精神"系列继续写下去，但因工作繁忙，头绪太多，只好对这一主题暂时搁笔；已写部分收录于此，也是一个纪念。第三部分"随心随感"包括我在各种研讨会、纪念会、新书发布会的发言，为其他学者的著作、论文所写的评论，也收有自己的心路历程、研习心得、对学界大师的回忆，对相关研究和工作领域现状的感言等。其文章归类的选择，即这些发言、撰稿乃应邀而作，与之相关的会议和研讨也是由不同单位所组织，因此这些随心随感有着"客串"的特点，属情景交流。第四部分"畅想畅谈"则主要为自己单位所组织的各种学术研讨和国际国内会议，且主要由自己出面张罗，自然会有一些言说、寒暄；尽管其中不少也为即席发言，却毕竟有着一种"主体意识"，表现出对同仁、朋友参与研讨的欢迎和感谢；这一部分的文章或许有些琐碎，但具有工作日志的意义，记述了近十多年来中国宗教学的发展、中国社会科学院世界宗教研究所和中国宗教学会所走过的道路、所做的事情。其事与路，也是中国改革开放在宗教学领域的一个缩影，确有值得记留之处。

　　总体而言，上述四部分的文章比较零散，但其中不乏当代中国学术历史的痕迹、个我思想的火花，有着对中国当代思想文化发展的回顾和展望，也有自己的相应心声和期盼。所以，将之结集出版，是对自己研究思路的一个梳理，也是向关注社会、关注文化发展的各界朋友的一种请教，希望不要见笑于方家。

卓新平

2010 年 2 月 10 日

一

格思文存

1. 守望者的祝福

社会公共价值要靠公众来维系，但这种"公共价值"却很难成为"普世价值"，有着明显的时空之限。回顾 2008 年，我们既难免有难过与失望，亦感受到兴奋与欣慰。这个世界要达到"共识"太难，但人们并没有放弃能更好"共存"的努力。

"多元"是这个世界的自然本色，其特点是百蝶各色、百花多姿。因此，"共识"乃相对的，而"共存"却应为绝对的。在"多元"中"求"共识、"达"共存，应为人类社会的常态。从中国文化智慧来看，"求同存异"是一种理想，而能做到"和而不同"则社会幸哉！

对于信仰者而言，"信"乃一种真理的持守和捍卫；不过，其"坚持"真理的意志和态度也有可能造成一种无意识或潜意识的"唯我独尊"，即会自以为是"真理"的"所有者"和"传播者"，而不自觉地站到了"高人一等"的地位，结果就会为单向性地"发号施令"，甚至居高临下地"颐指气使"，让他者"应该"或"必须"听什么、做什么。这样，则造成了信仰内外或不同信仰之间的不平衡或矛盾冲突，人类的信仰出现了嬗变。在此，人们很容易忘记"探索"真理的艰辛和谨慎。其结果，人们求真之路乃南辕北辙，不仅达不到"共同"或"共识"，反而造成了更多的分歧和争议。所以说，尽管这些真理的捍卫者坚"信"其"真"，仍然需要以一种"我"和"你"平等的关系来对待"他者"，从而体认到世界之大和自我的有限，对"外"有着开放之态和倾听、了解的意向。而这种"开放"、"宽容"、"包容"及平等对话，才是真正通往"公共价值"的坦途。所谓"公共价值"，应该是在坚持自己信守的"价值"的同时，也应尊重他人持守的"价值"；只有在这些"不同价值"的相遇、对照和对话中，才可能产生其"公共性"，并趋向其"普世性"。

2008 年北京"奥运"充满了戏剧性和变动性，中国曾想以"同一个世界，同一个梦想"的追寻来打动世界，求得共识，但其前前后后的起伏变动使这种求同之举并没有达到预期效果，人们突然发现，世界虽同但梦想各异，中国人的百年梦寻在欧美西方却遭冷遇甚至"亵渎"，因而在不少人的心境中产生了一种深深的失落和失望。人类"公共性"之难再次得到印证，努力虽有，分歧依旧。而且，人们在相关事件的发生及民众的反映和态度上，也看到了中西价值观之间的巨大差距和区别。虽同在一个"地球村"，却仍各自奔走，如同陌人。当"求同"之路很难走通时，"存异"的想法则有可能占据上风。例如，西方价值观曾一度被作为"普世价值"向中国引进或输入，但现在正遭到中国主流媒体对这种"普世价值"的抵制和批驳。人们由此甚至怀疑有没有真正的"普世价值"存在，寻问人类"公共性"究竟可达多大的程度和范围。可以说，我们仍生存在彼此怀疑、猜忌或寻问、探测之中。

当然，恰如歌德所言，人类虽然已"不再沉迷于梦幻"，已经长大、成熟，却仍然"难以接受无梦的生活"，童心依存，不时梦醒；而寻梦则意味着仍存有希望和期盼，这也是多元"求同"或"求和"、"求通"的一种可能。而且，人们尽管梦想各异，却仍必须在同一个地球上共存，因而就不能放弃努力，只能往前求索、探寻。人类的本质就是在其漫长的历程中保持着"守望者"的姿态，既对其过去、传统有着持守，又向其未来、前景不断展望。"守望"是一种心境，亦为对人之"公共性"的眷念和追寻。"守望"也是人的本性，既有保守，也会开拓。人在守望中会有磨难，同样也可获得幸福。在辞旧迎新之际，或许我们对未来已难有太多的幻想或梦求，却仍然应该继续持有开放之心，仍会保留或期待这种"守望者"应该享有的祝福。

2. 金融危机与信任危机

看似强大的当代社会金融、经济体系，在这次突然降临的金融危机面前却显得如此脆弱！随之发生了一系列相关产业的资金危机、运转危机，形成"多米诺骨牌"倒塌般的连带效果，出现接踵而至的"崩盘"灾难或威胁。这种根本性、连接性的影响，并非当前金融结构、经济结构本身有着致命性缺陷。从经济自身的角度来审视，这一结构其实仍然完好无损。而其关键问题乃是出在金融、经济运作中有着隐瞒或欺骗，由此导致普罗大众"信心"上的"崩溃"，结果一泻千里，形成对这种体系的"信任"缺失，对其发展前景也失去了以往曾有过的"坚信"。

"金融危机"与"信任危机"的关联及其导致的巨大损失，使我们从当代社会现实存在上认识到了"信仰"的意义。社会结构和秩序靠"信心"来支撑、以"信任"来维系，这是对信仰与社会之密切关系的重要启迪。从人类社会的深层次生存来看，信仰的确是更值得珍视的"资本"、"实力"和"财富"。相关社会若没有一种精神的动力、缺少一种信仰的共构，就势必会出现问题、引起危机。实现社会的和谐主要靠人与人之间的"信任"，也就是说相互之间存有"信心"而不是"戒心"，彼此相处有着"信赖"而不能要"无赖"。美国次贷危机引发了全球金融危机和社会恐慌，更主要的是在于人们信心上出现了危机，从而使维系社会安宁的链条断裂，社会随之失衡而进入动荡。实际上，美国金融体制、经济结构基本上完好，其经济实力亦没有遭到根本损害。只是因为其金融运作中滥用了人们对其体制机制的"信任"，而这种"滥用"一旦被披露或暴露，则马上出现因失"信"而无"用"的连锁反应，从根基上摧毁了这一秩序和运

5

转所需要的"信用"。当"信心"、"信任"和"信赖"存在时，这种"信用"曾得心应手、游刃有余，从而使金融资本等社会资产迅速扩大、急剧膨胀，其"资本"、"财富"和"实力"在潜在中实际上靠一种"信心"指数来支持和维系。这显然也有着"信"则"灵"的效果。然而，一旦这种"信心"、"信任"和"信赖"缺失，赖之维护的社会则会出现灭顶之灾。我们看到，世界经济发展中这种信心和信任的减弱或消失，已使庞大的金融资本转瞬即逝、化为乌有。巨额财富的一夜蒸发并不能仅靠"泡沫"被挤掉来解释，而必须看到"信心"有无在其中发挥的实质性、关键性作用。在社会关系上，经济运作上，"信"之有无、大小会直接影响或决定社会各种"资本"的有与无、大与小。这种"信仰"本身因而也是一种独特却实在、有着影响力或起着决定作用的"资本"、"实力"和"财富"。在此，我们可以体会到为什么"财富"（fortune）亦蕴涵着"运气"、"命运"之意的奥秘。

"信"并非传统意义上的实在或确在，而为一种前瞻、预见、投入和冒险，在其实效的确定性中仍有着结果或结局的不确定性。因此，"信"需要勇气和献身精神。在这种意义上，今天社会"信心"的重树和"信任"的重建非常艰巨，却仍然值得去做，因为这是人类社会继续发展的需要所在，也是当前克服金融危机或整个经济危机所亟待解决的心理和社会问题。由于经济发展出现的这一不利"拐点"，加之人们不清楚金融危机"底"在何处、"底"有多深，所以对目前社会经济形势发展能够恢复信心、保持乐观者仍寥若晨星。这样，在恢复"信心"上，似乎仍有大量工作要做，克服"危机"实际上乃与重建"信心"同步。

在很大意义上，"信心"、"信任"和"信赖"要靠"信仰"来提供。这种"信仰"故而是人们安身立命之处，也乃社会安宁、和谐的奥妙之所在。当社会缺少信仰时，应该努力去建立、形成所需要的信仰。而一旦社会已具有某种信仰，则必须全力保持这种"共识"，对之维系、呵护，使信仰留存、延续。尽管这种信仰有其前瞻性、不确定性或冒险性，却仍然值得持守、保存。如果社会能把握、高扬这种信仰，则会给其相关社会带来不可估量的"信仰"动力、资本和财富，保一方平安，维持其和谐、稳定。美国当代社会所出现的"信心"动摇和"信任"危机，也应该促使其在社会"信仰"层面上加以反省和反思。同理，我们也应该认真考虑，我们的社会需要什么样的"信仰"，应该怎样去树立、维系、并捍卫这一"信仰"。"信仰"上的"破"乃以社会动荡为代价，而"信仰"上的"立"则是社会精神文化建设上的艰巨工程。

3. 宽容是金

人类社会是多种政治、经济、文化、民族利益的共构，利益获取和分配的不同，自然会产生矛盾和冲突，其结果导致社会的不稳定或分裂。这种状况在人们有着近距离接触、彼此"贴近"时尤其如此。"贴近"不一定使人们更加"亲近"，却让人回避不了面对面所带来的问题。上班高峰时坐地铁会非常"拥挤"，但要想赶上这趟车就不得不拥挤，人与人之间有着被动亦"主动"的近距离接近。当磕磕碰碰等肢体语言在表现时，也会出现客气的"对不起"或不客气的对骂等声音。因此，人们近距离的共在、其社会空间涵括彼此的共构，也就可能引起人们的"紧张"，形成一种"张力"。正如德文"害怕"、"恐慌"一词（Angst）从语义上所揭示的，这种"紧张"正是因人们接近、贴近所致。为了人类不可避免的共在和彼此之间越来越走近，则需要一种生存的艺术，以维系这种共在的稳态。这种艺术则正是在"宽容"观念及其实践中得到充分的展示。

宗教宽容是人类共在所需的必要宽容之一，它虽然是信仰上的宽容，表现出价值观、思想意识上的宽待与包容，却与社会的进步密不可分。应该说，没有社会宽容、政治宽容和文化宽容，则根本不可能会有宗教信仰上的宽容。反之亦然，宗教宽容也揭示出人类社会、政治、文化等方面走向彼此宽容的进程，而这种宽容乃是社会和平共处的前提，所以说也是构建和谐社会的一个必备条件。宽容的一个特点，在于其不以"认同"为必要前提或条件，其"求同"但不强求，"认同"固好，"不同"亦行，其体现出的境界即"和而不同"，尊重差异，这正是目前我们构建和谐社会所真正需要的，必须提倡的。

社会的公共性就在于多元共构，一花不是春，一蝶不成美，百花盛开春满园，百蝶飞舞美映天。这种多元共存需要彼此宽容、理解、谦让、有礼。在人际的复杂多元中，宽容是生存的艺术，共在的灵魂，沟通的桥梁，社会的哲理。在通常有着强烈自我意识、坚持其自我主体性的人类社会，一般只能以宽容作为容忍他者、包容他者的起点，宽容从而成为与他者共在，进而与他者平等的最基本态度。只有从宽容才可能走向包容、共融、平等融合、和平共处。因此，在人类的理想发展中，宽容是道；在面对各自的差异时，宽容是金。

由于不同人群有着自己的观点、态度和立场，会坚持"自己的"真理和信仰，对"他者"的包容和宽容则更显得难能可贵。虽然宽容在严格意义上是以坚持自己的"原则"为重要前提和基本立场，但终于由此而可相对平等地看待他者、尊重他者，并进而为了解、理解他者提供了可能，开辟了道路。有了宽容，则会有关注、有倾听，于是也就有了理解他者、反省自我的可能，由此而达到包容和吸纳。在一个有着种种真理、原则和信仰的世界，能真正做到宽容已实属不易。这种宽容是多元社会中能够保持人的公共性的一种不可或缺的同情、人道，是多人种共同存在、和谐发展的润滑剂、推动力。所以说，人类的底线伦理、公共价值就是要保持这种宽容，促进并推广这种宽容。

4. 从宽容对方到平等对话
——论西方宗教宽容与对话的发展

从西方宗教及社会发展的历史来看，当古罗马多神崇拜被基督宗教所取代，不同宗教的共在及共处已不再可能，"万神庙"成为人们怀旧和感叹历史之处，庙宇虽在，万神却荡然无存。取代"万神"的则是基督宗教"唯一上帝"、"绝对之神"的信仰。这种绝对一神论在扫除了多神的同时，亦以其"排外性"、"排他性"而一度排除了多种宗教平等共处、和平共在的"民主"、"包容"。与其"绝对一神论"相关联的，则是唯我独尊的信仰"霸权"，在"替天行道"、"替神代言"这种"先知"意识的嬗变中，基督宗教以其至高无上普世主宰之"一神"来排斥具有地区性、民族性的"多"教，以其可能实际上的"人言"、"人意"来代替为神言、神意。由此在历史上"宗教皈依"的潮流中翻腾着"宗教迫害"的急浪，西方社会从古典时代的繁荣进入中世纪的"黑暗"。其社会如何重新共构、重达和谐，则需要一段颇为漫长的历史来摸索。

在加洛林王朝时期，中世纪的重建得以开展，社会重新整合，基督宗教则成为其"核心价值观"和绝对主流的统治性意识。然而，社会的重建必须整合多种力量、多种思想。当欧洲中世纪开始包容其他民族文化、正视其他宗教的客观存在时，就形成了为中世纪鼎盛奠定基础的"十二世纪文艺复兴"。这一文艺复兴的重要内容之一，就是借鉴犹太教、伊斯兰教的文化文献来重新找回古希腊罗马的精神遗产，尤其是亚里士多德的思想体系。而其被人忽视的一个重要现象，则是宗教宽容思想在此时也悄然诞生。

中世纪宗教宽容的思想在托马斯·阿奎那的老师大阿尔伯特那里开始

萌生。在通过犹太教、伊斯兰教而发现古希腊遗产的过程中，大阿尔伯特意识到在基督宗教之外的其他宗教即犹太教、伊斯兰教以及其他思想即古希腊亚里士多德的思想中亦包含有"真理"的因素。为此，他主张在这些宗教及思想体系中发掘并研究这些"真理"，旨在充实中世纪的思想体系，达成其社会的完善。当然，这仅仅是一种学术层面、精神探讨意义上"宗教宽容"思想的萌芽，在实践方面尚不能达到根本突破。

中世纪的结束及直面欧洲近代的转型，与库萨的尼古拉这一名字有着密切的关联。这位充满辩证思想并以其"有学识的无知"之理论而享誉思想界的人物，代表着两个时代的分水岭，有着"中世纪最后一位哲学家，近代第一位哲学家"之称。但库萨的尼古拉不仅是一位思想家，同时也是一个实践者。他在协调宗教冲突，尝试恢复东西方教会关系，达成彼此和解的过程中，悟出了"多元同一"的思想，使其"对立统一"的观念在宗教宽容上得到运用。在他看来，多种宗教实际上表达了相同的信仰观念，只是因为民族、文化等不同而使之有了不同的表述，因此可以说它们乃一种宗教的多种崇拜礼仪形式，自然可以和平共处。在此，库萨的尼古拉以平等对待各种宗教的态度、以求同的意向而实际上表出其宗教宽容的思想，只是不够明确，其论述亦不很透彻。

近代社会宽容与政治宽容的重要倡导者之一是英国人洛克，他直接论及宽容问题，尤其以关于宗教宽容的主张及相关著述而使他在西方近代宗教宽容史上功不可没。此后，在欧洲启蒙运动时，德国思想家莱辛曾在《智者纳旦》中借"三个戒指"的比喻来讨论宗教、信仰的平等，他以三个戒指难分真伪来喻指基督教、犹太教和伊斯兰教"三教"，承认它们都有价值、都体现真理，因此应一视同仁、平等对待，体现宽容精神。

如果说"宽容"对方所表达的是"我方"施与"对方"的宽容，那么其在认识出发点和基本认知评价上仍有缺陷，虽不再"唯我独尊"，却仍然"以我为主"，以一种居高临下的姿态来"君临"、"施舍"、"赠与"，从而使"宽容"成为给对方的"赠礼"和"恩宠"。当代社会平等意识使传统"宽容"观念又达到新的升华，这在宗教领域就是从宗教信仰上的宽容对方走向了平等对话。在"对话"关系上，则能更好地体现出真正的"我"、"你"平等，而不是"我"、"他"差距。比如，当代英国主张宗教多元对话的哲学家希克就曾指出：对"终极实在"的认识是普遍性的宗教常数，体现出人类的信仰精神，而在这种追求中不同宗教则是平等的，其认知也是相对的、有局限性的，其信仰表达乃糅入了文化、本土因素：这充分体现在基督教和犹太教的神名"上帝"，伊斯兰教信仰的"安拉"，印度教中的"梵"或"梵天"，佛教所追求的"佛"之境界，以及道教中所表达的玄妙之"道"等。

这样，通过历史上宗教宽容观念的长期积淀，为争取当今宗教平等对话的实现作了重要准备。一个对话的社会是一个和谐的社会，这种对话就包括包容对方、倾听对方、理解对方。正如中国文字"和谐"象形所表述的"和"乃"口""禾"，指人人要有饭吃，经济发展了，物质基础充实了，硬实力体现出来了，社会则会"和"；而"谐"乃"皆""言"，指人人有言论自由，都可以表达自己的心声，民主发展了，精神境界提高了，软实力达成了，社会则会达到由"和"至"谐"，成为物质、精神双丰收意义上的社会"和谐"。其实，西方宗教信仰上对宽容的理解和表述，也可以使我们加深对我们中国文化传统中信仰、价值、思想之"一体多元"精神内涵的理解，领悟中西智慧如何会通的奥妙。西方宗教宽容经历了曲折、起伏的发展历史，它可以作为一面镜子，让我们洞观古今中外，给我们带来借鉴、启迪和警醒。在全球化发展的今天，我们的经济建设、社会建设和文化建设等，仍需要"放眼看世界"，这种"借鉴"本身也是一种宽容、一种对话、一种和谐。

5. 宗教回归社会关爱

在经济危机的冲击下，许多人的社会生存受到威胁，压力倍增。在困境中、在危难时，人们想到了2008年四川汶川大地震期间宗教界在社会救助和灾后重建中的积极参与和贡献，被其真诚和投入所震撼、所感动。其实，正是在社会救济和慈善服务中，宗教方显出其"英雄本色"。

回顾宗教的历史与现状，宗教对社会人生有着多种参与。本来是追求"超越"、"来世"的宗教，很难在此岸今世自甘寂寞，因此其社会卷入多已打破"神圣"与"世俗"之界。不过，在卷入世俗社会的过程中，也有一些宗教人士本身被"世俗化"了，在功名利禄上有不合适的染指，在政治、经济上出现"曲线"追逐。由于人的"政治性"，所以社会各界曾非常关注宗教的"政治参与"，但这种政治参与的复杂性、曲折性亦使人们对宗教褒贬不一、态度迥别。而在宗教社会层面的卷入和参与中，一般会获得民众肯定和赞赏的方面，则往往是宗教的社会工作和慈善服务。这样看来，宗教的社会存在意义并不是其在政治上的出类拔萃、独占鳌头，而应该是其从政治舞台上"淡出"的姿态和境界，表明宗教无意于宦海中的沉浮、争夺；其真正的家园、理想的归宿则是其社会关爱、"普度众生"。这种埋头在社会底层的服务、默默为求助者的奉献，才是宗教"拯救"、"超越"的本真；在平淡中体现出"心灵之美"的"义工"，才是将永恒与现实沟通、使神圣与世俗关联的"使者"和"圣人"。

在人类历史的发展中，社会服务工作和人间关爱事业，往往都有深厚的宗教传统渊源，体现出信仰的灵性境界。没有社会关爱、没有对相关社会团体的精神支撑和心理慰藉，则不可能有宗教。而宗教的社会组织和社会参与，在许多国度或地区中则通常为其整个的社会工作和社会服务奠基。也就是说，许多不求回报、无怨无悔的社会"志愿"服务，都会有着宗教慈善服务的背景或起源。社会服务、公益事业的机构，最初也多为宗教所创建。宗教的社会福利和慈善事业为世俗社会服务和保障事业打下了基础，提供了经验，形成了体系，创立了制度。而且有灵性之维的宗教社会服务工作迄今仍是对社会公益和慈善事业的鼓励、监督和补充，体现出其以"超世"或"出世"的境界来从事其不求回报的"入世"或"今世"事业的胸襟。可以说，宗教的这一社会遗产在相关国度中已成为当今社会保障、民政工作的重要组成部分。而宗教的这种服务性、慈善性参与，也可以使"小政府"、"大社会"类型的"公民社会"得以发展成熟。

中国社会正面临转型，前所未有的经济冲击正使"精神"或"物质"层面上的弱势群体增加，金融危机、经济危机也在给这些人们雪上加霜；因此，社会比以往更需要援助和关爱。应该说，此情此景已是让在政治迷局中不知路在何方的宗教返璞归真的最佳时机。其实，除了精神灵性层面的意义，宗教的真正"公意"和"公义"就在于其社会关怀和社会服务。所以，宗教回归社会关爱正是回到其本来领地，做真正的"救世"工作，由此亦可恢复其信仰的勇气和真谛。

6. 宗教与真理

信仰宗教者一般会将自己所持守的宗教视为真理，而"排他性"的宗教则认为自己所把握的宗教乃"唯一"的真理。不可否认，这种持守和观点会帮助信仰者维系其神圣感、忠诚感和虔敬感。但问题是，人类自古至今有众多宗教并存，在真理认知上的"排他性"势必会带来宗教的纷争和冲突，如果彼此承认也会产生其信仰持守谁"真"谁"伪"的问题。因此，宗教的"和平共处"和相互对话则触及到是否有多种真理或只是一种真理的"公共性"、"共享性"之呈现这类问题。

"神明"之有无、"宗教"之真伪，构成了人类分歧、争执的一大因素。但这些纷争的参与者一般都会认为自己乃在追求真理、坚持真理和捍卫真理。这样，虽然各自对真理会有不同理解，"真理"却成为大家的共识，即矛盾双方得以共立的基点。那么，在认识真理和持有真理上，不同人群能否保持"多元宽容"的态度，甚至争取"多元通和"呢？通常说真理惟一，真理只有一个，岂能谈论"多元"或"多种"真理！但这实际上是对真理的"真实"性而言，却不能涵括对这一"真实"的"理论"。对作为"真"的"实在"或称"终极实在"、"绝对实在"，人们因其视域、思维、语言等限制而只能从不同角度来谈论、推理，这种"不同"则势必形成关于"真"的多种"理"论。印度古代经典《梨俱吠陀》对此故有"实在惟一，圣者异名"的洞见。其实，每个人的"理"中都有"真"，但仅为认识或把握到的"实在"之一个侧面或某一种理解。人们认识"真"、论说"理"的进路恰如"百川归海"，而客观本"真"、绝对"实"在对这些众多之"理"的涵容则似"海纳百川"。这样，"多"则成为"一"，"异"可化为"同"，"大同世界"乃在"追求真理"中而实现。

在以往的经验中，几乎所有人都把自己信奉的宗教当作真理，但信仰者本身因其种种局限却很难真正体现出其理想真理的精髓和本质。宗教把追求终极真理、认识终极真实、达到终极神圣作为其最高目标，但这只能是鞭策宗教存在与发展的理想，而并无其真正可能性。宗教社团、宗教人士同样也是人类有限存在的必然构成，从根本上讲也不可能彻底克服人类存在及认知的有限性。因此，现实中的宗教对其真理的诉求往往是阴影伴随着阳光的舞动，信仰者在其真理之光中的摇曳虽然婀娜多姿，却仍然只是一种朦胧美、模糊美，是在光之作用下的影之艺术。我们认识到阴影，则会更好地享受阳光。不过，如果把这种"阴影"直接比作阳光，则会犯下"渎神"之罪。在这种体悟中，应该说人的各种宗教都有着真理之光，同时也保留着其局限性的阴影。这样，就会有从坚持"宗教是真理"到"宗教追求真理"的重要转变。在过去的争执中，人们强调"神就是真理"、"宗教就是真理"；而在未来的和谐中，则应该突出"真理就是神"、"真理就是宗教"；在追求、理解真理中，达到各宗教的和平共处，实现人类对"真理"的"共享"，真正使"真理"成为"公共价值"。

7. 守住传统中的智慧与美德

政治怀旧往往被视为保守，而文化怀旧则不然，它是从自己肥沃的历史土壤中滋补、充实。传统文化的追溯是一种"苦旅"，其锲而不舍、难言放弃则为一种"苦恋"。而这种持守、发掘传统之"苦"，往往也会换来今天其文化更新、复活、升华之"甜"。

在现代大千世界，人们在忙忙碌碌中难有田园诗般怀旧的休闲，更不易激起"追忆似水年华"的浪漫。然而在当下的"实际"、"权衡"、"计较"和"功利"中，却在慢慢冲击其曾长期持守的公共社会之维，使多个世纪来浸染、积淀的历史传承褪色、崩裂。在高科技带来的成果面前，现代社会确实很美好，其飞速发展亦让人羡慕、振奋，但有些传统是值得保持的，应让其历久弥新。所谓传统就是人类历史走过的印记，是其文化延续的连线，是其精神遗产的记载和保存。传统使人有历史、有传承，有上下衔接、古今对照。各种文化在今天的弘扬，各种宗教在当代的发展，就是其充分见证。尽管人们已义无反顾地"走出中世纪"，并正在坚定不移地迈入"后现代"，尽管模仿中世纪骑士的唐吉诃德已成为人们讽喻的形象、"文化保守主义"已很少有着社会共鸣或同情，然而人类历史延续的连线却不能断，传统中的许多智慧与美德仍是今天社会的警示与启迪。尽管传统中有不少已经不适应现今的发展，成为当下进步的阻力，而人类文化的延续性所揭示的这种一脉相承仍保有传统的永恒魅力，由此而使我们对于传统不可能彻底抛弃，而只能加以积极的扬弃。

世俗的社会已找不到"超然"、看不到"神迹"，人们因而对"神圣"有无亦表示怀疑，至少也尽量回避。对此感到冲击最大的就是宗教。以往宗教信仰曾是社会的价值共识、道德标准，神职人员和其信徒体验着一种超凡脱俗的"神圣生活"。因此，在许多文化传统中，宗教乃是公共之维的最好表证，也是人们对"神圣"临在坚信不疑的见证。在现当代"世俗"的进程中，社会结构发生了变化，不少宗教也被边缘化。为了持守这种信仰之在，宗教也不得不或者说正积极主动"进入世间"、"深入社会"，原来遁隐山林、浪迹天涯的隐士和把穿越人世作为"天路历程"的香客亦多已大隐于市，争取能在喧闹的尘世禁欲、苦行和灵修。这种现象虽然势必带来宗教的转型，出现宗教人士的异化，却显然也让一些传统智慧和灵性美德以文化遗产的方式名正言顺地步入现代，或以一种习惯、风俗悄然溜入民间。不过，随着信息化带来的社会无"隐秘"，这些价值之维已先后在公众舞台上"曝光"或"露光"。对于它们的"亮相"，人们评价不一、态度迥然。但令人感到欣慰的是，在标新立异的发展中，"守住传统中的智慧与美德"，仍被不少人视为人类社会生存的重要底线之一。

8. 这个社会不要都是"快"

一个电子幽灵在奔驰，它是当今网络时代的"风流人物"，代表着在科技及大众世界中潇洒、肆意的本色英雄。电子精英的横空出世，使一切都在快节奏地流动、变幻。"动感地带"的人们只能跑，站不住，跌倒者则会被嘲笑、遭淘汰。与"快"相适应的，乃是"快餐文化"、"快速效应"，人们在这种"快节奏"中找到了"快感"，获得了"快乐"。当面对或感叹这一飞快的世界时，自己明显感到了与年轻人的"代沟"，不得不承认自己的"落伍"。的确，世界发展得太快，快得我们不仅跟不上，而且也找不到感觉。不过，在惊叹快、佩服快之余，人们又感到似乎也缺失了什么，意识到正在丢掉一些东西。当人们津津乐道在快的"流行音乐"、"大众文化"中"粉丝"如云、可爱逗人时，却已很少再有"杞人忧天"，担心会悄然产生"迷惘的一代"、"垮掉的一代"。

的确，"快捷"是这个社会的"生存规则"，而且"适者"能生存。我们不必埋怨"江河日下"、"人心不古"，应允许年轻人做时代的"弄潮儿"，理解他们在这时代的高速公路上飙车、超车。然而，"快"并不是社会的全景，而这种"快"也不都是积极的、正面的。"短、频、快"出现的问题也是显而易见的。由"快"而来的"轻忽"、"浮浅"、"随意"已现出负面影响。因此，一个公共社会的有机构成应允许"快""慢"对应、相得益彰，而且在许多方面还不能快、不要急。与快速的车流、匆匆的过客相对照的，还应有慢节奏的、从容的思考、反省。或许，在文化、思想、艺术等层面的发展上，我们也应该提倡一种"慢节奏"，有必要让人们绷紧的神经松弛下来。这种"放缓"、"放慢"也是一种生存的艺术，它让人类不要走得如此匆忙，要给世界的可持续发展多一些喘息、恢复之机会。

　　英国社会最近提倡"慢节奏"活动，引起了世界的关注和共鸣。其实，中国社会文化长存而不衰的一个历史"奥秘"，就是其"稳"和"慢"，虽然这种"慢"让中国近代发展吃足了苦头，从而激起现当代中国的奋起直追，渴求"更快"、"再快"，却仍不能彻底放弃这一文化神韵。其正确之态是不走极端，取"慢"之巧用。如今天的"三思而后行"，就不会一头直奔金融危机的核心、卷入经济危难的漩涡。中国文化对于"稳定"有着独特的理解和经验，虽然海外舆论对于中国社会的"超稳态"发展各有说法，却也不得不承认这种"慢"之"稳"使我们有更多的时间来充分考虑、沉稳应对。看似丢掉时间的慢与稳却有"后发优势"，反而赢得了更充足的时间，这在中国的"太极拳"功夫中就有着意味深长的展示。"慢"不锋芒毕露，却能圆润周全。而且，我们对社会精神的探索、哲思，更是由冷静而达深沉的"慢功夫"。所以说，人生、社会、文化都应该张弛有度、快慢结合，使之富有弹性，留有余地，可持续发展。公共社会的成功，就在于这种"明快"与"深沉"、"速度"与"稳健"的理想平衡。

9. 网络哲学的构想

当代人类社会最显著的标志和最重要的特征就是"网络",步入"网络世界"和"网络时代"的人们有很多跨越和超越,生活的性质和质量都发生了重大改变。而且,人们对物质与精神、实在与虚拟、真况与幻景也都有了新的反思和解读。可以说,最近几十年来计算机技术所带来的这场"网络革命"是划时代的,它使人类的生活方式和思维方式都出现了质的变化。当人们"上网"时,实际上则进入了一个全新的处境,与之相应的也会产生全新的境界。其对世界的审视和认知方式的调整,可以与遨游太空的宇航员之视域和感觉媲美。

"网络技术"应该说是人类技术史上的一项重大突破,由此带来了"网络经济"和"网络市场",有了"网络信息"和"网络资料",人们可以享用"网络娱乐"和"网络游戏",甚至开始一种"网络生活"和"网络关系"。人们看似进入的是视屏中的虚拟世界,却有着实实在在的内容,甚至由此而改变其人生。然而,"网络技术"也有其重大缺陷和漏洞,给人们带来了不少问题和麻烦。由于设计上的种种疏漏,"网络"上频遭"黑客"攻击,计算机病毒肆虐,造成网站瘫痪,电脑死机,文件丢失、被破坏或窃取;而与之相关联的还有网络犯罪行为,如"网络购物"的陷阱,"网络交友"的欺骗,不良视频、信息的危害等,给人们种种不安全感。此外,网络信息过于"透明"而对人的隐私的侵犯,对社会公共舆论的引导或误导,以及"人肉搜索"带来的争论和社会问题等,在不同程度上亦影响到社会的稳定与和谐;而网络内容过于"诱人"而造成的网迷、网恋和难以戒掉的网瘾,也引起了相关的社会问题。随着网络给人们带来的便捷,学术研究在"网络世界"亦达到空前活跃,而且成绩斐然。"学术乃天下公器"，网络使学术知识得到更好的传播与弘扬。但不可否认，网络亦使"学术腐败"有了可乘之机；各种剽窃、拼凑、买卖论文等也在网上流行，从而带来了不良后果。还值得一提的是，在这一深不可测、广袤无际的"网络世界"中，各种网络组织应运而生，各领域的网络会议、讨论和答问形成了不少社会聚焦和热门话题，而"网络宗教"的传播更使精神信仰找到了另一种适合自身发展的"精神世界"和"生存空间"。面对"网络"，真可感叹"大千世界，无奇不有"！

可以说，一个全新的"网络社会"正在形成，它以"虚拟社会"的形式而带来了非常实在的社会内容，从而与真实社会同在，并在许多领域形成叠合。为此，人们在关注现实公共社会的当代发展的同时，已越来越多地感觉到这一网络公共社会的存在及其意义和问题，并开始注意和处理相关的网络事件与发展。为了网络社会的健全，于是有了网络秩序的制定和维护，网络安全的设计和检查，网络警察的执法和对网络犯罪的打击，网络管理及其法律手段的实施，网络舆论的监督和批评，以及"网络伦理"的提倡和呼吁，并对因"上网"而出现各种问题的人们加以劝诫、安慰、帮助和救援，由此也就有了"网络公益"的热心人、志愿者，表达出对"网络社会"的关爱、呵护和责任心。在理论层面上，网络科学的发展已在促成网络社会学的发展，以研究大众传媒、互联网络引发的全新社会问题。或许，对"网络人"的考量也会兴起一种"网络人类学"的研究。

总之，网络这一"大千世界"正以其"互联"性而体现出其"公共"性，与当代人类社会结下了不解之缘，而网络带来的好处和问题也是无处不在。对于反思人类社会、总结人类智慧、摸索发展道路、找寻内在规律、提供真知灼见的哲学而言，已有约三千年研讨物质世界、精神世界的漫长历史和丰富经验，而面对网络世界现象、观察网络时代特点，应该有其探寻、思索的新领域，形成新的问题意识，即以其睿智、理性、逻辑和想象来涉足网络世界、观察网络现象、分析网络问题，探究网络发展的动向及规律。也就是说，现在已经水到渠成，我们理应突破传统思维模式来构建一种当代应运而生的"网络哲学"或者说"网络文化哲学"，从而能为网络时代这种物质与精神之间、二者密切结合的人类公共社会发展和思维特征指点迷津，提供启迪。

10. "网民"：徜徉在孤寂与公共空间

当代人有了一个好去处，就是"上网"。从"网虫"之"网瘾"上，我们体会到了"流连忘返"那种心境。其实，对不少人来说，"上网"既是一种"参与"，也可能是一种"逃脱"，既体现出群体意识的舆情，亦可能表现了个我无意识的隳沉。现实生活中这种矛盾的交织颇多，仅从"流行"文化来看，人们或是要以争当"超女"、"超男"，在"星光大道"上凸显自我，或是以甘当文艺、体育或"学术"界的"粉丝"来消解自我。很显然，囿于现实困境中的人们需要超脱和超拔，在以往的岁月就已经有人曾经四处找寻、上下求索；因为失去目标、思无所依，在 20 世纪 60 年代前后出现过"迷惘的一代"、"垮掉的一代"。传统上人们在失落时多会找到宗教作为精神庇护，但与"电子"的精神相比，"神灵"的精神世界似乎太远、太玄、太渺不可及。因此，"网络"遂成为"全球化"信息时代一种世俗的"宗教"。

在社会上感到孤寂者往往需要一种倾吐和宣泄，在以往的社会条件下人们出于公众压力和个人隐秘而很难达到这一点。而在互联网中，人们则较容易把真实自我隐藏起来，在这种虚拟世界中不显山露水地完成其倾吐和宣泄。在真实世界中其心迹内情则不为人所知。其自我在现实的孤寂中转而投入虚拟的真实，在网上使其思有所依、情有所钟，理想追求都得以表达，从而可以消解孤寂、实现自我。其异化则是网络生活会比真实生活更有意义，也更易驾驭。因此，网络世界已成为人们克服孤寂、获得共鸣的极佳场所。我们可以看到一个个鲜活的自我，但对其真实性却很难把握。这样，网络世界以开放性而也可屏蔽人们的内心真实世界，孤寂者会在网络中解除其羁绊，打开其心结，获得解脱与自由。

　　同样，网络世界又是一个非常理想的公共空间，它向所有人开放，让所有人参与，形成各种各样的网络文化圈和信息库，并以其强大的网络舆情而对社会产生越来越大的影响。网络引擎的"人肉搜索"可使人毫无"隐私"可言，能将一切暴露在公众社会的舞台之中。人们由此失去了隐匿的可能，没有了孤独的机会。这样，人的"双面性"得到了最为典型的体现，人的公共"隐"、"现"可以淋漓尽致地发挥。网络世界正以其无限时空来扩大人们的公共性，促成人们的联谊、互动、交往、合作与联合。于是，网络已成为一种全新公共生活的大舞台，正如当代人所言：心有多大，网络就会有多大，任你驰骋、飞翔；希望有多远，网络都会与之相伴，给你带来更多的憧憬和向往。这一公共空间是开放的、互动的、自由的、直接的，深化了人们对公共生活的理解。在其公共论坛上，人们的网上评论、网联网恋、新闻跟帖、思想互动、"偷菜"、"共居"已空前活跃，从而使"公共性"从现实中发展到了网络上。面对公共意见、公共舆论在网络公共生活中的迅速蔓延、扩散，或许我们不能只是满足于这一网络公共空间的随意、无序，而有必要找出体现网络意义的其公共生活的规律、"灵魂"。

11. "忽悠"中还有精神家园吗？

在现代社会的变幻莫测、快速流移中，人们开始变得"幽默"，似乎对任何事情都可以"忽悠"对付，不必过于认真。"忽悠"的情况各不相同，其共有特点看起来都是举重若轻，轻松怡然，但其态度有的是"何不潇洒走一回"，有的是随遇而安、顺其自然，而有的却是玩世不恭、看破红尘。"忽悠"的随意、飘逸给人一种江湖上的游仙、隐士之感，好像会给现实中活得很累、有太多承担的世人带来一些解脱或放松。但不知这种"忽悠"是深层次的沉思之后的一种解脱，还是本身就为浅层次的一种处世态度或涉世经验？很可惜，在今天人际关系中，"忽悠"作为一种人际交往方式往往会让人感受到那"生活中难以承受之轻"，给人带来的多为苦涩或灰色的"幽默"。

由于商品市场的侵蚀，社会交往中的"真诚"、"淳朴"已越来越少。人际之间的关系在某种程度上正变为彼此琢磨和相互忽悠，人们在对自己"放任自流"的同时，也往往会对他人采取"忽悠"、"应付"之态。这种"忽悠"的最典型表现，就是在市场经济中影响颇远的各种虚假、欺骗性广告。其"忽悠"的本领可以让人感到神乎其神、不辨真假，其不着边际的吹嘘或糊弄会一时令人觉得社会已难得其真。因此，每当一种社会新闻报道出了什么事，人们习惯上多会往坏处想，对其积极处置和相应举措也易抱种种怀疑态度。这样，看似轻松、愉快的"忽悠"之表述，随其社会运用中的嬗变、恶化遂成为一个沉重的话题，其结果反而让人不再会轻松起来，只能付之于无奈的苦笑。

生活中的"忽悠"有许多调侃，亦揭示出不少问题。无论是轻松的"忽悠"，还是貌似如此，都让我们不得不考虑"忽悠"所掩饰的人的精神性问题。人们今天多在谈论如何建设我们的精神家园，正设法阻止人之精神的隳沉。在这种风行的"忽悠"之中，随着灵魂（灵性）的飘散，还有我们的精神家园吗？所谓精神家园应是我们的灵魂得以安身立命之处，是人的灵性追求可以栖息回归之所。在人们的心目中，这种家园或许是晋人陶潜所找寻的远离尘缘的世外桃源，或许是精神得以解脱、升华的宗教乐园，或许是哲人苦思冥想的学园，也或许是人们游戏、陶醉的戏园。"忽悠"是一种在外的游荡，是离家出走、浪迹天涯，而且也可能是一种逍遥之游。它的轻、飘让人感到没有负担，觉得悠然自在，但任性"忽悠"之后还能回归人的精神家园吗？其能真正回归的又是怎样一种精神家园呢？或许，"忽悠"只是人生失落、痛苦的另一种掩饰或故意忘却。不论怎样，"忽悠"实乃没有归宿、毫无定数的飘荡，在流浪的不归中会最终失落。因此，但愿沦落风尘的游子们在"忽悠"的"潇洒"之后仍能够醒悟，会去思考"苦海无边，回头是岸"！

12. "娱乐"时代的追求

　　大众传媒的兴盛和信息手段的先进，使今天的人们进入了一个"娱乐"时代。生活条件的改善，更让年轻的一代有精力、有财力去欣赏、享受娱乐的快感，不少人陶醉于轻歌曼舞或劲歌狂舞之中，靠流行音乐而体悟到一个"动感世界"。这是一个什么样的世界？金融危机、资金链的断裂，使一些"商业游戏"中止，让不少"经济骗局"露馅，而一度叱咤风云的商业大亨、金融巨头也成为阶下囚、过街鼠！"财富"是什么样的概念？不少人看似拥有万金，殊不知一夜蒸发，不仅会一贫如洗，而且还负债累累！但"娱乐"时代，人们仍愿"游戏"人生，玩一把"赌"：赢者成为"英雄"，随之频频"亮相"，迎来媒体的各种"表彰"；败者沦为"罪犯"，接着遭受"曝光"，面对大众的同口"谴责"。然而，"江山代有才人出"，前赴后继"领风骚"，这种"奋斗"或"投机"并没有结束。不少人"送走""前辈"的"遗体"，擦干自己"痛恨"或"同情"的眼泪，然后继续"努力"。"从来就没有什么救世主"，要创造"人生的幸福"则"全靠我们自己"！在命运不定、前途莫测之中，最为踏实、可以把握的只有"眼前"、"当下"！于是，在遭受经济损失的惨重打击之后，人们舔干自己伤口上的血渍，又活跃在彩票、股市、基金、期货场所，希望有"幸运"降临、"奇迹"出现。甚至有人看得很开，人生百年短，一搏谈笑中，"是非成败转头空，青山依旧在，几度夕阳红"。这种意向亦移情到人们的"娱乐"观上，"超女"、"超男"、"星光大道"、"春晚"上的"一夜走红"、"一晚成名"，让多少人羡慕并亲身尝试，而且对其过程中的失利亦看得很淡、一笑了之，认为不过是玩玩、何必太认真。与之相呼应，则是娱乐圈众多"平民英雄"的涌现和"粉丝"如云的盛况，人们在这些民间"形象大使"上看到了自己的偶像,寄托了自己的希望,甚至倾注了自己的情感。相关报道令人"惊讶"、让人"感动":素不相识的流行歌迷花了高价,冒着大雨观看歌星的表演,半夜赶去排队盼望获得歌星签名,自发去机场迎送歌星并抢着献花。据说一群歌迷在机场遇到一些等候杨振宁的人后,还好奇地打听"杨振宁是唱什么歌的",甚至有的粉丝为了模仿小品新秀而不惜整容、荒废自己原有的事业!这次流行歌坛巨星杰克逊的逝世给世界带来的震撼亦不同凡响。从这些现象中其实可以看出一种信仰追求,感受到一股信仰的力量。而且,这种信仰在目前情况下似乎比其他信仰更有影响、更具魅力。不过,这些信仰却显然有其当下性、短暂性,而且其在经济层面的追求最具有现实性,在娱乐层面的追求最能体现出人们生活的戏剧性。因此,从这些"奋斗"、"追求"及其表现出的"狂热"和"冷静"中,我们应该体悟出什么,必须反思什么,都是值得认真琢磨的。那些气势磅礴、志向高远、意义超然的信仰追求在人们心中还有多大的分量,会不会与我们渐行渐远而逐渐模糊为以往的神话或童话,以及过去曾有的信仰境界之宏观大写意气派是否可能正被现在流行的微观小构设场景所取代,或许都是人们应该去询问并且回答的。

13. "平常心"与"能力"

　　人类的发展越来越"制度"化，但"制度"是双刃剑，它一方面可使人的行为更加规范化、系统化，另一方面却也会让人陷入一种"机械的人生"，因"循规蹈矩"而逐渐失去创意，有序但盲目地"随波逐流"，把自己的意志、追求和命运托付给那种看似合理、实则虚玄的"集体无意识"。

　　不过，一旦这些本为人之智慧、理性产物的"制度"被僵化，成为"制度至上"的教条主义、机械主义时，则会对人的生命力、创造力产生束缚。于是，由这种对"制度化"的逆反及反叛就形成不顾或打破"制度"约束的回归自然，从服从、适应"制度"的"功利心"一转而为不顾、超越"制度"的"平常心"。应该承认，这种回归与平常心，也是人之生存的一种新的能力。

　　例如，面对"高考"和"升学"压力，千军万马似乎不得不去"过独木桥"，别无出路。然而，有一批孩子却对这种"应试制度"的弊端有了清醒的认识，他们不愿在这种死记硬背的竞争中"杀出一条血路"或"自我牺牲"，而是回归为"知识"而学，为"有用"而学，不再去花费大量的时间、精力来为"应试"而"过度"付出，甚至平常地接受因此而可能在"考试"中出局、淘汰的结果。在其看来，"考上"、"升学"固然很好，但不是唯一之路；"考不上"并非"世界末日"，地球照转、机遇依存，仍然可以"退一步海阔天空"。他们坚信"天无绝人之路"，而只要真正有相应的"能力"，则当然会"天生我才必有用"，找到自己的用武之地，发挥与众不同的一技之长。比较因为考试的压力而垮掉、失落、背上沉重心理或精神负担的人群，这仍不失为一种"光明"、"坦荡"的选择：太阳照样升起，我也依然自然且自由地生存！

　　同理，在社会竞争中面对"谋职"和"升迁"的压力，亦有人不再受其"游戏规则"的制约，主动从相关"制度"性打拼中退出，远离其"制度"框架的桎梏。当然，人已不可能彻底从其"制度"性存在退返。但以一种平常心来坦然面对种种制度，对之在精神上悟透、超脱，也仍然是一种难能可贵的能力。当人们在这种觉悟中从"宦海"退隐时，或许在人之思想、精神层面会有更多、更新的贡献，也可谓"失之东隅，收之桑榆"，不枉为人生！

　　"平常心"是老百姓的"常理"，亦是人生哲学的最高境界。在复杂、多变的大千世界中，这种"平常心"体现出一种望穿时空、超越时代的生存能力，使人能够真正返璞归真，抓住淳朴自我的感觉，回到本应有的人生家园，实践一种不可言尽却极为亲近的"常道"。在看似漫长却的确短暂的人生之旅中，这种"平常心"会给我们带来世间漫步的好心情。

14. "想象力"与"真实"

　　人是"文化的动物"，而激励人类文化生成和发展的，则是人的"想象力"，即一种浪漫、积极的思维能力。人的"想象力"与人的"真实"存在之间虽有张力，却仍会发生富有意义的双向互动。一方面，"梦想"离现实太远，它是一种虚拟、一种虚幻；但另一方面，人确实会有"梦想成真"的佳遇，使"想象"与"真实"之间不再存有那种好似不可逾越的鸿沟。"想象力"憧憬着理想的存在，其带来的追求、努力却有真、有实。回溯人类走过的思想史、科技史、文明史，"想象"就是许多发明、制造的蓝图，是文化大树最初破土而出的萌芽。因此，人有一种最根本的理想，这就是"展开想象的翅膀"飞翔。

　　"天高任鸟飞，海阔凭鱼跃"，自然世界的生物有许多人类无法对比的优长。但人类以其敏锐的眼光抓住了这种种自然造物的奇特和优杰之处，并以"万物之灵"的精神翅膀来促成其想象的腾飞、翱翔。这样，人遂以"文化的方式"和"文明的进步"而达到并超越了万物的生存技巧和本能，使一个个"自然的不可能"变为"文化的可能"。由此，人的"想象力"与其"真实"可能达到了统一。这是"想象力"的"实现"，也是其升华。

　　诚然，人不可沉溺在"想象"之中，从而使这种"想象"成为不切实际的"胡思乱想"。"想象力"并不是"思"之放纵，而乃创造性思维；它应成为具有发明意义的灵性闪光，构建通往真实的可靠桥梁。这样，"想象"则会成为"发明之母"，使"精神"变为"物质"。在文学、艺术、哲学、宗教中，我们可以看到这种想象的积极身影，想象也使自然世界和人的世界更为精彩。想象在人的思维史、文化史上把形象思维和抽象思维有机结合起来，形成了精神奇观。当然，"想象"的真谛就在于思无所羁，悠长深邃，想象与自由有着最直接的关联。人们不能禁锢自己的"想象力"，至少应在精神层面让其尽情起舞、魂游象外。顺着"想象力"的轨迹，人们才能在人的灵性层面体悟、欣赏其神话的精彩、宗教的幻奥、信仰的底蕴。这一切看似虚玄，却又是人生最为真实、最为内在之处。

人之"思"既有逻辑的推理，亦有想象的飞跃，这一精神交织的双曲线仍在延伸、扩展，从而使我们"梦幻之境"不断变为"真实之在"。既然"想象力"属于人的重要本质构成，代表着人之精神存在标志，那么，已从"想象"中一路走来的人类，就应有充分的理由，对曲折反映出"人之本质真实性"的虚玄持有相应的理解和适当的宽容。其实，"虚"非绝对"空"，"真"亦不完全"实"；人的想象及其实践和实现会在时间中将虚实共构，在空间里让幻真并存。

15. 梦与真

日有所思，夜有所梦。人的精神境界在社会真实中也往往是一种"梦境"：幻中有真、真中有幻。梦是人对现实的超脱、对理想的追求，折射出人在其本真存在中不可能达到的诉求、愿望，当然也反映出人要避免某种结果出现的担忧、害怕，故而构成其"美梦"或"噩梦"。显然，人们常会把梦与"梦幻"、"梦想"联系在一起。而恰恰是这种看似虚幻、空想的"梦"却也能反映出人的真实本质，揭示人的精神奥秘。由于"梦"与人的所思所想密切关联，因此有其精神之真，客观说明了人们所希望的现实生活本来应有之真或在真实中所要竭力避免的可怕后果。

梦的这种表现形式和精神本质亦与人的宗教追求、宗教境界相交织。所以，公共社会自然会把宗教超凡脱俗的精神层面看作是人的"精神本质之梦幻表述"，视为"人性之梦"。由于梦的朦胧性、飘忽性以及不可真正捕捉和把握，因而"梦"之意向、境界就有着"道可道、非常道"的玄奥、深邃、神秘和奇妙。从宗教心理学的角度，人们会把梦看作人的"纯粹内在性"，从一种封闭性的"深蕴心理"和藏而不露的"潜意识"来对之理解。其实，"梦"的本质并不纯为"内在性"，其"深蕴"和"深刻"就在于这种"内在性"与"超越性"的关联和沟通，梦是以"内在"的方式来超越其"内在性"；而人之梦境的互通性和精神共鸣，也说明"梦"也可能是某种开放性的"集体潜意识"，是在精神层面追求理想之真的"公共价值"。

在现实生活中，宗教的境界、追求或许也是一种"白日梦"。人类族群、国家、宗教社团之间冲突、纷争的现实似乎更为"真实"。无论是在"俗界"还是"教界"，我们真正面临的多是问题、困惑、遗憾和失望。不过，虽然残酷的现实会将宗教的本真精神和超然理想"虚化"，看作飘忽不定、琢磨不透、捕捉不到、表述不清的"梦幻"，人们却仍以"梦"的实际存在保留住了这种意境、向往和追求，从而使此梦虽"幻"却"真"，在人类精神历程中延续下来。这样，对于宗教所持有的这种"梦"之"真实性"、"公共性"，我们仍应该去敬畏、钦佩和领悟。

哈姆雷特在面对生存还是死亡的选择时，体悟到人不可能"一死了之"，因为"在那死的睡眠里，究竟将要做些什么梦，那不能不使我们踌躇顾虑"。歌德在玩味其颇具人生体验的成熟经历时，也感叹自己虽然"已经老得不再沉迷于梦幻，却又依旧年轻得难以接受无梦的生活"。人类伴随着梦境而成熟，却并没有彻底离开梦，这就是历史之真。我们说，"在地上有平安"，这是世界的和平；"在心中有安宁"，这是人生的幸福；其实，这二者都乃人世之"梦"，却也都揭示了人类衷心祈愿、追求圆梦之"真"。

16. 虚与实

    公共社会及其意义支撑的虚与实，是人们很难把握之维。我们在社会秩序的维系上、在公共价值的持守上，往往会发现其"明规则"与"潜规则"的共存与交织，从而会深陷于存在的复杂和苦恼之中。在看似历史发展颇有规律、有道可循时，却突然发现某种"偶然"会打乱历史的秩序，真正支配着历史的进程。这样，人生的选择就不再如想象的那样简单，会面对恶与善、假与真、无与有、虚与实之间复杂的对立、对应乃至转换关系。

    对于人生，究竟是否有自我完善的"社会和韵"，还是需要来自外在、具有启蒙、启迪或启示意义的"天籁"，人们一直在困惑、摸索、探寻和争论。悠远时代的先贤好似已经讲清了这些问题，但人们在真正体悟、解读时仍会一头雾水。古代希腊的哲人早已宣称"太阳下面无新事"，而人类所面临的新问题则从来就是层出不穷。在对社会发展的驾驭和参与上，有人相信"无为而无不为"，有人却坚持"有为而有位"。对于"推动"历史进程的"风流人物"或"风云人物"，后世的评价亦褒贬不一、臧否迥异。在其功过之间，有西方历史哲学家曾感叹历史上的"伟人"都干过"坏事"，在他们推动社会发展的同时，也在历史进程中留下了种种遗憾。而当我们在进化中寻找文明、想以佛道之境来超越自我时，却又会读到中国著名翻译家傅雷的下述迷惑和惊言："人真是奇怪的动物，文明的时候会那么文明，谈玄说理会那么隽永，野蛮的时候又同野兽毫无分别，甚至更残酷。奇怪的是这两个极端就表现在同一批人同一时代的人身上。两晋六朝多少野心家，想夺天下，称孤道寡的人，坐下来清谈竟是深通老庄与佛教哲学的哲人！"用之对照近现代史上西方一些大国的作为，其两种标准、两类行为也难以用常理来说清。

　　这种具有"一半野兽、一半天使"的人之本性，靠"进化"并不能根本改变。而其功与罪、好与坏、超拔与沉沦，都会与公共社会的治理及发展相关联。"鉴往而知来"，我们还能对未来抱有幻想吗？但虚无主义、悲观主义并非人类的真正出路。我们对人性及其社会性的透彻体认，旨在让人在对自己的"相对性"、"有限性"之认识的基础上更多地找寻，并有效树立起为大多数人谋福祉的"社会公共性"及"公共价值"。这种"公共价值"虽不应该过于理想化或脱离现实，却是在互利、互律基础上建立起来的"公共之维"和使人类得以和平共处的"精神纽带"。在一个只有相对公平的社会中，缺少"自律"的人们有必要靠"公共之律"来维系大家共同的存在。

　　在一个不断"祛魅"的地球上，宗教社团及其信众亦不可能将自己置于"俗世"之外来"超越自我"、"洁身自好"，其更应该警惕的是自身可能"媚俗"、"吃教"的异化。人不应该坐等"救度"，而必须"行动"。"理想"为虚，"奉行"为实。人类社会的辩证法就在于可以"有为"而达"无为之治"，以"刻意"而求"随意"之效。只有对社会付出更多的责任和担当，才可能体现出更真的洒脱和澹泊。我们应与自古以来悟透人生的贤哲们同行，继承他们的智慧与精神，这样才会变"虚"为"实"，使大家共同构建的"公共价值"成为我们的"公共力量"，让人类有"可能生活"、会"更好生存"。

　　没有一个现成的"理想世界"，但"大道废，有仁义"，"理想"之虚、隐，才使人的努力有实、显。因此，没必要自我沉醉于那种超凡脱俗的"终极关怀"、满足于对其"终极实在"穷究不舍的追寻。"道者，万物之奥"，道隐无名、明道若昧；既然在一个不再深沉的世界"道"对人而言已"不可道"、"不可名"，那么就不如以"实"代"虚"，让"道成肉身"、使"实践"为"道"。在这"虚"、"实"之间的把握，则会展露出人生、人世和人心的意义。

17. 求学的意义

"活到老，学到老"，这句话所描述的实践对有些人来说可能是一种享受，对另一些人则为一种激励，但对不少人而言也是一种负担。在此，显然会涉及到"为什么学"、"学什么"，以及"学后何为"等问题。

一种态度把学习作为自己生命经历的重要组成部分。涉世一生，总想要多知道一些对自我、对宇宙、对内在、对超然的信息，因而想以学习来探求这些奥秘、解答各种问题。虽然得不到终极的解答，却总会有所收获，在解疑释惑后则自会有着某种满足、几分惬意。这种态度视学习为自然构成，在求学过程中保持住一定的恬淡、洒脱、飘逸、自然，甚至稍会有些浪漫。自然之学，任心随意，没有局促，没有压力，也没有任何负担。这种学或许并无任何形式上的嘉奖、经历上的证明和就业上的保障，却让人学得舒服，成为一种欣赏知识、享受人生的心甘情愿之学。

另一种态度则以学习为手段，旨在达到某种目的，如财富、成功、升迁、荣誉等。因为有了上述刻意的追求，所以学得很辛苦、很"玩命"，却也很无奈。"书中自有黄金屋，书中自有颜如玉"。学习的诱惑很大，但人们功利回报的要求亦很高。一旦达不到这种期望值，则会产生种种失落、惆怅、伤感，甚至会完全绝望。在中国文化传统中，"学而优则仕"曾经歪曲了学习的真谛，但金榜题名的引诱仍让这种或多或少有些华而不实的学习传统延续下来，并在今天的学习考试制度中曲折地反映出来。多少年来，"考考考，老师的法宝"，"分分分，学生的命根"，"学奴"们构成了中国的知识大军，"范进中举"生动勾勒出中国传统文人求学求仕之道的酸甜苦辣、悲欢离合。在这种学习"压迫"下，不少人不只是徒添了一些没有用的八股知识，而且还形成了各种扭曲的心态。在中西教育的比较中，许多留学西方的中国学生感叹道，中式教育给了"知识"，但多为无用的积累，而且很容易过时；西式教育给了"钥匙"，但必须自己去摸索、靠自身来打开。更有极端者对十几年的中式"积累"毫不感恩，却愿用重金来回报短时间从西式教育获得的"点睛"启示！

在人生中相对成功的，则是在求学态度及其学习实践上的"中庸之道"。其学习的意义一为吸收人类文化积累的精华，以此来丰富自我，二为用自己的知识来贡献社会，在历史发展、人类进步的行程上留下自己的足迹。学习并非完全的潇洒、随意，却也不会隐入痛苦和被逼迫的窘境，其态度是努力而不走极端，务实而不好高骛远，学得主动，思想灵活，既不让自己放任，也不把自己逼向绝境。这种学习是对自我发展的激励和鞭策，也是在为丰富人生意义、完善社会形态尽其力量和贡献。所以，有为而学，既不放弃，亦不奢求，由此则可在有学习伴随的人生之旅中行走自如，做到"不以物喜，不为己悲"。

18. 在喧闹中寻觅宁静

　　"大隐于市"是一种很难达到的境界，从而亦让人向往、追求。我们的世界太热闹，充满着动态与喧嚣，故有"动感世界"、"喧闹尘寰"之称。或许，被卷入其中的人们往往会身不由己地沉浸在这闹腾腾的氛围中，闻声起舞、尽情欢畅。在现代社会中，"都市生活"是一首震耳欲聋的交响曲，它引领人们快节奏地行进，非常忙碌地工作，疯狂地去享受。但在其"狂欢"之余也多有烦躁、压抑、紧张、恐慌，给人一种不确定、无把握之感。对此世界，人们会有丰富的感觉，但这些感觉变化快，消失也快。当你奔驰在高速公路上，穿行在匆忙的人群中时，你能体悟、理解那迪斯科般快速的旋律，而在与各种陌生的市民们"亲密"接触时，一种莫名的紧张和不舒服的感觉却也会油然而生。"都市情调"已很难有田园牧歌的伴随，那种恬静已随现代之风而被吹散，难觅其踪影。而被浮躁、着急所占据的"都市心态"也多会陷入一团麻、一团糟的状况。人们在拥挤、繁杂之中奔波、折腾，在快节奏中急匆匆、忙乱乱。入"市"而难"隐"的结果，则是我们会与"澹泊明志，宁静致远"的心境越离越远、失去感觉。

　　喧闹是我们已经离不开的现实。因此，在喧闹中学会生存、调整好生活，这也是一种艺术、一种境界。其中颇为重要的，就是要学会在喧闹中寻觅宁静，在都市中找到心灵得以栖息的幽谷。实际上，"宁静"首先应该"从心开始"，要争取实现一种"心静"，以此来沉于静思、处世不乱。古代的隐士多会选择遁隐山林、远离人踪，在大自然的掩护下藏匿、躲避，但在现代社会已很难做到这种逃逸。现代交通的发达，信息网络的覆盖，使人已经找不到真正的"空谷幽兰"，而且也没有必要将遁世与面世截然分开。不回避现实生活中的喧闹，这是一种积极的人生态度。而在"都市"中争取一种"大隐"的心境，则为一种难能可贵的升华。显然，这种对"宁静"的寻觅与以往已有很多的不同。但其共同的、重要的一点，则首先是要寻得心静，把握一种精神的安宁。其实，在闹市之中能够达到独处时所具有的宁静，确乃一种超脱、超越。

当然，获得宁静之法不只是在内心中寻求，现代生活中亦有种种机遇。例如，在待人处事上的低调，面对烦恼、困境时的平常之态，在书画、山水中徜徉的自在，回归自然、与万物相合的努力，以及与人和睦、与社会和谐等，也都是现实中可贵的平静。在自然中谈笑畅言、指点江山，以静之心境来观察潮起潮落、领略水穷云起，都会别有一番风味、另有一种意境。静是一种境界，一种禅意，一种超拔。静中隐藏着生命的玄奥、社会的稳态、人性的美妙。动静对照，张弛适度，此乃生命的旋律，自然的轨迹。我们已很难奢望远离都市尘嚣以觅得世外桃源般的福地洞天，但只要我们有宁静之心、清静之意，则会在闹中取静、苦中求乐，至少能暂且躲入任何形式的幽静港湾，有所喘息，得到小憩。

19. "节日"的意义

"过节了！"大家为之而感到痛快，因为有了时间出游、休闲、欢聚或静养……当然，不少人也会利用"节日"较为集中的一段时间来加班、干活；我自己也不例外，平日没有时间要做的事情，自然也就留在了"节日"期间来做，因此"节日"无意中也增添了"找累"的蕴涵。

在节日中欢快，在节日中劳累，苦乐之余或许也会品味一下"节日"的意义?! 其实，所谓"节日"原本乃人类某一群体对某一特定"时间"的"神圣化"，由此来间接体现这一群体历史存在的独特意义，并产生相应的神圣感。从宗教现象学的视域来看，对"时间"和"空间"的神圣化，这是人类精神"外求"或自我"外化"的两个基本维度。与"节日"这种"时间"相关联的，则是相关"群体"的共享。你可以在节日期间独处或独往，但"节日"的本质乃是群体性的，即相关群体对与之密切关联的某一特定时间的纪念、缅怀，甚至崇敬、膜拜。

"节日"所关涉的群体有不同层面。就大的群体而言，与之相关的"节日"多为政治性、社会性、民族性的"节日"，是对某一时间或在某一特定时间对涉及其国家、民族、政党、社团等群体命运、生存、发展的历史或历史事件加以突出、彰显、纪念、"神化"! 这种节日以宏观叙述的方式表达了其群体的追求、理想、关注、凝重，其庆典有着恢弘的场面、盛大的聚会，景观壮丽，令人震撼。在欢庆节日时，人们往往会有对历史的回溯、对现实的自豪、对未来的憧憬。节日使人激动、振奋，由此亦能增强相关群体的凝聚力、向心力，唤醒其自我意识和认同感，并达其政治、社会或民族意义上的整合、共在。

"节日"表达的重要内容还有文化的、宗教的、传统的，它涉及到相关政治、社会、民族构建之内的特殊群体、特殊区域或特殊传统，却也会有超出其政治、社会、民族框架的关联，形成其跨社会、跨政治、跨民族，甚至跨文化的独特意义。传统文化节日也会出现嬗变，成为"小群"之聚、家庭团圆，这在中国传统节日如春节、中秋等的庆祝形式上即颇为明显。不少节日已成为全家欢聚、共度此时的象征，"回家看看"成为人们"过节"的动力。不过，这些传统节日一旦抽空其文化、精神，以及宗教的内容，则只会剩下"吃"、"玩"的物质内容，蜕变为"吃节"、"玩节"，失去其精神文化底蕴。

在全民性的政治节日和家庭性的传统节日之间，还会发展出一些不带有强烈政治色彩或明显家庭侧重的社会节日，这些节日或许源自政治、宗教等传统，但其现实意义更多乃社交性的、联谊性的，人们以此来欢聚、交友，或增进同仁之间的交流、沟通和友谊，或扩大自己的社交圈子、有更多的涉世经验。在现代社会生活中，这种中间层面的节日似乎特别受到欢迎，人们对之也表现出特别的热情。这种节日虽也在一定程度上反映出社会上"物以类聚，人以群分"的特点，却更多为人们的热闹、轻松、释放自我的时刻。具有这种联谊性的节日在中国社会中相对较少，因而在最近一些年来基督教传统的"圣诞节"发挥了这一功能，其影响亦迅速扩大。在中国当代社会处境中，"圣诞节"原本的宗教意义并不一定被看重或突出，但其营造的社会交往、同仁沟通、联欢娱乐气氛却越来越浓厚。这种社交的"圣诞之夜"与教会的"平安夜"庆典风格迥异、对照鲜明，它或许是教会传统的某种缺失，同时却为当代中国社会生活的某种弥补。

"节日"的意义多重多样，在丰富"节日"的时间"神圣性"意义上，我们希望这些政治的、家庭的、文化的、宗教的、社会的节日能越办越精彩，人们的节日生活越过越好。

20. "生日"的意义

"生日"以生命诞生之际的纪念来庆祝世界中的创生、创造、全新生活的开端。纪念"生日"既会感谢大自然的"生生不息"，也会感叹人之生老病死的"时光短暂"。有"生"则有"活"，对"生日"意义的感悟乃一种生活体验的哲理，"生"代表着对"永恒"意义的参与，而"生日"则是人之似水年华的一个个里程碑。

小时候盼望过"生日"，希望能尽快长大，成人自立。这种盼望有参与生活的激情，有对未来发展的憧憬，有塑造自我的想象。成年时期忙于工作、事业或谋生，往往会淡忘"生日"或不过"生日"，长大成人后自有一种对生活、生命的信任，不太考虑人生的意义、生命的价值，而更多有对生存的使命和责任。步入老年后则害怕过"生日"，因为由此会产生"过一年少一年"的伤感。人老了，但仍希望能放慢生活的节奏，使生命得到尽可能的延长。在对未来没有把握的情况下，"生日"也会给人带来"过一年赚一年"的自我满足或安慰。人生并非"地久天长"，"生日"会提醒人珍视并把握好现有"时光"。

"生日"以其时间性纪念来凸显生命的意义，它是对生命的礼赞，对生存的讴歌，对生活的崇敬。或许"生日"并不完全具备"节日"那种神圣性和普遍意义，却会更直接、更内在地体现个我性，突出其自我意识，由此更深刻、更人性地唤醒自我的使命感、责任感，体现短暂人生所具有的超越意义和永恒价值。"生日"表明了一种创造、一种新兴，揭示出"从无到有"的奥秘、奥妙和其积极意义。过"生日"其实就是体验生命、生存、生活的本真蕴涵，从而既获得"安身立命"的知足、快乐，又悟出"生化"的自然及超越境界。

　　"生日"对于人生而言乃有着"重生"、"惜生"、"贵生"、"养生"的启迪。"生"之不易，故此应关爱生命，珍惜生命。生命之链从其繁衍、延续上具有"生生不息"的永恒意义，生命中有着"相生"、"生生"的辩证发展，连绵不绝。然而，每一个我"生命"则是独特的、单一的、唯一的，没有复返性，不可重来。生命会以其"元"（开始）、"亨"（成长）、"利"（成熟）、"贞"（衰老）来完成其自然过程。生命的辩证法在此即"道法自然"，故而应以一种"平常心"来平静地对待、度过个我这种只有一次性的自然人生。而在生命的过程中，关爱生命、重视人生则是人本、人道的真实展现。

　　不过，从人之自然归属和普遍关联来看，"生日"也揭示出一种"天地境界"，即可以从"天地缊缊，万物化醇，男女构精，万物化生"中看到"化生"万物实际上还体现出"天地"之"大德"。这就是中国文化中"天地之大德曰生"的精神底蕴。尤其从"圣人"的"生日"纪念中，可以体悟一种天地境界、天人关系。这样，"生"与"天道"的关联就使"生"超越纯自然性理解，有了一种神圣之维。既然如此，"生"则不只是为我、独我，而代表着更为博大的"创造"。人在"生日"纪念中就应透过"人生"的自然意义，进而从超越、升华的意境上感受到"观天之道，执天之行"的"人生"意义及使命，使人的一生在追寻、实践"天道"中度过。

21. 信仰与公共空间

在现代社会，人们常谈论"信仰危机"的来临。大家在此所感觉到的，同时也是一种人类公共空间的生存方式及交往关系出现了"问题"，产生了"危机"。其实，当人类脱离蛮荒时代、从蒙昧走向文明以来，信仰就如影随形，与人类公共社会的发展同步。没有信仰的社会是难以想象的。正因为如此，现代的学者们认为大有必要构建一种"信仰社会学"。这种真知灼见说明了信仰与人类社会这一公共空间的密切关联：信仰即社会之魂，是人们社会存在中的精神依托。尽管信仰有着个人的因素，也反映出个我的内在感受，却更多是一种群体表现，一种公众愿望。可以说，信仰与公共性有着内在的关联。正是有了信仰，人类的社会性才得以彰显，其群体意识才得以唤醒。信仰营造了一种让人们可以共同依靠的精神支柱，形成了大家同甘共苦、唇齿相连的社会氛围。以此来理解，信仰则是群在的灵性联络，是相关社团的"公意"展现。

中国社会迄今仍非常强调其"属世性"。虽然人们不太愿意用"世俗性"或"世俗化"这种表述，却对"宗教性"、"宗教化"之说同样非常敏感。尽管如此，当20世纪初一批知识精英高谈"中国无宗教"而不少现代学人仍呼应、坚持这类说法时，仍然没有人能够敢说中国社会就没有"信仰"，更不会主张中国公共空间的"去信仰化"。很明显，大家已经意识到信仰的缺失对于现代社会意味着什么，而且也已经感受到没有"信仰"、缺乏"信任"的社会共在空间所出现的交往障碍、交流窘境、交际瘫痪。没有信仰，人类社会将寸步难行，而曾经维系其共在的公共结构、公共秩序也会崩塌、散落。

公共空间在人类历史发展中曾呈现出极为复杂多元的局面。这种公共空间包括政治的、文化的、民族的、民间的、社群的、族群的、经济的等方面，甚至还有精神的、心理的等具有抽象性的公共层面。因此，信仰作为其公共性的体现，也是多层面、多领域的。在这些公共空间的叠合、同存处境中，信仰则可多种多样，并存不悖。于是，公共空间的理想之态也应是多种信仰的和平共处，彼此宽容，以便能共享这一看似广阔其实有限的公共空间。在其中的某一共同层面，人们可以有多种信仰并存，而且应力争"信仰但不认同"的宽松气氛。而在其不同层面，人们则可同时拥有多种信仰的自由，在其持守的政治信仰、文化信仰、民族信仰、宗教信仰上形成分层共有、并行不悖的场景。这样，人类的公共空间则会得到充分利用，信仰则可成为这一公共空间中的和谐、有机构成，为人们的精神交流提供平台和工具。在越来越多元、复杂的现代社会，我们就应该更加小心地呵护大家生存的公共空间，使信仰成为其社会"场有"的精神支柱和沟通机制，而避免让多种，却不同的信仰变为我们公共存在中的交往阻力，更不应该使信仰的不同沦为人们纷争、冲突的根源。

22. 信仰与公共价值

现代多元社会特别强调个人的自由、突出各自的不同特色。这在信仰上的一句名言即"信仰但不认同"，人们在公共空间可以和平、和睦、和谐地共同生存，但"和而不同"则是其生存原则，也是和谐社会、和平文化的内在规律及秩序。

为此，人们会问，信仰与公共价值是一种什么关系呢？论及公共价值，人们担心会触及"普世价值"、"公共信仰"、"共同信念"等敏感问题。有没有"共同的"、"全球的"、"普世的"、"普遍的"价值，这在政治层面争议很大，在文化层面讨论很多，除了激烈争论、各抒己见之外，鲜见"共识"产生。不过，在伦理层面却有意义非凡的突破，让人们看到了一线希望的曙光。在此，孔汉思、斯威德勒等人所推崇、提倡的"全球伦理"、"世界伦理"或"普遍伦理"虽困难重重、阻力不小，仍然取得了一定程度的进展，获得了不少人的认可和支持，因而已经有着相对意义上的"共识"。例如，各宗教界人士对"全球伦理宣言"的签名，对"基本伦理"或"底线伦理"之公共存在的承认，则说明人类作为这一"类人"确有一些公共的、共同的、"普世的"伦理要求、价值诉求。

信仰问题涉及的不同公共空间和社会层面，使人难言其"普遍的"或"普世的"公共价值。然而，在其相关的层面，相应的群体存在中，信仰的"公共价值"则是不言而喻的。人类的发展在"一"与"多"之间有着意味深长的变化，由此使信仰所起到的"公共价值"作用也各不相同。在远古社会，信仰作为某一社团、族群的公共价值乃是单一的，或许甚至是唯一的。在不同民族、国家的交往中，信仰的冲突与文明的冲突相交织，信仰的多元开始为世人所认识，其作为绝对公共价值的地位则明显动摇。于是，在"一体多元"的公共空间中，"一体"在不断被弱化，而"多元"则越来越得到强化，其结果是"和而不同"的理念占了上风，各自都应"各美其美，美美与共"，以彼此尊重为原则，随之则可相互学习、共同发展。信仰作为公共价值在不同政治、社会、文化、民族、国家的交往中则应慎言，其"公共"的相对性乃不言而喻。在公共交往理论中，信仰的一元化、一体性已难有市场。但多种信仰、多种价值观的碰撞、较量，也使世界变得越来越混乱、越来越复杂。这样，信仰的"大一统"、价值的"普世性"作为一种"寻梦"、"怀旧"或"憧憬"、"期望"而又浮出水面，映入人们的眼帘。

显然，信仰并不是问题，问题在于信仰什么、怎样去信仰，有没有"公信"的价值？当人们把世界视为"方形"时，信仰在某一文化边际之内大致乃一样的，体现出其相关的公共价值，就是出现不同时对其差异也容易察觉，可以理解。当人们把世界视为"圆形"时，人们感受到信仰的多元，故而难言"全球"的公共价值。但地球那边的事情可以与我无关，我想干预也鞭长莫及，相互出现的冲突虽然尖锐，却可避其锋芒，有回旋余地。但进入"全球化"时代，面对"网络文化"时，人们已经自觉或不自觉地把世界视为"平"的，人们共同处于一个"平面"，而且因为高科技的过度发展和资源、生态遭到破坏，这一"平面"正如某一西方学者所言已经"又挤又热"了！大家在"地球村"的拥挤中已经没有空间可以逃避、遁隐。而其彼此面对、共处的勇气也使人们再次要考虑信仰的公共价值问题。纵令没有"共同的信仰"，却仍应该也必须从互不相同的信仰中找出、发现人类共存所需的"公共价值"或其基本因素。否则，拥挤的世界会变成竞争、厮杀的丛林，人与人之间的关系会变成"狼"一般的弱肉强食。文明的人类不应回到"与狼共舞"的时代，而要以相对的"公共价值"成为我们可以面对、共在的"信仰"。

23. 宗教与和谐

公共社会最好的存在及其秩序应是和谐的存在及和谐秩序，离开和谐则会失去公共社会的最佳生存，使人们的社会存在处于一种不定、不安的状况之中。但人类社会的现实是，公共社会已有，而和谐则颇为难求。人们的个性特别丰富，而对自己认定之观念的持守又特别执著，所以对和谐的求索及建立必须从多元开始。之所以"和为贵"，就在于"和不易"！

在求和之途中，人们往往发现"宗教"是相对容易达到和谐的一条"捷径"。尽管历史上不乏宗教纷争甚至宗教战争，以宗教求和、实现宗教和平却是最为方便之途，而且有着许多成功的实践。按其本质，宗教本来就应该是和平的使者，其使命也就是在人间主张和平、实现和谐。"神圣关爱"是让"地上有平安"，神明的人间眷顾就是让人们和平共处、和谐共在，宗教应该是让人们追求并享受和平的信仰，"和尚"的深层次寓意正是"以和为尚"。必须承认，世界各大宗教都为实现人间的和平付出了各自的努力。因此，我们谈"和谐"就不能忘了宗教，相反应该从宗教探索和谐之途得到启迪和启发，以有效办法尽早实现人类的和平及和谐。

在争取和谐上，中国经验值得注意。当社会竞争几乎达到白热化的程度、政治争执和经济摩擦已经很难缓解之际，中国却提出了"构建和谐社会"、"争取世界和谐"的理念，让人们惊讶、感慨和赞叹。其实，这并不是中国人的心血来潮，而是源自其深厚的思想文化积淀。中国社会是一个讲究"中庸之道"的社会，倡导为了社会和谐而应该"克己复礼"，舍去自我的利益而确保群体、共同的利益。这样，我们看到中国社会为了顾全大局而有许多自我克制、谦让和牺牲。这种"退一步海阔天空"的境界在不少文化性质中是缺失的，和谐不是软弱，它会有顾全大局的考量；和谐设法避免恶性的争斗，而会投入良性的斡旋。和谐是一种"以柔克刚"的艺术，自然不会提倡咄咄逼人的"当仁不让"。在今天的国际社会中，中国倡导"社会和谐"的理念仍处于"和者甚寡"的局面；为了人类和谐发展的大局，中国表现出了负责任的大国之态，有时甚至会为此而忍辱负重，对一些西方大国不妥之为有所忍让、宽容。所以说，要实现人类的和谐谈何容易，中国作为这种理念的倡导者往往会陷入孤军奋战的处境，让人叹息、愤慨。其实，中国"和谐"理念的提出，实质上也有其宗教背景，是中国宗教精神、信仰气质的表露。因此，在寻求"和谐"同盟军的这一历史时机，我们首先更应该把眼光投向世界的宗教界，在那里寻得知音，获得共鸣。以宗教的影响力和感染力，或许我们能够取得曲径通幽、柳暗花明的意外成功。

宗教与和谐有着内在的关联，宗教的公共性主要就是争取社会的和谐性，希望人与人和睦相处、社会和美共存。这种和谐的感染，说明了文化软实力的意义之所在。不过，虽然宗教的基本精神、理想境界旨在人与神圣、人与自然以及人与人之间的和谐，而在现实中的宗教存在、包括其团体存在和个我存在却并没有完全准备好，人们仍在期盼和谐、找寻和谐，其警语如"没有宗教的和平就没有世界的和平"，其愿望如"在地上有平安"等，都表达了这种心情，也说明和谐尚未真正在人世临在。在宗教的超脱和超越意义上，我们深感和谐理应由宗教所率先提倡，也希望首先来由宗教所实践。从和谐宗教而达宗教和谐，世界的和谐则有可能从希望变为现实。

二

西方精神

1. "爱"之精神及其社会蕴涵

——西方宗教文化精神探讨之一

　　"爱"为人间话语中的"永恒主题",亦是人之生存的"本性"之一。"爱"之表述属于人类各种语言中最为频繁使用的词汇,而由"爱"所引发的联想、遐思也最能使人激动、扣人心弦。不过,这种抽象表达的"爱"内涵不清、外延无限,故此也引起过对"爱"之寓意的种种困惑和迷惘。由于其关涉人性、影响深远,古今中外都曾对"爱"有过各种解读和阐发。

　　在西方文化传统中,"爱"有"世俗之爱"和"神圣之爱"的区分,但二者之间仍有关联,构成错综复杂的关系。从古罗马诗人奥维德到现代德国哲人弗罗姆,都曾以《爱的艺术》为题而对"爱"有过专论,但其寓意和境界相去甚远,由此给人带来对"爱"的多元解读,形成其认知差距。在"世俗"意义上,奥维德在其《变形记》中曾对"爱"的表现形式加以分类,指出"阿波罗与达佛涅"(遭拒绝之爱)、"那耳喀索斯与厄科"(自我之爱)、"皮格玛利翁与象牙女像"(对自造物之爱)、"朱庇特与达那厄"(金钱所换之爱)、"忒修斯与阿里阿德涅"(失而复得之爱)和"菲勒蒙与包喀斯"(得到回报之爱)这六种类型之"爱"及其戏剧性的不同命运。这些形象表述在过去两千年的西方文化史上也为许多文人、画家提供了创作灵感和素材。根据"爱"的内容,弗罗姆则将"爱"分为"博爱"、"母爱"、"性爱"、"自爱"和"神爱"这五种,试图说明"爱"之内蕴和延伸。当然,在西方历史上,论"爱"的著作还有很多,其分类亦各有不同。

　　从"神圣"意义上,西方文化中"爱"的表述则主要来自基督宗教及其灵性传统。这里，"爱"体现为一种"精神"，故而也升华为"精神之爱"。在基督教的信、望、爱这道德三原则中，"爱"是最大、最重要的原则，由此有着超凡的涵容和脱俗的情趣。《圣经·新约》将"尽心、尽性、尽力"地"爱上帝"和"爱人如己"这两条诫命视为基督宗教信仰中"最大的诫命"（《马可福音》12 章 28—31 节），因而也使基督宗教有了"爱的宗教"之名。

在基督宗教的理解中，"爱"既指"上帝是爱"、"上帝爱人"，以此给出"天国之爱"、"神圣之爱"的超越之维；"爱"也指"爱上帝"（信仰"上帝"、向往超越）和其生发的"爱人如己"，从而也涵括了"人间之爱"和人间真情的存在。这里，人性和人的理性亦是"爱"。其表达的乃是涌动在人"心中的爱"，恰如古希腊诗人萨福所言，"在我看来最好的是心中的爱"（《古希腊抒情诗选》，水建馥译，人民文学出版社，1988年，第 123 页）。"心中的爱"是人之主体对"神圣之爱"及其超越维度的回应、响应和追求，是"天道"与"人道"之间的呼应与沟通。这种发自内心的"爱"表达了人的主体精神和内在灵性，中国基督教界因此更喜欢用汉字繁体来叙说其有"心"之"爱"（愛），以避免因"心"之失落而丢掉其灵性之依。

当然，"爱"在基督宗教的信仰中不仅是一种神圣、超越的"精神"，同时也是"关系"的表达。从"心"而出的"爱"有其对象，即"爱"之"友"，因此就形成了相应的关系，这也就具有了其"爱"之精神的社会蕴涵。基督宗教习惯以希腊文 Agape 来表述其"神圣之爱"，突出其超然与人世之间的"神人关系"，从而与"自爱"所表现的"自我关系"、"情爱"所表现的"亲情关系"和"友爱"所表现的"社交关系"截然不同。从其词源来看，Agape 本有其社会之维，但其内涵在基督信仰的精神之旅中被浓缩和抽象。Agape 最初指基督教会早期传统中的"爱筵"，即信徒们不分贫富贵贱、文化差异和社会等级的公共聚餐；这种爱筵本与教会圣餐相连，但因圣餐成为独特的圣事礼仪而使爱筵聚餐的实际活动逐渐消失，其意念则升华为"神圣之爱"。由此观之，"爱"之精神乃有其社会基础，进而也会对社会形成影响。

大体来看，基督宗教的"爱"之精神主要包括"爱上帝"、"爱邻人"、"爱仇敌"这三个层面，并有着与之相应的社会关联。

"爱上帝"乃基督宗教的"属灵之爱"，即源自"上帝之爱"。这种"爱"有其超越之维，所表达的是神圣之爱、绝对之爱和至高之爱，尤其是通过耶稣基督舍身救世之举而表现为自我牺牲之爱，因为它超出自爱、互爱之界，没有自我考虑算计，不求回报、对等，所以不为一般理性认识和人间常情所理会，也很难为常人所达到。"上帝之爱"的境界在人间社会是一种"不可能的可能性"，它虽不能被世人所真正领悟或完全把握，却可以其超然之维来监督、指导人世之爱，引领人们超越自我、走向神圣。这样，在现实社会中，"上帝之爱"可作为"价值理性"来衡量，激励人世作为，使人看到神圣与世俗之间的差距和张力，从而获得不断升华、提高的动力及信心。

"爱邻人"即"爱人如己"，是"爱"之精神在人的现实社会生活中的具体展现。这里体现出人与人之间的平等关系和"人道主义"的精神。在此，"爱"是人际关系中的"信任"、"信誉"和"信靠"，是社会"公义"、"公平"、"公正"的保障。所谓"爱邻舍如同自己"中的"邻舍"，实际上指人类的"共在"关系。人与人之间正似"地球村"中的邻舍一样有着"互依"的生存，必须相互依赖，保持社会"公德"，这样才能和平共处、和谐共构，得以共同存在与发展。显然，"爱邻人"要求一种"善待"、"宽恕"、"容忍"和"大度"，希望"将心比心"、"以情动人"。早期基督教思想家保罗曾如此概括这种"爱"的精神："爱是恒久忍耐，又有恩慈。爱是不嫉妒，爱是不自夸、不张狂、不做害羞的事，不求自己的益处，不轻易发怒，不计算人的恶，不喜欢不义，只喜欢真理，凡事包容，凡事相信，凡事盼望，凡事忍耐"；并强调这种"爱"应"永不止息"（《新约·哥林多前书》13章4—8节）。由此，具有超越之维的"上帝之爱"这一"价值理性"在人间遂体现为指导人生的"实践理性"，它要求人际之间平等、适度、共济，推行对等、对话、对称的"共在之智慧"。可以说，在各种利益相互交织、彼此冲突的复杂社会中，这一"邻人之爱"或"爱人如己"指出了以"人"、"仁"及"爱"为"本"的共生之途。

"爱仇敌"在常情下一般很难为人所理解，这实际上表达了基督宗教对人的"本性"之体认及其相关的"宽容""恕罪"意向，并追求以一种"出世"的精神来完成其"入世"的人生。《新约·马太福音》要求人们"要爱你们的仇敌，为那逼迫你们的祷告"（5章44节），实际上是以"虚己"的态度来对具有"罪"之本性的世人有更大的宽恕和怜爱。这里，"爱"之精神一要表明对作为"罪人"之"人"的救赎，指出人的固有"罪性"或有限性，正视现实人生的"罪恶"存在；二要强调"不要以恶报恶"、"反要以善胜恶"（《罗马书》12章21节）的原则，以防"冤冤相报"的恶之循环及加重。当然，对"爱仇敌"的解析必须基于其对"人"之爱，而不是爱其"罪恶"。它是要求在对"罪恶"加以惩罚的同时，亦体现对其"人性"的呼唤、拯救，给其悔罪的可能和机会。基于这一理解，我们则可发掘出在西方社会、政治等领域的竞争和斗争中"人道主义""原则"或"保护"的宗教根源以及其"爱"之精神的独特表述。

探究西方文化中这一"爱"之精神及其社会蕴涵，旨在达到或加深对西方文化精神及其社会影响的认识。在"全球化"的今天，中西交流和互渗已不可阻挡。因此，知己知彼，以达借鉴或警惕之效，乃是我们在当代世界多元竞争中科学发展的智慧选择和必要举措。

2. "谦卑"精神及其主体意识

——西方宗教文化精神探讨之二

古希腊德尔斐阿波罗神庙中载有"自知"（认识你自己）和"毋过"（不要过分）这两大著名遗训，千百年来为后人所频频引用、细细品味。西方先贤苏格拉底从"自知"而体悟到"自我认识"的必要，并达到一种"我知我无知"之虚怀若谷、谦卑豁达的人生境界。这被视为西方主体意识的最早表达。在两希文明（希腊文明和希伯来文明）的相遇中，人之主体在神人关系中得以定位。其所理解的神之超然性和内在性相映成趣，由此亦可找出人的本性和命运之奥秘。对人之地位、意义和本质的把握，对人之存在方式和表现风格的探讨，在其历史演变中通过基督宗教的熏染、促进而发展成为西方宗教文化中的"谦卑"精神。

按照《圣经》的理解，作为"救世主"的耶稣并不是以"上帝独生子"的王者之尊来"君临人世"，而乃作为"屈尊"、"谦卑"和"为仆"的"人子"在匆匆行旅中悄然降生在"马棚"。这一"圣诞"对比鲜明、反差强烈，却意味深长。因此，耶稣在其宣道中始终强调"为仆"、"为小"、"为后"，突出一种"非以役人，乃役于人"的"仆人"精神，要求其追随者谦卑、低调，以服务社会、侍奉众人为指归。从这种基调来评价人生的意义及对人生的超越，耶稣所表达的祝福是"虚心的人有福了"，树立的榜样是"谁愿为首，就必作你们的仆人"，而获得"天国"升华、荣耀之条件也是"凡自己谦卑像这小孩子的，他在天国里就是最大的"。在《圣经》记载中，耶稣并不只是教训他人、说说而已，他自己尤其身体力行，勇为表率，如为其门徒洗脚，与社会底层的民众同吃同住、打成一片，最后还主动承担起世人的罪过，为之代罚受难。

当然，"谦卑"精神在西方传统中基于对"人"的根本认识和评价，它以神之"虚己"来说明人并无骄傲自大、专横跋扈的资本；"人性"在此既与"神性"相对照——显示出人在神明面前及其创造的大千世界之中微不足道，又与"神性"相呼应——表明谦逊、虚心乃为体现出"神性"的"人格"；因而"谦卑"既为一种"自知"，亦乃一种"自觉"，故此在这种"自知之明"的主体意识中达到一种自我超越。所以，"谦卑"精神以这种西方文化结构而表达出两种截然不同却彼此呼应的维度：一为人之"有限性"的体认和强烈的"罪感"意识，二为在这种"自知"中所达到的神性超越，以追随神之"虚己"而体现出在"平凡"中之"伟大"。

"谦卑"精神是中西方思想文化对话中的重要内容，即两种人生智慧的相遇和比较。与之相关联，中国古代文化传统也早就倡导"静以修身，俭以养德"的"君子之行"，推崇其"澹泊明志、宁静致远"的境界。在超然和自然面前，人"贵有自知之明"，望天地之大而知己之渺小。但这种大智若愚并不是让人放弃其追求，而乃要求其在人生旅途中具有"引远必自迩，登高必自卑"的精神准备和心理素质。记得我在长沙岳麓山下的湖南大学进修时，大学图书馆的借书处就设在一个"自卑亭"中。人们告诉我，"自卑亭"在此是要提醒大家，登山就从这儿开始了，在岳麓山登高望远即始于此点，因而面对高山、向往高处就应有"自卑"心境、自知之明。西方"谦卑"精神是让人在神或神圣面前有着敬畏之感，而中国"谦卑"精神则更多地体现为人在大自然面前的自逊、谨慎。二者比较，中国的"谦卑"精神表现出更多的人文意义和回归自然的情趣，反映出一种举重若轻、胸襟开阔的人生修养；而西方的"谦卑"精神却倾向表述一种神性之维，由此形成人神对照。这种神性境界的"谦卑"精神乃以宗教尺度来对西方因过分强调大写之"人"而形成的个人主义加以约束，要求其"为大的，倒要像年幼的，为首的，倒要像服侍人的"。既然神都能"虚己"、屈尊，人之谦卑则是无条件的。这样，任何人与人之间都不应有距离，不存在等级之别或交往的障碍。同样，对人之"英雄"的审视和评价也就有了与凡俗不同的标准和尺度。基督宗教"救世主"的形象是以被钉十字架的耶稣来代表，其谦卑和虚己由此而得到了最为集中、最为典型的体现。

　　西方宗教中这种超越人世的审视和评判让人的"谦卑"要出之自觉、行之自如，其道德义行不流于表面，而为其自觉自律之自然流淌；为善者知其善乃一种"应该"而不足挂齿，故坚持以"记过不记功"来要求自己持之以恒，毫不松懈，从而得以见证其真正的"谦德"。曾有人论及"不要假谦虚"这一话题，所谓"装出来"的谦虚只能是一种"心计"，是社会世故中的"韬晦"之计，因而不可能长久，也很难表现自然。谦卑应是人的"本真"之流露，是一种发自内心的、非常自然的心境。而这种本真或心境乃基于相关的精神拥有和价值把握，具有其神圣的维度。西方文化中的"谦卑精神"体现出其宗教境界和信仰传承，而并不是简单地作为世俗社会中的"谦谦君子"来存在和行为。当然，以这种宗教之维和神圣意境来理解的"谦卑"精神，也表达出其实践者在"栖居"人世时一种颇为独特的灵性"诗意"。

3. "普世"精神及其全球观念

——西方宗教文化精神探讨之三

"普世"表达了人们对其存在空间的认识,亦反映了其从某一基点来纵览全局、把握整体的意图。在西方文化传统中,"普世"(Ecumenical)一词源自希腊文的 oikoumene,其本初意义即指"整个有人居住的世界",由此表达了古希腊人对"世界性"、"普遍性"的探求。当然,由于不同民族认识世界的角度不一和时代局限,其对"世界"的理解亦不同,而且在谁能代表这种"普遍性"上也明显反映出其时空以及价值衡量上的偏好和倾向。

在上述意义上,"普世"精神本为西方文化中表现的对"世界"的认识,其中亦有着谁"代表"世界之宣称。古希腊时代之后,罗马帝国崛起,它靠征服与扩张而形成了一个横跨欧、亚、非三洲的古代大国。地中海周边世界在西方认识中一时也成为"世界"的象征,"罗马"因其疆域的辽阔、权势的鼎盛和使周边民族臣服而在西方古代史上有了特殊的地位。"条条道路通罗马"这一表述可以使人感触到昔日"罗马人"的荣耀和自豪。而当时的罗马诗人奥维德(Ovid)则干脆将"世界"(Orbis)与"罗马"(Urbs)相提并论,留下了"罗马与世界"或"罗马即世界"("Urbi et orbi")的豪言壮语。这种将整个地球与罗马城并列之举,可以说是我们今天所讨论的"全球化"与"地域化"问题之最古老和最经典的表述。

古罗马的强盛使罗马人有着唯我独尊之态,对其他民族则表现出轻视和排斥,颇有"非我族类,其性必殊"的自我中心意识。只是随着罗马帝国的衰亡,其持有的世界中心主义也在历史中消散。反省中国古代历史,在认识世界上亦曾有某种相似的代表或为主思想。"条条道路通长安"使我们联想到中国在封建强盛时期也有过"中央之国"的自信和豪爽，其海纳百川的开放气魄和包容胸襟乃因其有"君临天下"之势，这在"溥天之下，莫非王土，率土之滨，莫非王臣"的感觉上得到了生动写照。中国人古代的世界观乃"天圆地方"，而中国则立于世界的"中央"或"中心"。尽管不少学者指出"中国"之"中"乃"插于筒内的书策"之意，"中国"故应为"有文字的国家"或"文明之邦"这一原初解读，却不能排除历史上曾形成的"中土"为"中"之理解。这种"中心"论乃因地圆学说的引入才得以逐渐破除，从而最终形成真正的世界视域。

在古罗马帝国氛围中，基督宗教得以诞生，并在历经磨难后成为罗马帝国国教。显然，古罗马帝国这种代表"世界"的精神在政治上和地理意义上对基督宗教普世统一观念的萌生曾起过潜移默化的作用。而这种"普世"精神亦通过基督宗教而达到其灵性意义上的升华。以一种信仰的把度，基督宗教强调其神圣真理的普遍性和"放之四海而皆准"，并号召其信徒"在每一个地方和所有的地方"为基督作见证。而且，受古罗马政体的影响，基督宗教的"普世"诉求不只是在信仰追求的层面，也直接反映到其社会实践层面。例如，古罗马帝国消亡后，基督宗教曾在欧洲大陆尝试过教会的统一或信仰的统一，在中世纪欧洲社会的重建和西方文化意识的铸就中曾推行并一度达到了基督宗教信仰的普世性和大一统，以罗马天主教会为中心而有过"万流归宗"的辉煌。此外，在世俗君主皈依基督信仰的前提下，并在教会的积极支持下，中世纪欧洲也见证了古罗马帝国之绪余，即神圣罗马帝国的形成与发展。

这种"普世"精神在当代世界正以宗教和世俗两种维度来继续扩散和发展。在宗教层面，"普世"精神在现代世界全球化、国际化、世界化发展趋势中得以加强，形成了20世纪以来基督宗教的"普世教会运动"，呼吁各教派的联合、在信仰上达到统一或合一。为此，教会试图弥合其历史上的分歧和造成的分裂，一方面争取教会在信仰上整合、在组织上联合，从现代世界的整体共存性而认识到教会"合则存，分则亡"；另一方面则从这种多元求同中看到与"他者"对话的必要，从而以"普世统一"到"普世对话"的转型来开展宗教之内、宗教之间和宗教之外的"对话"，从而迎来了一种"对话"的时代。在世俗层面，这种"普世"精神则为近现代欧洲的统一和联盟、西方文明的整体意识提供了精神资源和历史积淀；而对"一个世界或没有世界"这种别无选择的人类共在，"天下一家"、"世界大同"、"地球村"的呼唤已成为时代强音。不过，由这种"普世"精神亦引发了文化对话或对抗、文明共融或冲突的严峻问题，即由"谁"、以"什么"来代表这种"普世性"？什么乃"普世"的文化、价值之维？在"后冷战时期"人们讨论得最多的问题之一，就是"全球化"和"怎样的"全球化这种问题。在西方语境中，"全球化"在一定程度上乃嬗变为西方政治、文化中的"普世"梦寻。人们由此联想到这种"大一统"的世界观在西方历史上曾经"物化"而形成的古罗马帝国、神圣罗马帝国，甚至让人不堪回首、不寒而栗的"第三帝国"等。这种联想自然会使历史上饱受西方列强欺凌的中国人对于西方今天鼓吹的"普世价值"和"文化全球化"高度警惕，而且在某种程度上会让人觉得过于"敏感"！其实，西方社会对于本来源自西方文化价值体系或传统的另一种"普世"解读即"共产主义"，同样也极为敏感、警惕甚至害怕。因此，"普世"精神的主体、载体或代表性问题，以及对于"普世"蕴涵的意义界定和理解，都正在考验着当今人类的生存意识和共在智慧。

4. "超越"精神及其终极关怀

——西方宗教文化精神探讨之四

"超越"乃现代人耳熟能详的表述，如"超越自我"、"超越时空"、"超越极限"等，表达了人类精神上坚忍不拔、志在突破的追求。这种"超越"精神使"可能"与"不可能"之间的界限得以不断移动和变化，其对人的努力而言既是不断突破，亦为不断实现。

在西方宗教文化精神中，超越精神乃基督宗教信仰传统中的一种独特精神。这种"超越"乃以其"绝对一神"观念和"此岸"与"彼岸"两个世界的"二元分殊"之认知为前提。因此，坚持这种超越精神则显然持有一种彼岸的维度、神圣的维度，体现为一种"外在超越"。这种超越精神认为对"此岸"世界任何有限之物的信仰、将任何相对之物绝对化的企图都是迷信和偏见，只有对彼岸无限绝对者的敬仰、对超凡脱俗之至高境界的追求，才体现其宗教的本质和真理。于是，这种精神所推崇的乃以"不以物喜、不以己悲"的境界来望穿时空，洞观人寰，以自己乃"寄寓世界的漂泊者"和"朝圣天国的香客"来超越世界、超越历史、超越生命、超越自我。按基督宗教的信仰表述，真正的基督徒虽"生活在这个世界"，却"不属于这个世界"，人生乃"天路历程"、"奔向天国之旅"，甚至死亡也只是从这一世界朝着另一世界的"过渡"和"转换"，不必让人担心或畏惧。既然人能"向死而生"，不将死亡视为"终结"，也就超越了死亡，达到了人之精神存在的升华。

与这种"超越"精神相关联，人生所追求的乃一种"终极性的关怀"。这种"终极关怀"即以其超越历史、超越现实的审视来看待人类社会发展过程，强调不为有限关切所累，不被俗世关怀所阻，不为其物质、人际、社会和政治等时空境遇所限。显然，这种超越精神及其终极关怀旨在形成一种超越"人世"社会政治和现实存在之外的独立精神文化价值体系，以此来提醒人们认清现实和此时之"俗世"的不足及其历史的局限，并以洞观历史全过程的眼光来明察历史的阶段性和时代性，看清"此岸"的短暂性和有限性，从而使人不要陶醉于自我及历史的戏剧中，不因其俗世的成功而沾沾自喜。对其而言，只有在历史的真正终结之际才能揭示历史的整体意义，阶段性的进展或成就只有作为这一"整体"的局部才能显示其作用及价值。所以，历史之中的人永在"途"中，其作为和成功只有相对性，摆脱不了其"变动不居"的铁定规律。因此，游移于历史沉浮、起伏变幻之中的世人只有超越历史，才能超越自我，达其人生的"终极转换"和"根本转变"。这种"根本性超越"恰为宗教之所求。当然，基督宗教认为这种揭示和启迪乃超出困囿于历史阶段之中的人的能力，故而为一种神启或终极维度，人之领悟需借助于信仰之力，由此才能获得洞观和超越人世的"智慧之眼"。

不过，在历史发展过程中，西方基督宗教的这种"超越"观念也曾导致中世纪和近代"教权"与"王权"的抗衡和"政、教"之争，有过两败俱伤的经验教训。但自近代以来，基督宗教在西方社会政治发展中以上述"超越"精神对内反省了教会及其信徒自身的局限性，努力克服因对"教会"权力和"教皇"权力的误解而出现的"替神代言"、"替天行道"等僭越之举；对外亦强调人世国家和社会权力的相对性及契约性，以及其政治革新的有限性和不完善性；从而对"社会"、"政治"本身有一种超然的审视和立乎其"外"的客观分析。这样，以超越精神为参照，西方近现代发展出其社会关系及政治制度上的相对化、分权化和多元化，形成相互监督、相互制约的机制，并促进了现实生活中公平、民主意识的发展，从而以其"终极关怀"达致一种"人文关怀"或"人间关怀"。

在中国文化传统中，儒家以"未知生、焉知死"的态度而侧重于今生今世，由此形成其在现实人世积极有为，献身于"格物、致知、诚意、正心、修身、齐家、治国、平天下"的"内圣外王"之"内在超越"精神。这种精神讲究的是"穷则独善其身，达则兼善天下"，旨在"为天地立心，为生民立命，为往圣继绝学，为万世开太平"。但因其强调"天人合一"、物我交融的整体观而无彼岸的维度或追求，缺少一种具有超脱性质的"外在超越"之关照，结果也容易被其社会政治之时空境遇所限，摆脱不了对现实社会结构及其政治体制的依附，易于为世俗权力所御用。西方文化的"超越"精神基于对"终极神圣"之存在的坚信，因此其"超越精神"之体现则被视为其理应承担的"神职"。而儒家则因为对这种"终极神圣"认知之模糊而虽有"敬天"之举却仍难免会"天问"。这种"天问"文化使我们的"人文"与"天文"有着密切的关联，而其界限也往往并不明确、清晰。儒家的内在超越以其"有为"而达其"有位"，其所获之"位"则往往规定了其"为"的可能和范围。一旦其"为"超出其"位"的限定，则可能会因"越位"而"失位"。此时虽会有"不成功则成仁"的悲壮，表现出"取义成仁"、"舍身求仁"的超越，但多数人往往会因其欲"兼济天下"却"怀才不遇"，而转向佛道的"出世"和"无为"精神，在其超脱、超然和超妙中逍遥隐逸，回归自然。虽然这种神秘主义的主体"觉悟"或自然主义的"物我交融"和"物我两忘"也达到了一种"外在超越"的"玄妙"，却以其典型的"一维"或"一元"世界观及其主客不分、人与自然的融合或在大千世界之整体中的轮回，而与西方宗教中强调主客二分、神人有别的"外在超越"精神迥异。后者所坚持的神人不同、彼此有异不是旨在二者的分离或脱离，而乃意欲二者之间形成对照和张力，由此避免没有超然审视的"入世"或"弃世"，并以其"超越"观和"终极"观来采取"超世"的态度生活在"今世"，用"彼岸"的维度洞观"此岸"，一方面透彻认识世人及其社会变革的相对性和局限性，克服其自满自足和自我陶醉，另一方面则想以其"出世"的精神来更好地履行"入世"的义务和责任，使其追求"超越"者能不断提高在今生今世的生活"质量"，实现其人格升华和神圣意义。

5. "先知"精神及其未来洞见

——西方宗教文化精神探讨之五

　　"先知"表明一种预见、前瞻，与之相关联的则是对此时、当下的不同见解或批评、警示。在西方宗教文化传统中，"先知"精神至少涵括三层意蕴：一为"独立"精神，不随波逐流或同流合污，而是保持其独立意识和思考，对其现实处境和世风加以独立、独到的审视和评议；二为"批判"精神，即坚持其针砭时弊的批评，对所处社会有其责任感，起到告诫、警醒的作用；三为"前瞻"精神，以一种登高望远的预见指出未来发展的趋势和可能结局，表现出一种高瞻远瞩、敢为人先的气魄。

　　所谓"先知"在西方宗教中乃源自犹太教、基督宗教的表述，本指《圣经》中记载的受上帝启示而传达上帝旨意或预言未来景观之人，由此说明这些人因秉承神意而与众不同，其"先知先觉"乃超越时空，与凡俗迥异，其警言则能对当时之现实社会起到振聋发聩的效果。犹太教《圣经》（基督宗教的《圣经旧约》）收录有许多"先知书"，相关犹太文献亦包括各种大小先知的奇闻逸事、独特经历。这些"先知书"、"先知列传"的大量涌现曾造就了犹太教古代历史上的"先知文学"时代，形成其对犹太文化中"智慧文学"、"启示文学"的引领作用和在后来发展中的延续及呼应。犹太教认为，"先知"作为"神的代言人"而会在其历史上不断出现，他们因"替神代言"、"替天行道"而有着望穿时空、洞若观火的气质和能力，会通过以古喻今、预见未来而对其民众加以劝告、提醒和批评。这种定位和姿态显然具有鲜明的政治色彩和强烈的批判意识，反映出其"神性"之维对世俗社会的指点、超越。犹太教的"先知"精神及其意趣后被基督宗教所继承和发扬，逐渐成为西方宗教文化精神中的重要因素。

在西方社会文化的漫长发展中，"先知"精神作为一种独特的"神视"、"神判"而成为其独有的"神律"，由此对世人的作为加以监督、鞭策，并号召、鼓励世人不断超越自我，达其脱离尘埃、避免沦落的灵性超拔。

不过，"先知"精神在持守其"独立性"的同时，在其社会中也往往会遭遇到一种"孤立性"的处境。由于其对社会现实的批判性审视和告诫，·故而和者甚寡、极为孤寂，其践行者会颇有"高处不胜寒"之感。"先知"精神认识世界和评判社会的价值维度及审视角度与众不同，而且其"独立性"和"原则性"也要求其持守者不许妥协、不能让步。因此，这些"先知"精神的实践者很容易会因其不合众而陷入"孤独"之境，因其言辞激烈而不被公共舆论所认同或认可。其结果，在现实中的"先知"往往是孤独的"先行者"，其音虽真却和者甚寡，不仅难以被社会大众所接受，而且还会因其不合时宜而被打入社会的"另类"或"异类"，逐至主流文化的"边缘"。这在古今历史上颇为常见，故在《圣经》中就早有"先知在故乡无人尊敬"（《新约·马太福音》第13章57节）的感叹。

在西方文化的发展历程中，这种"先知"精神的作用和影响极为复杂，人们对之褒贬不一。而在西方文化与其他文化相遇和接触中，其"先知"精神亦曾引发过一些"文化冲突"意义上的问题。从这一层面而论，西方宗教文化中的上述"先知"精神在与中国文化交往中乃命运多蹇，并因其社会政治因素的复杂交织而常被抵制和拒斥。在其负面意义上，正因为这种"先知"精神会不顾其处境的变化而坚持其先入为主的态度，故而会引起人们的反感，特别是其居高临下、颐指气使的批评指责会被视为一种"霸气"和"干涉主义"，被看作只有"独白"却没有"倾听"的"单边主义"。所以说，"先知"精神的实施有其微妙和敏感，很容易成为"伤人"、"伤己"的双刃剑。其在异域文化中的可能成功，仍需以服务社会的"仆人"精神为前提和准备。

从总体来看，"先知"精神表达了一种"求异"、"存异"的意向和立场，从而在现实社会中会形成一种张力，但也构成另一种对照。其不入时流、不合时宜曾使其实践者付出代价，有着或是被冷落、被孤立，或是受排斥、受嘲讽，或是遭迫害、蒙磨难的不幸命运。因此，对于"先知"在世上所履行的"替天行道"之人间使命，并不可以其成败来论英雄。政治界、思想界的"先知"虽然能望穿时空、洞观未来，却并不一定能保证其当下实践上的成功；其真正的成功者在历史上也的确为凤毛麟角。"先知"在后人的评价中会受到尊重、被人佩服，而其自身的真正处境则一般为悲剧的、失落的。这是一种非常残酷的历史辩证法。所以，作为"先知者"必须有直面自己人生不幸、惨败的勇气和充分的心理准备。"先知之行"是走向烈火熊熊的"地狱"，其彼岸才是他人的"天堂"。这样，"向死而生"、"我死他生"应是真正先知的基本素质和人生态度。可惜人类历史上的"假先知"太多了，所以后人对远古先知的缅怀、追思也是表露了他们深感四周没有先知的遗憾，甚至已经不敢呼唤先知的回归。在古代文明宗教中，人们尚可回忆、肯定那些寥若晨星的先知。而在当代社会，不少自称为"先知"者，实际上却证明他们不过是"邪教"之头而已。

在没有先知的时代，人们对"先知精神"则更为敬佩和提倡。在基督宗教的教会中，其面世的两大精神即"先知"精神和"仆人"精神。其实，"先知"在现代社会的形象往往就是"仆人"，或首先必须是"仆人"。应该承认，古代先知鲜有这种强调，而给人的印象更多是"孤傲"。不过，这种"先知"精神虽有孤独自表、孤芳自赏上的不足，却仍有着其值得珍视的正面价值和积极意义。例如，其蕴涵的对信仰的持守、忠贞表现出一种令人景仰的坚忍不拔，其对流俗的不屑一顾和对打压的不屈不挠展示出一种使人感叹的高风亮节，其坚持真理和不以现实成败论英雄的态度给人带来一种清新、潇洒的超凡脱俗，而其对未来的洞见和对理想的追求也让人体悟到一种充满自由的不断升华。

6. "拯救"精神及其牺牲自我

——西方宗教文化精神探讨之六

"拯救"关涉对世人的"救度"或"救赎"，由此亦与实施拯救的"救世主"或"救赎者"相关联。西方宗教文化中的"拯救"精神源自犹太教、基督宗教的信仰传统，是其灵性追求的核心主题之一。在这两大宗教体系中，其"救主"观念的典型表述为希伯来文的"约书亚"（Joshua）、"弥赛亚"（Messiah）和由此演变而来的希腊文"耶稣"（Jesus）、"基督"（Christ）；"弥赛亚"的希伯来文原意指"受膏者"，最初因古代犹太人封立君王和祭司时敷膏油在受封者额上而得名，意为受上帝所派遣者。古代犹太国灭亡后，犹太人相信上帝将派一位"受膏者"来复兴犹太国，故此"弥赛亚"成为犹太教中"复国救主"的专称。基督教诞生后宣称其信奉的耶稣即"弥赛亚"（希腊文译为"基督"），但他不是犹太人的"复国救主"，而是全人类的"救主"。因为基督教相信上帝乃圣父、圣子、圣灵三位一体，所以"基督"即指"上帝拯救"，乃"救世主"。从这种"救主"降临来救赎世人之说，就发展出西方宗教文化中的"拯救"精神。

"拯救"在此涵括上主的"拯救"和世人的"被拯救"这两个方面。从"拯救"的意义来看，"拯救"并不是"救主"超越人寰的神恩浩荡和大赦天下，而乃其"道成肉身"、下凡人间的降临，并以其牺牲自我来为世人"赎罪"，由此实现其拯救。这样，"拯救"对"救主"而言乃意味着自我的"受难"、"吃苦"和"牺牲"，其人间之旅走得并不轻松，而是具有铤而走险之意味的"献身"之举。但这也正是"拯救"精神蕴涵中的深刻之处。其核心观念包括如下一些层面：其一，"救主"为拯救世人而屈尊下降、由"神"变为"人"；这不是居高临下的"君临"之救，而是以与世人平等、相同的"人性"、"人格"和人的身份来实施其救赎;"救主"在此故被称为"人子",其"神子"之尊则随之消隐。其二,"救主"对人的拯救不是举手之劳的轻松助人,而是以"自我牺牲"为前提和代价;"救主"以其清白之身来替有罪的世人受过、受罚,并以其"死"来作为对世人之罪的"赎价";所以说,这种"拯救"乃一种"自我牺牲式的拯救",是凭牺牲"自我"来拯救"他人"。其三,"救主"乃具有"受难"、"蒙羞辱"、"委屈自我"和"主动献身"的决心和勇气,其"救赎"之路是真正的"苦路",其"拯救"之举有着"悲剧"的惨烈,而其"救人"则必经"舍己"、"忘我"。这种"拯救"精神毫无功利主义的算计和凯旋主义的傲慢,其"救主"与西方古典传统神话中的"大神"和"救星"之形象风格迥异,有着截然不同的情趣和境界。

从"被拯救"的意义来看,在此所强调的是"被"拯救而不是自我拯救,此即"神""人"之间的区别。神能救人而人不能自救,正如20世纪著名神学家巴特所言,人要自救就像人自己抓住自己的头发而要跳出地球那样荒唐。人在罪中早已失去了自救的能力,而只能信靠神圣的救渡。因此,世人对"拯救"的渴慕和对"救赎"的期盼既是对人之罪性的自我认知,也是对这种罪感意识的一种超越。"拯救"对人而言乃是摆脱罪恶的束缚和对死亡的恐怖,是忘却人间苦难和向往极乐世界。因此,"拯救"是由"信"而带来的"望",即给人带来复活、永生、天国、幸福等希望,从而实现上主的"爱"。由此而论,通过上主的"拯救"而"得救",这正是基督徒的信仰之所依,也反映出在西方社会文化中"信仰之旅"的源泉和动力。"得救"使人超越罪恶和死亡,上主的"救赎"带给世人喜乐、欢悦、超脱和解放。

不过,对于"效法基督"、准备做耶稣门徒的世人来说,则必须准备付出"门徒的代价",即为"他人"的"得救"而勇于献出自我,作出牺牲。因此,这种"拯救"精神充满深沉意义和悲剧色彩,对"拯救"的理解和领悟就在于其"自我奉献"的出征、"自我献身"的远行,以及其"壮士一去不复还"的悲壮与豪迈。"救赎者"自己只能是"牺牲自我"的"英雄",必须做到虽饱含冤屈却坦然"离去",而不可奢望在鲜花、欢呼的簇拥中"凯旋"。如果没有这种心理准备和献身精神,则不可能作

"救赎者";如果没有这种深刻理解和心灵体悟,也不可能成为"救主"的真正"门徒"。

在 20 世纪 80 年代末,"拯救与逍遥"曾成为中国人文知识分子所谈论的一个重要话题。这一对比表述了中西方宗教文化中对世界的不同态度,因而相映成趣,引人遐思。"拯救"与"逍遥"这两种精神源自不同的文化土壤和时代氛围,但都是对人生的深刻体认和非凡洞察。"拯救"精神来自西方传统的"罪感"文化,反映出因认识到人世罪孽的积重难返而形成的悲剧意识。其"拯救"乃是沉重、悲壮之举,并意味着对一种明知不可为而为之的义无反顾之正义冲动的推崇。其精神寓意还在于"拯救"并不以有限的业绩来取代其永恒的追求,相反却会以一种超越的境界来珍视这种"失败之英雄"的殉道勇气。这种精神在西方宗教文化中世代相传,已成为推动其社会前进发展的巨大动力。"逍遥"精神则来自中国传统的"乐感"文化,表现出一种超越自我、回归无限的灵性豁达与怡然。"逍遥"精神虽以可为可不为的任运自然、适性得意之处世态度而减弱了人的使命感和责任感,却以其对人世的奋斗和终极的关切看透而不看破、有为而不奢望之气质同样透出一股超然的灵气和无限的意境。从这一意义上来看,"拯救"精神与"逍遥"精神通过其在各自价值体系和文化传统中的"对抗"与"对话",也可能使彼此相互补充、不断完善,从而达到各自文化精神的升华与超越。

7. "禁欲"精神及其灵修实践

——西方宗教文化精神探讨之七

"禁欲"在不少宗教中都是颇为重要的修行实践，这在西方宗教传统中亦不例外，并在基督宗教的"禁欲"精神中得到最为典型的体现。本来，"食色性也"，人之欲念乃人性表现；而宗教的"禁欲"精神及其相关的僧侣主义则被视为"违背人性"之举，成为其受到批评和指责的最多之处。但在基督宗教的信仰中，人的欲念和贪婪则与罪恶相关联，从而被称为邪恶和不义之源。这样，"禁欲"遂成为其宗教克服欲念、达到升华和救赎的重要途径。

基督宗教的"禁欲"精神及其实践有着复杂、漫长的发展、演变过程。它最初可以追溯到原始基督宗教时期的艾赛尼派，如《圣经·新约》记载的施洗约翰就与该派有关。据传他"穿骆驼毛的衣服，腰束皮带，吃的是蝗虫野蜜"（《马太福音》1章6节），其禁食、独身、清贫等都乃艾赛尼派所坚持的禁欲主张和实践。他曾为耶稣施洗，对早期基督宗教的生活实践显然亦有影响。在"福音书"记载的耶稣教诲中，就曾提醒耶稣的门徒要看到"人子"（耶稣）乃浪迹天涯而无安居之地，并告诉其追随者不要在地上聚积财富。

这种"禁欲"精神于3世纪开始演化出一种禁欲苦行、遁世修炼的主张及制度，形成基督宗教的"隐修制"或"僧侣制"。首先实践出家独修的为台伯司的保罗、安东尼等人，西文"隐修"一词（monos）最初意即"独居"、"独身"。4世纪初，帕科米乌率先在尼罗河上游的荒谷创建修道院，由此将这种遁世隐修从个人独修发展为集体群修。随着小亚细亚修会法规的制定，这种隐修理念逐渐制度化。亚大纳西于4世纪将隐修制传入西欧，从此开始西方隐修之风，并自 6 世纪出现本笃修会等修院团体，形成修士发绝财、绝色、绝意"三愿"制度。

西欧中世纪的城市乃围绕教堂而得以发展和扩展，教会作为宗教中心而起着凝聚、核心作用。随着宗教活动的展开，在教堂附近形成了市场，发展出经济中心。而在教堂旁边建起的市议会则构成其政治中心。这样，宗教、经济、政治三位一体组成西欧中古城市的中心，由此开始其辐射性发展和布局。这种教堂、议会、市场或中心广场的格局在许多欧洲古城的中心迄今仍清晰可辨。城市的喧闹使大多修道院转到远离尘嚣、幽静荒僻的山川隐居，由此在欧洲亦形成不少人文与自然景观共构的名山大川，吸引今日的游者来此领略其清静，抒发思古之幽情。面对世俗社会的诱惑和挑战，教会神职人员的"独身"问题遂与"禁欲"精神相关联。在 3 世纪时，尚无对神职人员提出独身的要求；而 4 世纪时，授过神职的人员就禁止结婚了，但此前已结婚者仍可保持夫妻生活，不过弃绝夫妻关系的神职人员在世纪末时已构成其大多数。5 世纪时，已结婚的神职人员虽仍允许与其配偶同住一房，却已被要求弃绝夫妻生活。至 6 世纪，教会已制定关涉神职人员婚姻的相关纪律，并对晋升神职后有了孩子的人加以纪律惩戒。教会从此也开始越来越多地从修道院的修士中选拔主教等高级神职人员，如在天主教的历史上曾从本笃会修士中选出过 4000 多名主教、200 多个红衣主教和 30 个教皇。本笃会修士希尔得布兰德 1073 年成为教皇格里高利七世后，在 1074 年规定神职人员一律独身，而不再对晋铎前后结婚情况加以区别对待。这一规定在 1139 年第二次拉特朗大公会议上正式获得认定，从此天主教神职人员不再允许结婚。1170 年，教皇亚历山大三世要求已结婚但欲成为神职人员者必须与妻子分手，并让其妻也发守贞愿。在 1917 年天主教颁布的教会法典中，神职人员守独身亦被明确为其正式法律条款。

在"禁欲"精神的发展中，一些宗教思想家进而从"形式"上的"禁欲"提升到"心境"上的"禁欲"。奥古斯丁就曾指出，守贞乃一种内心品德，如果有了罪恶的欲念，即使尚未实践，也会使人失去贞洁。也有人认为那种深居简出、躲往人迹罕至之处的"遁世禁欲"只不过是躲避现实、回避矛盾，并没有解决心境问题，因而只是一种消极、被动的自我克制。从"禁欲"精神的本质核心来看，并不能全靠"独身"、"隐修"来达到。在 16 世纪欧洲宗教改革运动中，以马丁·路德为代表的新教圣职人员打破了传统的隐修制，且不再独身，形成与天主教截然不同的近现代发展。不过，"禁欲"精神在新教中并没有根本消失，而是发生了一些重大改变。尤其是加尔文宗提出在现实社会、实际生活中推行"禁欲"精神，号召一种"主动性自我克制"的现世苦行和禁欲。这种与"遁世禁欲"不同的"大隐隐于市"曾构成了一种匠心独到、曲径通幽的清教禁欲主义，被马克斯·韦伯称为激发西方资本主义精神的新教伦理，视其乃西方资本原始积累时期潜在的社会发展动力和精神支撑。从此，对"禁欲"精神亦有了新的理解和解读，"禁欲"应是心灵的自愿而不是肉体的强迫，是一种"遁隐"的境界而不是消极的回避。这样，我们也可重新来解读中国传统中关于"隐"的真实意义，悟出"小隐隐于野，中隐隐于市，大隐隐于朝"的深刻蕴涵。在当代社会对于隐修已有其现代诠释，而传统意义上的隐修实践也发展出现代意义的灵修实践，更注重人之心理、灵性精神上的涤炼、提高和超凡脱俗。

8. "神秘"精神及其超凡体验

——西方宗教文化精神探讨之八

宗教认知通常包含有神秘主义的因素，而宗教经验也往往在一定程度上表现为神秘体验。这在西方宗教文化传统中亦颇为典型，由此构成其"神秘"精神和神秘思维的特色。德国宗教思想家奥托在其名著《论神圣》中曾颇为深入、透彻地对这种"神秘"的精神、体验和思维进行过剖析。他认为宗教中对"神圣"的认识乃反映出宗教信仰者极为独特的精神体验和心理状态，其所表现的"对神既敬畏又向往的感情交织"就是一种"神秘"精神的典型表达。在此，这种"神圣"（Numinos）乃由"超自然的实体"（Numen）和"对神圣的体验"（sensus numinis）两个层面所构成。"神圣实体"作为"绝对实在"和"无限整体"乃永远超越人的认知范围，其对人的宗教感情来说乃是神秘的"绝对另一体"，人们对之不可能加以理性的、精确把握，而只能达到某种神秘而模糊的领悟，故而会有对其既敬仰向往，又畏惧害怕的神秘情感。奥托称此为"令人敬畏之神秘"（mysterium tremendum）和"令人向往、销魂夺魄之神秘"（mysterium fascinosum）。这样，"神秘"精神正是反映了宗教信仰者体悟到"绝对实在"却无法对之清楚认知而产生的向往、敬仰、畏惧和忘我之感。

在西方宗教文化的漫长历史中，始终有着"理性"和"神秘"这两种精神或思维方式的交织、并存及此起彼伏的复杂发展。其理性精神体现出逻辑、推理、判断等理性归纳、分析和演绎之特点，这在宗教思维中并未被排斥。不过，宗教认知总认为理性精神尚远远不够解答信仰问题，故此仍需要"非理性"或"超理性"的神秘精神，存留着挥之不去的神秘感。而这种神秘精神所表达的思维特征则是直观、默示、意会、体验等类型，其中既有出神入化之沉寂，亦有兴奋、欢愉之激狂。例如，古希腊文化中除了其哲学上的理念论和形而上学之外，还有宗教上的狄奥尼索斯崇拜之"酒神"精神，而由其"醉"所表达的心醉神迷、魂游象外，则体现出其"神秘"精神之本真。在基督宗教兴起后，不仅其"启示"、"神迹奇事"让人感触到其神秘精神的魅力，而且其"启示神学"与"自然神学"、"否定神学"与"辩证神学"之对应亦充分表达了其神秘思维之存在。进入近代以来，笛卡尔的理性思维与帕斯卡尔的"优雅精神"曾相映成趣，而帕斯卡尔的"心之理智"、"信仰之赌"及其"火之夜"关于"亚伯拉罕、以撒和雅各的上帝不是哲学家和学者的上帝"之名言更是耐人回味，引人返思，让人感到神秘精神的潇洒、优雅、飘逸和超脱。令人关注的是，不少人的信仰皈依或转变往往与其"神秘"体验相关联，如在西方文学作品中描述较多的有君士坦丁、奥古斯丁、帕斯卡尔、托尔斯泰等人的神秘经历。信仰者往往会肯定、证实这种不可言传、只能意会的神秘体验之存在。有无这种"神秘"甚至会是信与不信的关键区分。这种神秘性通常也会与神圣性挂上钩来。此外，欧洲宗教之旅中的浪漫主义、不考虑后果和成败而破冰求取水中珍珠之"信仰的跳跃"（基尔凯郭尔之喻），以及"绝对依赖感"（施莱尔马赫之说）、"绝对命令"（康德的实践理性原则）和"绝对精神"（黑格尔之论）等表述，都闪烁着神秘精神的光泽。这样，神秘精神与理性精神在西方思想传统中乃相映成趣、相得益彰。

了解这种"神秘"精神的存在，是准确认识宗教的重要之途。没有"神秘"则不成其为宗教，这对我们把握西方宗教文化发展的脉络神髓亦很有必要。这种"神秘"精神一般会与其思维者或实践者的"超凡"体验相关联，并能通过静、动两种方式而达到其淋漓尽致的表现。其"静"可使信徒处于一种沉思默想或出神冥想之状，以默祷、沉思来展示其沉寂、安宁、静谧和庄严肃穆之神秘。而其"动"则可让其信徒兴奋、狂热、醉迷和激动，表达出其宣泄、释放、如痴如狂、如泣如诉、如醉如梦之神秘。这种精神追求的沉醉、精神表述的激狂虽然是以"卡里斯马"（Charisma）之"超凡魅力"来体现宗教信仰所具有的独特影响力、号召力和吸引力，让局外人对之困惑与不解，却也更能让人体认到其精神世界复杂、奥妙的情感或心理构建及其"潜意识"的丰富深蕴。此外，数字的神秘、映象的神秘、自然景观的神秘，以及人生命运的神秘莫测、历史发展的偶然或然等，都会成为"神秘"精神的起因和基本素材，亦能促进其复杂发展。由于人类走向无限之途没有止境、不可能终结，因此人生之旅总会有"神秘"相伴。"神秘"与"无知"、"未知"乃形影不离，因此神秘精神很难按常情来得到剖析和解答，但它作为人类精神的一种客观存在仍值得我们去深入研究和说明。

9. "契约"精神及其律法构建

——西方宗教文化精神探讨之九

西方律法传统与其宗教文化精神有着千丝万缕的关联，其基本构建可以追溯到基督宗教的律法意识及其社会实践。而基督宗教的律法之形成则基于古希伯来宗教戒律和古罗马律法观念。对基督宗教律法传统起着关键作用的乃是古希伯来民族宗教中的"契约"精神，与"神"立"约"成了一切人世立约的基础和根本。从这一意义上讲，西方主流宗教往往被视为"立约"的宗教，其宗教经典被称为"约"，而其基本神学观念则有"契约神学"之说。

古希伯来文化的"契约"精神使犹太人成为"立约"的民族。在悠久的历史传承中，犹太民族、宗教及其自我意识的形成乃与其"三次立约"的传说有着密切关联，由此构成其宗教及民族精神的特色与传统。第一次"立约"的经典表述乃"彩虹"之约。据传在上帝降洪水灭世后，从"方舟"中得以逃生的"义人"挪亚一家与上帝以"彩虹"立约，从而形成"新人类"的发展。七彩之虹的立约不仅为其提供了"信仰的彩虹"，而且还奠立了其多元共存、多元统一的观念，由此有着与中国文化"和而不同"、"和谐共在"殊途同归、相得益彰的另一种精神呈现和文化解读。第二次"立约"则为"割礼"之约，指犹太人先祖亚伯拉罕离开底格里斯、幼发拉底"两河流域"（"希伯来人"的原意即"来自河那边的人"）之后在上帝的帮助下而得以发展为一个大族，因而这一民族以"割礼"为与上帝所立之约，亦称"血约"，作为其民族的特征，由此开始其"新民族"的发展。第三次"立约"就是著名的"十诫"之约，习称"摩西十诫"，即犹太民族领袖摩西引领犹太人出埃及脱离其为奴的处境后，在西奈山上与上帝立约，接受上帝对该民族所颁布的十条诫令，简称"十诫"；对信守"十诫"所制定的种种规则、条例则为其社会政体的构建打下了律法基础，由此开始其"新国家"的发展。而其"契约"精神则逐渐升华为律法精神，达成西方宗教文化中从"契约"到"律法"的精神延伸，并使其社团、民族等血缘群体发展而为以律法为基础和依据的政治国家。

基督宗教诞生后将这种"契约"精神继承并发展，认为犹太教以神人通过确立戒律而达成的乃是"旧约"，基督宗教则以信仰"道成肉身"的"上帝之子"耶稣基督及其替人赎罪所表达的普世之"爱"而标明神人之间达成了"新约"。因此，基督宗教的经典《圣经》就是以反映犹太教契约传统的"旧约全书"和表现基督降世救人之福传记载的"新约全书"所构成。这样，基督宗教的"契约"精神在为西方社会准备其律法构建时，对犹太教"立约"所反映的宗教律法戒规既有承袭，亦有超越。其与神"立约"的神圣之维形成了与世俗律法的区别，此即《新约》中耶稣所言"凯撒的归凯撒，上帝的归上帝"之真谛所在。

欧洲中世纪乃教会法典奠立、发展和完善的时代，这种"与神立约"而形成的"神圣律法"发展为西方宗教生活的一大特色，它与其社会政治中的"世俗律法"各行其职、各有所辖，为西方社会的政教合一、政教协约和政教分离等形态都提供了相应的法律依据和保障。而在西方近代发展中，这种"契约"与"律法"、宗教与政治的关系及关联仍在其社会结构中得以显现。尤其在近代北美政体的形成过程中，最早的新教徒移民坚持要把"契约"作为其立国的基础和原则，他们在横渡大西洋的冒险之旅中，就已迫不及待地在"五月花"号船上订立"公约"，要求大家"谨在上帝和彼此面前，庄严签订本盟约，结成国家，以便更好地建立秩序，维护和平，为促进上述目的而努力"。他们希望在新大陆以《圣经》之"简朴律法"为基础来建立其神圣联盟，同时亦以此原则为其确立新的国家提供理论依据和精神支撑。这样，由基督徒订立的《五月花公约》就从宗教契约的蕴涵衍化为政治律法的内容，故被视为美国历史上最早的政治纲领，并对美国《独立宣言》和最早《美国宪法》的制定产生过深层次影响。在西方近代发展中，"契约"完成了从"神圣立约"或"神人之约"到"社会契约"或"人际之约"的转变，此间法国启蒙思想家卢梭在 18

世纪就曾写过《社会契约论》，指出人类正是通过订立社会契约而得以建立国家和法，以便能维系人的自由、平等、保护人的财产和权益；并强调这种社会契约因为社会关系的变动、政治的变革而需要不断调整或重新订立；"契约"乃是"公意"的展现和代表，这种"民意"因而也具有其神圣性；卢梭为此而最早提出了"公民宗教"的说法，以宗教的神圣性来体现公民的自由、爱国精神和牺牲精神。直至今日，这种"契约"精神仍在西方律法的构建及公民社会的发展中起着潜在作用，获得普遍的社会认同。

三

随心随感

1. 我的回国经历

　　人生是由不同的经历所构成。出国留学是我人生经历的一个重大变化，而一旦学有所成且适应了国外生活环境之后，是选择回国还是留在外面，对留学生而言都是一个需要认真考虑和选择的问题。与许多留学人员一样，我选择了回国。这十五年的回国经历，亦构成了我人生发展的重要内容。

　　与自然科学研究尤其是科技研究不同，我所从事的宗教研究在改革开放初期的中国乃鲜为人知的学科，而且就是在文科中也是国内最为敏感的学科之一。自己在国内就读硕士学位时就曾遇到别人的种种不解或误解，碰到不少令人啼笑皆非的尴尬局面。记得硕士毕业庆祝会前，我和另一位同学随单位司机去采购东西，付款开发票时售货员问："开什么单位呀？"我们说"开宗教所"，售货员就很惊讶地说，"你们是和尚啊！"此时同来的司机马上指着我们两位研究生说，"他们两个是，我不是！"大有一种谈到宗教就避而远之的感觉。而在西方国家，宗教研究却是一门领域很广、参与人员很多的学科，有着许多相关研究和工作的机会。当我五年之中拿下博士学位后，导师让我留下来继续做德国特有的教授资格论文研究，这一研究少则三年，多则可以长达六年，此时美国也提供了让我去读博士后的机会，而国内单位则表达了让我尽快回国的希望。在这种情况下，我选择了回国工作这条道路，成为中国大陆改革开放以来第一位在国外读完宗教研究方面的博士学位的学者，也是这一领域第一位学成回国的学者。由于上述学术、文化、思想和传统的强大差别，虽有许多中国人后来在国外也读完了宗教研究方面的博士学位，但大多数人选择留在了国外，迄今真正回国的仍似凤毛麟角。在我们今天的国际学术交往中，有不少国际友人和国外同行就是当年留在国外的中国学子，他们在促进这些交往中也作出了很好的贡献。

既然自己当时回国的主意已定，也就对今后在国内的发展和可能遇到的困难有了充分的心理及精神准备。我用平静和半开玩笑的方式向我的德国导师告别，说在中国想当教授不需要再写教授资格论文，而要靠回国后在学术上的努力，从而非常自然地谢绝了导师的挽留。1988 年我回到国内不久，国内的发展有了很大变化。以前希望我尽快回国工作的国内导师因种种原因先后离开中国而到国外定居，原来熟悉的学术及人际环境亦出现了巨变。这对我而言，则意味着一切都需要从零开始。当时一些关心我的老一辈学者对我提出了忠告，提醒我博士学位和外语水平高并不是"资本"，如果没有学术成果，前面二者则毫无意义。还有其他朋友则干脆劝我再度出国，不要加入国内学术界因为要求职称、住房而已经拥挤不堪的队伍，以便给人方便、于己方便。但对我而言，既然已经选择了回国，而且人已回到了国内，已是义无反顾，不该考虑退路、犹豫多变，而必须面对现实，走自己的路。这样我以一颗"平常心"来参与国内学术的发展建设，以"学术投入"及其"学术成果"来反映自己的学术个性和特点，力争国内学术界的认可和认同，以便共同为使宗教研究在国内从一门"敏感学科"发展为一门大家能够理解其意义和必要的"重要学科"而努力。在中国社会科学院、教育部、人事部和中宣部等单位的关心、帮助下，在国内学术界同行的支持、理解下，我得以在短短几年的时间内在国内学术界初步站稳了脚，并与统战部、宗教局等部门建立了很好的工作联系。

回国工作的前五年（1988—1993）可以说是我学术发展的黄金时期。作为一名普通的研究人员，在中国社会科学院这一氛围中我们可以享受充分的时间从事科研工作，收集学术资料和进行交往的机会亦很多，从而得以不断推出学术成果。这样，我于 1988 年底晋升为副研究员，1992 年被破格评为研究员，而且在 1991 年被国家教委、人事部授予"做出突出贡献的留学回国人员"荣誉称号。在不断推出学术成果的同时，自己的学术活动亦安排得比较丰富。这一阶段确实使我体会到了一个社会科学研究者和人文学者的潇洒，甚至颇有一种"逍遥"之感，让不少邻居、同事也多有羡慕之语。

但自 1993 年底，我被任命为世界宗教研究所副所长，自己的学术和工作则进入了另一种境域。当时动员我接受这一任命的领导有一句话让我哑口无言，他说，"你这样年纪轻轻就已当上了研究员，也应该为大家服务了。"抱着"服务"、"回报"和感谢上级"信任"的心情，我走上了研究所的"领导"岗位，并自 1998 年接着担任了研究所所长职务。但作为一位学者，我仍继续承担有大量科研学术任务，不能从学术领域"急流勇退"，反而还增加了更多的学术组织和联络工作。在这十年"双肩挑"的进程中，我于 1994 年当选为中国统一战线理论研究会理事和中国国际文化交流中心理事，成为中国社会科学院研究生院教授和硕士生导师；1995 年当选为中国宗教学会副会长；1996 年担任中国社会科学院研究生院世界宗教研究系主任、博士生导师，担任中国社会科学院基督教研究中心主任，当选为欧洲科学艺术研究院院士，并被评为国家级有突出贡献的中青年专家；1999 年当选为中国统一战线理论研究会常务理事兼副秘书长；2000 年当选为联合国教科文组织下属国际哲学与人文科学研究理事会副主席；2001 年当选为中国宗教学会会长；2002 年任清华大学伟伦特聘访问教授，任美国伯克利联合神学研究院苏吉特·辛格学术讲座主讲教授，当选为美国亚洲基督教高等教育联合董事会董事，并再次当选为国际哲学与人文科学研究理事会副主席；2003 年初又应邀担任了香港中文大学庞万伦基督教与中国文化讲座主讲教授。不过，这十年既当"领导"又当"学者"的经历，则已经没有了以往"潇洒"和"逍遥"之情趣，而代之以"忙碌"、"疲劳"之感觉。但总体来看，仍觉得这些学术生活及工作非常充实，似有"干不完"的活，全部身心也就自然而然地投入到那"不够用"的时间之中。

看到我的忙碌、疲惫和体弱之状，曾经有朋友好言相劝："你已'功成名就'，应该急流勇退，以保持身体健康为本"。确实，我也非常想能够自然而然地"急流勇退"，回到以往刚回国时的那种自由、恬静和逍遥生活。但此时确有一种"人在江湖，身不由己"之感，自己"难以脱身"，别人亦不让你"轻易脱身"，加之研究所在发展上面临的困难和挑战，也感到自己有"守土有责"的义务。然而，也就在这种"忙碌"，甚至是"拼命"之中，你会看到自己所从事的这一领域学术事业在中国的飞速发展，听到宗教理解和对话、人类追求世界和平、时代进步的前进脚步声，感觉到中国社会在人文关怀、终极追求上的进展和突破。而自己能以有限"自我"来参与这一宏伟事业、并为之作出微薄的"贡献"，真正感到自己已投身于祖国的发展、前进之中，那么，在疲惫之中的"自我"亦会获得一种安慰和欣慰，体会到自己回国经历的价值和意义。

2003 年为《神州学人》杂志所写

2. 精神上的温暖

——"我与《神州学人》"

1988 年我从德国慕尼黑大学读完博士学位后回国，当时面对着安家的困难、创业的艰辛、亲朋好友的不解和专业方向的敏感，惆怅和孤独之感油然而生，有着颇为复杂的心境。正是在这种处境和氛围中，创刊不久的《神州学人》向我伸出了友谊之手，给我送来了精神上的温暖。从此，我与《神州学人》成为挚友，这种特别的友情亦保存至今。

记得 20 世纪 80 年代末和 90 年代初的那些时日，《神州学人》在欧美同学会大院中组织的一次次归国留学人员座谈会使我结识了不少朋友，受到了回国创业的种种鼓励。当时的青年留学生们曾发起组织欧美同学会青年委员会，并让我联络社科界的留学人员参与。由于工作较忙，加之自己不善于联络和交往，这一任务未能完成。自己曾为那些已成历史纪念品的入会登记表格和本人亦未入会而感到愧疚、自责。但当我从新闻媒体中获知这一青年委员会正式成立的消息时，自己亦有着由衷的高兴，感受到特有的温馨。《神州学人》帮我们留学生们建立起一种精神上沟通、学术上交流、事业上互勉的友谊网络，其意义和价值极为深远、重要，而其所体现的对留学生的热情和关怀亦让人回味、眷念。

我回国后的学术生涯曾受到《神州学人》的关注和追踪。杂志的编辑朋友们或其特邀的撰稿人不辞辛劳、不怕麻烦地一次又一次来登门拜访，与我座谈，写出了《圆梦》等反映我学术、工作、生活的报道和采访记。这些文章不仅加强了我与《神州学人》之间的心灵沟通和相互理解，而且也给我在事业和生活之途带来了精神上的鼓励、发展上的动力。

平常因学术和工作节奏太快，几乎无暇顾及专业之外的事情，许多兴趣、思绪和回忆遂渐渐淡忘、消失在尘封之中。但好心和热情的《神州学人》朋友们会不时把我从这种书呆子般的生活中唤醒、拉出来，在参加、支持我学术活动之际亦让我有另一种精神活动的参与和思想境界的升华，在我紧张的神经得以松弛的同时也使我的心灵得到新的充实。《神州学人》组织一批留学人员撰写"学人随笔"专栏，亦邀请、动员我参加。正是这种盛情难却而使我得以忙里抽空，写出了"处境与心境"等一批回忆美好留学时光、抒情感怀或精神沉思的小文章。这些小文章似一扇窗叶，推开它则可觅见我的内心世界，了解我的所思、所感和所叹。文章发表后，也不时有读者打来电话与我交谈，从而感受到一种心灵上的默契和精神上的共鸣。

我自己所从事的专业会给人一种深不可测、秘而不宣之感。不少人对我或是迷惑不解，或是敬而远之。自己亦常常有孤为独往、高处不胜寒的感触。是《神州学人》使我得以一次次从学府深楼中走出来，让我接近了现实生活，增进了人际理解。《神州学人》提供的这种接触和沟通令我的学术及人生之旅不再单调、不再苍白，而添入了不少令人难忘的色彩和光亮。因此，在《神州学人》创刊 15 周年纪念之际，我要深情地说一声："感谢你，《神州学人》！"

3. 笑迎中国与世界学术沟通
新时代的剪彩

　　中国改革开放走过了三十年的难忘历程，而这一"开放"的一个典型标志，就是大批中国学子走出国门、留学深造。三十年前，邓小平同志发表了关于扩大派遣出国留学人员的重要讲话，这一讲话实际上是为中国迎来与世界文化交流、学术沟通全新时代的独特剪彩。从此，当代中国学者得以真正"放眼看世界"，告别过去的封闭，走入世界大课堂，因而也就走向了世界学术殿堂和文化舞台，迎来了中国全面发展的辉煌。

　　邓小平同志在当时作出扩大派遣留学人员的重要指示，体现出其敏锐的洞察力和高远的前瞻性。这一战略决策对刚刚走出"文革"阴影的中国人能否真正"振兴中华"、走向世界起着最为关键的作用，有着划时代的意义。一个民族、一个国家的复兴与发展，最为重要，且首先需要的是人才。国家实力的较量，最终会落在"软实力"的较量上，而这种"软实力"的真正体现者则是其人才，人才是其能否自立于世界之林、决定其国家命运沉浮、民族兴衰的关键因素。中国近现代的历史，就是由封闭走向开放的历史。其间有不少反复、诸多波折，形成了中华民族崛起的一段复杂的经历。中国近代不少有识之士曾希望打开国门看世界，从徐光启到林则徐，都有过"开眼看世界"的求索，这一时期也有许多知识分子希望以"中学为体，西学为用"来增强国力、走出困境；但其努力屡屡受挫，眼看着国家不断走向衰落却无能为力，只得抱恨而终，留下不尽的懊悔和遗憾。这些人才生不逢时，不能得到发展，也没有真正认识世界、研究他国的机遇，因此在强敌压境、国家危难时的用武之地很小，其作为亦很有限。这种"软实力"的不足使19世纪后期中国表面上"强大"的"硬实力"也迅速减弱、解体，在与来自海外入侵者"综合实力"的较量上竟然不堪一击，马上就败下阵来，成为中国历史上的奇耻大辱。这段历史使我们认识到，封闭就要落后，就会挨打。国家的兴旺、国力的增强需要开放性人才，尤其在"全球化"的今天更应有具备"世界眼光"的一代新人。在认识到"人才"重要的同时，还必须有"培养"人才的举措。邓小平同志三十年前关于派遣留学人员的讲话，实际上就是非常高瞻远瞩地指明，这样的人才应是"开放性"、"开拓性"的，必须有"世界眼光"，必须用"全人类的知识财富"来充实、丰富自己。因此，扩大派遣出国留学人员，带来了新时代中国优秀人才的脱颖而出及其知识结构的重大改变，从而也就为中国改革开放的持续稳步发展、不断开拓创新打下了坚实的人才基础，并使中国得以真正走向世界，在国际政治、经济、科技、文化等领域发挥出重要作用。

随着中国留学人员的"走出去"，世界先进科学技术、各国文化精神财富则得以"引进来"。这种不断扩大的"出国"、"回国"，自然也在持续扩大中国与世界的学术沟通、知识交流和文化交往等广泛接触，使中国开始跟上现代世界发展的步伐，把握时代脉搏的跳动。在增进世界人民对中国了解、理解和友好、支持的同时，中国的学科领域得以健全，知识结构得以更新，研究范围得以扩展，改革开放得以深化。这样，中国亦由奋力追赶世界先进水平，逐渐发展为与这种先进水平同步，并且开始在许多重要领域中独占鳌头、敢为天下先。在这种开拓、创新发展中，我们到处可以看到中国留学人员的英姿，自然也就体会到三十年前邓小平同志作出扩大派遣留学人员这一战略决策的英明。

中国留学人员在过去三十年来不仅使中国与世界更加贴近，让中国更直接、更便捷地认识当代世界的发展及其科技前沿领域的状况，而且还使中国的学术发展、学科布局得到了一个科学调整的重要机会。由此，中国许多学科从无到有、从弱到强、从落后到领先，真正使中国的文化得以现代更新，使中国的社会发展呈现强劲的态势，也使中国重新展示出其大国的风范与风采。这样，在经历了漫长的岁月后，中国终于重新迎来了其学术的繁荣、文化的昌盛、国力的强大，实现了令世界瞩目、为人类作出积极贡献的"风景这边独好"。

　　在这一非常值得纪念的三十年历程中，我本人也十分荣幸地成为其参与者、见证者和获益者。直到 1977 年底，我才告别多年农村劳动的生活，回到了学校和进修课堂。而在 1978 年即在作为中国改革开放的标志之年，我考上了中国社会科学院研究生院的首批研究生，因而作为我国改革开放时代的第一批硕士研究生与第一批大学生一道成为中国改革开放政策的最早受益者。与此同时，我也是我国扩大派遣留学人员等重要政策的亲历者和见证者。在北京读研究生期间，我身边正好有一批又一批预备留学人员在培训外语，随后相继被选送出国深造。当时的学术风气也走向开放，学者们所达到的共识也是多学习一门外语就多打开一扇认识世界的窗口，能扩大学术眼界和研究视域。因此，在读硕士研究生前后时期，我也先后学习了英语、法语和德语，并一度被作为预备留美学者而参加了英语培训班。后来因为工作和研究需要，我于 1983 年被派往德国慕尼黑大学攻读博士学位，从而又与德语世界结下了不解之缘，并得以在社会文化及思想精神上深层次地认识欧洲乃至整个西方。

　　与学习自然科学的中国留学生一道被派往国外深造，我们这些学习社会科学、人文理论的学者当然深深感到中国改革领导者的博大胸怀和远见卓识。一个国家要想真正强大、一个民族要想真正对人类文明做出积极贡献，就必须既研究"物"、亦研究"人"。世界不只是"物质"的世界，在探究宇宙自然奥秘的同时，也应该关注、研究"探究者"即"人"本身。忘了"人"而只探究"物"的实用主义、功利主义很难持续发展，且乃事倍功半。因此，有一批中国人在改革开放之初即被派往国外留学人文社会科学，我们已非常乐观地预感到中国腾飞、可持续发展的时代正在向我们走近，而我们研究人的社会、文化及精神世界也正是中国全面发展所对我们要求、希望的时代担当、历史使命。因此对我而言，虽然研究宗教当时仍不为许多人所理解，但国家对我"派出"的眼光、气魄，已使我获得了这种前瞻性及使命感，也让我坚定了不"跳槽"、不"改行"的信心与决心。虽然在 20 世纪 80 年代的这一学术研究有点"孤独"和"边缘"，我仍学在其中、亦乐在其中，颇有"前沿"问路的新鲜感、神秘感，以及独自"探索"的兴奋和紧张。而学习自然科学的中国留学生有时蓦然回首，却也会发现我们对西方社会及其文化精神有着更独到、更深刻的体悟，从而乐于与我们交流、沟通，不断把我们从自己专业的"孤独"或"孤寂"中"拉出来"，形成一些必要知识的分享和共享。

我国改革开放三十年，恰好也是我从事宗教学及哲学研究三十年。因此可以说，正是"改革开放"引领了我的学术生涯、赐给了我学术生命。而在这三十年中，我进而有过在德国近六年、在英国约一年的留学进修经历，并多次出访欧洲、北美国家参加学术交流及专业会议。这样，我在了解宗教研究的信息时能及时同步，参与学术问题的讨论时能感受到学界关注的焦点、热点和难点问题，颇有在学术领域"临界"和"面对面"对话的体会。其实，对我们中国研究宗教的学者来说，极有必要双管齐下，两向努力。一是回溯宗教研究的学术历史，补回以往的缺失，奠立雄厚的知识基础；二是直追当前的研究进程，以当代问题意识和同步参与感觉来把握目前学术脉搏的跳动，不再被拉开距离，避免"出局"的被动。因此，保持与国际学术界的密切联系和交往就显得非常重要。而"留学"、"进修"和"出访"则正是这种"保持"所必要、必需的。回顾自己这段学术历程，我深深感到出国留学及学成归国给我的学术发展带来了质的突破和飞跃。从"留学"到"学成"，也正是我学术研究从"奠基"到"成熟"的过程。通过"留学"，我在本专业领域得到了系统训练，接触到其世界前沿领域和关注的焦点问题，在相关宗教景点和场所有了直接的宗教学、社会学、人类学和心理学等考察和调研，并认识了不少世界一流学者，的确获益匪浅，这种"看万卷书、行万里路"的境界和体验，为我一生的学术研习准备了丰富的知识财富，提供了开创性和开放性思路及方法。

我虽然不是中国改革开放以来最早出国进修学习宗教学的人员，却仍属于第一批出国攻读这一专业的博士研究生，而且还是在这一专业领域获得博士学位、学成回国的第一批学者。应该说，当时能获得机会出国深造，在整个中国宗教学研究领域也是"凤毛麟角"之现象，它既是一种"殊荣"，也是一种"挑战"。尤其说是在这一领域"出国读博"，多有给人以"天方夜谭"、不可思议之感。不过，的确是通过"出国留学"，我在这一专业领域才掌握了系统、专门的知识，得到了其方法和学科体系的训练，了解到其学科历史、概貌和发展趋势，获得了从事宗教研究的"学术感觉"；但我也以读下博士学位的成果使国外同行学者直接认识、体会到中国学者的努力、勤奋和坚毅，并对此后国内学者在这一领域攻读博士学位带来了信心和鼓励。而通过"学成回国"，自己则在中国宗教学的系统化、专业化和学科化的发展中发挥了积极作用，并使本专业研究由传统的、国外的"在教言教"研究方式出现了突破，形成了中国特色的"学术"风格和进展，从而也引起了国内外学术界的关注和探究。从自己"留学"到"学成"、从海外"学习"到回国独立"研究"的经历，我一方面直接感受到中国宗教学作为国内人文社会科学的一门新兴学科的飞速发展及中国社会对这一学科的认知变化，参与了这一发展的主要进程及其非常关键的社会沟通，另一方面则深刻体会到中国宗教学在世界学术领域的崛起及其影响力的扩大，亦以较大精力投身于这种中外学术交流和中国与世界的思想文化精神之深层次沟通、理解之中，由此而亲历了彼此之间从误解、不解到了解、理解的过程，见证了双方的不断贴近和增进友谊。这样，自己所学、所习的专业领域，已经实实在在为构建和谐社会、促进世界和谐而工作、而探讨，并也有着不断创新、贡献的喜悦和收获。

中国的宗教研究在 20 世纪初才真正起步，当时中国知识界也主要是处在对中国究竟有无"宗教"的困惑与争论之中。这种精神情感上对"宗教"的不解和排拒，自然从深层次上影响到中国对西方乃至世界其他民族社会文化及精神生活的认知与理解，同样也就在客观上限制了中国的对外开放和思想解放。当时思想学术上的一些重要术语如"哲学"、"宗教"等要需"假道日本而入中国"，显明了中国与日本的不同开放程度，由此也影响到随后两国在国力发展上的强与弱。由于观念上没有突破，思想上没有解放，中国的宗教研究在"改革开放"之前一直徘徊不前，进展不大。而中国宗教理解上遇到的一些困惑、盲点也很难找到满意的解释和回答。这种僵局随着中国改革开放、思想解放而真正打破，对宗教的研究在中国随之出现了质的突破与飞跃。自己的留学生涯和归国经历就是在这一关键转型时期，甚至可以说是与之同步。这样，"留学"与"回国"乃使我以开放的思想和中外比较的研究见证并参与了中国学术史、思想史上这一重要的转型和发展。其实，这种对宗教认识的深化、对人类精神生活奥秘的体悟，对于中国的深层次发展、对中华文明的自我认知及其在世界文化中的定位都至关重要。可以说，宗教研究对于中华文明走向世界、世界文明走入中国应是极为重要的桥梁。如何理解人类的精神家园，如何找到中华民族的文化自知及身份认同，如何沟通并超越东西方，宗教研究都能给予相关的提示和启迪。在这种对外开放、国际交流的良好外部形势下，我在宗教研究中明显找到了"对话"、"沟通"及"和谐"的感觉，对中外敏感的一些深层次问题亦形成了自己的独到认知与见解。在回国工作的二十年中，我自己也有从本学科在国内"早春二月"的乍暖仍寒之紧张，到今天百花盛开而"在丛中笑"之喜悦。自己的研究从不被人理解而发展到被越来越多的人理解，自己的观点从"独识"而逐渐成为"共识"。这种发展变化即颇有戏剧性，亦让人产生文化沉思和精神遐想。在这一过程中，我们对中国的宗教历史有了越来越清楚的梳理，对世界宗教的发展也达到越来越深入的研究。由此，中国精神文化正在从较深层次上走向世界，而世界精神文明也不断与我们贴近，成为我们现代文明重建及发展的重要参考、借鉴和警醒。以"世界知识"武装自己，我们则会真正自信、自强、自觉地自立于世界之林，在国际风云变幻中从容不迫、游刃有余，在全球发展中展示大手笔，体现大气魄。

从本专业学术研究在中国的发展、从中国宗教学在世界令人瞩目、让人醒目，我看到了我国留学工作在中国社会变革、发展中的重大作用。正是这种"留学"和"归国"的经历使我有机会见证并参与中国的改革开放和思想解放，让我能在中国学术发展及与世界学术交流中有位有为。我们今天能极为乐观地肯定、回顾我国留学工作在中国学术、中国文化精神、中国"软实力"走入世界的独特贡献，从而也再一次真实、深刻地体会到了邓小平同志在三十年前作出扩大派遣留学人员这一战略举措的远见卓识和睿智。

4. 全力促进我国社会科学发展

继"八·七"北戴河重要讲话之后，江泽民同志在考察中国人民大学时，对哲学社会科学的意义和作用又发表了重要讲话，这些讲话对我们社会科学工作者是一个极大的鼓舞，我们深切希望这些重要讲话的精神能在现实发展中得到真正贯彻和落实。

江泽民同志在这些讲话中深刻指出："哲学社会科学的研究能力和成果，也是综合国力的重要组成部分"，并从"四个同样重要"、"五个高度重视"和"五点希望"等方面论证了哲学社会科学的意义及其全面发展的必要。这是改革开放新时期我们党和国家领导人站在国家民族兴旺发达的高度和时代发展的前沿来向全党、全社会明确指出哲学社会科学的地位和作用，号召中华民族重视哲学社会科学，提高理论思维能力，加强文化素质及精神修养方面的基本训练和建设。

在全国社会科学院院长联席会议上，李铁映院长就贯彻江泽民同志的重要讲话精神，加快发展我国哲学社会科学，发表了新颖独到的见解。他指出："综合国力不仅包括经济、政治、军事、科技等'硬'力量，而且包括思想、文化、意识形态等'软'力量，不仅包括自然科学技术，而且包括哲学社会科学。从一定意义上说，'软'力量更重要、更根本，其作用也更持久。……历史经验表明，一个政党、国家、民族，哲学社会科学落后，思想理论僵化，跟不上时代前进的步伐，必然导致停滞乃至倒退，被历史所否定。"这些看法极为精辟，实际上，一个国家、民族的"可持续性"发展，关键在于上述"软"力量，在于支撑、维护、推动这种发展的"潜在精神力量"和基本国民素质。

哲学社会科学除了上述"价值理性"层面的意义之外，在实际应用之

"工具理性"层面上亦有不可忽视的意义。我们所谈的加强物质文明和精神文明建设,其关系就是一种刚柔相济、刚柔互补。自然科学、技术工程等主要属于物质文明建设,而哲学社会科学则主要为精神文明建设。物质和精神这两大文明建设共存在一起,各有侧重,起到刚柔结合的作用。在社会发展中,物质是基础、是底牌,我们必须要有物质的东西,必须以物质文明的高度发达、发展作为社会发展强大牢靠的后盾。因此,我国强调以经济建设为中心,强调国防、科技发展是应该的、重要的、必要的,这即"刚"的一手,发展是硬道理。但"发展"并不仅仅指物质文明的发展,而且物质文明的发展也不是一蹴而就的。实际上,我们在物质文明层面上与发达国家的差距仍很明显,亦不可能在短时间内拉平。在某种意义上,"刚"的一手在国际较量中主要起威慑、影响和准备作用。如中国搞"两弹一星"等建设主要是起威慑作用,其在国际竞争中不到万不得已是决不会出手的。

因此,基于对物质文明"刚"的一手的认识,我们就给精神文明留下了很大空间和用武之地。在当前和平与发展的国际形势下,精神文明建设"柔"的这一手实际上在精神、心理、文化等领域就可以大有作为,在中国的综合国力发展中尤其如此。"柔"的一手与"刚"的一手不同,不是万不得已才公开较量,而是可以不拘一格地频频出手。现代国际较量、竞争不仅仅是"斗勇",而更多的是"斗智"。精神文明建设可以其"柔"的作用,通过在思想、文化、心理、精神上的比较、沟通,而在复杂的国内外社会环境中巧为周旋、多出奇招、化险为夷,赢得政治、外交、文化、经济、意识形态等领域的主动。比如有些事不必要摊牌就可以通过外交途径解决,有些社会政治、经济交往通过相互之间的思想、文化沟通、理解,就可获得共识及友谊,从而顺利达成。在许多方面,我们都可以通过社会、人文科学的作用而收到以己之柔克彼之刚的奇效,从而避免不得不以"刚"摊牌、两败俱伤的局面。应该看到,现代社会如果刚刚相争,很难有绝对的赢家。"柔"的一手故大有作为、值得重视。

在国力发展对比悬殊、国际竞争不平等状况明显这一现实中,强调以"柔"克"刚"的战略尤为重要。从这种战略出发,哲学社会科学、人文科学的研究及相关的决策科学等软科学的研究必须加强。可以这样说,在人的素质或者说人心的较量中，一般来说凡是攻坚者必以攻心为上，因此对精神世界如何把握、精神文明如何建设，将在很大程度上决定我们的制度或文化在面临西方挑战的背景下，将会起不战而胜或不战而败的作用。现在看来，在20世纪90年代苏共的突然消亡和苏联的解体，也是西方国家"柔的一手"作用的结果。苏联不战而败并不是输在军事上，而是思想意识、文化战略出了问题。从"刚"的一手来看，当时的苏联及东欧要远胜于我们，其军事实力比西方也差不了多少，因此，他们实际上是输在"柔"的一面。正如李铁映院长所言："苏联解体，苏共垮台，其原因主要不在于其'硬'力量，而在于其'软'力量出了问题。"

精神文明建设起码有两个层面的作用，一是我们的决策如能更多地从哲学社会科学的角度思考，就有一种历史的回顾和反思，有一种开阔的视野和整体性洞观，有一种广远的前瞻和预设，有一种理论的高度和认知的深度。这种哲理性、智慧性深思熟虑会大大减少我们决策的失误或盲目。另外一个层面，则指综合国力也体现在人的素质中，人的素质的提高不仅表现在自然科学素质的提高，同时体现为人文素养的提高，而且科技是由人掌握的，所以人的素质的提高从某种意义上讲更为重要。

哲学社会科学对人文的启示、人文的陶冶能起非常大的作用，其训练能提高人们知识的广度、认知的深度、分析判断的敏锐力，而且使人在对待处理社会发展时能有一种稳重成熟的心理状态。这种素养是文史哲等综合作用的结果，培根曾经就此讲过"史鉴使人明智"、"诗歌使人巧慧"、"伦理之学使人庄重"等"学问变化气质"的名言。所以，提高全民族的文化素质、整体提高社会发展中人的文化素养，是哲学社会科学界的重要任务。

另外，现在大家都在谈创新的重要，但不能忘记的是，只有思想的创新才能带来科技的创新。从发达国家看也是这样，他们物质文明的发达是建立在精神文明发达的基础上的，只有两者比翼双飞才能真正进步。所以，江泽民同志特别谈到创新理性的重要性，强调"一个民族要兴旺发达，要屹立于世界民族之林，不能没有创新的理论思维"。体会并落实这些重要讲话，我们衷心希望，中华民族的哲学社会科学能有重大改观，能获新的腾飞。

5. 学习党的十七大精神，
发展我国的宗教学

　　中国共产党第十七次代表大会继往开来、发展创新的一个重大突破，就是根据世界全球化发展的新局势和中国改革开放以来的新形势，确立了党的宗教工作基本方针。胡锦涛总书记在党的十七大所作的报告和新修改的党章都首次写入"全面贯彻党的宗教工作基本方针"，这说明我们党对宗教问题和宗教工作有着认真研究和高度重视，并将马克思主义宗教观与我国国情和时代发展有机结合，为进一步做好新形势下的宗教工作提出了指导思想，标明了发展方向。

　　胡锦涛总书记在十七大报告中指出："全面贯彻党的宗教工作基本方针，发挥宗教界人士和信教群众在促进经济社会发展中的积极作用。"而且，宗教关系作为新时期的五大关系之一也有着重要地位。"促进政党关系、民族关系、宗教关系、阶层关系、海内外同胞关系的和谐，对于增进团结、凝聚力量具有不可替代的作用。"在新党章中，"全面贯彻党的宗教工作基本方针，团结信教群众为经济社会发展作贡献"同时也被写入"总纲"的内容。这一重要发展是马克思主义宗教观之"中国特点"的具体体现，而且也充分说明中国共产党对宗教存在的长期性、宗教问题的群众性和特殊的复杂性有着深刻的认识，对我国宗教工作的实践有着科学的指导，对中国宗教未来的健康发展和积极引导宗教与我国社会主义社会相适应、发挥宗教在促进社会和谐发展上的积极作用有着十足的信心。

　　党的宗教工作基本方针是中国共产党在处理我国宗教问题的长期实践中逐步形成并达到完善的。这一基本方针就是"全面贯彻党的宗教信仰自由政策，依法管理宗教事务，坚持独立自主自办的原则，积极引导宗教与社会主义社会相适应"。其丰富的科学内涵和有机相连的整体构思，反映出马克思主义宗教观在中国的最新发展和系统表述，是中国共产党对其宗教工作长期实践经验的高度概括和科学总结。宗教信仰自由政策是中国共产党的宗教政策基础所在，体现出中国共产党关心群众利益、维护基本人权、尊重多元信仰、促进和谐共存的胆识和气派。依法管理宗教事务是中国共产党依法治国方略的相关体现，说明中国共产党在处理宗教问题上推行民主法制建设，坚持在宗教事务管理上保护合法，制止非法，确保宗教活动有序进行，也使政府的管理行为走上法制化、规范化轨道。坚持独立自主自办的原则是中国共产党维护国家主权、捍卫民族尊严的举措，以此使广大信教群众得以增强维护国家和民族利益的责任感与使命感，提高中国宗教摆脱外国势力控制、抵御外来渗透的自觉性和坚定性。积极引导宗教与社会主义社会相适应则是中国共产党继承和发展马克思主义宗教观、根据中国国情和社会主义实践而提出的新创见，其特点是以"适应"、"引导"来积极调整宗教与社会主义的共存关系，推动和谐社会及和谐文化的建设，看到宗教在社会主义社会的长期存在，使宗教在促进社会和谐上发挥积极作用，团结宗教界人士和广大信教群众为我国经济社会发展作贡献。因此，我们在宗教工作中贯彻落实科学发展观，就必须在全面贯彻党的宗教工作基本方针上得以落实。

在党的十七大胜利召开后不久，中共中央政治局在 2007 年 12 月 18 日就安排了以"当代世界宗教和加强我国宗教工作"为内容的第二次集体学习，使积极贯彻党的十七大精神在宗教工作上得到进一步体现。胡锦涛总书记在主持学习时发表了重要讲话，更加详细、全面、系统地谈到了我国当前宗教工作的现实意义和重要性。总书记指出："正确认识和处理宗教问题，切实做好宗教工作，关系党和国家工作全局，关系社会和谐稳定，关系全面建设小康社会进程，关系中国特色社会主义事业发展。我们要从这样的战略高度，充分认识做好新形势下宗教工作的重要性。""在新的历史条件下，我们要坚持马克思主义的立场、观点、方法，全面认识宗教在社会主义社会将长期存在的客观现实，全面认识宗教问题同政治、经济、文化、民族等方面因素相交织的复杂状况，全面认识宗教因素在人民内部矛盾中的特殊地位，努力探索和掌握宗教自身的规律，不断提高宗教工作水平。"这一重要讲话非常透彻地说明了我国当前宗教工作的任务和特点，同时也为我们的宗教研究指明了方向。

党的宗教工作基本方针的落实，需要宗教研究在理论上和实践上的积极配合。因此，这对于我国宗教学的发展来说也是一个新的机遇。我们世界宗教研究所是毛主席提议成立的，在中国宗教学的系统发展中起过开创作用。我们的宗教研究得到了党中央的指导和关怀，为中国当代宗教学领域中的一支重要队伍，任重而道远。在新形势下，我们宗教研究对党的十七大精神和胡锦涛总书记重要讲话的贯彻落实，首先就应体现在对马克思主义宗教观的认真学习和重新认识，并使之在不断中国化的过程中展示中国特色和时代精神，由此构建马克思主义宗教观的中国理论体系和思想学说。其次，中国宗教学在全球化的发展中应是一个开放体系，善于吸收世界宗教学的优秀成果和科学方法，在学习和比较中异军突起，独树一帜，体现出中国风格和中国特色。这样，我国宗教学在基础理论和学科体系建设上将会有大的发展和质的突破。此外，中国宗教学还必须关注并参与"积极引导宗教与社会主义社会相适应"，注重实践，联系实际，深入一线，发现新情况，提供新思路，解决新问题。这样，我们的宗教研究就应该调整"学究式"、"书斋式"的传统模式，面向现实问题，理论对策并重，以正确的理论指导实践，用科学的方法解决问题，积极为党和政府的现实宗教工作献计献策，发挥好中国社会科学院思想库、智囊团的作用。在党的十七大精神和胡锦涛总书记重要讲话的指引下，宗教工作势必获得更多的重视，而我国的宗教学同样也获得了重要的发展机遇期，我们宗教研究者显然会有更加光荣的使命和更为艰巨的任务。我们应结合宗教在当代社会中呈现的复杂现象来探究宗教的本质，洞观其发展走向，抓住其内在规律，正确认识宗教的存在根源及其社会意义，由此达到我们理论认知和研究上的升华与突破。这种理论与实践的有机结合势必使我们的宗教研究获得丰硕成果，使中国的宗教学上一个全新台阶，迎来更加光明的前景。

6. 认真学习胡锦涛总书记的讲话，推动宗教研究创新发展

在中共中央政治局 2007 年 12 月 18 日下午进行的第二次集体学习中，胡锦涛总书记对如何正确认识和处理宗教问题，切实做好宗教工作发表了重要讲话。这次集体学习安排的内容是当代世界宗教和加强我国宗教工作，体现出我们党对宗教问题和宗教工作的高度重视。

在全球化的新形势下搞好我国的宗教工作，必须要有新视域、新思路、新举措，对此，宗教研究就有其独特意义。胡锦涛总书记指出："在新的历史条件下，我们要坚持马克思主义的立场、观点、方法，全面认识宗教在社会主义社会将长期存在的客观现实，全面认识宗教问题同政治、经济、文化、民族等方面因素相交织的复杂状况，全面认识宗教因素在人民内部矛盾中的特殊地位，努力探索和掌握宗教自身的规律，不断提高宗教工作水平。"这一精辟论述，也正是我们开展宗教研究的基本指导思想。

首先，宗教研究应根据中国国情和时代发展来认真学习和重新认识马克思主义宗教观，在坚持经典马克思主义的立场、观点和方法的同时，形成具有中国特色的马克思主义的宗教理论，实现其"中国化"。经过中国共产党的长期探索和坚持不懈的努力，已经有了对我国宗教工作实践经验的科学总结和理论升华，从而得以制定出党的宗教工作基本方针。特别是对于社会主义社会初级阶段的宗教问题，发展和谐社会的宗教观，积极引导宗教与社会主义社会相适应，以及促进宗教界人士和广大信教群众为我国经济社会发展和社会和谐作贡献等方面，都有许多创建和新的突破。因此，其相关理论体系的构建和思想学说的阐发已水到渠成，呼之欲出，我们应该努力推出现代中国版的马克思主义宗教观及其系统理论。

第二，宗教研究必须要有全球眼光和整体关联，看到当代世界宗教的多元发展及其与中国宗教的复杂联系。这样，中国的宗教学发展也应是一个海纳百川的开放体系，在其整体视域中关注世界宗教的问题意识，善于吸收世界宗教学相关体系的重要成果和科学方法。

第三，宗教研究要认清宗教在中国仍将会长期存在的客观现实，积极引导宗教与社会主义社会相适应。基于这一考虑，宗教学不仅是基础学科，也应是实践体系，必须关注现实问题，开展调查研究，理论联系实际，并积极、有效地为解决现实问题出主意、想办法、拿方案，使宗教学理论学说能够指导并服务于社会实践。

第四，宗教研究应该是跨学科研究，比较研究和综合研究，形成其多层次、全方位的研究态势和能动结构，以探讨宗教与社会各领域的复杂交织及其作用、功能和影响，由此促成宗教发挥其正面功能，使其矛盾得以化解、达成积极转换。

最后，宗教研究要有深层次发展，有创新意识。我们应该结合宗教在社会中呈现的复杂现象来探究宗教的本质，摸清其内在规律，洞见其发展走向，真正认识宗教的存在根源及其社会意义，掌握其历史演变的脉络神髓。

总之，在党的十七大精神指导和鼓舞下，我们应抓住这一新的时代机遇，认真学习钻研，推动我国宗教研究的创新发展。

7. 宗教学应该列为一级学科

宗教学在中国改革开放三十年中从无到有、发展迅速，成为当代中国社会科学、人文学科中的亮点之一，引起世界学术界的关注和好评。然而，宗教学在中国的学科定位关系一直没有理顺，这不仅已经直接影响到宗教学学科本身的可持续发展，而且也不利于我国学科体系的科学性、规范性构建。

从国际宗教学的发展上来看，宗教学形成于 19 世纪下半叶的西方，已成为一门单立的人文学科，在高校系统中有相应的宗教学系或宗教学专业，与其他人文学科并列。自 20 世纪初，国际学术界亦组成独立的宗教学国际学术机构，并定期召开其专业学术会议。迄今国际宗教学学术协会已组织召开了 19 次国际学术大会，第 20 次大会也将于 2010 年 8 月在加拿大的多伦多召开，其中在亚洲召开的两次会议均由日本宗教学界出面组织，特别是 2005 年 3 月在东京召开的第 19 次大会有来自世界各地的约 1500 名学者与会。随着中国国力的增强，中国作为一个有影响的文化大国和历史悠久的学术大国，在宗教学领域显然不能再与日本有太大的差距。人口不多的日本，研究宗教的学者却远多于中国，组织宗教学术研讨会亦颇有气魄和传统。如果我们不加强宗教学的建设，在这一领域与作为近邻的日本都无法相比，更谈不上走出亚洲、真正走向世界。

我国宗教学的发展建设在中国社会科学院是作为独立学科单立，与哲学、史学、文学等并列，且同等对待。在国家社会科学基金系统中，宗教学也是作为独立学科来存在，有单立的评审组，与哲学学科分开而不隶属于哲学。此外，在国家科学技术名词审定领域，宗教学同样被作为单立学科来看待，并正在从事完全独立于哲学的宗教学名词术语审定工作。这样，只有在高校教育的学位体系中，宗教学才被作为隶属于哲学的二级学科来对待，其结果使宗教学在招收学生、设立研究生博士点、硕士点以及在相关课题评审上都遇到了许多障碍，其发展明显受到限制，并在如何对待宗教学上不断出现学术不公平的问题。我们今天不断谈论我国教育制度存在的问题及其改革的必要，那么在学科设置的革新上，也有必要为我国宗教学的发展松绑，创造更有利的条件。

因此，为了我国宗教学的健康、正常发展，使我国学科体系真正走向规范、科学和完善，在高校学位体系中应该尽快将宗教学列为一级学科，使之在理论构建、学科发展以及实际工作中能够发挥更大的作用。

8. 《朱谦之文集》出版座谈会发言

朱谦之先生是20世纪中国学术界的一位杰出学者，为哲学社会科学和人文学科的发展作出了重要贡献，在当代学术界有着"百科全书式的学者"之称。自原属中国科学院哲学社会科学部的世界宗教研究所建所以来，北京大学哲学系东方哲学教研室整体归入研究所，朱谦之先生即我所的研究员，为我所学科建设和学术发展付出过辛勤劳动。他和许多老一辈学者一起，为我所奠定了坚实的学术基础。1999年，我所组织召开了纪念朱先生诞生100周年座谈会，并发表了相关纪念文章。大家对朱先生的学术风范和人品极为钦佩和崇敬，并为我所拥有这样学识渊博、思想敏锐、中西贯通、理论精深的大学者而感到骄傲和自豪。

今年正值朱先生逝世三十周年，在学界朋友的关心和支持下，福建教育出版社编辑出版了10卷本《朱谦之文集》，这是对朱先生丰富学术生涯的总结和展示，也是我国当代学术思想建设的一项重要成果。为了纪念朱先生逝世三十周年，缅怀先生的学术功绩和成就，学习先生的治学风范和高尚人品，祝贺《朱谦之文集》的出版发行，中国社会科学院世界宗教研究所与福建教育出版社联合召开了今天这一具有独特意义的座谈会。《朱谦之文集》的出版，使我们有机会对先生的学术思想和广博学问加以系统学习和研究，领略先生博古通今、博大精深的学术才华和风采，并得以体会先生"深思精索，谨慎下笔"的为学态度和严谨学风。而且，文集的出版使先生鲜活的学术精神得以再现，使其"百科全书式"的学问能够影响今学，惠及后学，造福于当代中国学界。

在纪念朱谦之先生诞生百年座谈会上，我曾谈起纪念朱先生对于我们后学的重要意义。就我个人的粗浅认识而言，当时我谈到继承朱谦之先生给我们留下的丰厚精神遗产和深邃启迪，至少可以包括如下四个方面：

其一，"我们纪念朱谦之先生，就是要学习先生以学术研究为主，以著述写作为乐的精神。对我们人文学者而言，为学不仅是一种职业生涯，而且是一种人生追求，我们钻研于其中，人生的乐趣、感情也在其中。人文研究乃一个民族的文化积淀和精神温床，它需要其民族的知识精英去忘我地追求，全身心地投入。正是在朱谦之先生身上，我们看到了这种精神、这种境界的生动体现，我们对'衣带渐宽终不悔，为伊消得人憔悴'之表述也有了更深刻的认识"。

其二，"我们纪念朱谦之先生，就是要学习先生'深思精索，谨慎下笔'的为学态度。研究工作需要一定的学术积淀和知识积累，尤其人文学科的研究需要各种语言知识的训练、第一手材料的搜集，因此在这一过程中必须坐得住、沉得下去，有耐心、有毅力，坚持数十年如一日，正如我院学界前辈所提倡的'板凳要坐十年冷，文章不写半句空'。只有坚持这种为学态度，锲而不舍，才可能出学术精品，成学问大家"。

其三，"我们纪念朱谦之先生，就是要学习先生博学多闻，涉猎广泛的学者风范。社会科学、人文研究需要广博的知识，需要进行跨学科的探究，从不同学科、不同领域，我们都能得到启迪，开发智力，有着方法论上的收获，并达到触类旁通之效。常言道，'为学有如金字塔，既能博大又能高'，学问上的博大与精深乃是相辅相成的，是一种有机的融合与会通。因此我们应提倡我们这一代学人也应一专多能，保持旺盛的求知欲。我们不能满足于自己树业有专攻，而应打破隔行如隔山之虑，加强横向交流，展开学术沟通与对话，朝着博古通今、学贯中西这一理想境界迈进"。

其四，"我们纪念朱谦之先生，也是希望老一辈学者的优良学风、高尚人品、渊博学识能在我们中青年学者中得以继承、发扬和流传，使我们的学术研究得以延续、得以发展，使我们研究所的学术气氛更浓，求学精神更高，学术成就更多"。

我想，从《朱谦之文集》中，我们能够直接接触、了解朱先生的思想、学识和精神境界，可以学到许多的知识、经验和做学问的研究方法。

所以，我们的座谈会就是一种让我们走向大师、向大师学习的呼唤和号召。在此，我谨代表中国社会科学院世界宗教研究所向福建教育出版社为出版发行《朱谦之文集》而付出的辛勤劳动和巨大努力表示衷心的感谢！亦向今天来此出席朱谦之先生文集出版座谈会的学界前辈，尤其是不顾高龄和远道专程前来的朱师母，以及各界学友和新闻媒体的朋友们表示崇高的敬意和热烈的欢迎！

9.《徐梵澄文集》出版新闻发布会暨座谈会发言

尊敬的苏理宁大使先生、尊敬的各位领导、各位来宾：

今天我们在中国社会科学院召开《徐梵澄文集》出版新闻发布会暨座谈会，纪念我院著名学者徐梵澄先生，这是我院，尤其是我们世界宗教研究所具有重要意义的学术活动，是对今年"中印友好年"的一份独特献礼。

徐梵澄先生是中国社会科学院世界宗教研究所资深研究员，著名的印度学专家、宗教学家、翻译家和精神哲学家，同时也是一位诗人、书法家、画家、艺术鉴赏家和评论家，精通多种古今语言，为20世纪中国学人中曾对中、西、印三大文化圈展开过深入学术研究之屈指可数者。我们对这样一位全才型的中国人文知识分子深感敬佩，亦为我们研究所能有这样杰出的专家学者而自豪。

徐梵澄先生于1909年10月26日出生，湖南长沙人，自1928年起追随鲁迅，受到鲁迅夫妇颇高评价；他于1929年至1932年留学德国海德堡大学哲学系，其间曾为鲁迅搜求欧西版画，为中国新兴版画的发展有过重要贡献。他回国后曾在上海为《申报》"自由谈"撰写杂文，并受鲁迅之嘱而翻译尼采的著作，为中国最早翻译和研究尼采的学者之一。抗战期间，徐先生曾先任教于中央艺专，后在中央图书馆从事编纂工作，并兼任中央大学教授。1945年，徐先生参加中印文化交流，赴印度讲学，任泰戈尔国际大学教授，并于1951年转入南印度室利阿罗频多学院从事翻译、著述和教学工作，在印度生活、研习历时33年。这段经历使徐梵澄先生对印度文化有深厚的了解和研究，也为他此后发挥中印文化交流的使者作用奠定了坚实的基础。1978 年底，徐先生回到中国，经任继愈先生引入中国社会科学院世界宗教研究所，任研究员，直至 2000 年 3 月 6 日在北京去世。

　　徐先生是我们这一时代的一位博学多闻、思想和学术造诣精深的学术大家，他一生涉猎广泛、著译甚丰，为我们留下了宝贵的学术财富；其淡泊名利、宁静超然的精神气质和严谨执著、锲而不舍的学术风范是我们后学的楷模；其"梵典"汉译、"华章"外扬的传奇生平和学术经历亦为当代中印文化交流、中西思想会通的一段佳话。《徐梵澄文集》的出版发行，使我们得以走近这位大师，参与其思想和学术之旅，并体悟其优秀的人品和学问。因此，我们祝贺《徐梵澄文集》的出版，衷心感谢各位朋友莅临今天的中国社会科学院科研成果发布会和《徐梵澄文集》出版座谈会！

10.《金鲁贤文集》出版首发式
暨研讨会发言

　　《金鲁贤文集》的出版是中国当代天主教会非常值得庆贺的一件盛事。金主教是一位学者型、专家型的中国天主教会领袖，早年曾留学罗马、获得神学博士学位，并且精通多种西方语言和古典语言，撰有多部著作，在国内外有着广泛的影响。金主教与学术界也有密切的联系，曾多次友好合作，促进宗教学术的发展。我最早认识和近距离接触金主教还是在20世纪80年代，当时我在德国攻读博士学位，金主教率中国天主教代表团到慕尼黑访问，我们一起共进晚餐，彼此交谈。在第一次接触中，金主教的学识、风度、智慧就给我留下了深刻印象。此后，我与金主教在国内外学术会议或公共活动中时有接触和交流，多次听到他充满睿智和洞见的发言。因此，今天能够读到金主教的《文集》，出席这一由天主教上海教区主办、上海辞书出版社协办的金主教《文集》出版首发式暨研讨会，我感到特别的高兴，并认为这一活动有着独特的意义。这里，特向主办和协办单位邀请我与会表示诚挚的感谢！

　　金主教充满戏剧性的人生经历，以及其体现出博爱与智识的著述，对我们研究中国天主教当代发展的历程、认识其"爱国爱教"的意义，有着重要的启迪。金主教以其对基督宗教《圣经》及其教义创造性、处境化地运用，颇为成功地解决了当今教会事务的一些复杂问题，其涉世智慧和超越性洞见为我们展望未来提供了广阔的想象空间，亦使人乐观、积极、对前途充满希望。对于中国天主教的历史回溯以及对其发展前途的未来展望，上海都是一个特别引人注目的地方，也给人们提供了丰富的经验教训。所以，对于我们学者而言，研究上海，研究上海天主教的发展变迁，有着特殊的学术价值和精神意义。这种研究才刚刚开始，人们仍然可以大有作为。

为《金鲁贤文集》出版而召开的这个研讨会，正是体现出研究上海、研究上海天主教会的这种积极意识和意向。金主教亲身经历了上海这座世界名城及其天主教会的历史变迁和社会发展，其经历本身就是一种见证、一部大书。所以，我们应该多向金主教学习。在此，我特向金主教《文集》的出版发行表示祝贺！并祝这一出版首发式暨研讨会圆满成功！衷心祝愿金主教健康、长寿，为中国天主教会"爱国爱教"的发展继续作出贡献！谢谢大家！

11. 纪念中国宗教学体系的
开创者任继愈先生

著名学者、我的恩师任继愈先生与世长辞，心中感到悲痛万分、哀伤无限。任先生的逝世是中国学术界的重大损失，在中国哲学史和中国宗教学研究领域甚至象征着一个时代的结束。回想自己步入宗教学研究三十多年的历程，任先生的引领提携、面命耳提、那慈父般的音容笑貌又浮现在眼前，凝成了永恒的记忆。

1972 年，我因有人退学而得以补空进入"大学"，成了一名比同班同学们晚入校好几个月的、名不副实的"工农兵大学生"。由于获得了"迟来的幸运"，我努力地赶、拼命地补，结果成了学校"白专"嫌疑。在各种警告和暗示下，我不敢再专攻当时自己学习的英语专科，但挡不住的求知饥渴和欲望使我转而广泛涉猎马恩列斯著作和文史哲知识。这样，我首次接触到任先生主编的《中国哲学史简编》（1973），并知道了任先生领导的中国科学院世界宗教研究所这样一个具有"神秘意义"的单位。

我"大学"毕业后的留校成为了"留乡"，在农村经历了三年半无法读书的时光后于 1977 年底回到学校，并被送到省会高校进修。进修期间目睹了人们"文革"后第一次参加高考那激动人心的场景，失去"高考"资格的我也再次充满学习"深造"的渴望。1978 年考研究生的消息传来，让我无比兴奋。在同学的鼓励下，我克服重重困难报考了世界宗教研究所的第一届硕士研究生，并于 1978 年夏第一次走出家乡、走出湖南，来到了北京参加复试，非常高兴地见到了任先生。当成为刚组建的中国社会科学院第一批硕士研究生后，我亦成为被称为"黄埔一期"的这届研究生在世界宗教研究系中最年轻的一名学生。在读研究生期间，我虽然不属任先生直接指导的中国哲学史、佛教和道教研究专业，却仍有机会参加先生教授的古汉语课、中国哲学史课以及宗教研究的方法论等课程。这样，我认真阅读了任先生所著《汉唐佛教思想论集》及其主编的四卷本《中国哲学史》，知道了任先生在1963年就得到毛泽东主席"凤毛麟角"的赞誉，并在毛主席亲自批示下于1964年组建世界宗教研究所的故事。世界宗教研究所的创建，标志着中国宗教学作为一个学科体系的诞生，由此使中国宗教学由个人、零散的研究进入到集体、系统或建制性研究创立和发展的时代。而且，在任先生著作后记中所引用的马克思在《黑格尔法哲学批判》中所说的三句话，也成为我们所认识的用马克思主义指导宗教研究的"三把钥匙"。此外，我们还系统学习了任先生主持编辑的《马克思恩格斯列宁斯大林论宗教》，坚定了以马克思主义为指导研究世界宗教的信心。

作为世界宗教研究所的第一届研究生中最为年轻的学生，我受到了任先生等研究所导师们的特别关心和培养，毕业后不仅被留所工作，不久还被派往德国攻读博士学位，成为我国自改革开放以来在宗教研究领域第一个在国外获得博士学位的大陆留学生。任先生在领导世界宗教研究所的发展中提出了"积累资料，培养人才"的重要方针。为此任先生不仅派我们年轻学者出国深造，而且在全国各地发现人才、吸纳学术骨干力量，并从国外引入了像徐梵澄先生这样大师级的学者来所工作。在学术资料建设上，任先生主编了当代中国第一部《宗教词典》、《道藏提要》和影响广远的《中华大藏经（汉文部分）》等典籍，对中国宗教学体系的构建及发展有着筚路蓝缕的开创之功。

宗教学是一门跨学科的研究，为此，任先生强调比较研究方法和知识面的广博，鼓励我们有更多的拓展、更扎实的根基。在这一方面，任先生身体力行，不仅主持了《中国哲学史》、《中国佛教史》、《中国道教史》等重大课题的研究，推出了多卷本成果，而且还创办《世界宗教研究》和《世界宗教资料》等学术期刊，主编宗教学大型工具书《宗教大辞典》。在学术资料整理及研究的更大视域中，任先生进而主持了《中华大典》、《中华大藏经（汉文部分）续编》、《国家图书馆藏敦煌遗书》、《中国历史文化丛书》、《二十四史》重新校订等重大学术文化工程。任先生渊博的学识和精深的研究，当之无愧为当代百科全书般的学术大师。

为了中国宗教学科的系统发展，任先生于1979年在昆明主持召开了全国宗教学研究规划会，成立了中国宗教学学会并担任首任会长。今年是中国宗教学会成立三十周年纪念，其成长壮大，离不开任先生的特别关心和大力推动。

在学术研究上，任先生有敏锐的学术眼光和独到的思想见解。他提出的"儒教是教"的理论体系和学术观点，引起了当代中国学界巨大反响，深化了对中国传统思想文化之"宗教性"的研究。任先生的《汉唐佛教思想论集》奠定了中国宗教学术界用马克思主义基本立场、观点和方法研究宗教的重要方法论基础。任先生主编的《中国哲学史》整整影响了中国当今一代学人。而任先生主编的《宗教词典》更是为中国宗教学的发展奠定了资料基础，提供了基本研究视域。在担任国家图书馆馆长之后，任先生仍继续关注、支持宗教学及相关领域的研究和发展，不仅作为我们所名誉所长一如既往地关心我所学科建设和全国宗教学的发展，而且还继续担任中国无神论学会理事长，并创办了《科学与无神论》杂志。

任先生谦虚谨慎、生活俭朴，对己极为低调，对年轻学者则全力帮助和提携。任先生饮水的一个玻璃水杯一用就是数十年，我们前不久去医院探访时发现任先生还在使用这一水杯。2006年是任先生九十周年诞辰纪念，但他坚决反对搞任何祝寿或纪念活动。在这一年我所与国际儒联一起组织的学术研讨会上，我们也只能是间接地表达了对任先生的敬意。而在关心年轻学者的成长上，任先生则不遗余力，积极推荐，大胆任用。在编辑《宗教大辞典》时，任先生鼓励我和另一年轻学者一起参加撰写"绪论"，并在先生名字旁署上了我们的名字。在这十多年来，任先生一直鼓励我努力做好世界宗教研究所所长工作，并推荐我接替先生担任国家社会科学基金宗教学科规划评审组召集人。每当我工作中遇到困难，任先生都表示了对我的支持、建议和帮助。

2008年春节，我去拜访任先生时发现先生仍在节日中从事研究写作，先生对我说还想笔耕五年，完成其宏大的学术工程。今年春节我再探望任先生时，已在病中的先生仍念念不忘自己手头的研究计划和工作。任先生这种"鞠躬尽瘁，死而后已"的工作精神和人生境界，让我们这些学界晚辈感到震撼、受到激励。我们会继续努力，将任先生开创的中国宗教学体系建设这一伟业继续往前推进，我们坚信这位学术巨人会引领出当今中国宗教学界的群英、完成春华秋实之连接和继承，从而迎来中国宗教学独立发展、体制创新、硕果累累的时代。

12. 任继愈先生与我的学术生涯

　　当代中国宗教学的奠立，归功于毛泽东主席的积极提倡和任继愈先生的具体实施。1964 年世界宗教研究所成立，标志着中国宗教学发展的一个新起点。随着中国改革开放和 1978 年恢复招考研究生，中国宗教学开拓、腾飞的时代终于开始。而真正引领这一时代、有着筚路蓝缕之功的，正是任继愈先生。

　　我走上宗教研究这条道路，直接来自任继愈先生的引领和指点。虽然我本人不是任先生的嫡传弟子，没有专攻任先生指导的专业，而我开始专注并研究宗教，以及后来在宗教学之路上的一步步发展，却都是在任先生的指引下、关怀下、鼓励下、提携下而成长起来的。因此，任先生是我选择宗教研究的引路人，也是一直在关注、指导我三十多年宗教学术生涯的恩师。

　　在"文革"期间，我偶遇机会闯入了当时在我湖南家乡的一所"高校"，成为一名因高中毕业直接上学而资格不够的"工农兵学员"。失而复得的读书机会使我对学习有一种特殊的好感和疯狂，尤其开始在哲学社会科学及相关的人文学科领域广泛涉猎、博览群书。正是在这一学术求索、寻觅阶段，我有幸间接认识了任继愈先生，知道了任先生及其开展的中国哲学史和宗教研究。任先生对湖南有一种特殊的感情，而我这位当时盲目求知、东探西闯的"知识青年"无意中却与任先生结下了缘分。这对于我这样在那时还从未走出过湖南、显然"土到家"的内省青年而言，确实是一种天赐、一种恩遇！"高校"毕业后我"留校任教"，但直接就被送下农村与贫下中农打成一片。三年多的农村生涯使我再度远离书籍，失去了钻研学问的机会。因此，1977 年底终于回到学校的我再次燃起求知的渴望，也不甘心因为缺乏知识而被开始改革开放的社会所淘汰。在省城长沙高校三个月的进修苦读后我回校执教，同时也获知了世界宗教研究所招考硕士研究生的消息。已有了"大学生"身份的我那时已不可能再考大学，而且自己身边就有一群七七年招考的大学生就读。想从"老师"身份改变为"学生"的我只能下定决心考研求学。在任先生的鼓励下，我鼓足勇气报考了宗教学专业。

1978年夏我第一次走出湖南，来到北京参加研究生复试。终于，我见到了敬仰已久的任继愈先生，也认识了世界宗教研究所最早参与建所的一批前辈学者。在中国社会科学院当时称为"八号楼"的小楼上，任先生非常关心地询问了我的情况，介绍了研究所的发展前景。作为世界宗教研究所第一批硕士研究生复试者中最年轻的一员，研究所的前辈老师们对我的知识结构进行了考查，也进一步了解了我的研究方向和从事这一学术领域的意向及决心。任先生的关怀，老师们的兴趣，使我坚定了研究宗教的信心，这实际上也迈出了我此后宗教研究学术生涯的第一步。

这一年的金秋十月，我如愿以偿，来到北京进入中国社会科学院学习，正式接受国内宗教学最早的"科班训练"，成为中国宗教学领域"黄埔一期"研究生中最小的一员。许多令人仰慕、以前只能在书中读到的学术大家、名师，现在竟成了可近距离接触的老师！当时那奇妙的感觉和激动的心情是难以用笔墨来描述的。我们作为第一批研究生，参加了不少由任先生亲自讲授的大课，同学们在一起也经常讨论任先生的治学方法、学术研究上的指导思想，尤其是对马克思主义宗教观的理解和运用。因为自己报考的是国外宗教研究方向，所以任先生在我就读硕士期间就鼓励我争取出国深造，认为研究国外宗教应有实际接触和了解的基础和经验，要"入其内"、"出其外"，不隔且深求。任先生甚至还曾推荐我到加拿大多伦多大学进修，只是因为当时教育部规定未毕业研究生不能出国攻读，研究所才改派其他学者赴加学习。这种世界意识和全球眼光为我们研究所的学术研究展示了大视域，拟定了大手笔，奠定了我们全方位、多层次宗教研究的重要基础。

硕士研究生毕业后，我留所工作。院里曾一度借调我到外事局工作，有关领导希望以此能帮助我锻炼办事能力，增加社会活动经验。但任先生知道后，劝我以打好学术基础为重，主要精力仍应放在钻研学问上。在他看来，"办事能力"对我固然重要，却并非当务之急。这样，我在很短时间就结束了借调工作，回到研究所继续从事专业研究。在毕业后不到两年，所领导就积极推荐我出国攻读博士学位。任先生告诫我研究宗教必须要有世界眼光，世界宗教研究所的基本任务就要求我们放眼世界、开拓视域，而对宗教学的方法、体系也应有比较系统的了解、把握。任先生的鼓励，使我在走出自己宗教学术生涯的第一步后，再次鼓足勇气迈出新的一步，上更高一个台阶。

五年留德生涯，我保持了与任先生的联系，而且也一直得到任先生的关注和关心。1988 年底我学成回国，任先生已不再担任研究所所长，但仍然是我们研究所的名誉所长。这样，我仍然保持了与任先生的密切联系。在出任北京图书馆馆长后，任先生还组织了不少宗教学研究课题，其中有些课题也邀请我参加。所以，我仍有机会经常不断地与任先生讨论学问，聆听到他的教诲。此外，在国家社科基金宗教学评议组，我们也定期与任先生一起讨论中国宗教学的发展，课题的设定和开展等问题。任先生还推荐我主持国家社科基金的重大项目，并在他因年事已高而退出国家社科基金评委会时推荐我继任宗教学评议组负责人之位，使我站到了参与、推动中国宗教学发展的第一线。

在我担任研究所副所长、所长期间，我一直保持着与任先生的联系，不断向先生请教治学之道、治所之方，得到不少启迪，受过许多教诲。回国二十年来，我春节期间只要在北京也都会去看望任先生，向先生汇报研究所的工作与发展，请教为学为人之道，任先生也总是非常耐心地听取研究所的进展，对研究所取得的成绩也感到非常高兴和满意，并且对研究所发展有许多前瞻、设想和建议，我们共同讨论，研究，也有许多同感和共识。因此，研究所的治所和治学仍然不断得到任先生的具体构设和指点，研究所的前进和成就也多有任先生所付出的心血和努力。回顾自己这三十多年的学术生涯，一直都有任先生的关心、鼓励、呵护和指导。任先生总是默默地关心人、帮助人，从不张扬，也决不考虑个人的任何得失。常言说："滴水之恩，报之涌泉。"任先生对我们改革开放以来的首批宗教学研究生应该是有着"涌泉之恩"的，他却从不要求回报点滴。这种高洁、宁静和谦逊，令人敬佩、让人感动！现在任先生已经辞世，我们将以感恩之心，非常珍惜地留住这永恒的纪念。

13.《中国大百科全书》
（第二版）出版感言

　　《中国大百科全书》（第二版）的成功出版是 21 世纪初中国学术界、文化界和出版界的一大盛事，也是当代中国"软实力"明显增强的重要标志之一。这一"国家重大出版工程"的胜利完成，见证了中华民族在改革开放的春风中正乘着人类知识的翅膀腾飞。

　　百科全书的编撰乃随着欧洲近代经济、政治、社会、文化的迅猛发展应运而生，其问世就体现了当时欧洲新兴社会发展中"知识就是力量"的意义，反映出其大工业革命进程中科学文化的厚重积淀及其可持续发展的重要精神动力和知识支撑。自近现代以来，百科全书的编辑出版曾是许多西方发达国家展示其综合国力的一个窗口，它们如同在近代工业社会中诞生的交响乐团那样奏出了"知识经济"时代的美好乐章。

　　百科知识即综合知识，其作为"大"而"全"的工具书之编纂是相关国家在其科学文化领域的基本建设和基础工程，在某种意义上亦代表着其"软实力"的发展程度。我国自改革开放以来开始组织编辑出版《中国大百科全书》，也揭示了中国当代社会在全面发展上和综合国力的体现上已经"水到渠成"。三十多年来从《中国大百科全书》分科各卷的出版到其第二版综合性、整体性、一次性的全部推出，既反映出中国知识领域的进步与创新，也展现了中国社会综合国力的发展与强大。

　　正是因为"大百科全书"体现出了其知识门类的齐、全，以及学科领域的整、合，才让其读者能够真正体会到"百科"所涵括的知识宝库、学问海洋，并在其中有求必应、流连忘返。因此，《中国大百科全书》（第二版）也特别强调和关注以往在中国比较敏感、边缘、曾经有所忽视、而现在正让人感到越来越重要的宗教学领域，并邀请这一领域的许多著名专家学者来撰写相关条目内容，由此亦体现出其让"最适当人撰写最适当的条目"这一原则。宗教学条目的系统补入和充分体现，使这次出版的第二版既形成了宗教学知识与文史哲以及其他相关的社会科学、自然科学领域各种知识的积极互动、补充和印证，也增强了本版知识内容的分量，使其在学科分布和结构上更加全面、完善。可以说，宗教学知识在这次新版《中国大百科全书》中的充分体现和积极定位，使这一中华重典可与世界任何其他著名百科全书媲美，而且更突出、更集中地反映出当前学科关注、学术发展、知识创新上的最新进展、最新成果。此外，《中国大百科全书》（第二版）打破分类分册的做法既符合国际惯例，也促成了不同知识之间的关联、达成积极的"科际整合"，使我们更能获得"开卷有益"、"触类旁通"的跨越性、联想性学习及运用知识的最佳效果。

14. "问题"似路——基督教文化研究的希望

——《问题》创刊有感

欣闻《问题》创刊，为我们研究问题又多了一块园地。自古以来，人的思想之路就与问题相关。所谓思想即一种问题意识，旨在与问题相遇、同问题相交，更意欲寻找问题、发现问题、解答问题。问题乃人之思的生存处境。问题意识乃人的精神活力之所在，但不是所有问题都有答、有解。面对问题，人意识到自己存在和思想的有限，然而正是这些未解或无解的问题，给人带来了思索、追寻和希望。无限的问题，使人的思绪走向了一条不归之路，化入无限之中。

基督教文化在中国的处境和命运，是中国学术界和宗教界所关注的一大问题。其本身亦是一个未获理想解决的问题。基督教自己强调其普世性，认为在其信仰认知的形上层面上并没有所谓"适应"或"融入"地域文化的问题，颇有一种"放之四海而皆准"的感觉。但这种理想之境与现实情况相距甚远，基督教在中国的发展乃是一条曲折、复杂的道路，其传扬者和追随者迄今仍在艰难跋涉；而基督教文化在中国社会氛围中亦被视为一种"异质"文化，其"本色化"、"中国化"依然任重道远、路漫漫且维艰。基督教本身之问题，基督教文化在中国的命运问题，对于我们这些研究者而言，是动力、使命，亦是意义和指归。

认知基督教思想文化，大致有两条进路：一为信仰的进路，二为询问的进路。就前者来看，无论是"信仰以达理解"、还是"理解以求信仰"，立足点都在一个"信"字。从严格意义上来讲，信仰乃宗教的真谛，离开"信"则无法体悟、理解宗教中的激情、冲动、超然忘我和心醉神迷。基督教亦不例外。因此，面对并认识基督教的"信仰"乃至"神秘"层面，是准确把握基督教所不可或缺的。对于不少信仰者而言，这种信仰感悟或神秘体验的确只可意会而难以言传，其"言"述或"文"达并非必要的或绝对性的，它侧重在一种"灵性"的生命及生活，有一种"心灵"及"实践"之维度。其极端者或排他论者甚至会持"信仰之外无拯救"的态度。不可否认，这里既是宗教的意义，亦是其问题之所在。就后者而论，询问即一种"问题意识"，它想了解基督教究竟是什么和为什么，但询问的结局仍为一种敞开，有其开放性和多元性。在此，认知基督教乃一种"精神之旅"，但并不一定为"信仰之旅"。其探询、追问、求索、思考即人文意义的、学术意义的，突出其思辨性、哲理性，强调其意义诠释和价值判断。尽管在此会有"参与性观察"和"同情性理解"，但其本真仍基于一种独立、客观和超脱的学术精神。在现实存在中，这两条进路可并行不悖。其认知双方应相互尊重、相互理解，在对话、沟通之中保持和而不同。

在基督教文化研究中，我们继承了许多悬而未决的老问题，又遇到了大量涌现的新问题。问题如潮，迫使我们去赶海弄潮、体验沉浮；问题似路，引导我们去探寻摸索、通幽览胜。而这些问题的存在和相关问题意识的敏锐，则正是当前基督教文化研究的希望之所在。在当代中国这样一种"俗世"的处境中，人文学意义上的基督教研究会与传统神学意义上的研究有所不同，这体现在研究主体、目的、视野、方法、诠释等方面。按照人文社会科学研究的理解，在世俗化过程中，基督教所涵盖的精神价值层面与教会建构层面并不始终完全等同，其精神价值本真对社会的影响会更广泛、更深入。从教会建构意义上来谈，应该是"教会之外无神学"，神学乃"教会的思想"或"教会在思考"，它像一面镜子映出了教会的心路历程及其多元多彩。这种"信仰神学"包括教义神学、道德神学、神秘神学、哲理神学、教牧神学和政治神学（包括教会社会学说）等复杂发展，但总体上表现为"唯灵"（神秘主义）和"唯理"（理性主义）两大方向。若从其精神价值层面来探讨，基督教"神学"之思则会超越"教会"之界，返归古希腊精神中"神学"乃对"神"之"言说"、"理解"和逻辑推断的本意。这里，"神"或"神性"已不再限于信仰真理的界说，而指从更宽泛视阈所理解的"终极性"、"永恒性"、"至高性"、"绝对性"之真实及其真理，于是就为一种"俗世的"、现实的"学术神学"之可能提供了空间。如果说传统"信仰神学"主要乃"信仰神的学问"，那么这种"学术神学"则更多为"研究神的学问"。在当代中国这种独特的社会、思想、文化语境中，这一"学术神学"实际上已悄然诞生。它与上述"信仰神学"本质有别，却密切关联。在此，"学术神学"既是一种新的"形上"之探，又体现为在现实此在之中追问终极本真的诠释神学、人文神学和诗意神学。它乃理性主义、人文主义和浪漫主义的有机结合，并打破了哲学、文学、史学、美学、艺术等学科化分界，在其跨学科或"科际整合"中显其存在。应该指出，虽然中国社会早已越过了谈"神"色变的时代，但要承认一种既不同于传统神学、又与"世俗"人文社会科学相对有别的"学术神学"，仍然需要勇气和睿智。

从一定意义上来看，所谓"学术神学"乃沟通神学、宗教学和其他人文社会科学的桥梁，它即宗教学原理和研究方法在基督教神学领域中的具体应用。如果说当代神学中"各宗教的神学"是基督教神学与其他宗教理论对话的一种尝试，那么"学术神学"则为"属世"的人文社会科学理论与基督教神学的一种深层对话和沟通。当然，对此提法是有争议、批评的，其本质即这种"神学"能否根本成立，它还是不是"神学"。换言之，存不存在一种"排除了信仰的热情、宣教的冲动"、"被置于全然世俗的语境"、并与"西方文化载体"相"剥离"的、研讨基督教的"学术神学"？"俗世的神学"究竟是"神学在俗世中的存在"、"神学的世俗化嬗变"，还是"俗世"产生的、由"俗人"探究并谈论的"神学"？对"神学"除了"神秘性"、"神话化"言说之外，还有没有可能、允不允许另一种言说及诠释？这些正是我们目前无法回避的问题。

总之，问题如谜，需要我们去破解；问题即路，我们必须上路远行。

谨此祝《问题》学刊的创办！

15. 祝贺"中国宗教圣经事工展" 在美国顺利举行

"中国教会圣经事工展"在美国顺利举行，可以从中美关系和中西思想文化交流的最新发展这一高度来评价。这一展览取得的成功和引起的轰动，既在情理之中，又让人感到振奋、看到中西思想文化交流向深层次发展的希望。美国政府和民间社会至今仍有人对当代中国及其教会有着种种不解和误解，他们中有许多人不相信中国允许宗教信仰自由，没想到中国教会能够大量印发《圣经》。但事实胜于雄辩，人们深知耳听为虚、眼见为实。因此，当他们看到各种版本、各种装帧的中文《圣经》时，既为这一展览的琳琅满目、美不胜收所折服和感到欣喜，又因听到当代中国已经印刷4000万册《圣经》而感到惊讶，觉得不可思议。从这一展览可以说明，中美双方在宗教领域多加沟通和交流太有必要了，而这正是消除双方不解和误解的有效途径，并能达到人们常说的"双赢"。基督教在中国历史上的复杂经历，在一定程度上乃与中国和美国的复杂关系交织在一起。为此，我常说，基督教在中国发展处境的改善，在其外部环境上根本乃依赖于中美关系的改善。而与之相关联的是，两国的基督徒在促进这种双边关系的改善上可以，而且也应该起到非常积极的作用。在改革开放后，中美关系已经出现了良性发展，但敌意犹存，矛盾未消。在这次"中国教会圣经事工展"的亚特兰大首发式上，美国前总统卡特出席并发表讲话，回忆起邓小平访美时他作为时任美国总统向邓小平提出的三个请求，一是在中国开放教堂，二是允许印刷圣经，三是让美国传教士再到中国来传教。邓小平同意了前两个请求，但拒绝了让传教士来华的请求。如今看到中国教会的正常宗教生活，发现中国印刷出版了这么多圣经，卡特颇有感叹，这亦说明中美双方对话、沟通的重要和必要。

同样，4000 万册《圣经》在中国的发行，显然不仅仅是面向中国的基督徒，而应拥有更大的读者群。其实，人们读《圣经》不只是将之作为基督教的信仰经典来读，也是将之作为了解世界宗教文化、文明历史以及人类思想精神遗产的文本来读，将之作为一部世界名著来阅读、鉴赏。所以，在改革开放的当代中国，为了我们中国人更多地了解世界，也为了让世界更多、更好地了解中国的进步与发展，《圣经》的发行也不应该仅仅限于教会之内，而应像许多其他世界名著那样在中国公众中有其自然而然的定位。可以说，"中国教会圣经事工展"在美国成功创立了一个美好的形象，也给我们带来了更深层次的启迪和遐思。

16. 从柯尼希的逝世所引发的感想

　　柯尼希（Cardinal Franz König）前不久去世了，欧洲有不少报道，中国人似乎对之不太关注。其实，作为一位关心西方人文学术和中梵关系的学者，我对柯尼希稍有了解，并认为有必要对其加以相应研究。或许，在今天，他的意义还不能被人们所领悟。

　　柯尼希生前是奥地利维也纳天主教总主教，著名神学家和社会活动家。他于1905年8月3日出生在奥地利圣珀尔滕主教区的拉本施泰因，少年时就读于梅尔克的本笃会高中，1927年至1933年在罗马格列高利教宗大学研习哲学和神学，同时在教宗圣经学院攻读圣经学，其研究重点为伊朗宗教问题。1933年10月29日，他获祝圣为天主教神职人员。1945年，他在多瑙河畔的克雷姆斯担任宗教学教授，1948年转至萨尔茨堡神学院教授道德哲学。1952年7月3日，他被教宗庇护十二世任命为利维亚德教会虚衔主教，同年8月31日获祝圣。1956年5月10日，他升任维也纳教区总主教，获圣尤西比乌教士头衔，同时亦担任奥地利希腊礼仪天主教教区长。他在担任宗座与非宗教信仰者对话委员会主席期间，于1958年12月15日被教宗约翰二十三世任命为枢机主教，位列枢机司铎等级，获圣尤西比乌枢机司铎衔。1985年9月16日，他从维也纳总主教教职上退休，成为维也纳荣休总主教和宗座与非宗教信仰者对话委员会荣休主席。1990年3月7日，欧洲科学艺术研究院在萨尔茨堡成立，他担任其名誉院长。2004年3月13日，他在维也纳逝世，享年98岁。

　　柯尼希是研究宗教史的专家，在这一领域曾出版过许多学术著述。其研究点面结合，而且在熟知天主教的前提下又专门研究伊朗宗教，深入探讨伊斯兰教，故而形成宗教史学与比较宗教学的有机结合，达到了某种纵横打通。因为我的博士导师的推荐，我也参加了欧洲科学艺术研究院，为其世界宗教研究部的成员，所以经常听到关于柯尼希的报道及相关话题。他在欧洲宗教学术界乃有着颇高的学术地位，对于梵蒂冈而言也是一位学者型的官员。

此外，他还是实施罗马教廷"东方政策"的重要人员，负责与非宗教信仰者的对话，尤其是寻求与马克思主义的对话。因此，他亦对中国有着特别的关注。1980 年春，他曾与埃特凯加雷枢机（罗马教廷宗座正义与和平委员会前主席，中法友好协会成员）一道来中国访问，与有关部门和人士举行座谈。其访问虽然具有非正式的性质，却实际上意味着自中华人民共和国成立以来罗马教廷高层人士的首次访华，故而标志着罗马教廷在当代形势下与中国接触的开始。可以说，在当代中梵关系上，柯尼希与埃特凯加雷枢机共同开始了他们的"破冰之旅"，因而为这一历史的展开和追溯提供了一个值得关注的视角。从这一角度而论，对柯尼希的了解与研究，对我们也有着重要关联和现实意义。

17. 对我国民间宗教及信仰的调研思考

研究当前我国民间信仰工作面临的新情况、新问题，是我们深入学习和实践科学发展观的一个具体体现，有其现实意义和理论意义。民间信仰在中国当代社会重新兴起，而且在相关地区发展迅速，影响不断扩大。对待民间信仰，关涉到对中国基层社会状况、民众心态及精神追求、社群关系、地方文化及民俗传统以及与广大港澳台同胞和海外华人的关系及联系等问题，头绪繁多、情况复杂，很难概而论之或采取"一刀切"的处理办法，而有必要对其进行多层面、多角度的立体、综合分析。所以，对于这一调研及其意义，在这里我想从三个方面来谈点个人不成熟的看法，仅供参考，亦请大家批评指正。

第一，中国民间信仰受到国际社会的普遍关注，国际宗教界和学术界对之有着种种分析和推测。例如，2001 年在英国牛津出版的《世界基督宗教百科全书》在对 2000 年世界宗教发展的统计中，就列出约有 3.85 亿中国民间宗教或民间信仰的信徒；海外华人不足 1 亿，因此这一统计数字显然是针对中国的。此外，该书还列有中国宇宙神论者在 2000 年约为 3.9 亿人，2004 年约有 4 亿人之说，也主要论及中国的民间信仰者。尽管这些数字多为猜测，却说明国际社会对这一现象的高度重视和相关观察。近年来，网上有许多关于当前中国民间信仰发展状况的讨论，已引起许多方面的注意。对此，我们应该展开深入、系统的调查研究，形成较为科学、权威的说法。

第二，中国民间信仰与中国传统文化和现代文化发展亦有密切关联。中国民间信仰反映出浓厚的儒、佛、道文化色彩，在保存这些传统文化及其信仰上有着独特的意义，在中国民间社会乃至海外华人社团中保留了很深的中国文化情结和信仰归属，从而曲折表露出对中国文化的向心力和归属感。中国民间信仰往往成为海外华人文化"寻根"的象征与手段，也作为其华人社团凝聚、共构的方式与保障，在体现海外华人文化的精神层面及其核心蕴涵上发挥着重要作用。对这一层面的意义，我们应该从"软实力"的构建和战略眼光上来关注、审视。当然，应该看到，中国民间信仰在历史上不是统治阶层"以佛治心，以道治身，以儒治世"的产物，而更多体现其为"礼失求诸野"的基层民间信仰的结果。但它作为区别于经典传统的民间俗文化和区别于官方意识形态的民间信仰，形成了"在野"与"主流"文化、"民间"与"朝廷"社会结构的复杂关联及二者之间的张力与活力。儒教在历史上不仅有官方形态（天子祭天），也有民间形态，所谓传统宗法性宗教与之有着千丝万缕的关联。此后以"儒"家观念为主导的民间宗教（三一教、一贯道、德教等）传承下来，今天亦很兴旺。除了历史上民间信仰对多种官方、百姓的神灵、鬼神信仰及名人、英雄崇拜的整合之外，今天我们亦看到这种奇特的结合现象。例如，民间正在形成方兴未艾的革命"领袖"信仰与崇拜，而福建泉州相关地区更有作为"天下第一奇庙"的"解放军庙"，将解放战争时期为救老百姓而牺牲的 27 位解放军战士作为神灵来敬奉、崇拜。该庙一方面成为了当地爱国主义教育基地，另一方面却为民间信仰的场所，甚至有当地政府对之作为"道教"场所管理的证书。这也折射出当代基层社会的民意和追求，表现出民间信仰形成和演变的复杂过程。"道教"是目前中国五大宗教中唯一的土生土长的宗教，其与民间信仰的复杂关联，让我们应对之有一种广义的理解，从而能综合、归纳中国本土宗教所反映并彰显的"道"的特点，这也使我们在了解中国传统信仰中生出了一种涵盖更广更宽的"大道教"的想法，以说明中国本土宗教、民间信仰现象的特色及其意义，了解其与中国民俗、基层文化的密切交织或关联，揭示中国民间社会精神生活和信仰崇拜的底蕴及秘密。

第三，中国民间信仰作为中国基层社会"信仰生态"、"信仰植被"的意义也值得探讨。"举头三尺有神灵"的普神观在民众中非常明显，相信命运、运气、因果报应、预兆及其应验等形成了中国民间厚重的"信仰土壤"。有人认为，中国人的"宗教性"并不是以常说的"五大宗教"为典型，而是普遍体现在中国民间宗教和信仰现象上。在中国历史传统中、以及今天中国香港、台湾等地区，民间信仰作为中国的"宗教生态"、"宗教土壤"和"宗教植被"，对中国传统宗教信仰的生存与传播起到了一定的保护作用，甚至也形成了抵制"外来宗教"进入、"渗透"的一道天然屏障。如香港基督徒在当地宗教信仰总人数中大约只占 5%，台湾基督徒则仅占其宗教徒总数的 3%，就是一个强有力的证明。同样，民间信仰在社会基层的存在与发展也出现了一些问题，有过与"官方"的抗衡或张力，以及民间社会向"地下"社会的流变，由此亦使其社会作用复杂化。如台湾对一贯道长达二十多年的打击，中国大陆在 20 世纪 50 年代把不少民间信仰看作"反动会道门"、地下黑势力来取缔等。因此，这一"植被"值不值得恢复和保护，怎样去对待或管理，在今天也是我们应该研究的一大课题。

我们研究所近年来对民间信仰展开了系列调研，尤其在福建、浙江等地的调研得到了中央和各地方领导的大力支持。我们在调研后曾提出了一些想法和建议。当然，对于如何开展关涉民间信仰的工作，仍然存有不同的看法，值得我们进一步摸索和探究。例如，民间信仰与宗教究竟是什么样的关系，其"小庙"、"小庵"与制度宗教的活动场所有何相似或区别，以及对民间信仰是否应该去"淡化"其"崇拜色彩"、"突出"其"文化内涵和民风民俗"等问题，都必须认真调研和深入分析，争取达到在认知上能有更多的"共识"，在理解上有更令人信服的理论界说。在管理模式上，现在有福建部分管起来的模式，湖南全面管起来的模式，以及浙江将之看作"民俗文化的精神层面"这样一种宗教之外的、非组织化的管理模式，更侧重其文化理解。因此，我们的调研应该是极为当下、此在的，体现了我国当前研究民间信仰在时间、空间上的"及时"与"贴近"，也反映出我们实际工作中对认识、梳理这一问题的紧迫和必要。希望我们能多以这种研讨会、学术沙龙的形式来共同讨论、集思广益，获得对民间信仰现象客观、准确、科学的认识和把握。

18. 论妇女对中国基督教发展的贡献

——"性别与历史：近代妇女与基督教学术研讨会"发言

首先，请允许我代表中国社会科学院世界宗教研究所、基督教研究中心和中国宗教学会，向上海大学人文学院宗教与和平中心及旧金山大学利玛窦中西文化历史研究所联合主办召开"性别与历史：近代妇女与基督教学术研讨会"表示热烈的祝贺，向与会专家学者在中国基督教研究中开辟这一重要领域表示崇高的敬意！在中国妇女解放运动中，有一句耳熟能详的名言："妇女能顶半边天。"实际上，妇女在基督教东传中国的历史上，的确起了"半边天"的作用，作出了极大的贡献。

在解读中国基督教的特征时，不少人认为中国教会与西方教会的最大不同，是重"伦理"（ethics）而不重"论"理（abstract theoretical approach），重"实践"（Praxis）而不重"思辨"（logical or dialectical authentication），重"行"（deeds）而轻"言"（words），强调社会功能和德行。西方教会在古希腊哲学影响下有着强大的以"知"求"信"的传统，由此形成其博大、纷繁的系统神学体系及其悠久的历史传统。而中国教会对这种"形而上"的进路兴趣不是很大，这种"阳春白雪"只是在少数教会知识精英圈内闪现。在广大范围的中国教会中，人们则多走上了以"行"达"信"的道路，形成东方"务实"传统的一道独特风景线。尽管这种说法不一定准确，却也反映了中国教会的某些特点或倾向。其实践性信仰特征和宗教生活对中国教会亦确有积极意义。而在形成这些特性时，我们则可察觉妇女传教士和女性基督徒功不可没。虽然人们对中国教会的这种倾向或发展取向有着褒贬臧否、看法不一，却不可否认其乃基督教在中国得以立足和发展的奥秘之一。教会在中国的宣教实践，很大比重为其教育、医疗卫生和慈善事业，而在这些领域中，妇女有着其得天独厚的优势，可以发挥其不可替代的作用。

在我们这次研讨会上，许多学者将会对妇女在近代中国基督教发展中的作用及影响进行精彩而引人入胜的个案研究和微观分析，再现其生动、鲜活的历史。但我们回溯历史不仅仅是要还原历史，而应有着更深的寓意和更远的追求。对于女性在中国教会中的作用及其意义，就值得从更广泛的范围来分析评价。因此，我在这里也想从宏观上对近代妇女与中国基督教的发展加以勾勒，将自己的不成熟看法暂且用作引玉之砖，故尝试从如下几个方面来对之界说或思考，请大家批评指正：

首先，女性传教士是支撑基督教在华传教发展的重要力量。在中国基督教历史上，不少传教区域的建立，教会的形成和扩大，都与天主教各个女修会、基督教女差会等密切相关。不少男性传教士在华传教时得到了其夫人的理解和支持，而且在这一过程中许多传教士的夫人本身也成为了传教士，由此出现传教士之家的宣教传统及其感染辐射，带动起在中国及欧美的宣教兴趣和热情。在传教处于低谷或遇到困难时，不少地区往往靠女传教士所表现的女性特有的善良、温柔和母爱而打开了局面，走出了困境，给当地教会带来了柳暗花明的希望和前景。在中国基督教史研究中，对上述女修会、女差会这些女性宣教群体的研究几乎仍为空白，而对各种女性传教士的作用与意义的探讨亦微乎其微。在当今世界上，基督教研究正形成女权主义神学或妇女神学的高潮，人们较多关注妇女教会领袖或思想家的神学意向和理论特色。根据中国的情况，或许谈论一种女权或妇女神学尚为时过早，但探讨一种"妇女教会学"、"妇女宣教史"的时机则已经成熟。所以，中国教会史也应体现"半边天"的作用与意义。因此，女性宣教团体及个人对中国教会的作用、贡献和意义，仍是一个值得我们去发掘、研究的重要领域。

其次，女性传教士和妇女基督徒在中国妇女解放史上扮演过重要角色，起到过积极的促进作用。她们在抨击中国传统中歧视妇女、强迫妇女缠足、"不令妇女读书"等陈规陋习上往往站在最前沿，表现得最坚决。正如承认（林乐知〈Young John Allen〉）所说，传教士在中国是"振兴女学，释放女人，以提拔女人平等之地位，造就女人同具之才能"的最早倡导者和最先实践者。1844 年，来自英国"东方女子教育会"的女传教士阿尔德赛女士（Miss Aldersey）在宁波开设了中国第一所教会女子学校。这比中国官方所办女子教育早了半个多世纪（一般认为较为正式的中国官办女子教育始于 1907 年《女子师范学堂章程》和《女子小学章程》的颁布）。此外，来华传教士所办大学中至少有三所女子大学，即 1905 年创办的华北协和女子大学，1913 年建立的金陵女子文理学院（1915 年正式开学）以及 1914 年设立的福州华南女子文理学院。女传教士德本康夫人（Mrs. Lawrence Thurston，1875 - 1958）不仅筹办创设了金陵女子文理学院，而且成为其首任院长。这些举措和实践乃开了中国女子高等教育的先河。同样，在中国女子教育、妇幼保健医疗等方面，一批女性基督徒亦曾发挥过重要作用，有过特别贡献，其佼佼者包括从事妇幼医疗工作的石美玉（1873—1954）、康成（1873—1930），从事妇女教育工作的曾宝荪（1893—1978）等。女性在这些实践中充分表现出其亲和力、感染力、耐心和毅力，因而无论是在社会意义上还是在个我心理意义上，都能体现女性社会参与和宗教宣道的特点及优势，可以弥补由男性主掌之社会或教会的不足与缺陷。这在重男轻女之儒教传统精神弥漫的中国社会中，尤其显得珍贵和重要。

此外，中国基督教会中涌现出一批女性基督教领袖，直接参与、带动了中国教会的发展，如中国基督教女青年会的早期领导人丁淑静（1888—1936）、中国基督教妇女领袖、曾担任过金陵女子大学第一任中国籍校长和连续两届中华基督教协进会主席的吴贻芳（1893—1985），以及现任中国基督教协会会长曹圣洁女士等。她们的贡献使中国妇女成为中国教会名副其实的"半边天"，并在整个中国妇女解放运动中起着重要作用，有着深远影响，她们参与了中国近现代史的创建，在中国社会和中国基督教的生动发展中显示出积极有为的女性基督徒之英姿倩影。在长达近两千年的中国封建传统中，妇女的地位甚低，影响甚微，历史上取得成功、有过成就的女性寥若晨星，但在妇女对基督教在华传播与发展的参与过程中，这一状况发生了明显改观，一批女性基督教人才及领袖人物的脱颖而出，既是中国社会之福，更是中国教会之福。

最后，在中国教会中女性比重较大这一现实存在中，女性基督徒有力促成了中国基督教突出"博爱"的神学思想，注重社会与家庭和谐的伦理主题，以及相关帮助、关心、支持的团契精神。中国社会有着注重家庭的传统，所谓"国家"即表现了"国"与"家"密不可分的关联，家庭是社会的细胞、国家的基础。而在家庭中，女性的地位和作用独特，尤其是母亲这一形象表达出家庭的核心意义及凝聚之力。在基督教信仰中，马利亚的"圣母"和"贞女"形象，亦表达了其教会社团、信仰之家所需要的慈爱、纯洁和真情。宗教之"传"实际上乃意味着其信仰团体对社会团体的感染、影响，其追寻的本真精神在民众中的辐射、扩散。而关爱、理解、善解人意、包容宽恕、对"生命"和"生活"的独特体悟这些特点往往会在女性的实践中发挥得淋漓尽致，由此达成一种神圣与世俗之间的沟通。实际上，离开与女性、母亲的关联，"爱"与"善"则无从谈起，人间"真"情亦难以体现。这种真、善、美、爱的追求和实践可使人达到基督教信仰的神圣及崇高境界，支持中国"和合"、"和睦"及"和谐"社会的构建。从这一意义上讲，女性基督徒乃有力促成了基督教与中国社会及文化的结合，成为沟通中西思想伦理的一座重要桥梁。

当然，女性在中国社会和中国教会中亦不可避免地会有其弱点或弱势，这是我们所不必回避的。但在我们回顾、反思近代以来中国社会及教会这段发展历程时，似更应该看到或发掘女性所表现的积极意义和对中国宗教及社会历史的推动作用。我们应该充分意识到女性基督徒在中国基督教历史上的独特作用和意义实际上已经形成了一种特殊传统，并且已延续下来，有着其现实影响。因此，我们衷心希望这种以女性之善、母亲之爱所表达的信仰真谛和实践理念在当今中国教会中不断得到弘扬、扩大，以彰显基督教作为"爱的宗教"之本真，体现其宽容、宽恕、海纳百川的开阔胸襟和人间关怀、关爱的崇高精神，在当今人们大多仍对基督教感到迷惑、有所保留和观望之际，使中国社会及其民众能够真正感觉、体悟、获得并接受这种"神圣之爱"，对其信仰有着正确和准确的理解或把握。抱着这一善良、美好的愿望，我们应积极倡导、推动对女性与中国基督教之关系深入而系统的研究。所以，让我们预祝在上海大学召开的这一意义独特、作用非凡的会议取得圆满成功！

19. 对"从吴贻芳个案看个人成长与宗教信仰"论文的评议

——在"性别与历史"学术研讨会上的评议

与会议开幕式发言不同，在此借吴梓明教授的光，从"宏观叙述"转入"微观叙述"，以体验一种"故事神学"和"宗教心理学"的案例。

一、吴教授在其引言中根据心理学家艾力逊（Eric Erikson）的研究及其"人生成长八阶"的理论给出其研究女性问题的基调，这一理论把人生分为八个阶段，每一阶段都有正面或反面发展的可能性，因此把握相关阶段，促进正面发展、避免反面发展对人生成长极为重要。所谓八阶段即：第一阶0—1岁的"婴儿期"，正面发展为"信任"，反面发展为"疑拒"；第二阶2—3岁的"幼儿前期"，正面发展为"自主"，反面发展为"羞惑"；第三阶4—5岁的"幼儿后期"，正面发展为"进取"，反面发展为"罪咎"；第四阶6—12岁的"儿童期"，正面发展为"勤业"，反面发展为"自卑"；第五阶13—19岁的"青少年期"，正面发展为"自认"，反面发展为"迷惘"；第六阶20—40岁的"壮年期"，正面发展为"亲密"，反面发展为"孤单"；第七阶41—60岁的"中年期"，正面发展为"创建"，反面发展为"休怠"；第八阶60岁以上的"晚年期"，正面发展为"圆满"，反面发展为"懊丧"。吴教授由此亦奠定了其分析吴贻芳（1893—1985）个案的基础。此外，吴教授亦按照基莉茵（Carol Gilligan）与男性强调"个体的建立"之不同的观点进而指出，女性乃更注重"关系的建立"，对生命有着独特的关怀和另类的经验。运用这种理论，吴教授尝试找出基督教信仰对吴贻芳的生命及工作态度的重要影响。

二、吴贻芳的基督徒身份及其独特影响：她在中国历史上有过五个

"第一"的创举：第一位中国教会大学的女性华人校长，第一任中华全国大学妇女会联会理事长，第一位连续出任中华基督教协进会主席之职的女性（也是第一位在世界范围内获得基督教界如此崇高领袖地位的女性），第一位以国家代表团主席身份出席世界性会议的中国妇女，第一位出席签署联合国宪章的中国女士。

三、吴贻芳经历的人生大事：1907 至 1941 年的"六个人生插曲"：（1）1907 年赴杭州入读教会学校（最初实际入苏州监理会景海女校就读，1913 年才进入杭州弘道女子学堂）；（2）1916 年入读金陵女子大学；（3）1928 年毕业于美国密歇根大学，获生物学博士学位，应聘为金陵女子大学校长；（4）1937 年抗战初期对金陵女子大学去向的决策；（5）1938 年在成都对金陵女子大学的重新安排；（6）1941 年在重庆与蒋介石夫人的对话，想到让金陵女大培养更多的有用人才。

四、吴贻芳的生命成长与宗教信仰的关系：关键词即基督教信仰为她提供了"生命的原动力"。此处亦直接运用了艾力逊有关个人成长的理论分析，点出吴贻芳成长历史中的五段生命插曲：

1. 吴贻芳 11 岁往杭州读书，开始接触西方教会学校教育：她于 1904 至 1906 年间，曾入公立杭州女学堂，1906 年转往上海天主教启明女校，不久返回武昌家中。1907 年入苏州监理会"景海女校"，该校名乃纪念其创办者女传教士海淑德（Laura Haywood），即"景"仰"海"淑德女士的"女校"；1913 年进入美国长老会创办的杭州弘道女子学堂。吴梓明教授在此有"点题"之句："当时的'教会学校'是代表一个'可以接触西方语言文化'，'开放先进思想'的地方，它不单是为中国学生提供有关英语、科学知识及民主思想的培育，也是给予他们一种基督教宗教精神的地方。"套用艾力逊"成长学说"八阶段理论，吴贻芳此时属于"第四阶"即 6—12 岁"儿童期"的"勤业"，以及"第五阶"即 13—19 岁"青少年期"的"自认"之状。通过父亲的信任和教会学校的教育，吴贻芳"获得了朝向正面成长发展的机会"，从而避免了这两阶段"自卑"和"迷惘"的危险；她在此阶段建立了其自我形象，找寻到其人生的第一个方向：即"学习英语，成为一位英语教师"。她于 1914—1915 年在北京师范女校附小任教，获聘为英语教师。一年后（1916）她入金陵女子大学深造，并于 1918

年在学校受洗入基督教。这段人生经历，奠定了吴贻芳生命成长的基础，并与基督教信仰结下不解之缘。

2. 吴贻芳在美求学期间，按艾力逊的理论则正是其人生的"第六阶"即20—40岁的"壮年期"。吴贻芳在学习之余亦积极参加学生活动，担任北美华人基督徒学生协会主席和《中国基督徒学生》期刊编辑，特别表达了对中国的基督教以及"普世基督教"容纳中国文化、帮助中国社会现代化发展的关心。这种群体及信仰生活为她提供了此阶段正面发展的"亲密"，避免了负面意义上的"孤单"，而且培育出她对"基督教信仰"和对"中国"的一种特别关怀。

3. 吴贻芳在1928年获得密歇根大学生物学博士学位后选择了回国服务的道路，而且在深知当时中国教会大学处在"水深火热"之中、面临"极大困境"的情况下选择回教会大学，担任了金陵女子大学的校长。吴梓明教授对此提出其分析结论说："我们可以肯定：吴贻芳这样的决定，不仅是出于她的那份教育救国的理想和热诚，更是由于她的内心蕴藏有更深层次的宗教信仰，才促使她作出如斯的抉择来。在她抉择之时，吴贻芳也必然是在考虑自己是否愿意为上帝、为教会、为基督教教育献出自己宝贵的生命来。"

4. 金陵女子大学以"厚生"（Abundant Life）为校训，典出《圣经·约翰福音》10章14节"我来了，是要叫人得生命，并且得的更丰盛"。朱峰博士在其研究中曾根据金陵女子大学不同历史时期的发展而对"厚生"作出了着重点不同的如下解释：

（1）学生人格的塑造，基督生命的培育，有事奉神的心志；

（2）培养高尚的人格，服务社会，造福人群；

（3）进入农村社会，不怕辛苦，乐意"为人民服务"。

可以说，第（1）种解释印证了金陵女子大学创校时的办学理想，即引导学生"将生命奉献给耶稣基督、在世上建立上帝的国"；第（2）种和第（3）种解释说明了1930年金陵女子大学向国民政府教育部正式立案后的办学宗旨，即"按最高的教育效率来促进社会福利及公民的崇高理想，培养高尚人格，以期符合创办人的宗旨"；或按照吴贻芳本人的话来说，学校必须要把学生培养成"具有高尚的理想，不图个人的私利，……对社会有精诚服务的态度，对国家从爱国主义出发，在各自岗位上尽到自己应尽的义务的人才"，"人生的目的，不光是为了自己活着，而是要用自己的智慧和能力来帮助他人和社会，这样不但有益于别人，自己的生命也因之而更丰富"。

吴教授解释说，"厚生"按艾力逊的学说分析乃表达了"生命力的拓展"。因此，吴贻芳回国后担任金陵女子大学的二十三年恰似艾氏所言"第七阶"，即41—60岁"中年期"的"创建"发展，从而避免了"休息"之反向。"金陵女子大学正是为她提供了一个生命'创建'（generativity）的机会。""'创建'亦不仅是在理性、生物科学的研究或教学上的成就，它也可以是在培育下一代，透过教育年青的学子实践'厚生'的理想——服务社会人群，而活出更丰盛和更有意义的生命来。"

5. 金陵女子大学为学生提供了"温馨的家庭化的校园文化"。其"姊妹班"制度即新生入校与三年级师姐结成姊妹班，与高年级的同学同吃同住，以及请一位老师做导师的导师制，密切了学校的师生关系、同学关系。其毕业生认为"金女大师生之间情同母女、同学之间亲如姊妹的校园气氛给她们留下了美好深刻的印象"。吴教授认为，这一现象亦印证了基莉茵教授个人成长理论研究中的发现，即"女性十分注重关系的建立"，由此获得艾力逊所言个人成长最关键的发展要求"基本信任"。与柯柏（Lawrence Kohlberg）所言"公义、人权、自由、平等"乃男性最高道德价值理想不同，基莉茵认为女性的道德价值理想却是"不自私、牺牲、关顾别人、顾全大局、避免暴力"等。而金女大"姊妹班"制度则清楚表达了这种女性关怀。在此，吴教授指出这一"姊妹班"制度具有以下特点：

（1）其乃一种人际关系的建立，不单使彼此建立一种"互信、互助、互爱"的关系，也可使彼此成为在学业上或精神上互相砥砺与帮助的伴侣；

（2）其乃"爱的教育"的实践：从爱学生、关顾别人开始而逐渐推广到爱社会、爱国家、爱整个世界。

（3）其乃符合基督教信仰中强调肢体生活必须互相照顾、彼此扶持的理念；

（4）其乃对基督教信仰中理想群体（基督徒团契、主内一家）的生活模式之积极实践。

最后，吴教授总结说，任何一种教育的提供必然涉及价值取向，因此，吴贻芳作为校长的金陵女子大学是一所基督教大学，其提供的教育也必然属于基督教教育；从吴贻芳的一生来看，这种基督教教育不仅是一种"导人倾向于善的唯一动机（生命原动力）"，也同样是塑造吴贻芳整个生命的原动力；它不单帮助吴贻芳朝向正面发展成长，确立其人生理想和方向，更让她在金陵女子大学的工作中活现出她所具有的"创建"和"厚生"生命来。以上述艾力逊所言之积极、正面人生阶段为积淀，我想，吴贻芳人生的第八阶即60岁以上的"晚年期"自然是一种"圆满"而绝无"懊丧"。在一次度假中，我曾遇到著名电影演员肖雄女士，她曾对我研习宗教尤其是基督教感到好奇和惊讶。几年后，我在银幕上再次看见了她：她在一部描述吴贻芳生平传记的电影中颇为成功地扮演了吴贻芳。我想，如果她事先若能阅读到吴梓明教授这样的文章，其对吴贻芳的理解一定会更为准确、深入，而其扮演的吴贻芳形象也一定会更加完美、更加精彩。

20. 当代宗教研究中对
"人"的关注*

当代宗教学研究与人文主义的关联，是著名宗教学家伊利雅德（Mircea Eliade）的一大贡献。蔡彦仁博士从"全球化"的氛围中系统而深入地探讨了伊利雅德的"新人文主义"，为我们回顾 20 世纪宗教研究的发展、反思当代宗教学的"问题意识"提供了重要视域和参照。

一　对"人文主义"之回顾

"人文主义"在西方语境中本指自文艺复兴以来的人文主义思潮或思想流派，以及与之相关的学术、文化和教育运动。在此，"人文主义"之表述乃有人文精神、人文关怀、人道主义、人本主义等蕴涵。当然，这种对"人"的关注和以"人"为维度在西方传统中亦可追溯到古希腊哲学家普罗泰哥拉的名言"人是万物的尺度"。而在当代社会，人文主义则是西方世界经历"世俗化"之"祛魅"后崛起的世俗文化的重要代表。目前，我们则能看到传统人文主义的危机，"世俗人文主义"（Secular Humanism）的兴起，以及后现代思潮宣称"人的消失"、"主体已死"之"反人文主义"（anti-humanism）这种复杂、多元之景观。

一般而言，人们对"人文主义"有着比较积极的评价，认为其主旨乃

---

　　* 本文为 2004 年 8 月 28 日至 29 日由中国社会科学院世界宗教研究所、灵鹫山佛教基金会及世界宗教博物馆在北京联合主办的"全球化进程中的宗教文化与宗教研究"海峡两岸学术研讨会上的发言，以回应台湾政治大学宗教研究所所长、教授蔡彦仁博士的会议论文"全球化与宗教研究：再思伊利雅德的'新人文主义'"。

突出人的存在与地位，关注人的精神与境界，强调人的价值与尊严，捍卫人的权利与自由，维护人的独立与个性，支持人的追求与理想，实现人的本真与升华。但在当代有关人文主义的辩论中，对之褒贬臧否仍并存。一方面，人文主义被视为对人的自由和尊严之哲学维护而受到赞赏；另一方面，它却被看作现代社会文化对人的压逼、使之边缘化的意识形态烟幕，从而遭到谴责。因此，对"人"的评价，"人文"之维及其限度在宗教和世俗领域都是一个关注焦点。

在世界宗教发展中，"神"、"人"关系乃永恒话题。当普罗泰哥拉喊出"人是万物的尺度"这一口号后，即遭到柏拉图等人的反对，并重新强调"神明才是万物之尺度"。近代文艺复兴和宗教改革以"人的发现"为标志，推崇一种从"神本"到"人本"的过渡，而现代"危机神学"却重新强调对"神性"之维的发现和对"人性"局限的暴露。由于"神本"与"人本"的张力，"神治"与"人治"的抗衡、宗教与人文主义的关系乃成为问题。在此，人们所关注的是，宗教中有无人文主义，宗教表述乃一种人文主义，还是反人文主义或超人文主义？

其实，宗教的基点亦在于"人"，它是对人的此在处境之体认，以人的超脱为指归。宗教在此乃两维并重：一个维度是人的"超越追求"，即人自下往上的纵向打通，旨在实现理想的"神人关系"，由此亦使人达到升华和超拔。这种"神人合一"的"超越"中涵括了人对"自我"及其"自然"之超越。另一个维度则是人的"人文关怀"，即一种横向贯通，旨在以其"博爱"精神和人间关怀来建立和谐友善的"人际关系"。在此，自然有着宗教在人世的立足及其人文情趣，有着宗教对人的"此在"和"当下"处境的正视及关心。由此可见，宗教中的"人文"因素乃不言而喻的，宗教并不必然要与人文主义形成张力。

阿伦·布洛克（Alan Bullock）在回顾西方人文主义传统时曾剖析了西方思想史上看待人和宇宙存在的三种模式：一是超自然的模式，以中世纪神学为代表，其焦点在上帝，人的存在乃属于神的创造；二是自然的模式，以自然科学为代表，其焦点在自然，人的存在乃自然构成、属自然秩序；三是人文的模式，以人文主义为代表，其焦点在人本身，人的存在乃是人学、神学和科学认知的出发点。① 在他看来，这种人文主义的认知有三个特点，即从人的经验出发，强调人的自我价值与尊严，突出人的批判性思考。这些特点在从人文思想为指导的近现代人文学科各领域中亦得以充分体现。

二 作为"人文学科"的宗教研究

宗教研究自其作为"宗教学"（Religionswissenschaft，Science of Religion）诞生起，就是一门"人文学科"（Humanistic Studies）。宗教学者在此开展的宗教研究即基于一种"人文主义"的精神，立足于对"人"及其"心灵"的探究和剖析。例如，西方宗教学的创始人麦克斯·缪勒（F. Max Müller）就在其开山之作《宗教学导论》中指出，宗教"总是把人的灵魂放置在神的面前"，而"神的观念"则"总是代表当时的人在心灵上所能达到和掌握的关于完美境界的最高理想"。② 他对宗教的认知和审视都是人文主义的、以"人"为出发点的。在他看来，宗教乃是人"领悟无限的主观才能"，是人的"一种内心的本能或气质，它独立地，不借助感觉和理性，能使人们领悟在不同名称和各种伪装下的无限"；是人"力图要认识那不可认识的，说出那说不出的"一种"渴望"。③ 由此可见，宗教学的研究从一开始，就基于对人的"精神追求"和"灵性渴望"之关注。

宗教中最为基本和核心的乃其"宗教性"的理解。美国宗教学者斯特伦（Frederick J. Streng）指出，揭示人之"宗教性"的真谛乃在于发现人所达到的"根本转变"或"根本超越"，而宗教正是"实现根本转变的一种手段"。这里，斯特伦界定宗教的思路及方法亦是人文主义的，即基于

---

① 参见［英］阿伦·布洛克（Alan Bullock）《西方人文主义传统》，董乐山译，北京：三联书店1997年版，第233页。

② ［英］麦克斯·缪勒（F. Max Müller）《宗教学导论》，陈观胜、李培茱译，上海人民出版社1989年版，第129页。

③ 麦克斯·缪勒：《宗教的起源与发展》，金泽译，上海人民出版社1989年版，第7、15页。

人、关涉人、以人为主体。他认为，"所谓根本转变是指人们从深陷于一般存在的困扰（罪过、无知等）中，彻底地转变为能够在最深刻的层次上妥善地处理这些困扰的生活境界。这种驾驭生活的能力使人们体验到一种最可信的和最深刻的终极实体"。"通过这种转变过程，人们使自己的生活达到一种他们认为具有最高价值的生活境界。"① 显然，宗教学的视野已将宗教中的"终极关怀"与"人文关怀"有机相连。

从这种人文主义的认知出发，伊利雅德提出了其人皆为"宗教人"（homo religiosus）的预设。在他看来，宗教乃与人性本质密不可分，它存在于人类的各个民族、各种文化之中。此即他所强调的宗教乃一种"人类学常数"（anthropological constant）之本意，由此亦可理解为何他把"宗教人"作为人的基本"存有模式"。在现代社会发展中，这种"人"之"人文性"或"人性"理解遭到冲击和一定程度的损害，"人"被其社会、政治和经济等因素所掩盖，从而再次变得模糊不清。为此，人文主义的诉求在宗教研究领域亦需更新。伊利雅德提出其"新人文主义"的见解，恰如蔡彦仁博士所言，正是以"宗教人"之说来重新强调并确定人的内在主体性及其价值，是"以人的'性灵'为主轴，以人的具体生存处境为关怀焦点，又以世界文化为思考幅度的新认知、新视野"。②

三　全球化进程中"人"的处境及其"宗教"

蔡彦仁博士反思伊利雅德"新人文主义"的一个重要观照，即当下全球化的进程及在此之中的"人"与"宗教"。本来，"原初的现代性"（Proto-modernity）乃包括对"人"的发现，所强调的是人的"进步"与"理性"意识。这种"现代性"对宗教而言亦有其复杂关系。一方面，正如蔡彦仁博士所指出的，"现代性"会排斥传统的宗教观，其"去除以神、神圣、超自然等形上层面为思维与行动的参照指数"代表着对传统宗教的

---

　　① ［美］斯特伦（Frederick J. Streng）：《人与神，宗教生活的理解》，金泽、何其敏译，上海人民出版社 1991 年版，第 2—3 页。

　　② 参见蔡彦仁博士的会议论文："全球化与宗教研究：再思伊利雅德的'新人文主义'。"

"祛魅"。但另一方面,"现代性"也并不完全排斥宗教及其神圣维度,它乃刺激了一种"人文宗教"的发展,并使不少传统宗教通过"革新"而达其"现代化"。此外,我们谈论的"全球化"亦是这一"现代化"进程的自然产物或必然结果。

蔡博士指出,"全球化"的兴起与"西方的海外殖民经验"有关,是西方列强强权势力扩展与操作的结果。自西方发现"新大陆"、开掘"新世界",并向这些"新界"移民以来,"全球化"就已悄然开始。但历史的吊诡则在于这样一种反向发展:当西方列强和殖民势力渗入海外,形成世界范围的统治及霸权时,西方的宗教亦传遍全球,故不再属于"西方的宗教";而殖民化的形成及其解体,亦使不少弱小国家或民族的民众移入西方"本土",并带来其"东方的宗教"。麦克斯·缪勒在开创宗教学,对"东方"宗教圣书加以搜集、整理、编辑、研究时,绝没有想到这些东方的佛教、印度教、伊斯兰教等亦会成为在"西方本土"流行的宗教。基督宗教作为在西方形成其包罗万象之发展的宗教,却在这一"全球化"中消解掉其"西方性"、失去其"西方"主体及自我意识。因此,"全球化"的结果是不再有"纯粹"的"西方"或"东方"宗教,相关国度中之人的"民族"、"人种"界线亦不绝对,这些宗教的"中心"或"边缘"已经模糊、黯淡,而其信仰民众也是复杂、多元之整合。就伊利雅德的"新人文主义"而论,宗教研究的视域自然要涵括这一交融互渗、我你难分的"世界宗教"现象,并关注与这些宗教密切相连的"宗教人"之复杂组合,由此方可透析"全球化"可能会带来的"世界意识"、"世界文化"、"世界体系"和"世界人格"。

蔡博士在其论文中非常精辟地分析了"全球化"背景中现代宗教的一些特色,但有些认知尚待进一步厘清。首先,宗教影响之领域。按照一些宗教学家如贝尔(Peter Beyer)的见解,宗教似乎已离开"公共领域"而进入"私人领域",由此形成了从"群体化宗教"向"个人化宗教"的过渡。实际上,宗教作为一种"社会存在"和"群体意识",不可能从"公众领域"根本退隐,而人们谈论颇多的"公民宗教"(civil religion)亦为一种沟通宗教"群体"与"个体"的有效努力。其次,宗教的"神圣性"之维。蔡博士认为,"'全球化'下的宗教逐渐地消融'神圣'与'世俗'

的分野","'全球化'的特征和结果即是模糊了'神圣'与'世俗'的区隔"。但宗教一旦彻底失其本"神圣"之维则不再是"宗教"。宗教作为有限之人对"绝对整体"或"终极实在"的灵性渴望和模糊把握,势必保留其"神圣"、"神秘"甚至"神话"之维。其在古代社会如此,在现代社会亦然。因此,宗教虽然已经"入俗",却不应该也不可能根本"流俗"。第三,宗教的"超脱"与"入世"。蔡博士以佛教为例,谈到"宗教原来的'出世'、'舍离'特质,已调整为'入世'、'涉入'的积极走向"。因此,现代佛教的典型之类乃"涉入型佛教"或"人间佛教"。诚然,现代宗教已经扬弃了传统蛰居深山修行的做法,投身于现实社会之中,但其宗教境界的"灵修"、"禁欲"和"超凡脱俗"精神仍需保留。这种"修行"并不在其形式或地域,而在于一种"超越"精神之提倡。此乃宗教"入世"后"洁身自好"的底线要求。对此,古代中国先贤曾有"大隐住朝市"① 之说,宗教改革时期的加尔文虽反对"遁世禁欲",却在现世社会、实际生活中提倡其禁欲精神,旨在达到一种"主动性自我克制"的现世苦行和禁欲;而现代社会中的许多宗教徒也主张"以出世的精神做入世的事情"。

四 全球化氛围中的宗教研究

伊利雅德的"新人文主义"提出了当代世界宗教研究的"整体观",即以跨学科整合研究之"整体学域"来真实而客观地反映作为现实宗教之实践者的"整体之人",即伊氏所言之"全人"。当然,这种"全人"并不代表宗教中所理解的人可以具有完美和整合的人性、体现"神的形象"之"全人"理念,② 而是指在复杂的"全球化"景观中对当代"宗教人"多层次、全方位、本质性的整体把握。

按照蔡彦仁博士的理解,这种"见树又见林"的整体性宗教研究,在

---

① 白居易:《中隐》。

② 参见林治平《QQQQ 的人生——全人理念与现代化》,台北:基督教宇宙光传播中心 1998 年版。

内容上应包括既研究传统宗教，又探讨新兴宗教；既追溯这些宗教之起源，亦追踪它们之扩散；既阐述其正统、本原，也分析其异化、嬗变；既诠释其"宗教性"，更关注其"社会性"。而在方法上，这种宗教研究则应是科际整合——跨领域研究，即应有着开放和不断扩展的学术"边缘"或"前沿"；它既应有传统意义上多取"静态"的"文本"研究，也要大量增加具有"动态"意义的"田野调查"、"参与观察"、"实地考证"、"口传访谈"等多元研究方法。基于多元、各异之方法的引入，宗教研究亦会增加更多的新领域和新课题，形成广远而充满希望的发展前景。

总之，蔡彦仁博士结合全球化进程中的宗教研究而重新发掘、探究伊利雅德所倡导的一种现代整体视域的"新人文主义"，视角新颖，思路清楚，阐述透彻，为我们现代学人在宗教研究上继往开来提供了一个范例。

21. 对戴维教授主题发言的评议

——上海大学"宗教与社会"国际研讨会发言

戴维教授就"21世纪的宗教：根据与解释"作了系统论述，其精彩发言意犹未尽，还将会在随后的暑期班中深入阐发，我们正翘首以盼。

戴维教授谈到了在现代社会对宗教的观察、理解和评价问题，认为对宗教的不同解释在相应社会可能导致不同的宗教政策之制定，以及该社会对宗教的不同态度。这种见解是非常深刻和尖锐的，它提醒宗教研究和评价者举重若轻，不要因其误导而产生错误决策或形成负面舆论。教授看到了在现代世界中宗教的时空变化，不同地域会有各自不同的、起着重要影响作用的宗教，同一宗教在不同地域也会有不同的形象，起不同的作用，得到不同的评价；而且，这些宗教在时间变化即时代发展中，其意义、作用和地位也会出现不同的变化。因此，我们的宗教社会学不应仅是静态的，而必须是动态的。不可否认，社会变迁与发展会影响到宗教；但是同样，宗教及其发展变化也会在一定程度上对当代社会秩序、政治经济、思想文化和国际关系等产生影响；至于影响程度究竟如何，则需具体问题具体分析。

"冷战"结束之前，世界太过于关注政治、意识形态上的矛盾冲突。但"冷战"结束后，"太平盛世"并没有到来，一系列冲突事件却接踵而至，让人们目瞪口呆，毫无准备。正是在这种情形中，亨廷顿的"文明冲突论"才得以风靡，人们似乎得到了某种可靠的解释。其实，亨廷顿的理论虽然跳出了政治、意识形态斗争的窠臼而看到了文明之间的作用，尤其是宗教在这些文明关系中的意义，其解释却过于片面和悲观，客观上对现实舆论乃至某些政治决策在一定程度上产生了误解和误导的影响。正如戴维教授所指出的，"文明"及其"宗教"有着多种社会意义，并不"仅是"或"必然"会引起"冲突"的；"文明"及"宗教"可以成为社会稳定、世界和谐的有利资源，而不只是"问题"，它们可以在缓解国际紧张局势、促进世界和平上发挥作用。当然，在社会现实问题上关注宗教的作用及影响，这一点仍是应该肯定的。

至于"现代化"是否必然导致"世俗化"，我个人并不认为会必定如此。戴维教授分析了欧洲和美国的情况，两个地区都很"现代"，而其宗教发展的态势或趋向却不完全相同。欧洲虽然"世俗化"的倾向更为明显，但与世界有些地区相比却仍然是更为"宗教化"的。而且，同一"现代"社会中的宗教也是起伏发展的。韦伯（Max Weber）曾论及世界的"祛魅"（disenchantment），后来却又回返到一种"复魅"（reenchantment）的认知。而曾大谈特谈"世俗化"的贝格尔（Peter Berger），亦在 20 世纪末重新思考"世界的非世俗化"（desecularizaton of the world）问题。因此，关键并不一定在"现代"与"世俗"之比，而应该更进一步深究"哪一种现代"与"哪一种世俗"，宗教社会学的分析必须基于具体社会，即戴维教授所言，要关注"特定地点"（Particular places）、"特定时间"（Particular times）和"特定事物"（particular things）。

这样，我们就回到戴维教授在其发言中所论及的核心问题，即"多元的现代性"问题。"现代"社会因"全球化"而带来的一个重要矛盾，就是"多元"的宗教、文明和现代社会同处一个"地球村"，彼此不可避免地会相互见面、相互打交道，而再也无法回到以往各自封闭、隔绝而可以独自发展的状况。这种"共在"所产生的问题，是"多元"模式还是"一元"模式，是"单边主义"还是"多边主义"？如果企图用一个"领导社会"（a lead society）来将其独有的"现代"模式强加给其他社会，改造其他的"现代性"，那么这个世界就非出乱子不可。而不幸的是当今现实中就已出现了这种局面。所以，要想使 21 世纪的世界平安发展，就必须认识到，并且尊重这种"现代性"的多元展示、宗教的多元存在以及社会和文明的多种多样，而不能以自认为正确的"现代性"、"宗教理解"和标准"社会"来统摄、强求整个世界。在这种意义上，

中国思想文化所倡导的"和而不同"为我们当今世界社会提供了更好的
生存智慧。所以，我们衷心希望戴维教授能利用这次来华讲学机会更好
地认识、了解和评价中国的"现代性"以及"中国宗教"的存在特点和
社会定位。谢谢！

22. 复杂的历史，当前的警醒

——读《台湾基督教史》

　　林金水教授主编的《台湾基督教史》（北京九州出版社2003年版）以丰富的内容、翔实的史料对基督教在我国台湾地区前后三百多年的传播历史精心钩稽、全面梳理，使基督新教各派在台湾起伏跌宕、曲折复杂的发展经历跃然纸上，并给人带来鉴往知来的深刻警省。在当前基督宗教重新与中国社会文化全面接触和对话之际，尤其在台湾基督宗教正面临着如何抉择的今天，这部著作的确值得人们认真一读。

　　基督宗教与中国的漫长历史是相遇与碰撞、对抗与对话的历史，其中既有文化交流结出的善果，亦有文明冲突而留下的阴影。基督新教最早传入中国乃始于1624年（明末天启四年）荷兰新教在台湾的传播，因此，台湾基督教史在整个中国基督教史中就有着独特的地位和意义。不可否认，正如整个新教最初在中国得以大量传播的情形一样，新教传入台湾地区也与西方殖民主义入侵中国相关联。《台湾基督教史》没有回避这一敏感问题，而是依据中外档案、官私史书等文献资料，对新教在台湾的这一传播过程加以如实的描述、客观的分析，从而既给人带来活生生的历史真实感，亦为人们在当今反思、反省基督教与中国的关系、基督教在中国社会文化中存在与发展的意义提出了"前事不忘，后事之师"的警示。全书分为四个部分，按照历史发展的脉络线索，依次描述、分析了基督教（新教）在台湾"荷据时期"、"清统治时期"、"日据时期"和"战后时期"的存在与发展，以及当时教会在台湾社会中的处境、作用、倾向和角色，由此使人们对台湾新教的全貌能有具体、深入的了解，并可对其在台湾的存在及意义作出公允、客观的评价。

在对台湾基督教史的具体分析中，这部著作则体现出史料充足、立论准确，观点鲜明、阐述合理等特点。大体来看，其整体分析可涵括基督教（新教）在台湾的社会、政治、文化和神学这四个层面的情况。

在社会层面，《台湾基督教史》分析了基督教对台湾社会的适应和对其变化的体验。在西方殖民主义入侵中国的时代，来华传教士对中国人的风土民情和内在信仰并无太多的关心和兴趣，通常会以一种居高临下的态度来实施其单向性的"传教"和"拯救"。如荷兰传教士对台湾原住民的文化和信仰在一开始知之甚微且不感兴趣，而只是希望在荷兰殖民"征服"的过程中让台湾原住民"皈依"。但这种"强迫"并不是很成功，甚至会遭到当地人的抵制和反抗。为此，来华传教士开始关注其社会切入的进路，并有目的地开展了一些社会服务。这里，林金水教授生动描述了来台湾的传教士曾以其治病救人、社会关怀的"手术刀"来打开局面，以实现其"拯救灵魂"的"十字架"之架设。由此可见，来台湾的传教士势必卷入台湾的社会生活，参与其社会变迁。对此，《台湾基督教史》亦客观分析了这种"卷入"和"参与"的积极或消极作用。

在政治层面，《台湾基督教史》以凝重深沉的笔调描述说："在很长的一段时间里政治与宗教就像一对双胞胎，一直陪伴着台湾基督教的传播与发展。"在台湾基督教的初传时期，有着基督教会与西方殖民势力的复杂关联，因此曾出现不少民教冲突和各种教案。在日据时期，台湾基督教曾受到日本军国主义者的全面控制，教会虽有抵制和反抗，但在高压之下仍"被迫成了统治者政治的附庸"。而在战后时期，台湾基督教则"步入了中国基督教史上从未有过的错综复杂的政教纷争时期"。在此，这部著作客观、具体地分析了基督教各教派对台湾政治的态度和参与，并且一方面指出"在台湾的基督教教会内，萌生了'台独'的温床……长老会成了'台独'狂热的鼓吹者和推动者"，另一方面亦强调"长老会内部并非铁板一块"，不少长老会的教会及其牧师和信徒并不支持"台独"立场。这种见解亦间接指出了基督教在华发展之所以缓慢、困难的症结所在。中国基督教的光明前途在于其有利并促进中国和谐、统一之社会的发展，而部分长老会教会的"台独"立场及其"分裂"意向则给基督教在中国的形象蒙上了阴影，并会直接影响到其在中国存在及发展的命运。可以说，《台湾基督教史》乃是以台湾地区为例而揭示出整个中国基督教的复杂历史，对之当前选择和未来走向亦提供了一种非常及时、刻不容缓的警醒。

在文化层面，这部著作也客观分析了基督教在台湾为认识、理解中国传统文化和习俗所做出的努力，以及所表现的"随和与调适"。基督教在台湾促进了中西思想文化的交往与交流，曾开了在华传教办学的先河；正是这种创意使"19世纪中叶以后来华的传教士不约而同地都走上了教会办教育的路线"。此外，本书作者不仅概述了台湾教会在学校教育、医疗卫生、文字出版、信息传媒等文化交流及合作方面的工作，而且还具体研究了真理大学、东吴大学、中原大学、东海大学等台湾教会大学的起源、历史与现状。论及教会层面中西文化的融合，《台湾基督教史》亦触及到台湾教会的"本色化"运动、"三自"运动及其在文字、出版等方面的"本色化"手段等值得深入研究的问题。

在神学层面，《台湾基督教史》一方面严肃指出具有"台独"倾向的"本土神学"、"乡土神学"和"出头天神学"所造成的负面影响和可能导致的危害，认为这种限于狭隘"处境化"理解的政治神学乃忘记或失去了基督教本身的"超越性"、"普世性"和"博爱"等维度；但另一方面，这部著作也充分肯定许多台湾基督教人士脱离狭隘的"台独情结"而开创出"神学本色化"运动的新路向，并具体展示了周联华等台湾神学家试图真正"会通"中国文化尤其是儒家思想文化的努力及途径，认为这种本色化神学乃是20世纪中国早期神学家赵紫宸、吴雷川等人之"会通"探究的延续和发展。

总之，《台湾基督教史》的出版为我们认识这一领域提供了重要镜鉴，其有系统、有重点的论述可以深化我们对基督教在华文化命运的思考，亦有益于推动海峡两岸宗教史、社会史和文化史的全面研究。尤其是对于当前台湾发展势态和基督教的现状而言，这部历史著作的问世乃有着以史为鉴、洞若观火的重要现实参考价值。

23. "本土化"：基督教在中国的发展之途及其希望

——《基督教在中国》书评

究竟是"基督教在中国"，还是"中国的基督教"，这是在如何表述中国基督教上迄今仍然没有得到满意回答的问题。虽然基督教在华有过四次传入，却因这一难题未得根本解决而使之成为仍"未结束的相遇"。对此，中国教会有识之士努力探寻一条可行之路，并且在当代中国教会的实践中逐渐达成了共识。此即"基督教在中国——处境化的智慧"这一最新研究所要揭示的。

本来，若从抽象意义上来看基督教的"普世"价值及其诉求，似乎不存在任何"本土化"、"处境化"的问题。一些教会人士甚至认为"本色化"就是指基督教原有的"本质"和"颜色"，并不是其传播所至之地方色彩。然而，现实中存在的基督教根本就没有"原来的"、"原本的"、"原有的"特质和颜色。源自中东巴勒斯坦地区的基督教在其历史发展演变中一直不断在"改变"自己的颜色，形成新的特性。因此，存在于历史中的基督教不可能，也不应该回避其"本土化"、"处境化"的问题。所谓"本色"就是指基督教在相关地域文化中应该反映和体现的其"地方化"性质或颜色。从历史传播意义上讲，基督教是"具体的"、充满"文化色彩"的，并无"抽象"、"超脱"之文化本质。

这样，我们就可以具体来看待、分析基督教在中国的传播及其历史发展。应该说，经过四次传入而最终得以在华立足的基督教，乃是具有"西方"色彩的宗教，有着非常具体的西方政治、经济、思想、文化、价值和信仰蕴涵。它是以这些内容、这种色彩而来到中国，并致力于将其传给中国人，此即"洋教"之说的根源。为了摆脱"洋教"的名号，中国基督教人士作了不懈努力，除了政治、经济、教务、文化上的"三自"运动之外，更是在思想精神上寻求基督教适应、融入中国文化之途。所以说、基督教在中国的本土化、本色化或处境化，就是要求其"中国化"，使之融入中国文化，成为中国宗教。

显然，这是一条艰辛之道，也是极为漫长之道。对此，上述研究选择了当代中国教会七位神学家来描述这一艰难历程的最新进展、最近成果。不言而喻，赵紫宸、吴雷川、谢扶雅、吴耀宗、丁光训、汪维藩和陈泽民这七位代表人物都侧重于神学研究，其所思、所虑、所探、所求因而乃是非常典型的当代中国神学建设。这些教会人士关于基督教在中国"本土化"的思考，指明了中国教会的希望所在，并全力推动中国教会走向这一发展之途。

赵紫宸作为当代中国教会"本土化"思考的第一人，有较深入、系统的理论建树。上述研究将之概括为"道德的神学"，突出了中国传统思想文化的伦理色彩。当然，这一表述仅是对其思想体系的素描、剪影，其博大精深和洞见睿智仍值得我们深入发掘和深刻体认。吴雷川的中国文化底蕴非常深厚，对基督教的"中国化"有其独特的解读。学者们在研究中用"折中的神学"来描述吴雷川"合儒"、"补儒"之探，旨在体悟其会通基督教与儒家思想上所达到的"殊途同归"，也揭示出中国教会人士尝试构建一种"中庸神学"的心境。谢扶雅重思辨、爱哲学，其神学故也被诠释为一种"辩证的神学"，但其"辩证"与 20 世纪上半叶欧洲"辩证神学"相距甚远、语境全异。谢扶雅主要是在中国传统的哲思、智慧中找寻其辩证理念，展示中国神学的脉络神髓。吴耀宗是中国教会"三自爱国运动"的发起者及其主要领袖，他早年因受"五四"运动"科学理性"的影响而试图对基督教加以"科学"的解释，故而形成其"科学的神学"；而其晚年的"三自"运动实践，则更加凸显了其推进中国教会"实践的神学"之意蕴。这一"实践"奠立了今日中国教会的基础，并使之继续在摸索、探讨、前进。丁光训继承了吴耀宗的"实践"使命，继续使当代中国神学作为"行动的神学"来发展。不过，其行动仍体现了基督教信仰的指导思想，即以"上帝是爱"、"宇宙的基督"带来普世之爱来使当代中国教会

"行动的神学"成为"爱的神学"。汪维藩的神学也是在中国教会"本土化"的方向上探索、行进。他以《周易》中的"生生"理念来为其神学构建注入灵魂，由此形成其别具特色的"生生神学"。不过，这种与中国古典思想文化的结合并没有超脱基督教信仰，而是"出新意于法度之中"。因此，汪维藩的神学建构亦被视为"协和的神学"。陈泽民是当代中国教会"本色化"、"中国化"的积极倡导者、实践者，在长达半个多世纪的探索中形成了其"本色的神学"之特色，其神学思考旨在解决中国教会的现实问题，因此其特点乃"实际先于理论，见证重于玄想"，在"求索"中做"见证"，主张探求新的教会生活应"先于神学问题的解决"。这些教会领袖的思考和侧重，使今天中国神学的构建主要为一种"实践神学"的发展。

"基督教在中国——处境化的智慧"这一研究体现出对当代中国教会及其神学思想探究的系统性、深入性，给人带来诸多思索、感慨和兴奋。上述神学家对我而言或是在书籍中神交已久，或是在现实中有直接交往，或是通过其家人而增添了种种温情和贴近。他们的核心精神和基本思路有一共同点和连线，这就是努力实践、实现从"异化"的基督教"在中国"转向"同化"的"中国的"基督教，从而真正使基督教不再是让中国人陌生、却步的"洋教"，让融入中国社会文化的基督教给中国人带来"本土"性的亲切感和亲近感。当然，这一努力尚未彻底成功，我们仍然是任重道远。

24. 东北亚基督教与当代社会发展

——从中国基督教发展现状来思考

首先，请允许我代表中国社会科学院世界宗教研究所和基督教研究中心以及我本人，对"东北亚基督教运动比较研究"国际学术讨论会在武汉华中师范大学顺利召开表示热烈祝贺和诚挚敬意！

东北亚基督教的当今存在，是基督教在亚洲本色化、处境化的产物，其间经历了各种社会、思想和文化运动，有着不同思潮、传统的相遇、碰撞以及沟通、融合，体现出曲折、复杂的文明对话及发展，由此形成基督教在东北亚相关国家和地区的不同特色及相应的存在形态。回顾和反思这一历史进程，有助于我们清楚了解东北亚基督教的基本定位，认识到其与相关社会的双向互动，以及在各自社会氛围中的意义和作用。因此，我们召开这一学术研讨会，不仅有利于对其历史发展及相关事件的梳理、分析和总结，而且也有助于我们审时度势，在弄清其历史处境和传统积淀的基础上更好推动基督教在东北亚的未来发展，积极适应并贡献于其当代社会的建设，成为相关社会前进的精神动力和文化资源。

基督教在中国的发展变迁，同样面临过其本色化、处境化的难题和挑战，而且在当代中国社会中挑战依存、难题未解，由此使基督教在华命运充满戏剧性和未知悬念。对这段历史，这一期间有一系列值得纪念的日子，如 2007 年对马礼逊来华二百周年的纪念，以及即将会有的对利玛窦在华逝世四百周年的纪念等。这些纪念和反思会给我们总结历史的经验教训，探索未来基督教与中国社会的和谐关系提供借鉴、启迪，带来其顺利发展的良好愿望和能根本破解难题的乐观希望。

大体而言，基督教与中国当代社会的良性互动，需要解决好与中国当代政治、社会和文化这三个层面的关系问题：

在政治层面上，基督教自 1840 年以后在中国就被理解为一种"政治力量"。不过，基督教会作为所谓"政治力量"的定位在这一历史发展时期曾出现过复杂的嬗变。从 1840 年至 1949 年，基督教的主体被视为"西方的宗教"。由于中国受到西方列强的侵略，处于半殖民、半封建的状况，因而对外来势力尤其是西方势力进行了反抗。在反对"帝国主义侵略"的同时，基督教也被贴上了"文化侵略"或"帝国主义侵华的帮凶"等标签，从而整个形象在华被扭曲。在这种氛围中，中国反帝反封建的政治运动也在一定程度上包括了"反基督教"的因素，其中最为典型的即 20 世纪 20 年代在全国爆发的"非基督教运动"，甚至还引发了更大范围的"非宗教运动"。此外，在中国政治势力的对抗中，基督教传教士和各差会基本上倾向于国民党，如美国当时的"扶蒋反共"政策主要由美国传教士加外交官的司徒雷登等人来执行，此后在中美关系的巨变中，司徒雷登亦成为这一历史的悲剧人物。与之相呼应，国民党的领袖人物孙中山、蒋介石等人也是基督徒，从而使基督教与国民党之间产生了一种无形的"亲和力"。这样，在反抗外来势力上，基督教会在中国基层出现了"自立"、"自办"运动，努力摆脱外来差会的掌控。而在对国民党执政不满上，也有少数基督徒开始同情、支持共产党。但后一种发展力量很弱，从根本上没有改变基督教与西方政治势力、与国民党政治的结合或关联。

1949 年中华人民共和国的成立，一直到 1978 年中国社会开始改革开放，基督教在中国的政治定位出现质的改变，同时也使中国基督教基本上脱离了整个世界基督教存在与发展的氛围，形成所谓"孤岛教会"现象。1949 年以后，中国教会全面开展了"三自爱国"运动，并以"联合礼拜"的方式形成多教派整合，使中国教会进入所谓"后教派"发展阶段。在这一阶段，基督教在中国经历了"脱胎换骨"的改变，彻底割断了与西方差会、境外教会的关联。面对西方社会对华的封锁、敌视，中国基督教以"反帝"、"反西方势力"为立场，以"爱国爱教"为旗帜，在消解不与"新社会"合作的其他基督教教派势力的条件下，逐渐使中国基督教成为拥护"新中国"、服从"共产党"的"新型"但"弱小"的"政治力量"，故而被外界视为"政治宗教"或"政治教会"。而在这一过程中，教会的宗教功能在不断弱化，信教群体亦逐渐减少。

随着 1978 年以来中国重新对外开放，中国基督教以各种不同的形式恢复了与海外教会的联系，与此同时也面临着教会内外的各种压力和挑战。由于"教外有教、教内有派"迹象的重新出现，中国基督教的内涵与外延均发生了微妙变化。虽然"三自教会"仍占据着其核心或主导地位，却已不能完全涵括当代中国基督教现象。这种外来的影响和内在的变异，则使其作为"政治力量"已经地位不清，作用难辨。人们往往会怀疑、询问基督教究竟是哪种"政治力量"，其天平在当今国际政治博弈中会向哪个方向倾斜？于是，"基督教渗透"、"基督教扩展"可能会改变中国政治、社会和文化的"颜色"之呼声乃不绝于耳。在"全球化"的背景下，基督教从整体来看重新被许多中国人视为"洋教"、"西方文化的价值核心和精神代表"。而一些未登记教会在中国社会基层的无序发展亦引起了中国政界的关注、担忧。基督教重新被从"问题意识"的角度来审视、考量。

这样，我们可以看到基督教在中国政治定位的历史沿革和逻辑延续。与东北亚许多地区一样，基督教与当地社会关系的改善不可能回避教会的西方因素和与西方社会文化的关联。尤其在政治层面，双方政治关系的改善就显得格外重要。应该说，中国自改革开放以来已经积极改变了其对西方国家的态度，并且在政治、经济和文化等领域有着多层次的合作，这也是中国基督教重新快速发展的一个重要原因。然而，中西方意识形态，政经制度等方面的对抗依存、矛盾仍旧，彼此之间的不信任、猜忌和防范也不断表现出来。这种状况自然会使中国基督教仍然面对险情，处于左右为难、颇显尴尬的地位。从政治环境来看，中国基督教政治状况的根本改善、其政治定位的积极肯定，仍有待于中西关系，尤其是中国和美国的关系出现根本改善，基督教对华传教和西方社会政体改善与中国的关系，都要有一个"自西徂东"的重要过程。而在这一外部氛围的逐渐改变过程中，中国基督教则应该"依法"存在、"合法"发展，逐渐从政治上"脱敏"，走上接受正常法治管理的轨道。

在社会层面上，基督教在中国历史上属于其较为脆弱的社会建构。因其宗教社团的独立性和相对超脱性，基督教曾有过自己的在华生存模式和发展空间，故而与社会的结合并不是很密切。教会在中国社会中颇有"异国"色彩和情调。其"飞地"生存方式和管理模式曾引起很大的争议，如历史上中国人要求废除不平等条约所带来的"保教权"，以及因教会学校，尤其是教会大学游离于中国教育制度之外而引起的"收回教育权"等运动，都在一定程度上看到了基督教与中国社会体制曾有某些脱节。不过，作为对传统中国社会建构的一种补充，教会在华不仅创办了教会教育和报刊出版机构，而且在社会服务层面也创办了教会医院、养老院、照顾慈幼和残疾人的社会救济和服务机构，成为现代中国社会工作的雏形。

1949 年以后，基督教会在华社会机构迅速萎缩，教会学校、医院及慈善机构都被取消或改为国有。这样，教会只是作为宗教组织而存在于中国社会组织机构之中，基本上处于一种被边缘化的状况。在 20 世纪 50 年代至 60 年代，中国基督教以其教务和群众组织的形式而代表着中国几大宗教信仰社团，逐渐形成其当代中国五大宗教之重要构成的地位，而其对外的使命则主要是作为一种"政治表态"的社团组织。在现代中国社会构建中，其地位和定位都颇为模糊。

中国的改革开放使基督教在当代社会重新活跃，有了新的发展机遇。不过，由于基督教的政治定位和社会定位仍然不是很清楚，因此教会并没有恢复 1949 年以前其曾有的在华社会教育及服务机构。然而，在当代中国社会转型时期，基督教已处在其社会发展的十字路口，面临着种种选择。一方面，教会可能继续卷入现行"政治"，或是沿着其五十多年的发展，维护其支持现行政治的立场；或是受外来政治及社会思潮的影响而尝试扮演"先知"的角色，对现行政治持"批评"态度，从而形成新的政教对抗。另一方面，则是教会利用"政治上团结合作，信仰上相互尊重"的机会而力争尽早在政治上"脱敏"或干脆"淡出"政治领域，转而全力投入社会公共领域，在社会建设及其相关社会工作、社会服务中重新为自己定位，成为这一方面的全新构建。中国共产党在"十七大"上前所未有地倡导"发挥宗教界人士和信教群众在促进经济社会发展中的积极作用"，这为基督教在中国当代社会从政治领域转向社会领域提供了有利时机。既然基督教已有丰富的社会工作经验积淀和较为成熟的社会慈善事业体制机制，那么就应该很容易完成这一转型，在当代社会作为其重要的"非政府组织"和"非营利组织"，在急需的社会服务、慈善和福利事业发展中脱颖而出，凸显其社会使命。

在文化层面上，基督教代表着西方社会的文化精神及其核心价值观。而传入中国的基督教乃以"西方"模式或媒介来达成，故而使中国人所认识的基督教具有浓厚的西方思想文化特色。在历史上，利玛窦时期和19、20世纪基督教来华传教时期曾有过两次基督教与中国文化深入对话，基督教尝试与中国文化深层次结合或融合的高潮，但最终功亏一篑，抱遗憾至今。由于彼此之间的文化差异和隔膜，在1949年之前中国社会曾流行"多一个基督徒、少一个中国人"之说，西洋风格的教堂建筑也曾让人感慨"多一个教堂，少一块国土"。这种文化张力使基督教在华形成了究竟是"中华归主"还是"主归中华"的悖论。

基督教在华"文化融入"的任务始终未能真正完成，从而使之成为今天基督教与中国要想可能良性互动的必补之课。在"文化全球化"的今天，中国社会的"圣诞"文化已成风行之势，表明了中国民众对基督教文化的友好、善意。但文化交流也必须是双向的，这样才可能真正实现可持续发展。其实，在国际化的开放性交往中，基督教与中国文化的有机结合要比以往更为容易，亦更有必要。这种文化跨越是从基督教在中国过渡到中国的基督教之关键所在。只有真正融入中国文化的基督教才会给中国人一种"本土"的亲切感和亲近感，才不再被当作"异域文化"、"异土风情"或"异己力量"。由于上述政治及社会原因，基督教必须首先以谦卑之态走入中国文化、融入中国思想，形成中国特色和中国意识。面对当今文化交流的开放性，中国人在与基督教的关系上并不希望自己被"全盘西化"，而是呼吁基督教努力实现其"中国化"。对于具有强大文化适应力的基督教而言，"只要你愿意，你就肯定行"！

基督教在华历史的研究有许多个案，教会历史学家亦会对其"细节"有特别的兴趣。然而，只有我们在宏观、整体上把握住基督教与中国政治、社会和文化这三个层面的关系，这些细节研究和个案展示才可能真正揭示其意义、体现其价值，使历史带来的启迪成为现实发展与突破的动力。

25. 基督教与伊斯兰教的社会关怀

——"和合共生——上海基督教与伊斯兰教的交流与对话"学术研讨会发言

自 20 世纪 60 年代以来，人类进入了"对话"的时代。除了不同政治、社会、思想、文化之间的对话之外，宗教之间的对话亦有着巨大进展，发挥了重要作用。"冷战"结束后，西方学者塞缪尔·亨廷顿出于对今后西方文明发展的担忧而发表了《文明的冲突》一文，提醒西方关注文明的冲突和对抗，尤其是防范儒教文明与伊斯兰教文明联手而构成对西方基督教文明的威胁和挑战。这种说法一下子使舆论哗然，在世界上引起轩然大波。"9·11"事件发生后，人们被引导到关注所谓伊斯兰教文明与基督教文明的"冲突"，而小布什"十字军东征"（crusade）的"口误"和对阿富汗、伊拉克的战争，更是使这种"冲突"、"对抗"的紧张气氛加剧。虽然亨廷顿由此而被视为对这种"文明冲突"不幸而言中的"先知"或"预言家"，但其本意并不是要挑起这种"文明冲突"，而是要对之加以防范、制止，由此亦认识到"文明对话"的重要性。正如他此后所言："我所期望的是，我唤起人们对文明冲突的危险性的注意将有助于促进整个世界上'文明的对话'。"①

其实，早在亨廷顿提出"文明冲突论"之前，就有许多有识之士在强调、倡导"文明对话论"。针对"宗教冲突"之说，尤其是所谓"基督教与伊斯兰教的冲突"等见解，不少人则号召、推动"宗教对话"。在其看

---

① ［美］塞缪尔·亨廷顿：《文明的冲突与世界秩序的重建》，周琪、刘绯、张立平、王圆译，新华出版社 1998 年版，第 3 页。

来，"冲突"、"对抗"会两败俱伤，而"对话"、"和解"则能双赢。例如，著名天主教学者孔汉思（Hans Küng）就极力推崇"世界伦理"、"宗教和平"，其"没有世界伦理就没有共同存活。没有宗教和平就没有世界和平。没有宗教对话就没有宗教和平"① 的警句已成为在世界各地普遍流传的名言。"对话"在今天已成为人类共同生存及发展的智慧，而在"宗教对话"中，基督教与伊斯兰教的对话则格外引人注目，并有着独特的重要性。

基督教与伊斯兰教的交流与对话已有着悠久的历史，涵括多个层面，涉及到两大文明的各个领域。在中国历史上，这两大宗教的交流与对话亦积累了丰富的经验，并体现出"和合共生"的中国文化特点。在当代社会发展中，宗教的社会关怀和社会参与有着特别的意义，亦有着广远的发展前景。为此，本文将从以下五个方面来阐述基督教与伊斯兰教的社会关怀，由此展示这两大宗教在社会关怀及社会参与方面理论与实践上的对话和比较，彰显其社会及信仰意义。

一、基督教与伊斯兰教在历史发展上和宗教观念上有着密切的联系，由此构成其交流与对话的思想和历史基础。针对"文明冲突论"的宗教对抗观，不少有识之士倡导"宗教对话"、"文明对话"，其中就包括"亚伯拉罕传统宗教"之说的提出，试图以此来推动犹太教、基督教和伊斯兰教的对话与沟通，化解矛盾与冲突，努力实现各宗教之间的平等关系、友善交往及和平共存。这两大宗教源远流长的文化传统，使其共享着许多思想、信仰内容，构成相关的历史、文化因素。在彼此的发展中，二者亦曾相互沟通、相互影响和相互促进，从而在中世纪、近现代的发展中留下了其相遇、交流、对话及沟通的历史印痕。尽管世界上仍有着不少宗教争端和民族冲突，但在中国历史与现状中，基督教与伊斯兰教和睦相处，并以其积极的社会关怀为维护中国社会的稳定、和谐发挥了积极作用。因此，中国基督教与伊斯兰教和睦共存的经验，可以作为我们今天"和风西送"的重要内容。

二、基督教的"荣神益人"和伊斯兰教的"两世吉庆"，为其积极的

---

① 孔汉思：《世界伦理构想》，慕尼黑皮珀尔出版社 1990 年版，第 13 页。

社会关怀和社会参与提供了信仰和教义基础，使其社会关怀充分体现出其宗教本真和其信仰精神。按照基督教的理解，当其信徒"生活在这一世界时"，就必须承担其在这一世界的使命与责任，以关爱他人与社会来既"作盐作光"、体现出信者的生活"质量"和人生"榜样"，又弘扬、完善其持守的信仰，彰显其宗教真理的意义。而在伊斯兰教传统中，也强调"今世是后世的耕种场地"、"当为今世而工作，犹如永生一般"。为了实现"两世吉庆"这一终极目标，穆斯林必须参与创造今世幸福生活，这与其追求后世幸福的信仰有机共构。追求信仰真理不只是一种理论探讨，更是一种社会实践。只有在社会中体现、彰显并弘扬这种真理，才可能真正达到"尔识真理、真理识尔"的境界。

三、基督教与伊斯兰教以其"爱人"和"行善"来使其宗教伦理成为其社会伦理，从而使其积极的道德实践与社会关怀密切相连。基督教以"爱上帝"和"爱邻人"这两条诫命作为其伦理中的最高原则，而这种"爱"关键在于其履行和在社会中的实现，由此就构成了其社会关怀的信仰动力和伦理标准。伊斯兰教亦认为"宗教就是良好的道德"，穆斯林应是"信道而且行善的人"；穆罕默德圣人在其《圣训》中曾表达了"人类的幸福在于良好的道德"这一思想，从而使伊斯兰教将"完善人的道德"作为其人世使命和任务。而这种"完善"也正是体现在其社会关怀的实践中，即通过穆斯林本身守正自洁、维系公义和关爱众生而达到社会的完善。"爱人如己"并"止于至善"乃是指引宗教信仰者社会实践的"绝对命令"，以"爱"达"善"和以"善"显"爱"就可以实现基督教和伊斯兰教的社会理想，从而让其作为追求"和平"的宗教而真正使人类"在地上有平安"。

四、基督教与伊斯兰教均强调其"社会服务"精神和"人世关怀"意向。基督教以"非以役人，乃役于人"而凸显出其"人间关怀"及"社会服务"的"仆人"精神，以此形成了其在社会中的"爱心工程"和相关的社会福利、慈善和服务事业，将其"社会关怀"落实在行动上。伊斯兰教亦突出穆罕默德圣人所表达的"我就是以引领、仁爱为己任的"思想，以推行一种"爱"的服务。《古兰经》在论及穆圣的使命时曾指出："我派遣你，只为怜悯全世界的人。"（21：107）这种"怜悯"与"关爱"

整个世界,遂发展为穆斯林在现实社会中的善事、善行。这两大宗教在社会服务、社会救济上均有着积极的参与和卓越的贡献,在"救死扶伤"、"访贫问苦"上展现出"红十字"与"红新月"的交相辉映。

五、基督教与伊斯兰教的"社会关怀"都特别突出要关心、帮助穷人,消除贫困。基督教在创立初期乃是以穷人为主的宗教,耶稣基督在言论和行动上也表明对穷人的关注、爱护,与穷人站在一起,维护和捍卫穷人的利益。为了解决穷困和贫富不均的问题,早期基督教会曾倡导"凡物公用",让富有的信徒变卖财产来支持贫穷的信徒。基于这一传统,基督教会在历史上积极参与社会救济活动,在社会慈善、福利和赈济穷人上作出了很大贡献。同样,伊斯兰教在言行中亦坚持要按照《古兰经》中真主之言:"你们把自己的脸转向东方和西方,都不是正义。正义是信真主,信末日,信天神,信天经,信先知,并将所爱的财产施济亲戚、孤儿、贫民、旅客、乞丐和赎取奴隶,并谨守拜功,完纳天课,履行约言,忍受穷困、患难和战争。这等人,确是忠贞的;这等人,确是敬畏的。"(2:177)因此,接济贫穷、扶危助困、捐赠行善被视为虔诚敬畏的穆斯林之职责。其"五功"之一的"天课"按照《古兰经》的"定制"就是为了用来救济穷人、帮助处于困境者。中国穆斯林根据这一信仰传统而表现出其对穷人的热情帮助和关爱,尤其在当前中国社会转型时期也积极参与了各种扶贫工程、在这一"光彩事业"中发挥出重要作用。针对社会贫富悬殊的现状,基督教和伊斯兰教均以社会"中间机构"和"非政府组织"的身份来济贫、扶贫,在缩小贫富差距、缓解社会矛盾上有其独特身份和贡献。

概言之,在"社会关怀"上,基督教与伊斯兰教不仅体现出"和为贵"、"和合共生"的宗旨,而且通过其社会服务的理论与实践而开展了积极交流、真诚对话。宗教以一种超然的信仰为指导,以一种超越的精神为动力,存在于这一世界,服务于这一社会,此即宗教的真谛之一。基督教与伊斯兰教均以其绝对一神的超然信仰来面对社会,服务社会,从而为人类社会的进步与发展起到了重要的促进作用,并成为其丰富的精神资源。中国文化以"海纳百川"的宽广胸襟欢迎并吸收了基督教和伊斯兰教在华的传播、生存和发展,而基督教和伊斯兰教亦在中国文化"和平"、"和睦"、"和合"、"和谐"的处境中不断实现其本色化、中国化，形成中外文化有机相构、水乳交融的积极态势和兴盛景观。这种成功适应的一个重要因素，就是基督教和伊斯兰教在参与社会、关注社会、服务社会上的积极有为。彼此在社会事工上既有对话，亦有合作，从而颇为自然地在中国社会文化发展中找到了自己的定位，并承担起各自应有的义务和责任，由此成为中国社会和中国宗教之和谐大家庭中的重要成员。因此，在中国当今社会氛围中，这种基督教与伊斯兰教共同参与的"社会关怀"不仅促进了这两大宗教之间关系的和谐，而且也充分发挥出二者在促进中国社会和谐方面的积极作用。其信仰与实践对于人类今天如何构建"共同繁荣的和谐世界"，乃是重要启迪和引领。

26. 在赵紫宸诞辰 120 周年
纪念活动上的发言

　　赵先生（赵紫宸先生长子赵景心）刚刚介绍了咱们今天聚在一起的原因，因为今天是一个特殊的、非常有纪念意义日子，是值得一聚的日子：今天是赵紫宸先生诞辰 120 周年。在这一百多年的历程中，中国发生了天翻地覆的变化。赵景心先生刚才提到了他父亲这一生，尤其是晚年的时候所遭受的磨难，这也见证了中国当时那个多变、复杂的时代。我们都是研究宗教哲学的，应该知道思想家的精神是超越的，无论是在一个顺利的时代，还是在遭受磨难的时代，其思想的光芒都会闪耀，而且会一代一代传下去，给后人带来一些历史的启迪，也对我们这个民族及文化在未来应该怎么样发展提供一种思索。所以说，今天是一个非常值得我们思索、考虑问题的特别时机。

　　赵紫宸先生是一位我非常敬重的思想家，自从我从事基督教思想研究以来，就非常关注他的思想。这种关注是和反思当今中国思想文化联系在一起的。赵紫宸先生虽然在他的晚年由于当时的政治环境的影响而著述不多，他的思想并没有系统全面地表达出来，但是他已经留下的作品就给我们提供了非常丰富的思想财宝。在研究赵紫宸思想的过程中，我们就会明显地感觉到，其实今天中国基督教以及整个中国思想界所反省、思考的一些问题，比如说中西文化交流的问题、基督教在当今中国应该保持怎样一种姿态、怎样一种生存和发展方式的问题，以及中国文化应该对外来文化持什么样的态度这些比较大的和重要的问题，赵紫宸先生在他的著述中实际上已经作出了一些深入的思考。我们今天应该接着进行这种思考，来将之发扬光大，因为现在我们遇到了一个相对而言比较好的历史时机，我们可以使赵先生的这些深邃思想得到当下的积极呼应，同时使之能够带动中国的基督教、中国的社会，尤其是中国的思想界、知识界对其有一个积极的回应，这种回应对中国的未来发展是有益的。在这个意义上，今天我们系统、深入研究赵紫宸先生本身，就是一个非常具有历史价值、对我们后人来讲同样也是具有历史使命的一项任务。

在座的朋友是以学者为主，而且所谈的也主要是怎样开展研究。毫无疑问，这种思想方面的研究必将在中国未来的发展进程中留下印痕，给我们如何解决历史留下的棘手问题提供启迪。把赵紫宸先生的思想重新以系统的，而且是有更大社会感染力的方式展现出来，这对于中国文化的建设、对于中国基督教思想的建设都是非常重要的，也是现在所迫切需要的。因此，我认为有些人之所以对赵紫宸先生的思想还采取一种敬而远之的态度，这是他们还没有从历史的阴影中彻底走出来的缘故。如果不从这种阴影中走出来的话，中国教会神学的建设是不可能达到系统化的，也不可能获得根本性突破。中国基督教对于中国社会思想的影响在今天看来仍然很难达到一个本质上的飞跃。从借历史警醒来洞观未来的意义上来讲，我个人认为，赵紫宸先生在这种承前启后的过程中是一个非常关键的人物。我们今天谈教会神学的建设，谈基督教和中国文化的结合，仍然处于摸索阶段。其实，赵紫宸先生早在20世纪的三四十年代就已经提供了一些重要的思路，而且也创立了一套比较成熟的体系。今天我们要想有所创新的话，首先就应该把这些思路、这个体系作一个很好的勾勒和梳理。所以，我个人觉得，应该从整个中国的社会层面及相互关联来扩大对赵紫宸思想的研究。

赵紫宸先生的一生是非常值得介绍的，中国知识界应该有更多的人知道他、了解他。为此，上次我在湖州师院参加赵紫宸、赵箩蕤纪念馆的开幕仪式上，就提议过应该有人专门来写一部有关赵紫宸先生的传记，甚至还可以拍一部纪录片或故事片，因为他的人生、他的思想都是有故事的，而且这种故事是能够感染人的，能够带给国人深入思考的重要内容。但几年已经过去了，我感觉这个进展并不是很快，可能这其中有它的困难，真正实施并不太好办。不过，我仍然希望将来可能会有更多的人继续推动这方面的事情。通过这些介绍和研究，赵紫宸先生的历史价值才会真正显现出来。这里，我非常感谢赵景心先生能够组织这样一个特别的小型会议。虽然与会的人并不多，但是我想，这样的一个会议可以帮助我们梳理一下今后如何研究赵紫宸先生，如何通过研究他的思想、经历而给中国的社会文化，尤其是中国深层次的思想观念带来一些有益的启发和警示。

我此次在春节期间到伦敦参加会议，对他们说我要提前赶回去参加赵紫宸先生诞辰 120 周年的纪念活动，因而不能按他们的日程来安排行程。很多与会的英国朋友也都是中国问题专家，他们说赵紫宸先生在当时中国的基督教界、神学界都是出类拔萃的，当然值得认真研究。有些学者表示在把手头的事情忙完之后，也会投入到对赵紫宸先生思想的研究中来，由此可见赵紫宸先生在世界范围内都是很有影响的。赵先生的英文名称是 T. C. Chao，他作为 WCC 的六主席之一而在当时的基督教界家喻户晓。所以，我们一定要让他在中国现代思想史上、在中国知识分子史上发出其光彩，而不能使其被埋没。不过，想要做到这一点还需付出巨大的努力，尤其是要将系统的、深层次的研究继续下去。在相关资料的搜集、整理上，这些年来燕京研究院已经做了很好的工作，出版了《赵紫宸文集》，尽管这个工作很艰难，我觉得仍应该把它坚持下去，争取能出版得比较齐全。再一个要做的事情就是我们应该召开各种形式的研讨会、纪念会，把这一研究深入下去。我们虽然不是教会人士，但我们可以通过学术界的研究方式来间接促进中国教会当今的神学建设，这样则会达到一种双赢。全面展示赵先生的思想不仅是对中国社会知识界的一个很好的促进，而且对于今天的中国基督教教会及其神学界也都会大有益处。

刚才赵景心先生讲了 50 年代他父亲的情况，这是社会历史条件使然，对此我们颇有感触。我们应该反省一下经过"文化革命"之后中国人的心境，反思在当时那种历史不可抗拒的趋势之中，我们个人又做得怎么样。应该说，对于这种反省我们做得还很不够。如果这种反省做得好，我们再往前走时可能就会走得更轻松一些，否则继续背着沉重的历史包袱，就可能步履蹒跚，会把大好时光耽误掉。从这个意义上讲，我们研究赵紫宸先生，就是把那段历史岁月中最值得我们发掘的思想展示出来，这样可提醒我们，使我们今天能够少走弯路。回顾与反思能够使中国文化的未来发展有着更加光辉的前景。面对自 20 世纪 50 年代以来中国思想界鲜有大家的窘境，我们尤其应该作出这样的反省，提出更高更新的要求。自上个世纪70 年代以来，中国出现了一个我们可以进行反省的重要机遇，有人将之比喻为中国的文艺复兴；但文艺复兴并不是一个单纯的过程，而有着其历史的延续，如在欧洲思想史上经历了文艺复兴，后又经历了启蒙运动的发展时代。所以，中国的知识分子也不要着急，一步一步地做好我们这一代人的工作，已经上下五千年的中华文明还会焕发出新的光彩来。因此我希望在中国现代思想史上、文化史上能够出现一个群星灿烂的感人局面。而赵紫宸先生在这其中已经就是一颗耀眼的大星，我们可以在群星中看到他的清晰闪烁。

应该承认，目前我们个人所做的工作其实很渺小，但我们研究工作的意向却能给中华民族、给中国的精神带来一种深层次的反省，并进而促进现代中国精神的开拓、发展。因此，我们应该有历史感和使命感，借赵景心先生组织这个纪念会的机会，我们可以对将来如何开展赵紫宸思想的研究进行一下讨论。我个人对于赵紫宸先生的思想特别推崇，对其崇高境界也特别向往，但因为我的时间、精力有限，这方面的研究做得不是很多，也不是很透彻，因而感到非常惭愧。在这里我希望大家能够群策群力、共同合作，开创这一研究的新局面，从而能够使我们今天的纪念会真正有其新的意义。

2008 年 2 月 14 日

27. "赵紫宸与中西思想交流" 学术研讨会感言

感谢湖州师院的努力策划，感谢湖州市委统战部、民宗局的大力支持，也感谢在座各位朋友的热情关心和积极参与！我们今天为纪念、研究赵紫宸先生而汇聚湖州，在太湖之畔结缘。太湖是当代中国经济和社会文化发展的一个亮点，现在正在逐渐形成太湖文化圈。目前吸引世人注目的已有扬州、常州和无锡。扬州是鉴真和星云两位大和尚的故乡，其鉴真图书馆及佛学院将会因其佛教藏书和佛学研究而独树一帜，设在该图书馆的讲坛正成为中央电视台百家论坛的翻版，其作为学术论坛正成为江南一景。常州的佛塔也颇有特色，体现出现代与传统的交相辉映，其佛教艺术品的创作和收藏已形成较大规模。无锡以灵山为标志而发展出新的佛教文化圣地，其灵山大佛和佛诞景观吸引了众多的善男信女及四方游客，今年又在无锡举行了第二届世界佛教论坛，近两千人的大会声势浩大，影响广远，"和谐世界，众缘和合"的盛会尤其使灵山梵宫扬名世界，其建筑的气势、规模的宏大和艺术精品的琳琅满目让人叹为观止，并使人联想到罗马梵蒂冈的圣彼得大教堂。接踵而至的还会有苏州，这一历史名城正在太湖岸边全力开发，为马上会出现的全新顶级论坛太湖文化论坛做积极准备，志在形成与达沃斯论坛、博鳌论坛的鼎立之势。前几个热点地区以佛教文化为特色，苏州的创意则涵括政治、文化方面。我想在太湖边还应该形成的一个热点就是湖州，湖州师院有赵紫宸、赵萝蕤父女纪念馆，对赵紫宸的关注和研究，也可以在基督教文化、中西文化思想交流方面形成一个新的亮点。将来太湖文化圈形成以后，来自世界各地的友人在太湖进行文化之旅时，从而也会到湖州来看一看、走一走。因此，我们不要忘了湖州对太湖文化的贡献，以及湖州在太湖地区所具有的非常重要的地位。

刚才很多人都谈到了湖州有水，这使我想起了老子所说的"上善若水"。人们常说，"仁者乐山，智者乐水"，我虽不是"智者"，却因来自山区而很喜欢"水"，对湖水、海水的浩渺、大气有一种特别的感情。大家还谈到了湖笔、湖丝，都是这里的特产、特色。但是我们今天更多是为了"湖人"而来，这不是指驰骋在美国篮球场上的"湖人队"，我们是因为湖州地灵人杰、人才辈出而来。

历史上湖州有不少名流，而现今湖州也出了许多当代的优杰人士，如有很多著名的科学家、文学家、政治家等，这些专家、学者乃出类拔萃之辈，我们对之是抱着高山仰止的崇敬心情，但无缘真正近距离地接触他们。不过，我也的确近距离地接触过在我们这一研究领域中湖州的不少才俊，他们是哲学、宗教研究领域的长者、前辈，甚至还直接或间接地是我的老师，与我有着某种特殊关系或密切联系。这些杰出的"湖人"代表即包括我们今天纪念的赵紫宸先生，还有这次专程来参加我们的研讨会，就坐在我们之中的章开沅老师，而我当研究生时给我们上过课的北大教授朱德生老师也是湖州人。这些老师都是本研究领域的佼佼者，其学术造诣和影响非同一般。所以，我们来湖州也是想多采"灵气"，向"湖人"学习如何做人。我们今天重点要学习的则是赵紫宸先生，赵紫宸先生是20世纪中国基督教会最为突出的思想家之一，在基督教的"本色化"、"中国化"尝试中作出过重大贡献，为中国基督教知识分子以及整个中国知识界所仰慕，有着独特的人格魅力。这一"赵紫宸与中西思想交流"研讨会因此也就有着非常独特的意义。我们通过追溯赵紫宸先生的历史轨迹，通过领略他在近现代历史上尤其是中国教会发展史上的风采、梳理其闪光的思想，来总结这段历史的经验教训，来规划我们今后社会文化的可持续发展。

谈到历史，一般来讲，人类历史主要是由人物、事件来构成。一些历史的偶然事件往往会揭示出历史的必然发展，其中的历史人物则会使整个历史鲜活起来。我们在走近、了解赵紫宸先生时，更有兴趣、更多关注的是他个人的人生特色，他自己求学、信仰和卷入社会巨变及政治风浪的经历，以及他对其家人和学生们的影响。我们从赵先生这一人物特色上能够看出当今时代大变动、社会大变迁。在中国现代历史发展的分水岭，在历史变革的重要关头,他的这种人格、人性的自然表现,使我们深深感到敬佩、仰慕。其实,我们每个人都是历史舞台上的演员,也都在自觉或不自觉、有意识或无意识地扮演着自己的角色。而我们这些历史中的演员究竟应该怎样来表演,其角色究竟会起到什么作用,赵紫宸先生的一生实际上已经给我们作出了非常好的回答。

我们今天纪念、研究赵紫宸先生,下面两点应该作为重中之重:

一是赵紫宸先生乃学贯中西、沟通中西的大家,这样的出类拔萃之辈在中国历史上,尤其在近现代历史上实乃凤毛麟角。在基督教研究中,中国近代天主教出了一个徐光启,他是在当时明朝能够放眼看世界的杰出人物;在中国现代基督教历史上,积极沟通中西方的则是赵紫宸先生。他们一位属天主教,一位属基督教,都是中国历史上尤其是中国教会史上的优杰人物,都值得我们加以重点研究。放眼看世界要做到知己知彼,也就是以彼之长补己之短,以虚怀若谷的态度面向世界,同时也不自卑,也以己之优杰来昭示天下,贡献于人类。在赵先生的一生中体现出开放性、包容性,在海纳百川的同时亦给世界带来新的充盈。我们谈佛教时会说到其核心观念是"圆融",论儒教时则感到其核心观念是"和谐"。赵先生贯通中西的思想就有这样一种境界,首先是"和而不同",以便使大家能平安共在,和平共处;然后走向"求同存异",获得对彼此的一种深层次理解,找到共同点,容忍并尊重不同点;最后力争超越自我的世界大同、宇宙大同,不断往前发展和深化,体现出一种理想追求和超然之态。这一点非常值得我们研究和学习。现在中国改革开放,面向世界,我们向世界学什么,能为世界贡献什么,这在对赵紫宸先生的研究中或许能得到一些答案,找到一些启迪。

二是我们要特别研究、学习赵紫宸先生爱国爱教的执著本色。从爱国来讲,赵先生的一生在世界基督教的发展上,尤其是在现代世界基督教普世运动中,体现了中国教会的声音,表现出中国人的尊严。赵先生是世界基督教联合会首届大会六主席之一,在抗美援朝战争爆发后,由于西方势力对中国的指责和世界基督教联合会对此的某种卷入,赵紫宸先生毅然决然地辞去了主席职务;如果再往前推溯,抗日战争时期,赵先生反对日本侵华,不畏强暴,不怕坐牢,在狱中写下了反映其不屈不挠精神的《系狱记》;而往后追寻,我们则可看到,在新中国刚建立的时候,赵紫宸先生义无反顾地坚决拥护共产党、拥护新中国，他不仅自己身体力行，而且让儿女、学生们克服重重困难回国，为祖国效劳。他的事迹可歌可泣，是动人小说、感人电影的素材。我一直提倡应该有人写赵紫宸传，并把其传记拍成电影、电视剧，让大家都能接近、了解这位感人的爱国者、深邃的思想家。我们研究所有一位石博士，他曾写过《电影与人生》一书，吸引了大众的关注和好评。赵紫宸先生本人和其家人、学生的经历就是非常好的"电影与人生"的素材，具有"感动中国"的效果。所以，我非常希望看到《赵紫宸传》的出版，尤其是期待赵紫宸先生的家乡人能够在这方面有所突破，呼唤这样的文艺创作、传记、影视作品能早日问世。

　　从爱教来看，赵紫宸先生体现了他"信主"的忠诚、真诚和坚贞，有着"耶稣门徒"的精神。他强调基督教要走"中国化"的道路，在华夏获得其新的生命。他的一生为中国基督教走"本色化"道路付出了艰辛的努力，做出了突破性贡献。赵先生在本色神学上思想深邃、见解独到，在思辨中体现出诗意，于冷静处蕴涵着激情。所以，在赵先生的神学研究中，既体现出这种爱国情怀，同时又表达了他的"爱教"立场。在中西文化的沟通、结合中，他所争取的是"双赢"，而不是毁损、亏欠任何一方。我们看到，他所作出的点点努力，终于汇聚成一股往前发展的时代潮流，形成了人们的共识和共同行动。总之，赵先生在学术理论上、神学教义上、信仰追求上，社会实践上、教会事工上的生命体现和精神追求，都凸显了基督教的"中国化"进程，呈现出中国当代基督教全新发展的鲜活生命和勃勃生机。中国社会文化与基督教的相遇是个"未结束的相遇"，历经坎坷和曲折，但今天终于又迎来新的机遇。中国教会怎样发展，中国人如何对待世界与自我，中国人尤其是基督徒如何把世界文明的精华与中国文化的优良传统结合起来，都是我们重新遇到的现实问题，而赵紫宸先生在过去对此就已经有过颇为成功的探讨，值得我们认真学习和好好借鉴。我们今天纪念、研究赵先生，就是要鼓励、号召、鞭策后人，尤其是中国当今教会的基督徒们弘扬这种爱国爱教精神，用新的探索和优良传统的延续，力争达到一种成功的辉煌，使赵紫宸这一历史上的榜样成为我们今天的丰碑！为了这样一个理念，为了这样一种实践，我们今天走到一起，共同研讨。在此，我衷心感谢各位！

28. 论基督宗教与当代中国 社会文化的对话

——浙江大学"基督宗教在当代中国的社会 作用及其影响"高级论坛（2009 年 11 月 3—6 日）上的发言

首先，感谢主办方邀请我与会！听了两天多的会议，颇受启发。大家在会上发言精彩，讨论热烈，还有美妙的歌声。我喜欢倾听、获得智者的高见，这是一种享受！

在基督宗教与中国社会及其精神对话上，人们在思辨、形而上、语言、艺术等领域可相互对唱；置身其中乃眼前异彩纷呈，感受到美的历程。毫无疑问，我们在抽象意义上已经可以深入讨论基督宗教及其思维特色，获得神学美学之美。但回到现实，总感到仍是一种隔着鸿沟唱山歌的场景。我是来自张家界大山的土家族，我们民族有一个风俗，就是大家在不期而隔山相望时会产生互动，尤其是青年男女山歌传情，大胆无忌，敢吐真言；双方声音很大，传得很远，而且嗓子很甜，非常感人。这种隔山相望有着"距离美"，能够很好地唱和。但"相望"而不能"相会"，彼此在实际上却"走不到一块"来，因为两山之间没有桥梁，山下悬崖峭壁，险象频生，要绕过去设法相会则会走得很远很远，几天都不一定能到达，甚至根本就找不到相会之路。基督宗教在当代中国社会中的处境似乎就是这种状况。我们的言述已能"相望"，但我们的立足却仍不能"相会"。徐绵尧神父谈到海外特别是西方国家看中国的基本眼神就是"无神国家"、"共产国家"，认为中国不可能成为西方社会的"真正朋友"。一般都是各唱各的、各抒己见，基本没有甚至不想倾听、沟通和交流。所以，我想忍痛割爱那"美丽的歌声"和"动人的语言"，在此从现实"直白"的层面来看"沟"（差异所在），探"路"（如何解决这些差异问题），为筑"桥"提供些思路和建议。自中国推行改革开放以来，基督宗教在当代中国社会重新活跃且迅速发展。这种"复兴"并非完全是基督宗教本身的"觉醒"或独立发展运动，而更多的是揭示了在"全球化"的氛围和中国努力融入当代国际社会之处境中，基督宗教与中国社会文化新的相遇。二者的关系一直仍处于"未结束的相遇"这种状况之中，新的形势显然有利于二者的进一步对话、沟通，从而给其基于双向互动的求同、共存也提供了新的机遇。

一　对话的外部环境及其问题

1. 中国参加了许多国际组织，在国际舞台上起着负责任的大国的作用，与西方大国"共舞"。由于西方一些国家对中国的发展带有偏见，尤其对近三十年来中国所取得的成就有着复杂的感情，在政治、经济、贸易往来和文化交流上对中国设置障碍，增加壁垒，故意刁难，中国老百姓对此故而也颇有"与狼共舞"的感觉。不过，发展中的中国从内心希望和谐、和睦，对外开放已经有了非常积极的姿态，由此主动扩大并加深了与世界各国政治、经济、社会、文化、思想、信仰等方面的沟通和交流，获得了一个积极对话的平台。

2. 世界各国尤其是西方发达国家来华投资、经商、合作、创业，获得了对中国文化、当前国情更全面、深入的了解，由此带来了相互关系从"对抗"到"对话"的积极转变。虽然尚有"乍暖犹寒"之感，在许多领域却已从对中国的冷漠、冷淡转到了新的"中国热"。

在看到有利的外部环境时，也应看到存在的问题。

1. "冷战"的思维在政治、意识形态、文化战略领域仍然残存，而且在遇到某一层面的冲突、形成相应热点、焦点时则更为明显和突出，中国在与一些西方国家的政治、经济、文化交往中仍然有着彼此在深层次上、在心理底蕴中的不信任，难以建立全方位的真诚合作。

2. 对宗教、宗教自由、宗教信仰自由等方面的理解上存有明显分歧，对宗教的价值判断、社会功能、文化影响的评说和态度上亦颇有差别。中国知识界、政界和社会舆论上对宗教的认知仍各有不同，褒贬不一；究竟如何处理无神论与宗教的关系，二者应如何共处，其界限仍很模糊，人们态度各异，对之颇有"盲区"或"雷区"之虞。

3. 对基督宗教与中国社会文化的关系究竟是"适应"、"融入"，还是"抗争"、"取代"，究竟是突出基督宗教在华的"本色化"、"处境化"，还是坚持以基督宗教作为"普世价值"、"普世宗教"来在华推广、覆盖，以求"万流归宗"，教内教外对之亦各有说法，难达一致。基督宗教在宣教、传道方面的热情在中国社会则经常受挫、碰壁。不少"传教士"或"传道人"对之一头雾水，不知所措。

要解决这些问题，形成真正有利于二者对话、沟通的环境或背景，则仍有待于中国与西方一些基督教大国在政治、经济关系上出现根本改善，及其在文化、思想交流上建立起真诚信任和相互尊重。双方应该"共建"，而不是相互"拆墙"。

二 基督宗教在当代中国所面对的基本"国情"及其政治文化传统之延续或演变

（一）"社会主义"体制的国家政体和无神论政党的执政地位

1. 基督宗教与"社会主义"的关系怎么理解，这是既老又新的问题。按照马克思主义经典作家的观点，社会产生宗教，决定宗教存在的性质，其对宗教及其社会都颇有批判之意。不过，按照具体问题具体分析的原则，"中国特色"之社会主义初级阶段所"产生"的宗教，所影响的宗教"存在"，与其他社会体制下宗教的产生与存在是有着差异和区别的；所以，基督宗教在当今中国也应是"普遍性"与"特殊性"的有机结合。其得以存在与发展本身已说明了基督宗教对"社会主义"社会的某种"适应"，但从其现状来看，则仍有不足之处，同样也仍然存有发展的潜力。

2. 作为执政党的"无神论"政党所实行的是"宗教信仰自由"政策；其一大特点就是强调"政治上团结合作，信仰上相互尊重"。这样，基督宗教仍有与执政党对话的空间，而且也可以在信仰上保持住其独立性和宗教传统。相互尊重、和平共处，这是当今中国提倡"和谐"的真谛。因此，基督宗教并不会直接面对无神论的"宣战"。

3. 从历史发展来看，"无神论"有着漫长和复杂的发展过程，而且已从古代"朴素"的无神论，经过近代"战斗"的无神论以及"人本主义"的无神论，发展到现代中国的"科学无神论"：真正科学的无神论在当代社会处境中应是建设性、对话性、诠释性的无神论；在一定程度上，无神论已由以往的"战斗"无神论改变为相对"温和"的无神论。尤其在现实政治领域，不可置疑，无神论的政党保持着与宗教的对话及和谐。

（二）"信仰"理解从"单一性"到"分层并行"

1. 中西古代传统都过于强调信仰的"单一性"，认为"单一"、"唯一"才是信仰纯正的表现。明末清初天主教在华因其宗教的排他性而不允许中国天主教徒仍保持传统儒家信仰，甚至利玛窦把儒教不视为"宗教"的权宜之计也没有管用，结果导致所谓"中国礼仪之争"，形成文化和政治冲突。如果只有一个层面来看待信仰，就会出现宗教"信仰"的"政治化"倾向，将宗教与政治置于不可避免的对峙、对立局面，从而形成非此即彼的"排外"或"排他"性。

2. 当今信仰理解已不再是单一的，而可将之加以多层区分：在"信仰"的范畴中涵括政治信仰、文化信仰、民族信仰、宗教信仰、哲学信仰（知识论）、科学信仰（规律论），它们具有并行不悖、和平共处的可能性。正如在现代航空航海之交通发展上，人们可以充分利用海阔天空，多分出一些航线，多开拓一些航道，使之不必挤在同一个层面而相撞、排斥。多层信仰因为分层而可以共处，从而避免在传统认知中似乎不可回避的矛盾与冲突。

（三）传统政教关系的延续或演变

1. 基督宗教经历了政教关系的复杂发展和演变，自其创立时的政教冲突，在数百年中受到多次政治迫害，教会就在不断调整其与政治的关系，并先后有着从古罗马帝国至中世纪欧洲国家的"政教合一"，经近代发展的"政教协约",到现、当代的"政教分离"等复杂经历和丰富经验。所以说,基督教会在处理政教关系上已经积累了各种经验教训,但因其力量较为强大而在政教关系中往往表现得比较强势,因而在与中国政治的关系中多有冲突和碰撞。迄今双方都较为强势的态度并未出现根本改变,故此在相互关系上也较难达到质的突破和更好的提升。

2. 中国古代"儒教"官方性意义上的"政教合一"虽已基本结束,而其传统观念、方式依然在一定程度上得以保留。按照这种传统原则,中国政教关系一般表现为由政权掌控宗教的"政主教从"模式,即强调以政统教,而不允许以教控政。当今中国政权掌控宗教这一"政主教从"的局面并没有根本性改变,但我如此表述并不是从根本上主张"政主教从",而只是想提醒人们注意到当今中国政教关系上这种传统复杂延续、仍然留存的现实和真实。理想的政教关系当然应该是"政教分离",但其前提是宗教真正在政治上"脱敏",从政治领域淡出而回归社会领域和人们的"精神世界"。这一点在当代中国尚未完全得到展示。

3. 相比而言,佛教在传入中国几百年后就逐渐适应了这种"政主教从"的社会存在模式,在很大程度上走向了"依国主"、"入乡随俗"的适应性发展。但基督宗教仍在与之抗争、博弈,在面对中国社会文化时并不想低下自己在以往历史上曾经"高昂的头",故而彼此张势未消弭,对峙未结束。

三 基督宗教在当代与中国社会文化对话的必要及进路

基督宗教在当代发展中已经重新"进入"中国社会文化,或者说其在改革开放的全新氛围中在中国社会得以"恢复"或"复兴"。因此,基督宗教在当代中国的重新崛起中有必要展开与中国社会文化的对话。这种对话既是历史对话的延续,也是当代对话的创新。在这种对话中,似乎有下面一些问题值得关注:

其一,对话共存而可达双赢,真诚对话带来的沟通可以使基督宗教在当代中国达其理想存在与发展,从而亦使中国文化思想得以充实丰富。所以，基督宗教应认识到中国社会文化当今开放性、对外引进和吸纳的现实意义，抓住这一难得机遇。

其二，二者关系不是彼此竞争、谁战胜谁、谁吃掉谁的关系，斗则两败俱伤，和则获得双赢。基督宗教不可能取代中国思想文化，而有可能融入中国思想文化，从而带来中国思想文化的更新发展，双方尝试共构一个"新的自我"，由此而实质性地参与当今中国文化重建的工作。基督宗教因而有必要走"进入"、"融入"、"化入"中国社会文化之路，这一过程并非基督宗教的"消解"，而乃其在中国的"新生"、"重构"、"创新"，即"道成肉身"的现实实践。

其三，作为一种积极互动，中国社会文化应以海纳百川的宽阔胸襟来欢迎、吸纳基督宗教"入华"、"融华"，而不能搞文化排外、保守封闭那一套，应总结历史经验教训、避免导致自吃其亏的败局。可以说，强势文化是在吸纳、整合、补充、扩大中形成的。所以，有五千年积淀的中国文化应有"有容乃大"的自信和气魄。

其四，由于"鸦片战争"所导致的平等宗教文化对话的中止和被歪曲，基督宗教应以这一历史意识来处理其对中国社会文化的意识、情绪、态度等关系，不再以咄咄逼人的"传"为进路，更不能以对中国现状的"指责"而试图证明自己的公义、公正。基督宗教要以谦卑、悔罪之态来开始与当今中国社会文化的全新交往，以高扬"仆人精神"来"非以役人，乃役于人"，而且，也只有由此才会为其"先知精神"的弘扬创造条件、奠立基础。其实，"爱的神学"与"因信称义"的关系很简单：信就是爱，爱的实践体现出信的真谛，故此而真正得以"称义"。

其五，中国改革开放以来的宗教政策已为新的对话创造了有利条件，亦对基督宗教有了更为客观、积极的理解和评价。基督宗教从世界整体来看作为一种"强势"信仰文化的代表，在新的形势下大可不必延续以往那种对峙、抗衡的"张势"或"张力"，在文化交往上也应有"退一步海阔天空"的"虚己"姿态，从而营造一种谦让、说理、和谐的氛围。或许可以视此为基督宗教在社会文化交流中的"濯足"礼。若不迈出这一步以回应当前中国改革开放以来对待基督宗教态度上的改善或改观，则可能使双方的对话重新陷入僵局，贻误历史提供的良机。同理，中国当代社会也应调整以往主要以传统政治视域来看待基督宗教的认识角度，走出历史的阴影及其带来的恩恩怨怨，以开放、平和、客观、公正的心态及眼光来审视基督宗教在华的存在与发展，即以一种认为宗教乃社会的客观存在之"平常心"来看待和对待基督宗教，从而能使基督宗教的存在与传播不再为"政治渗透"，而主要为"文化交流"；是积极、正常的信仰精神之宣扬，而非功利性的社团势力之争夺。

总之，当今基督宗教与中国社会文化的对话机会难得，弥足珍贵。其关键在于彼此对话和对待对方的根本态度。只要这种态度达到积极意义的质的改变，对话内容及如何对话的问题或困难则会迎刃而解。由于历史的障碍，人们也有着种种心理上的障碍，使彼此疏远、陌生。但"全球化"的共在使我们又一次走近，得以正面相望。我们应以此契机来积极筑桥修路，从而争取真正形成在新时代双方对话的"无障碍"之旅。

29. 社会建设必须加强社会工作

2008 年四川汶川大地震和北京奥运会使中国的社会工作令世人瞩目，中国的"志愿者"成为一道亮丽的风景线。而随着影响全球的金融危机和经济危机的出现，中国社会亦凸显了对"就业"、"创业"问题的关注和努力。这些发展使中国社会工作全面展开的基本条件已经成熟；如果政府有关部门对之有意识地加强和引导，则能形成"水到渠成"之势。

加强社会工作是我国当前构建社会主义和谐社会的一项重要任务，它可以通过调动各方面因素来在劳动就业、社会保障、公共服务、改善民生上积极参与，有所作为，从而有力推动我们的社会建设，促进经济社会发展。在今天强大的社会需求面前，政府的民政部门已经鞭长莫及，很难防止顾此失彼局面的发生，也不可能及时、有力地解决一切突如其来的社会应急等社会需求上的问题。对此，需要我们解放思想，大胆创新，勇于开拓，在社会工作上应该改变仅靠政府来购买服务的单一形式，从而发掘新的资源，调动民间力量的积极性，并形成其社会工作、社会服务的长效机制。根据我国当前的实际情况，推动如下一些方面的工作应该是可行的：

第一，健全和完善我国涉及社会工作的法律法规，形成社会工作与服务、社会公益和慈善事业的可靠法律依据及保障，如《慈善工作法》、《社会保障法》以及社区工作有关规章制度的制定和完善，都应列入当前的议事日程。

第二，政府制定相关优惠政策，积极鼓励和引导社会力量对社会工作的投入，在公益性、非营利性社会工作项目上实行减税或免税举措，对其买地、租房，以及水、电等能源的供应给予相应的优惠或照顾，以降低其社会成本和经济负担；同时也应为社会企业及企业家参与社会救济、募捐、慈善等工作提供减税免税等有利条件和激励机制。

第三，加强对社会工作者的培养、使用和管理，"建设宏大的社会工作人才队伍"；应在高等院校和专科学校推动社会工作专业的发展，在社会相关部门或领域组织社会工作人员的培训，提高其专业知识和实践中的工作技能，规范社会工作人员的考核、认证和岗位责任。

第四，通过法律、政策来发挥公益性社会组织、慈善类民间机构投入、参与社会工作的积极性，支持其参加基层社区的建设和相关设施的配套。在发挥民间组织的作用上尤其应给宗教团体"网开一面"、留出空间，让其更积极地参与社会工作及社会服务，在社会慈善、福利事业上有更多的关心、更大的投入和更好的贡献。

第五，使"非政府组织"、"非营利组织"等民间力量的社会工作由随意性、临时性、应急性进而达到其机构化、系统化、日常化、持续化、自觉化和规范化，使之能够真正自主"创业"，形成固定的、专门的社会工作机构，并给相关人群提供"就业"机会，保护其可持续发展；如在社会服务、公益慈善等领域成立系统扶贫、救济、社会援助、生命关爱、心理咨询与治疗的专门组织，创办福利院、养老院、救治艾滋病和麻风病等特殊疾病的医疗站、疗养院、戒毒所、照顾残疾人生活并提供特殊教育的康复院，以及提供特殊就业的企业等，协助并规范其接受捐赠、集资融资的活动，整合社会服务资源，完善其体制机构建设，从而在当代"大社会"的框架中不仅有政府主导的社会工作，而且也使民间机构的社会公益事业能够达其系统性、组织性、体制性、企业性和长期性。

从整体来看，我国社会民间机构参与社会公益、慈善事业的比重仍很小，社会工作的队伍亦较弱，不能满足目前社会转型、社会发展的需求。目前的相关政策也比较从紧，管得较严。其实，只要合法合理管理，并不一定会形成乱、散的局面，反而有可能引向从"多元有序"到"多元一体"的良性发展。为了解决社会弱势群体（失业人员、城乡贫困人口、农民工、老人、儿童以及残疾人）的实际困难，应该充分调动社会各种力量尤其是民间力量来积极参与社会工作，使社会关爱、社会援助成为社会主义公民社会的自觉行为和流行风尚。为此，政府有关部门应该相应调整或放宽现行有关政策、为民间力量提供必要的社会空间，以使其在社会工作上能够积极"创业"，在我国和谐社会建设上作出有益贡献。

30. 湖南省佛教协会船山佛教文化研究中心成立庆典致辞

尊敬的圣辉法师、佛教界及学界的各位专家、各位领导、各界朋友、湖南的父老乡亲：

首先，请允许我代表中国社会科学院世界宗教研究所、中国宗教学会和我本人，向湖南省佛教协会船山佛教文化研究中心的成立和船山与佛教的因缘研讨会的召开表示热烈的祝贺！并向佛教界高僧大德和学界有识之士为这一庆典的达成及其研讨会的成功举行所表现的睿智和付出的努力，表示崇高的敬意和衷心的感谢！

湖湘文化底蕴丰赡、博大精深。作为一名湖南人，我为自己能在这种文化氛围中成长而感到自豪。记得几年前，湖南的电视台曾组织拍摄了"湖湘性格"系列电视片，介绍湖南历史上的名人及其对湖南乃至整个中国作出的贡献，在拍摄最后一集时邀请了中央电视台的著名湘籍节目主持人王志先生和我，以及另一位在商界取得成功的湖南人来做这一集的节目。大家对于湖南人物的今昔比较颇有感触，尤其是对其在政治领域曾达到过的辉煌感到兴奋和激动。当然，时代变了，湖南人在政治上群星灿烂的场景已基本落幕，而在目前的经济主战场上的表现也逊于江浙、沪广一带，但人们对当代湖南的思想文化发展则仍寄予厚望。湖南卫视在节目设计上"敢为天下先"的创意也在现代中国所步入的传媒世界中广有影响、对观众有着很大的吸引力。不过，这在整个当代中国社会发展中已不占主流。我没有机会看到这一节目的播出，但内心"湖南意识"所支配的对湖南的关注却一直不断。因此，我一有机会就会回湖南看看，对于这样本不属于自己专业领域的学术会议也非常乐于"客串"。

在湖湘文化发扬光大、走向全国和世界的今天，我们举行这样的成立庆典，组织对"船山与佛教"因缘的研讨，体现出独特的历史和现实意义，具有不可估量的学术和思想价值。王船山作为湖湘文化的开拓者，不仅为这一文化体系奠定了基础、构成其特色，而且还以其破旧立新的开阔眼界和非凡胆识为明末清初的中国精神领域和学术园地提供了非常重要的启蒙思想。王船山在当时政治环境中的"进退萦回"促成了其在学术上、思想上和精神追求上"海纳百川"的胸襟，他不仅精于"中学"，对老庄思想、佛教哲理和儒学传承有深入研究，而且还旁涉兼通、关注"西学"，表现出其广远的境界和深邃的思想。他不墨守成规、故步自封，而是提倡"太虚本动天地日新"的发展观念，主张"推故而别致其新"的变动、前进。这样，王船山形成了其辩证统一、对立共构的和谐观念，认为"相反而固会其通"。这种思想境界使他能够做到入佛、辟佛、尊佛、传佛的有机共构，并在体会佛教哲学上达到"因所以发能"、"能必副其所"的主客观关系之认知深化。正是在这一意义上，我们探究"王船山与佛教的因缘"就有着巨大的空间和丰富的内容，值得去深入发掘，亦肯定会获得令人惊喜的收获。

王船山给中国近代的宗教理解和哲学认识带来了清新之风，形成了颇为关键的承上启下之思想转型。因此，谭嗣同在谈到王船山在当时所起的思想解放和创新作用时曾赞以"万物招苏天地曙，要凭南岳一声雷"的诗文。王船山一生潜心学问，留下了大量的著述。对此，虽然前辈学者有过一些研究，但仍不够全面和系统。应该说，我们在这一领域的研究尚有许多课题非常值得去做，尤其是"船山与佛教"的因缘关系之深入探讨乃刚刚起步，正等待着越来越多匠心独到、新意迭起的研究成果的问世。在中国哲学史和佛教研究上，王船山都是一位重量级的人物。在弘扬中华文化的当代发展中，王船山的思想亦获得前所未有的重视。我们这一中心的成立及其研讨会的召开，也是王船山思想研究得以深化的一个重要标志。所以，能有机会参加这样的庆典和研讨，向各位前辈和专家学习、请教，使我感到非常高兴和荣幸。这里，我要再次感谢主办方对我的盛情邀请，感谢各位朋友给我这样好的一个学习机会。最后，预祝我们这一盛会取得圆满成功。谢谢大家！

31. 金融危机与宗教发展

——在第二届"当代中国宗教论坛" (2009年2月20日) 上的发言

美国金融危机引发的全球经济危机，使人们开始从一个非常重要的视角来看社会与信仰、经济与宗教的双向互动关系。学者们则进而分析当代社会变动中宗教板块的形成及其社会影响，关注相关板块的衔接与碰撞。在这种新形势下，我对中国宗教现状也有了专门的观察、思考和分析。由此，我想指出，目前中国宗教状况大致已形成"护持"型的"核心板块"、"自发"型的"新生板块"以及"模糊"型的"边缘板块"这三大宗教"板块"。我认为，中国宗教未来发展的理想形态应是在依法治国、政府积极引导基础上的"一体多元"、"主次协调"，即体现政府在管理宗教上的法律、政治和行政权威，承认宗教存在形态上的多元现象，协调好在中国社会历史和文化处境中形成的主要宗教和次要宗教的和谐共存关系，倡导宗教发展走向社会层面的服务参与、文化层面的承上启下和信仰层面的返璞归真。

一 问题的提出

由美国金融危机引发的全球经济危机已成为当代国际社会关注的焦点。我不是经济学者，不敢妄论经济问题。但这次金融危机及与之关联的经济危机有一个特点，引起了我们在信仰、宗教问题研究上的兴趣和思索。这就是社会与信仰、经济与宗教的对应或呼应关系。

马克斯·韦伯在谈到西方资本主义发展时，曾论及其信仰、宗教是其社会及经济发展"潜在的精神力量",起到了推动这一发展的重要作用。当然,这是一种"神圣"层面上的信仰,是基于"超越"追求的宗教,因而典型地体现出"精神变物质"的意义。尽管西方社会,尤其是其宗教理论界对当代西方社会发展究竟是"祛魅"还是"复魅"争论不休,宗教"世俗化"观点的倡导人彼得·贝格尔亦动摇不定,反反复复,在断言世界进入"世俗化"后仅隔三十年就"迷途知返",以"世界的非世俗化"的宣称而再次令世界"惊讶"![①] 但无论是韦伯的"解魅"(disenchantment)与"复魅"(reenchantment,又译"再着魅"),还是贝格尔的"世俗化"(secularization)与"非世俗化"(desecularization),都不能回避或掩盖这一事实,即传统意义上的"神圣"信仰与宗教已越来越边缘化,已或多或少地退出社会舞台的中心。但现代社会开始与这种"神圣"信仰及宗教共舞的,则是各种"世俗"信仰与"新兴"宗教的崛起,从而使人类的"精神世界"更加复杂和多元。

从美国的金融危机和波及全球的经济危机之中,我们就可以窥见上面所谈到的"世俗信仰"的存在及其相应的"危机"。其实,从这次"始作俑者"的美国来看,其金融体制、经济结构本身基本上完好无损,问题乃出在其金融运作中滥用了这一体制机制得以建立的"信用"。对人们的"信"不是加以"信用",而是实施"骗用",其推出的"产品"、实行的"包装",可能是借助于人们的"信任"而实际上在"行骗";而负有金融体制监管责任的机构亦不负责任或"别有用心",把人们对之的"信"加以滥用,却以"骗"来反馈形成"误导",从而使"信用"这一光环实际上已经黯淡,其"骗用"的异化则越来越包不住、藏不了。其结果,这种在"信用"招牌下的"滥用"或"骗用"一旦被曝光,灾难则会降临,甚至可能导致其整个经济体制和基本制度的动摇或"崩溃"。我们看到,当人们保持其"信心"、"信任"和"信赖"时,这种"金融信仰"似完好无缺,其"信用"亦得心应手、畅通无阻。而一旦失去这种"信心"、

---

①　彼得·贝格尔在1969年出版其宣称现代社会进入"世俗化"时代的两部代表性著作《神圣的帷幕》和《天使的传言》,但在1999年却推翻自己的观点而主编出版《世界的非世俗化:复兴的宗教及全球政治》一书,改而成为"非世俗化"理论的重要代言人。

"信任"和"信赖",其"信仰"亦会崩塌,无"信"可"用"。所以说,巨额财富的一夜蒸发在经济学上可用"气球"被吹破、"泡沫"被挤掉来解释,而在社会心理学、精神现象学层面上,则也是"精神带走物质"、使之荡然无存。与"神圣"信仰相同的,是这种"世俗"信仰也要靠前瞻、靠投入、靠冒险,其信仰"破灭"后的重建亦十分艰巨、非常缓慢。但与"神圣"信仰不同的是,这种"世俗"信仰的走向与社会经济的发展走向成正比,经济危机越大、世俗信仰也就越"危机",而"神圣"信仰却往往会与社会危机成反比,即社会问题越多、越复杂,"神圣"信仰的"世俗"危机则越会减少、减弱,获得新的发展机遇和希望。因此,在金融危机时期"世俗"信仰也出现崩盘时,我们一定要注意传统意义上"神圣"信仰的重新抬头,看到相关宗教的"复魅"与"复兴"。

在此,我们还应关注"信仰"的"资本"意义。正如"金融资本"基于"信用"关系的变化有其"实"、"虚"两面那样,"信仰资本"亦有其"实"、"虚"之变,由此使其游移于"硬资本"与"软资本"的互动、变迁之间,形成变幻莫测的精神大海。"信仰"这种"无形资本"的存有可使社会"有形资本"变大、变硬、变得坚实,而这种"信仰"消失在精神层面造成"无形资本"蒸发的同时,也直接引起其社会"有形资本"变小、变弱,甚至变得一无所有。这里,无论是"神圣"信仰还是"世俗"信仰都有其相似之处和共同之点。面对当今社会的信仰变幻和宗教起伏,我们已很有必要为此而研究"信仰资本论"和"宗教经济学"。

二 当代社会变动中宗教板块的形成

中国改革开放三十年发展迅速、成绩斐然,目前的世界金融危机对社会的震动也并不十分突出。但是,中国并不是完全"风景这边独好",在金融海啸、经济危机的撞击下也绝非"我自岿然不动"。因此,这种社会变动自然会影响到中国人的精神世界,或许也会逐渐形成当代中国宗教发展的一些"潜规则"。

对于当代中国宗教发展,社会主流大致会用两种眼神来审视。一种是以"拨乱反正"、宗教生活归于"正常"的角度来看待，其基本认识是把宗教作为人类精神及社会生活的"常态"，以"平常"、"平静"的心态来考量宗教的发展，从而认为"改革开放"前宗教被禁锢、被打压的现象乃为"异态"而不"正常"，现在则应"恢复"正常，中国宗教生活与世界宗教格局并无两样或独特之处。显然，在这种审视中，少了"意识形态"和"政治"之维，缺乏相应的"敌"情观念或"危机"意识。另一种审视则是基于"问题意识"，即从"有问题"这一角度来看待宗教在当代中国的发展。以政治"责任"、"敏锐"和"智慧"来审视宗教，当然"无小事"、有重大关系，涉及到意识走向、精神态度、政治立场、社会发展、民生关联等问题。必须承认，前一种审视很泛、很弱，看似"平常"、"正常"却实际上几乎没有真正存在。而后一种审视则是非常实在、明确，起着实质性作用。如果从"找问题"的角度来看宗教，那么至少会在潜意识上去考量"宗教"或"宗教发展"在根本上究竟是"好"还是"不好"，是不是一种"有问题"的社会存在，是否为主流社会的希望或期待之所在。这样，在上述两种审视之间势必有悖论、有张力、有差异。二者的走向将决定对中国宗教的"价值"、"意义"和"社会"判断，从而影响到宗教在中国当今及未来的定位与发展。

既然后一种审视为当今中国社会主流、常态的现象，那么我们从"问题意识"来看待中国宗教的当代发展，则会发现其确有"问题"，而且颇为"复杂"。其问题的形成，若从"神圣"信仰与"世俗"信仰的彼此排斥关系来看，则发现当今中国宗教发展与中国社会"世俗"信仰的危机或问题密切相关。当然，也有不少人认为"神圣"信仰与"世俗"信仰本来就是交织共存的，不可截然分开。从社会现实和事物普遍关联的角度来看，上述观点无疑是正确的。不过，所谓"神圣"与"世俗"之间的区别尽管有其相对性，二者从宗教学的视野来看却毕竟在一定程度上仍有着"质"的不同，否则我们根本就没有必要来谈论"宗教"话题。如果从"世俗化"带来的"世俗信仰"而言，中国在过去一百年内经历了急遽的"世俗化"变化。但如果不将"儒教"视为"宗教"，这种"世俗化"或许甚至可以追溯到远古的"绝地天通"！按照传统理解，"中国上古的原始宗教经历过三个阶段：民神不杂、民神异业——民神杂糅、家为巫史——

绝地天通，无相侵渎"。颛顼"绝地天通"之举"好像是一种正、反、合的辩证演进"之结局，但研究宗教的学者一般认为："'民神不杂'的状态不可能是最原始的文化——宗教状态，而'民神杂糅'倒是原始文明早期的普遍情形。"① 因此，"世俗化"之前乃"民神杂糅、民神同位"的状态，只是通过"绝地天通"才形成"民神不杂，民神异业"的秩序。陈来先生对这种巨变的分析是，"在这个说法中，有一点很值得注意，即宗教改革是由经济危机所引发，而经济危机又导源于一种宗教信仰的行为状态。就是说，原始祭祀的泛滥，导致了社会财富的匮乏，'礼'的制度和宗教的改革正由此而决定地产生或形成"。② 颛顼作为上古帝王，其"绝地天通"的改革"最终结果是实现了事神权力的集中和垄断"。如果这一论断成立，则可说形成了"一以贯之"的中国"国教"体制，直至1911年辛亥革命使封建王朝彻底终结，而中国民众则处于"民神不杂"的"世俗"状况。但如果认为中国自古没有作为"国教"的"国家宗教"，那么颛顼乃至后来董仲舒等人的改革就不是"宗教"，而是"政治"性的，甚至孔子的"克己复礼"之"礼"亦是一种政治秩序而不是宗教秩序。这样，中国早已是一个"世俗国家"了，这似乎也印证了梁启超等人关于中国乃"无宗教"之国度的断言。顺此思路，则可以说中国历来是作为"世俗"信仰的"政治"信仰压过了作为"神圣"信仰的"宗教"信仰，而今天中国宗教的"复兴"则应该从其"世俗"信仰的"危机"或"问题"上来寻找原因与答案。不过，中国民间自古以来"民神杂糅、民神同位"的现象却又告诫我们要慎言中国社会的"世俗性"或中国文化的"世俗化"，那么对所谓"世俗"信仰的"危机"或"问题"对当今宗教发展的影响则也应该慎重而言，留有余地。所以说，在分析中国社会及文化的"宗教性"上尚有许多疑问，尚需不断澄清。

尽管中国社会经济发展不存在"危机"，其经济结构和发展方式的实际变化却也带来了新的"问题"。这已经引起了当代中国社会阶层的变化，形成了新的不同社会群体及其多元的精神诉求。与这种经济发展相关联，

---

① 陈来：《古代宗教与伦理——儒家思想的根源》，三联书店1996年版，第26页。
② 同上书，第23页。

中国社会"世俗"层面的政治信仰、文化信仰、民族信仰等已多少受到冲击、有所波动和变化，而其不同程度的"退出"或"淡化"则为中国宗教信仰的当代发展留下了空间和可能。由于中国社会"世俗"与"神圣"层面的复杂交织或模糊不清，中国当代宗教的发展也正在构成其颇有特色、却极为复杂的板块。概括而言，这些宗教板块大致可为"护持"型的"核心板块"、"自发"型的"新生板块"以及"模糊"型的"边缘板块"。不同类型的板块仍在相互碰撞、不断错位，由此构成了当前中国宗教的地缘图景。

"护持"型的"核心板块"指得到国家政治支持的宗教存在方式。从历史上来看，如果的确存有"国教"，则属于此类；而不同时期封建帝王对不同宗教的偏好、崇信和支持也大致反映出这种现象的存在。但在当代中国，其情况则另有不同。一方面，中国国家政体纠正以往对宗教的限制或将之视为"另类"的态度，在政治上、政策上、社会舆论上、组织管理上以及经济条件上给宗教的存在与发展营造了良好的氛围，使 20 世纪 50 年代初形成，60 至 70 年代一度中断的宗教组织机构得以恢复和发展。但这种"恢复"和"发展"乃体现了中国政体的"国家"意识，使相关宗教及其组织机构成为没有"国教"名号的"国家宗教"，有其"正统性"及"合法性"。但与此同时，这种"政体"意识的强烈亦影响到这些宗教的构建、管理和经济支撑，形成了具有"政治形象"的"国家宗教"。在国家的"护持"、"帮助"下，这些宗教体态完备、组织严密、网络齐全，在宗教地缘中占据着"核心板块"位置，有着得天独厚的优势。应该说，国家政体对这一"核心板块"的宗教有着巨大的投入，这种支持已超过世界上大多数"政教分离"形态国家对其宗教的关心、呵护，由此体现出中国宗教信仰自由的积极景观和中国宗教政策、法规的落实。位于"核心板块"的宗教亦成为其"典范"和"样板"。而且，与其他国家不同，所谓"国家宗教"在此还是复数的、不是单一的，如我们的"五大宗教"之说。不过，由于宗教性与政治性毕竟有其不同之处，加之二者交织中出现的复杂嬗变，"核心板块"的宗教也并非"一方净土"或"平安的港湾"，其出现的个别问题或异样的发展走向也会引起国家政体的警惕和防范。另一方面，这些位于"核心板块"的"合法"宗教在当代中国社会政治、经济、文化发展中亦积极"亮相",有着越来越广泛的社会参与和代表形象,尤其在"政治"表态、文化工程、经济创业、社会工作上给人们留下了深刻的印象。不过,这些宗教因受世俗社会影响较深而更多关注"人间"、"人生"层面,在与主流社会保持一致的同时也有对国家政体的更多依赖,故而可能会有在"经济"自主、自养上的"异化",从而在"宗教性"、精神信仰、理论修养上显得不足。这样,在这些宗教中许多社会、文化工程及其发展的"创意"和"实施"多来自国家政体或世俗社会,宗教界的"自我意识"明显不够,且在宗教教理、修行、礼仪、管理上缺乏"高僧大德",未现"出类拔萃之辈","纯"宗教意义上的精英仍如凤毛麟角,从而与当今中国宗教的社会外观和文化复兴不相吻合,在"核心板块"上留下了一些脆弱之处。查尔斯·泰勒在其《世俗时代》一书中曾谈到宗教在政治、社会和文化这三个层面的"世俗化";① 若按此分析,则可感觉宗教组织"参政议政"、过度关心政治或许会有"政治上的世俗化"倾向,宗教团体或个人热心于"发财致富"、以"宗教搭台、经济唱戏"或许会有"社会上的世俗化"倾向,而宗教活动偏向"娱乐文化"、迎合"民俗"或"流俗"文化的需求也似乎会有"文化上的世俗化"倾向。由于这种宗教自我意识的不强,在"核心板块"的内部会出现一些破裂或分化,造成其本有资源的流失;而其对外范围亦颇难把握,当宗教发展被视为社会和谐的"积极"象征时,其规模会"扩大",人数在"增加";但如果宗教发展被看作是与社会稳定相反的"消极"因素时,其规模则会"缩小"、人数亦"减少",从而有其宗教在中国政治评估中的被动伸缩,宗教本身对自己的信仰往往也不能够"理直气壮"地坚持,宗教与政治的关系没有得到真正的理顺。

"自发"型的"新生板块"乃当代中国宗教发展的"异军突起",其特点是"板块"分散、问题繁多,而其所谓"自发"也只是相应中国政体来说,实质上却有复杂的外界关联、掌控和渗透。在"全球化"的国际范围内,这些"新生板块"往往会成为世界关注的"核心"和"焦点",被"敌视"中国或"误解"中国的组织及个人作为"问题"意识来放大、过

---

① Charles Taylor: *A Secular Age*, Cambridge: Harvard University Press, 2007.

问或干涉，从而在国际"话语"上挤占了"核心板块"的位置，造成了一些人为的"难点"、"热点"。在中国当代开放、多元化的社会中，这些"自发型"的"新生板块"有其分散性、流变性、隐蔽性等特点，其"宗教"有的虽"不合法"却求"合法"，有的舍"大而全"而守"小而散"，在"本土化"与"去中国化"、"宗教化"与"政治化"、"公开化"与"隐秘化"、"民族化"与"国际化"，甚至"友"或"敌"之间扑朔迷离、深浅难测，成为当今中国社会宗教领域的一块"盲区"。当然，这种"新生"也是相对而言，其在改革开放后的中国内地为"新生"，而在中国内地六十年前的历史上、在台港澳地区，以及在境外却是"旧有"。从其类型上来看，这些"新生板块"有的从"核心板块"分化而成，有的是传统存在"枯木逢春"，有的是外来传教"渗透"使然，有的是古今中外奇特结合，有的是民间土壤中的滋生、异化。从其涵括的宗教来说，则既有目前"核心板块"佛、道、伊、基、天的"异类"或"另类"，亦有"五大宗教"之外的其他各种宗教，不仅有方兴未艾的"新兴宗教"，甚至有危害颇大的各种"邪教"。按照目前中国法规和现行政策，这些"新生板块"中的不少宗教在华为"非法"或"不合法"存在，然而其中大部分宗教在世界其他地区则为"合法"、"正常"存在；许多甚至也无"政治"意向和企图，在不少国家和地区"口碑"很好。因此，如何认识、分析、对待、处理这些宗教，其政治性、政策性以及宗教性、学理性都非常强，其不同举措亦会导致是否正确分清"敌"、"友"，化"敌"为"友"或推"友"为"敌"的不同后果。当今中国社会已经处于对之要三思而后行的"临界"之状。

"模糊"型的"边缘板块"所涉及的"宗教"既有认识上的"模糊"，亦有实践中的"模糊"。例如，当今中国社会中的大众信仰、民间信仰、神灵崇拜、"英雄"崇拜、"领袖"崇拜究竟算不算"宗教"或"宗教意识"，应该怎样去认识和处理，仍然是说不清、道不明，意见众多，分歧颇大。人们在对"宗教"及"宗教性"的认识上难达共识，因而在观察、分析社会各种信仰现象上就存在很大的差距。而其相关活动则构成"似"宗教或"不似"宗教的"边缘板块"，人们在"模糊"中或是无视其存在，或是采取难说有效的举措。在这一方面同样包括对中国宗教"土壤"、宗教"生态"的认识。具体来看，其一，对民间信仰的认识迄今仍属"模糊"型的范畴，民间宗教在海外华人、在港澳台地区均作为"宗教"而存在，且已有其"合法"性。但在中国大陆，人们慎言"民间宗教"，而代之以内涵不清、外延模糊的"民间信仰"这一表述。虽然海外华人在境外持守的传统中国民间宗教为"合法"、"正常"，但一旦他们要以这些宗教回中国来"认祖归宗"、"追根溯源"，则会遇到成为"非法"和"反动"组织的窘境和狼狈，二者之间反差太大。而且，对同样的"民间信仰"存在，至少在福建、浙江和湖南，社会政体对之就有三种不同的认识模式和归类，由此在处理方式、管理方法上也各自不同。这些认识和处理虽然有其"方便"之处，却毕竟影响到我国法律的严肃性、政策的一致性和理论的科学性。其二，对"儒教"的认识仍迷失在其是否"宗教"的灰蒙之境，有些人对把"儒教"看作宗教百思不解，还有人则对"儒教"不是宗教之说感到一头雾水。"儒教"是"教"、"非教"之争方兴未艾、酣战依旧。印尼总统瓦希德访华期间告诉中国领导人：印尼已通过法令宣布儒教为宗教，可以让印尼华人与穆斯林一样拥有自己的宗教和宗教节日，而中国领导人却向他耐心解释，坚持儒教不是宗教，令他不知所措、颇为扫兴。儒家思想的信仰层面与社会生活的关联，许多中国人并不愿意从宗教意义上来解读。当中国在海外以兴办几百所孔子学院来弘扬中国语言和儒家文化时，对历史上有无"儒教"却仍然讳言。其三，许多民众在教堂过圣诞节、举行婚礼，以及在庙宇、道观等烧香拜佛、占卦求签之举，究竟是民俗、时尚，还是宗教意识或情感，亦颇难分辨。对于这种信拜的随意性，人们更愿意有一种"非宗教性解释"，而只把较为正规、系统的信仰崇拜视为宗教。其四，部分党员、干部的信教现象和在处理乱建庙宇、佛像神像等"违规"事件上的不敢出手、怕遭报应等心理，究竟有无"宗教"心境？其对宗教"大师"的仰慕和追崇，对宗教经典的入迷和折服，是否有着信仰上的"心有灵犀"？这些都值得我们思索和分辨。虽然在这些"模糊"的"边缘板块"不应该有"泛宗教"认识的偏激，却也不能忽视或无视其中的宗教因素、不能放弃对中国人的"宗教性"的认识和界说。就其前景来看，这种"模糊"恐怕还会持续相当长的时间，而在对"宗教性"及其与"宗教"关系的认知上暂时也很难达到共识。

三　中国宗教未来发展的可能形态

当前中国宗教上述三种类型的板块格局并非中国宗教发展真正的"正常"和"理想"之状。因为，若处理不妥，这三种板块的碰撞和互损会加剧，而且现在已出现一些有着不好倾向的异化和蜕变。由于意识形态的差异和政治理想上的区别，既使是第一种"核心板块"中的所谓"官办"宗教在政府的"护持"下亦不能理直气壮，而且在不少方面仍心有余悸，故而难以充分展开其"宗教性"发展，其现状也往往给人以被动、不自觉、缺少自我意识或主观能动性之感。第二种"新兴板块"中的"自发"型宗教则是在公民社会或民间社会中"脱颖而出"，有其"公民宗教"的意识或"自由结社"的"放肆"，看似充满"活力"却已与现行社会秩序形成"张力"，其"无拘无束"、"无所羁绊"正与我国法律政规相抵触，造成新的不稳定因素。其在社会中的弥散迅速却无形，不过也早已因其在村镇、校园、外企及与之相关的民工群体、白领群体、知识群体等相应人群中的隐现频仍而引人关注。其中鱼龙混杂、良莠不齐，有人打着"宗教"旗号行其"政治"另类选择之实，躲在信教群众中形成对之隐形"绑架"、以群众为屏障和保护而令政府举措有投鼠忌器之虑；有的想"脱敏"而走"合法"、被政府"招安"之途，却步履维艰、障碍太多，难达其看似简单的目的；有的想借题发挥，利用全球舞台和国际市场来惹是生非，唯恐天下不乱；还有的则指望挑起政府的打击来掀起宗教狂热，形成其畸形发展的"兴奋剂"。凡此种种，使这一板块险象环生，危机四伏，令人棘手。而第三种"边缘板块"则处于其"生成期"，可塑性颇大，前景难测，但也是我们在"积极引导"上大有用武之地。这一领域要解决的主要问题是对中国社会、民众、文化"宗教性"的认识、分析和评价问题，从而为测试、把握中国的宗教状况提供相应的标准和尺度，进而还可了解中国宗教的所谓"土壤"、"氛围"或"生态"问题。

中国宗教未来发展的理想之途，在我个人看来应是政治上"脱敏"、"淡出"，社会上"担当"、"投入"，文化上"重建"、"更新"，信仰上"回归"、"升华"。在中国和谐社会的构建中，宗教不应该被视为或被推为

"假想敌人"和"潜在威胁",也不应被看作是主流政治的"竞争对手"和"另类选择"。对宗教的"批评"、"打击"不仅会无济于事,反而可能激化矛盾,造成对立双方的两败俱伤。因此,对宗教发展要"引导"和"疏导",使之成为共构和谐社会的多元因素中的一员,让其"和而不同"、"和合生辉"。我们应该用"平常心"来看待群众的宗教信仰,对之没有必要"神化",但也不要"丑化"。政府对宗教的管理落实在"法治"(法制)之上,依法治国、依法管理宗教,为此有必要形成全面、实效的管理网络和体制机制。因此,在依法治国的基础上应突出政府的"一体",体现出政府在管理宗教社会事务上的法律、政治和行政权威,强调政府的积极引导。在政府"统一"管理的基础上,则应让宗教"多元"发展、生态平衡,彼此监督、优胜劣汰,由此在中国"政主教从"的现实上达致政教之间的"一体多元"和教与教之间"主次协调"的积极格局。政府应该正视现代社会宗教"多元"存在的客观现实,没有必要"人为"地去扶持和打压某一宗教,以体现法律的尊严和执法者的公正。对宗教界的政治态度抓大放小,原则问题上不让步,思想求同存异上"引而不发跃如也",鼓励宗教投身社会服务、积极参与社会工作,在社会救济、慈善事业上独树一帜、脱颖而出,使之成为宗教社会存在与发展的真正安身立命之处;所以,有必要在社会工作上给宗教留出足够的空间,让其有发展的潜力;而在宗教组织、团体的认定上"门槛"要高,不能过于随意、放宽,必须符合宗教身份,具有宗教资质,但也应为宗教组织形态得以成熟提供合理的时间保障,给予其从"临时""备案"到"正式""登记"的时间过渡。在这一过程中,政府应该对宗教的社会演变加以观察、监督、管理和引导。至于宗教的"经济"活动一旦有"营利"性质则应纳入社会财务管理和审计规范,允许其在社会服务和自存自养上有"减税"、"免税"的优惠,但不能对宗教组织的"经济开发"放任自流、形成"特殊"的经济监督、管理上的"死角"。而对宗教"非营利"的社会慈善、福利工作,则应在用地、能源、审批、税收等相关方面提供方便,有一定的照顾和积极的扶持。这样,宗教在中国未来的可能形态或许会转"官方色彩"为"民间自然"形态,变"政治参与"为"社会参与",宗教界人士只是以"公民"身份关注、参与政治,宗教组织机构则保持"非政府组织"、"非政治组织"的性质。当然，在现阶段仍必须承认中国当前社会文化处境中因历史发展而形成的事实上的相关"主要宗教"的"核心"地位，对其积极的社会意义和功能加以充分肯定和必要支持，让其在处理与其他在社会上相对"次要"的宗教的和谐共存关系时发挥主导作用，从而使所有宗教在与中国社会相适应中有其"楷模"和"榜样"。而在宗教的未来发展中则应逐渐打破这三大板块的格局，实现所有宗教多元、有机、和谐、融洽、彼此激励、相互补充、层次清晰、有序衔接的整体共构。其中原来"核心板块"的宗教仍可以通过自我革新、与时俱进而成为社会中起主导、支配作用的宗教，与所谓"新生板块"的宗教形成融合、联合、结合或平等对话、和平共处、和而不同的关系，而原来"边缘板块"的宗教则应通过其宗教形态的成熟、完备和宗教心态的积极向上来顺利完成其社会磨合、适应的过程，从而能真正提供宗教在中国社会正常、健康发展的"土壤"、"生态"。不过，对宗教发展的期待既应注意其精英信仰的"升华"、"超然"之脱颖而出，也要以平常心来看待大众信仰的"质朴"、"直观"，甚至"功利"性走向。在"积极引导"和"主动适应"的双向互动中，现有"三大板块"的宗教状态则会逐渐结束其"混乱"现象，达成在社会上"一体多元"、"主次协调"的整合。从此，宗教发展的主要注意力和方向则可一为社会层面的服务参与、人间贡献，二为文化层面的承上启下、发扬光大，三为信仰层面的返璞归真、纯洁无瑕，以真正体现宗教作为"宗教"的社会关怀、文化传承、精神慰藉和灵性超越。

金融危机和社会变动会引起宗教新的波动与发展，导致在宗教与社会的相互关系上出现新情况、新问题。这对于宗教的社会发展和政府的宗教事务管理都是一个重新审视或调整的机遇。我们在这种时代处境中观察现实宗教状况则既应客观，亦需前瞻。由此，引发了关涉中国宗教发展的种种思绪。以上设想仅为自己在宏观把握上的"意识流"表现，谈不上是成熟或系统的，这里仅以此来抛砖引玉，希望能多在大家"实证性"调查研究中得到印证或修正。

32. 中国人民大学宗教高等研究院
揭牌仪式暨高峰论坛感言

中国人民大学宗教高等研究院的成立，是献给中华人民共和国六十年华诞的学术厚礼，是中国当代宗教学发展上的一件大事，也是中国人民大学建设"世界一流"大学的实质性进展，因而意义独特，不同凡响，令人瞩目！

宗教学作为科学、客观、系统的专业性宗教研究，在人文社会科学领域中属于较新的一门学科，其突出特点即包括其开放性、跨学科性和具有整体把握的意义。这种学科因强调第一手材料的搜集、实地实境的考察调研以及方法论上的规范、学术视阈的突破及创新而体现出对人类宗教现象的高级研究，在其百余年的历史上亦发展较快，开拓较宽，创意较多。从世界学术范围来看，宗教研究在学术领域的影响已越来越大，从事这一研究的学者也越来越多，在学科发展上呈现出繁荣兴旺的景象。在世界一流或著名的综合性大学中，宗教研究乃有着显著的地位。人们的共识是，综合性大学若缺失宗教研究，则很难被称为或真正成为"一流"大学。而且，在许多国家的历史上，大学的诞生和发展也往往是从宗教研究开始的，例如欧洲中世纪的大学在其形成时一般都以宗教研究为主，其最主要的学科首先是神学，然后才有哲学、法学、医学、天文学等研究。在世界名牌大学中，宗教研究在人文社会科学领域乃占有举足轻重的地位。

中国的宗教研究有着悠久的历史，但其作为体系化、规范化、专业化的学科发展则主要为中国改革开放以来的全新突破。回顾中国现代以来的宗教研究，其中有两大难题迄今仍未解决：一是中国有无"宗教"；宗教学于 20 世纪初传入中国之际，也正是中国"新文化运动"及其思潮的代表人物如梁启超、蔡元培等人宣称"中国无宗教"之时；这一观点影响至今，中国人因此普遍认为中国是一个宗教观念淡薄、宗教影响甚微的国度；中国人的"宗教感"以及"宗教性"成为一种模糊表述，而影响广大中国民众及其社会文化的"儒教"则多被视为"教化之教"而与宗教之"教"无关。有些基于这种思维模式而又不了解实情的人曾指责当代中国的宗教研究者，说是因其研究而使中国的宗教信仰者越来越多！这不禁让人颇感学者的"嘴"厉害：20世纪初中国宗教之"有"被其说"没"了，20世纪末中国宗教"本""无"，却被其说"有"了！二是对外来宗教的态度问题；中国人的态度一般都强调以我为主、扶本化外，在夏夷之争中主从明确，不容颠倒，通常认为"非我族类，其心必殊"，外来宗教只有"依国主"、"入本土"才有生存可能和发展出路；这样遂使外来宗教不少在中国仍然处于"没有结束的相遇"的被动处境之中；只有佛教以其成功融入而比较例外，但由此亦引起佛教本身的文化归属或归类问题。在中国历史进程中，一些不适应中国处境的外来宗教消失了，如曾经传入的印度教、祆教、摩尼教等；但太适应中国处境而"放弃"自我的外来宗教也消失了，如开封犹太教在中国社会文化中的消解、融化。这一遗留问题在当代宗教学的发展中重新引人注目，并导致种种讨论、探索和争辩；其焦点即中国文化的开放性、包容性与其他文化如何对话及交流、怎样实现"融合"或"和谐"以及可否了解、容忍或引入其他文化因素等。当前社会上也有人指责宗教研究使中国知道了不少国外宗教的思想和潮流，认为本来"不知道"会"更好"，这一研究反而使外来宗教得以"引进"或"渗透"！这种说法似乎又把中国的宗教学者看得太有能力和"神通"了！其实，如果我们只关注外面的"硬实力"和"物化"层面，而采取"鸵鸟政策"无视外面的"软实力"和"神化"（精神化、灵性）层面，我们则很难可持续发展，最终吃亏的还是我们自己。精神层面的对外了解和研究一可给我们吸收其他文化精华、优长的机会，二可增强我们的免疫力和生存能力。其实，在我们的改革开放时代，无论人们愿不愿意、喜不喜欢，都会是一种"全范围开放"的局面。

中国宗教学的当代发展也是中国改革开放三十多年来的重大成就之一。中国政界、教界、学界的学者们都参与了当代中国宗教学的开拓与发展，形成了许多研究热点和发展热潮。在这一过程中，中国人民大学的众多学者、专家起了重要作用，而且成绩斐然。这种发展的一个突出特点，就是逐渐从零散的、随意的学者个人研究走向系统的、合作的、整体的、建构性的群体研究。三十多年前，中国大陆成建制、有规模的宗教研究机构仅有中国社会科学院世界宗教研究所一家，当时让人颇有"高处不胜寒"之感。而现在已发展为数十个研究学院、学系、研究所或研究中心，其中以高校宗教研究的发展最为突出，其异军突起、蔚为大观，由此形成了中国当代宗教研究的重要队伍及力量，世界宗教研究所因此也有了"在丛中笑"的欣慰和陶醉。不过，规模较大、整合全校相关机构及力量来从事宗教研究的院系迄今在中国仍然不很多。这样，宗教研究中特色鲜明的不同流派尚未真正形成。因此，中国人民大学以哲学院、文学院、国学院这三大学院的学术力量为基础，进而以跨学院、跨学科、跨国度的构想融合校内外相关机构的学术力量、乃至国际组织的学术资源来组建宗教高等研究院，的确起点很高、气度不凡，体现出一种当代宗教研究的大思路、大手笔，令人高兴、钦佩。中国人民大学宗教高等研究院的成立及其开放性、合作性和前卫性，有着比较研究和综合研究的优势，在当今中国大有希望形成"风景这边独好"的宗教学术发展新态势、新局面，给我们提供其学术个性凸显和强大学派呼之欲出的新景观，而且这也会让世人感受到中国宗教学术机构群体建设中新的亮点、喜人动态。

当然，中国宗教研究从开创到成熟，从敏感意义上的"险学"到蓬勃发展的"显学"，仍有漫长的道路要走，仍需付出艰辛的努力，仍要有一个个里程碑式的突破。中国人民大学宗教高等研究院的成立，就是这种发展中一个全新、醒目、重要而且令人振奋的里程碑。其发展对困扰中国宗教研究的上述两大难题也可能会给出新的解读和解答。为此，请允许我代表中国社会科学院世界宗教研究所和中国宗教学会，也代表我们这些专门从事宗教研究的同仁，向中国人民大学宗教高等研究院的成立表示热烈的祝贺和极大的期盼！

33. 中国宗教学者的历史使命

——北京大学宗教文化研究院成立研讨会
（2009 年 11 月 26 日）上的发言

非常感谢主办方邀请我与会。因为最近忙于赶会议、赶报告而没能做好发言准备，很是惭愧。昨晚临近半夜，我为今天的发言临时想了一下，梳理了自己的思路，因此，在这里就说点"燕园夜话"或"勺园梦话"，但愿不是"多余的话"。我的发言题目是："中国宗教学者的历史使命。"

北京大学宗教文化研究院的成立，并以研讨"21 世纪中国宗教研究的方法与议题"为开端，表明了一种高起点研究的态势。的确，中国宗教研究正面临着一些最基本的问题，值得我们深入思考和认真探索。而正视这些问题，对之加以客观梳理和科学研究，则正考验着中国宗教学者的勇气和智慧。这里，中国宗教学者有必要先弄清自己的社会定位和存在意义，才能量体裁衣、审时度势，去承担并完成自己的历史使命。

首先，我们来看中国宗教学者的基本定位。一般而言，在当今中国宗教研究中有三支队伍，即政界、教界和学界，各自都对宗教有相应的考量和探讨。其中政界最强，掌握着话语指导权和引领权，且一言九鼎、一锤定音。但也正因为这一定位，政界关于宗教的言述不多，对于一些敏感问题和分歧颇多的问题多持观察、比较之态，思考良久，不轻易表态。而政界的声音一旦发出，则基本上为其定论，凸显出政治的权威。通常人们对之讨论不多，其态度一般会是或加诠释、或守沉默。教界的力量其次，因为教界有其传统的多层次积淀、有多方面的群众，所以会对社会舆论、学术话语形成一定影响。不过，教界的言述多遵循其教义、传统而行，并体现出其"在教言教"的特色，宣教护教是其基本义务，故不轻易突破或创

新，以保持其信仰的一贯性和持续性。学界的定位则为最后，基本属于
"弱势群体"；在中国传统中若不"学而优则仕"，恐有"百无一用是书
生"的失落，因为学界一无政治的权威来保驾护航，二无信教的群众来追
随紧跟，最多也只会有一群生计未定、前途不明的学生在对其关注和议
论。不过，学界虽"人微"却并不"言轻"。正因为学界没有或少有政治、
宗教的负担，故而会在"一身轻"的处境中敢言、善言、且多言，以数量
取胜，或以惊人之语来振聋发聩，去影响社会和舆论。虽然他们言多却不
一定管用，其学术的自由、学者的个性则终于能显现出来，因为他们"毕
竟是书生"。因此，从这一意义上则可以说，在当今中国的思想、文化、
学术发展中，学界在一定程度上乃占有以言论道、以学求道的优势，可以
与政界、教界的宗教研究形成互补的态势。在思考、评议上，学界的负担
最小、包袱最轻，无拘束、开放而自由的学术探究乃其本职责任和使命，
因而虽然无权却能立言，对公众形成重要影响和舆论导向。相比之下，位
高权重的政界和传承信仰的教界在学术论坛上则为尊贵的客人，他们一般
会另有重任或其他关注。而真正对宗教这一基本与人类发展同步的现象进
行无禁区、无止境的探究，学界乃义不容辞，责无旁贷。所以说，学者对
宗教现象的研究就必须走在前面，起着探索者，甚至探险者的作用。过去
总认为知识界乃是要找"皮"来依存之"毛"，因其缺乏政治或社会居所
而往往会被轻看，遭蔑视。秦始皇曾"焚书坑儒"，而孔子则流离失所如
"丧家犬"。但从中国文化史的回顾、反思来看，对秦始皇的功过评说之影
响毕竟有限，而孔子、老子等"文化精英"乃是历经数千年风云变幻却仍
然影响不衰，且不断被推向高潮的"出类拔萃之辈"。所以，学者以"学"
为主，学界在为"学"上是一个独立群体，在思想创新、文化传承上乃是
有为、有位的。

　　其次，中国宗教研究的问题意识是什么必须找准。与国际宗教学界的
研究相比较，"宗教"本身就是中国最大的问题意识，它对政界、教界都
有重大影响，并且扩散到整个中国现、当代社会。在昨天"北京大学宗教
文化研究院"成立大会的致辞中，我曾提到"宗教、宗教学在今天中国学
术、社会、文化、政治的定位中仍然是'水深未清'、仍需要探测不断"。
这是伴随着中国宗教学百年历史的一个悖论、一道难题。与中国宗教学诞

生相呼应的，是中国学术界对中国"无宗教"、"宗教"对中国社会文化弊大于利的断言。当时创一代学术新风，不拘一格以吸纳、任用人才的北大校长蔡元培先生就提出了以"伦理"、"美育"、"哲学"来代"宗教"的建言，把宗教看作已经过去、逐渐消失或在华并不明显的昔日传统，从而与梁启超等人关于中国本无"宗教"的断言形成呼应和共鸣。这种见解影响至今，但宗教在中国近百年来并没有消亡，反而在当前又形成了一个新的发展高潮。蔡校长若九泉有知，会作何种感想！现代文明不一定就是纯然科学、理性、机械、世俗的天下，人类保持一点对超然、自然的敬畏、尊重和神秘感，有着一些童话、神话的思维或想象也是必要的、不可避免的。对宗教在社会、政治、思想、文化多层面的交织，我们应该客观、现实、建设性地来观察和评价。

在政主教从、以政统教的中国历史传统和现实社会中，政治与宗教始终有着密切关系。我并不主张"政主教从"，而只是指出中国政教关系的真实处境及特色。一方面，政教在社会存在层面有紧密接触；另一方面，二者在精神观念层面却看法迥异。尤其在当下，这种强大的反差和密切的关系形成鲜明对照，政界一方面在意识形态层面对宗教的负面评价依旧存在，另一方面在社会层面则突出对宗教的"积极引导"；而教界则一方面强调在信仰上的超越和超脱，另一方面在社会存在上却有着对政界的依赖或附属。由此可见，其理论和实践上的反差及鸿沟虽被人回避，但它们未被克服、不可避免的真实存在却颇为明显。诚然，当前政界与教界的关系比二者与学界的关系都远为密切和直接，却存有这一从根本上回避不了的矛盾，在争取和维系社会外在的"团结合作"时，仍可察觉彼此精神内在的"心照不宣"。在此，则需要学界作为"第三者"向二者"插足"，当然这是一种"善意"的介入。不过，学界为此也承担着风险，对其"左"的、"右"的各种批评都会出现；思无定居的学者或被指责在替"党言"做宣传，或被怀疑已"委身"宗教、"在教言教"而失去了独立立场。所以说，中国宗教研究不得不从国际宗教学界已不成问题的"宗教"问题入手，客观、科学地分析、说明宗教的内容和本质，以及与中国社会文化的关系和关联。

这里所涉及的探究，包括对宗教、宗教信仰、宗教性的理解，宗教是人的精神"常态"还是其社会"问题"的考量，宗教的本质是一种"灵性"诉求还是社会力量的显示，以及中国社会文化究竟有无宗教或宗教性的问题，并且涵括由这一问题所引发的中国文化本质及其在世界文化中的定位、中华民族特性与人类宗教"本性"的关系等思考。中国在"依法治国"的大政方针中规定了"依法管理宗教事务"，而有关宗教基本法的制定却首先必须有对"宗教"的一种共识即基本理解，否则难以立法，会无"法"可"依"。究竟是立一"保护宗教信仰自由法"，还是立一"具体管理宗教事务法"，迄今仍举棋难定。宗教意义涉及到文化价值问题，虽然不可以完全用时髦话语"软实力"来对之界说，其解答却仍关涉文化自知、自觉、自尊、自重、自立、自强即自我身份认同等文化战略及发展问题，也就是对社会发展中"潜在的精神力量"之找寻。如果中国宗教研究不厘清"宗教"这一基本问题，在宗教研究的理论和实践层面则不可能出现"质"的突破，宗教探索在关键之处则会失语止步，只能找些假问题来敷衍、浪费时间，而社会对宗教的偏见、误解则会依然如故。所以说，中国宗教学的发展虽然任重道远，却需认真考虑"千里之行，始于足下"的迈步问题。

此外，我们还需探讨宗教与多元文化共存的关系问题。"和谐"社会及其文化发展是我们今天谈论的一大话题。其实，不同而共在、多元而共构才可以称为"和"。在中国"大一统"的传统中，人们往往只看到"单色"而忘了"和谐"。若对之深究，则可看出这种"一统"实际上有着"各美其美"，由此才会"美美与共"。研究宗教的一个重要切入点，就是要由此探讨文化的多元性、以及"多元"如何才能"共构"的问题。这里就势必有对话、沟通和交流，有着避免冲突、化解矛盾的艺术和智慧。不同宗教的呈现，以及同一宗教在不同国度、民族、地域的呈现，都有着以其"独特性"而形成"多元性"的问题。宗教研究实际上就是对多元精神文化现象的研究。文明只有通过相互对话、理解才能达到共融、共在，"和谐"其实是使多元、异质因素能够成功共聚、共构的理想追求，以及如何使之实现、"成真"的有效举措。在中西文化对比中，我们会发现西方文化更多强调个性的弘扬和多元性、多样性的存在，而中国文化则更多追求共性的体现即共和、共在。其实，这些本为同一问题的两个方面、缺一不可。中西思维在此可以互补。多元性的成功共构即为"和谐",而其终归离散则为"分化"或"分裂"。宗教的多元性意义在正、反两方面来看可借用人们常说的"蝴蝶效应":一色蝴蝶不为美,无数多色多种的蝴蝶共聚则美不胜收;一只蝴蝶的双翼扇动乃风微而不足道,但其风起青萍也能逐渐演变为巨大风暴!我们以往过于强调"求同"而忽视了"存异",其失衡往往会导致"同而不和",失去色彩、少有活力,真正的理想之境应是"和而不同",在和平共处中保持个性、保住特色。这才是"和谐社会"的真谛。所以,中国宗教研究应该探索、言说宗教所蕴涵的"多",应该去找寻如何从多达"和",即"多元求同"、"多元达和"。在此,宗教研究则会走向社会、面对政治,在妥善解决复杂的社会问题上体现其现实关怀。

总之,探索、解答并解决这些看似简单却至关重要的问题,正是中国宗教学者今天所要承担的历史使命。由此,中国宗教学就可以形成自己的研究理论和方法,发展出自己的学派和专家,而不只是模仿、介绍西方宗教学的成就及问题意识。对上述问题的沉默失语或窃窃私语已经太久了,我们应该大胆探索,实现质的突破,真正有自己的理论创新。仅此抛砖引玉,就教于方家。谢谢!

34. 中国文化处境中的《圣经》理解

——四川大学"汉语语境中的基督教经典与诠释"国际研讨会（2009年12月5—6日）上的发言

对于中国文化处境中的《圣经》理解，可以包括多个层面。当然，其中语言的理解是最重要的，因为语言是思想的载体，交流的工具，以此而可扩展到其他层面的理解。与汉语语境相关联，基督教经典尤其是《圣经》在华的翻译、译介（译解）和理解经历了漫长的过程。根据现有文献，这种译解至少可以回溯到唐朝的"景教文献"。虽然已找不到景教碑文所言之"经留廿七部"，这种译经、释经的蛛丝马迹依然可以发现，只是不够系统、不够全面而已。中外景教徒根据对《圣经》中上帝"创世"工程的理解，曾试图从伟大、神奇的"工匠"来说明这一神迹，故有对神名的"匠帝"（《宣元至本经》）之译，引起今人的种种猜测和评议。由此可见，这种经典的翻译或介绍，可以被理解为对原典的某种"偏离"，有时却也不失为某种"创新"。文化沟通与更新的意义在此遂得以体现。《圣经》中译史与中西思想文化的相互理解密切交织，这种经典解读与诠释于此乃相关理解不断调整、不断深化的过程，从而促进了不同语言、不同思想体系的彼此接近、相互认知，并达到一定程度的"会通"和"融合"。回顾《圣经》在华的理解及诠释史，我想从以下三个方面加以简单概述：

一 "索隐派"圣经观在中国的"形象化"理解

17至18世纪前后，在华耶稣会传教士为了使其宗教经典获得中国传统文化的支撑，希望在以"经"论"经"上得到突破，故而开始从中国古籍中找寻《圣经》记载的踪迹，即以中国古代传说、中国古籍"经"书来解读、诠释《圣经》，由此来证实基督信仰有一种"原始启示"具有普遍意义的"预先出现"。这些传教士以白晋（J. Bouvet）、傅圣泽（J. F. Foucquet）、马若瑟（J. H. -M. de Prémare）和郭中傅（J. -A. de Gollet）等为代表，史称"索隐派"（Figurism）。

例如，白晋就写有《古今敬天鉴》等著作，在研习中国的多种经典之后认为，《圣经》的基本主旨和内容，如"圣子降生、救世主的生与死及其圣行等主要秘密，都以预言方式保存在这些珍贵的中国典籍中"；按此推理，《圣经》的关键思想精神"都包含在中国的古籍经典中"。白晋还重点将《圣经》与《易经》相比较，他受中国皇帝委托而撰《易经稿》，将其书奥义"与西土秘学古传相考"。他曾有一些较为具体的类比，企图找出它们之间的相似性，如"伏羲"与"以诺"（Henoch，亚当长子该隐的后代，见《创世纪》4：17），"姜嫄"（《诗经》）与圣母"马利亚"，"后稷"与"耶稣"等；他还认为"大洪水"乃远古时代全人类的洪灾，故此而在《圣经》和中国经典中都有记载。

此外，傅圣泽曾将《圣经》与《易经》、《道德经》、《列子》、《荀子》、《汉书》等加以比较；马若瑟也比较过《圣经》与《易经》、《春秋》和《道德经》等。其"比较"几乎快接近"比附"，主要注意力都集中在二者的"相似性"，甚至"相同性"上。在他们看来，宗教与宗教是可以相比、相通的，之所以重视古籍经典，就是因为"中国的宗教全部存在于'经'之中"。

概而论之，"索隐"的意义在汉语语境中的经典诠释至少有如下三点：其一，"索隐"（Figur）基于"形象"、"象征"，是从一种"象形思维"出发；这就抓住了汉语"象形"的特色。在他们看来，汉语的"字形"意义要远大于"字音"的意义，这是与拼音文字的本质区别；汉字的"象形"容易使人产生联想，由此找到沟通不同语言及文化的便捷桥梁。其二，在这种"索隐"中，人们可以从中西文化的"遮蔽"走向"解蔽"（aletheia）；正如《旧约》之"隐"、"谜"在《新约》中达到"显"、"明"那样，"索隐"可以通过表层的"象征"、"隐喻"而发掘、揭示出深层的"意义"、"真理"，让人的理解进入"澄明之境"。其三，"索隐"在理解的初级阶段应该是一种"合理的误读"、"合法的偏见"，其立意在于求同，其方法则是相似类比，即以"形似"来"求同"，把"求同"作为交流的方便之门、可行之途。事实上，在不同文化开展交流的早期，很难马上找到深层次的"同"；既然无"神似"之通，则应该回避"存异"之论，有时"差距"、"差异"很容易就转化为"矛盾"、"冲突"；这就是我们从后来传教士因过于强调自己与中国思想文化之"异"从而导致"中国礼仪之争"这样的文化冲突、交流失败之历史悲剧中所应吸取的经验教训。

"索隐"对中国学者的《圣经》理解与诠释也形成了深远影响。不少人由此也将中国古代先贤的言论与《圣经》的说教相比较，形成"天道古说"的经典对照与呼应。由此涉及的中国古籍经典包括《尚书》、《周易》、《诗经》、《论语》、《孟子》、《大学》、《中庸》、《老子》、《庄子》、《墨子》、《荀子》等内容；而且，人们还进一步找出了更具体的对比、对照，如以《五经》来对照《旧约》，以《四书》来对比《新约》，并且用《论语》来比较《圣经》或用《道德经》来比较《圣经》；在内容上也有"孔子的生平"与"耶稣的生平"、"道"与"上帝"、"夷、希、微"与"雅赫威"之比等。虽然有其牵强和浅薄，文化交流却得以展开，语言对照会进而深化，初遇时的差异和矛盾则得以回避或淡化。

二 《圣经》汉语翻译带来的语言变化和意义革命

以汉语再现《圣经》的内容和精神，这在语境上是一种"深入"和"深化"。所谓"汉语圣经"，就是对基督教核心经典在汉语语境和中国文化处境中的"解释"及"再创造"。同样，中国语言文化在诠释"他者"的过程中也不断得以丰富、更新"自我"。

《圣经》汉译始于来华传教士，但汉译本身就有这些传教士与中国知识分子、中国语言的深层次交流。经文译文上的流畅、顺达，实际上遮盖了鲜为人知的磨合、切磋、协商；不少中国知识优杰成了"无名英雄"。但他们的机敏、智慧仍透过圣经翻译史的长河而流露出来，给后人以提醒、借鉴。

根据现有史料的记载，《圣经》的中文译本或其介绍解释可以追溯到唐朝的"景教文献"，景教碑文所载"经留廿七部"之说揭示出《圣经》最初传入中国的相关信息。不过，当时的"汉译"《圣经》并不是严格意义的翻译，所留下的译文没有系统性，多为散译，而且因唐时佛、道盛行，景教士"入乡随俗"，基本上是以佛、道术语移译，故此表意不是很准确，往往会让人误以为是佛教经卷。但值得注意的是，由于一些景教士也"参与"或不自觉地"卷入"了当时的佛经翻译，因而对佛经在华汉译时的一些技巧、某些原则也有一定程度的了解和运用。这对比较两种宗教经典在华汉译的异同和各自特色颇有意义。在元朝，据传天主教来华传教士孟高维诺也曾蒙文译经，但仅译成个别经卷和章节；其翻译虽没有流传下来，却反映出传教士对用本土语言翻译其宗教经典的重视。明末清初耶稣会士来华，真正开始了汉译《圣经》的工作，不过也不系统，并没有留下较为全面的译经成果。在利玛窦等传教士的著译中，留下了大量涉及《圣经》内容的中文表述，如其所编的《琦人十规》，以及阳玛诺编译的《圣经直解》和《天主圣教十诫真诠》等。由于中西语言文化的差异，他们在中文译经的意义解释、遣词造句上显然得到中国文人学者的帮助、润色，这亦形成了此后外国传教士汉译《圣经》的一种传统，即由来华传教士对原意加以把关，而中国信徒则帮助选择恰当的汉语表述，于是一批批中国学者成为这些汉译《圣经》背后的"无名英雄"。不过，这一时期并没能出现整部《圣经》汉译，而只是部分章节的翻译或为诠释神学的需要而相应的选译，且基本上没有出版，如突出的有天主教传教士巴设所翻译的圣经四福音合参《四史攸编耶稣基利斯督福音之会编》，以及贺清泰汉译的《古新圣经》等。其汉译经文只在小范围内流传，被传教士带回欧洲后则收藏在其修会档案馆或相关博物馆中，但鲜有人问津。新教来华传教士马礼逊曾在大英博物馆抄写巴设的汉译《圣经》手稿，并与当时旅欧华人有所合作，从而为他自己后来的汉译《圣经》工作创造了条件，打下了基础。

系统将全部《圣经》汉译，始于基督新教传教士马士曼、马礼逊等人。这些《圣经》汉译本包括《马士曼译本》和《马礼逊译本》；此后由新教传教士麦都思、马儒汉、郭实腊、裨治文修订马礼逊的译本而完成《四人小组译本》，并形成多人合作或由一个专门的群体来共同译经的传统，如《委办译本》由新教传教士麦都思、施敦力、美魏荣、裨治文、金亚德等译完新约，分为"神"字和"上帝"字两种版本，旧约由新教传教士理雅各与中国学者王韬合作译成，《裨治文译本》则由新教传教士裨治文、克陛存、文惠廉、基顺、白汉理译成，此外还有《高德译本》，由新教传教士高德、罗尔梯、秦贞等修订《马士曼译本》而完成，凡此种种。在进一步的汉译《圣经》过程中，既有对原有版本的修订，亦有传教士的新译，如《郭实腊译本》、《怜为仁译本》、《胡德迈译本》等。从对汉语语言形式的选择上，传教士汉译《圣经》的历史时期正值汉语从其古代形式到现代形式的转型，由此《圣经》的汉译本也体现出这一时期汉语语言转型的特色，如相关译本有《北京官话译本》（即《北京官话新约全书》），由新教传教士丁韪良、艾约瑟、施约瑟、包约翰、白汉理合译；《施约瑟译本》，由美国传教士施约瑟所译，包括《旧约官话译本》和《浅文理译本》（亦称《二指版》）；《杨格非译本》，由英国新教传教士杨格非所译，包括《浅文理译本》和《官话译本》；《和合译本》（简称《和合本》），包括湛约翰、艾约瑟、惠志道、谢卫楼、沙伯、皮尧士、庐壹合译的《深文理和合译本》，以及包约翰、白汉理、纪好弼、汲约翰、叶道胜、潘慎文、戴维思合译的《浅文理和合译本》，二者合并包括汉译旧约的《文理和合译本》；而最为流行且仍被广泛使用的则是狄考文、倪维思、白汉理、富善、文书田、海格思、布蓝菲、鲍康宁、鹿依士、克拉克合译的《官话和合译本》（亦称《国语和合译本》），1919 年出版，今年恰逢其出版九十年纪念；该译本于1988 年由联合圣经公会再版《新标点和合本圣经》，而由南京爱德印刷公司出版的简化字与现代标点符号《和合本》至 2007 年底已经印刷5000 万册，创下中国出版汉译《圣经》的纪录。

随着《和合本》的出版，西方传教士个人和群体汉译《圣经》的历史大致告一段落，这种形式虽有各种程度的延续，却不再具有典型意义。之后，中国学者也开始积极参与独立地汉译《圣经》的活动。其中最早的有严复所汉译的《马可福音》（即《马可所传福音》）前 4 章。随之朱宝惠与美国新教传教士赛兆祥合译《新约全书》出版，此后朱宝惠又独立重译，出版其新约修订本；此间出版的还有许地山汉译《雅歌》，王宣忱所译《新约全书》，郑寿麟与陆亨理合译的《国语新旧库译本新约全书》，以及吕振中所译《新约译本》（习称"吕振中译本"）。1949 年之后，汉译《圣经》多转到香港、台湾等地出版，如吕振中的《新约新译修稿》、汉译《旧约》，萧铁笛所译《新译新约全书》等。自 20 世纪 70 年代以来，具有现代汉语特色的《圣经》译本陆续出版，如 1974 年由汉译《活泼真道》而成的《当代福音》新约出版，1979 年其旧约译成后名为《当代圣经》出版；1975 年，许牧世、周联华、骆维仁合译的《现代中文译本圣经》新约出版，其新旧约全书则于 1979 年出版；1987 年，《新约圣经恢复本》出版；而由 1972 年组成的"中文圣经新译委员会"汉译的《圣经新译本》则于 1976 年出版新约，1992 年出版旧约，2001 年由环球圣经公会出版新旧约的合编本；2008 年，亚洲圣经协会出版中文标准译本、现代标点和合本《新约圣经》；此外，《国际中文译本》，以及基督新教与天主教合作的《合一圣经译本》亦在翻译出版中。现代汉语《圣经》译本因而已出现多元发展态势。

天主教汉译圣经在近现代也有了明显突破，如 19 世纪后期有德雅的《四史圣经译注》和李问渔的《新约全书》出版；20 世纪上半叶有马相伯的《福音合参》，吴经熊所译《圣咏译义初稿》和《新经全集》，以及李山甫、申自天、狄守仁、萧舜华合译的《新经全集》出版；而自 20 世纪下半叶以来，天主教汉译《圣经》的出版也进入繁荣时期；如 50 年代出版的耶稣会徐汇总修院所译《新译福音初稿》，狄守仁编译的《简易圣经读本》，萧静山所译《新经全集》等。天主教汉译圣经最有影响、使用最广的译本则是由意大利方济各会传教士雷永明组织翻译的《思高圣经译本》，其新约译本于 1962 年出版，新旧约全书于 1968 年出版，现已成为中国天主教使用的权威中文译本，并于 1992 年获准在中国大陆印刷出版。这一译本的特点是有较为详细的诠释、注释，属具有研究类型的译本，从而为出版《圣经》汉译的同时亦推出汉语诠释及研究开创了新路。此外，当代天主教汉译圣经还包括 1999 年出版的附有灵修注释的《牧灵圣经》等，将经文阅读与信徒灵修结合起来。

在当代中国大陆，汉译圣经尚未取得突破性进展。在 1979 年时，丁光训主教曾组织王神荫、陈泽民、骆振芳等人修订、重译《和合本》，并先后完成"诗篇"、"四福音"、"使徒行传"和"保罗书信"的重新汉译，但这一工作尚未完成。中国内地高等院校的学者亦尝试将《和合本》加以现代汉语的修改和润色，也未取得实质性进展。此外，中国天主教自 1985 年在金鲁贤主教的组织下也曾根据《耶路撒冷圣经》英译本汉译出版了新约部分经卷，不过这一汉译也仍在进行之中。虽然中国内地学者在直接汉译《圣经》经文上显得慎重甚至滞后，没有新的汉译《圣经》全文问世，但在汉译《圣经》注释、解经著作上却异军突起、颇有成就。特别是进入 21 世纪以来，这类译著出版颇多，如"当代西方圣经研究译丛"中的《摩西五经导论：从伊甸园到应许之地》、《圣经正典》、《新约文献与历史导论》、《新约正典的起源、发展和意义》，以及"剑桥圣经注疏集"中的《〈出埃及记〉释义》、《〈士师记〉〈路得记〉释义》、《〈哥林多前后书〉释义》、《〈雅各书〉〈犹大书〉释义》、《〈启示录〉释义》、《〈创世记〉释义》、《〈约翰福音〉释义》等。

显然，《圣经》的翻译过程本身就是一个注疏、诠释和创新的过程，它不仅使《圣经》获得了一种新语言的表达，而且这种"新表达"还是"一种语言"的"多种表达"，展示了中国语言丰富的表达力。此外，《圣经》的翻译进而推动、刺激了汉语的发展和改革。我们从汉译《圣经》中看到了古色古香之译、通俗、大众之译，理解性"意译"、保真性"音译"，从"形式对等"的"直译"，经"语意对等"或"功能对等"的"意译"，一直找寻"最佳对等"的"信、达、雅"的"绝妙之译"！一部《圣经》多种汉译，我们一方面看到了翻译《圣经》本文、翻译《圣经》诠释的不断努力、不断开放、不断延伸，看到这种追求语言、意义、精神完美的锲而不舍、永无止境；另一方面也体验到中国语言的发展、变迁，汉译《圣经》从古汉语、经深文理、浅文理到官话（白话）和现代话语的发展，也从一个重要侧面见证并参与了中国语言近现代的变革，尤其是对白话文运动的积极参与；而在当代汉语的最新发展中，仍可察觉其活跃的身影。

三 汉语表述的全方位《圣经》研究

《圣经》研究是当代中国学术的一大亮点，尤其在宗教研究特别是基督教研究中乃异军突起、蔚为大观。这种研究使汉语语境得到开拓，由此体现出《圣经》研究的国际性、跨学科性、超时代性。综合而言，中国当代的《圣经》研究至少在如下一些方面特别活跃、成就突出：

一是历史性研究：这种研究包括《圣经》文本揭示的历史，即其社会史；《圣经》形成的历史，即其文献史；以及《圣经》信仰、象征的历史，即其神圣史、宗教史。这种研究的跨学科性表现在考古史、社会史、神学史、文献史诸方面，掀开了绚丽多姿的《圣经》历史文化画卷。这种历史研究是中国学界的基础研究，有着悠久的学术传统和特殊的历史语言之表述。目前《圣经》历史研究已深化到"旧约历史"和"新约历史"，直接与希伯来考古学、埃及学、亚述学、犹太学、中东学、古希腊罗马文明史研究等相关联。

二是语言性研究：这种研究在近三十年的中国内地乃突飞猛进、成果不断。以前主要关注近现代西方语言的圣经版本，但现在不少学者尤其是一批青年学者已经能通过原典语言来从希伯来语、希腊语、拉丁语直接研究圣经的语言和版本，使我们在古卷研究、典籍版本研究上得以填补空白、后来居上。尤其在圣经希伯来语的学习研究上，通过与香港中文大学的密切合作，以及海外留学人才的回归，目前中国内地许多大学和研究机构已有一批能直接阅读希伯来文、开展圣经语言比较研究的青年学者。

三是哲理性研究：在对《圣经》进行当代跨学科理解的比较研究中，方法论、意义学的关注也得以凸显。从传统的圣经解经学到现代解释学的发展，成为中国学者密切关注的一个重要方面。汉语语境的圣经语感既有现象学意义上的扩大，更有哲学解释学上的深化，从哲学方法的哲理性、逻辑性，已经扩展到各种方法的运用，如历史批评方法、社会史解释、历史心理学、新考古学、语言结构方法、符号象征解读等，都已被中国学界关注和研究，形成了方法上和视阈上的多元与丰富。

四是文学性研究：圣经文学研究在中国学界是传统最久、影响面最大、成果最多，受到关注最广的圣经研究，如河南大学最近召开的系列"圣经文学研讨会"，出版的《圣经文学研究》等，使这一领域的研究得以扩大和深化。在此，圣经文学架起了沟通经典文学与通俗文学的桥梁，圣经理解也成为文学理解、人生理解、社会理解、人性理解，甚至是部分中国知识分子心路历程的理解。在这一研究上，不少脍炙人口的作品也进而使汉语语境在境界上、精神上、心灵上达到升华和纯化。

五是文化性研究：即从《圣经》本身研究扩展到对"圣经文化"的研究。圣经文化是世界文化的一个重要组成部分，是一种独特的宗教文化和经典文化。它与犹太教文化和基督教文化有着叠合，由此涉及到东西方文化的诸多因素。《圣经》迄今仍是世界译文和译本最多、印刷量最大、影响面最广的著作，起着古代文明百科和现代思想智库的作用，代表着一种独特精神的载体。以往对《圣经》本身的研究大致有两种趋势：一为"内涵式"研究，即传统《圣经》"解经学"，着重对《圣经》本身章节及其内容和寓意的疏理、解释，以章句考证、训诂和批注为特色，即对其内在结构、经文意义分析、研究和阐释。二为"外延式"研究，即从其产生、演变的大文化背景来辨析、研讨，更加关注其作者、时代、历史背景和其内容的演化、涵括和象征，故被称为"解经原理"，以这些"原则"来正确解释《圣经》的基本内容，扩大观察、解读《圣经》的视域。这两种基本研究方法最终发展出西方学术界语言文化及哲学思辨等领域的现代解释学。与《圣经》本身研究所不同的圣经文化研究则视野更为开阔，涉及面更为广泛，更加体现出其文化的普遍性、普及性，可以雅俗共赏，具有大众意义。

除了专业研究之外，中国许多著名的思想家、文学家和翻译家都曾强调，学习和研究语言文学，尤其是西方语言文学的中国人应该把《圣经》作为必要的"泛读"书本，了解其基本内容和其扩展、辐射出的精神文化蕴涵。而对于大学外国语言、思想文化专业的学生而言，熟悉《圣经》则应该是一种"基本功"；因为在西方文史哲作品中有着无数《圣经》格言、典故，述说、演绎着众多的《圣经》故事、寓言；有了对《圣经》的了解，则会非常有助于对这些作品的阅读、理解，并进而增加自己的领悟、想象。对于现代知识人来说，阅读和了解《圣经》也是有用的"杂学"知识，是对西方文化之"通识"的必要接触和把握，故能扩大自己的为学眼界，激活自己的认识思路。钱学森等具有世界眼光的大学问家都主张学问要广、知识要博，这也是我们现在大学所提倡的"通识教育"中"阅读中外经典，通识人类文化"的意义之具体体现。因此，汉语表述的《圣经》研究形成博大精深的发展局面，是我们走向世界、与全人类和谐共处的必要知识积淀和学术准备。

35. "全球化"处境中的宗教 文化及发展趋势

——"世界文化现状与趋势研讨会"上的发言

　　文化研究涉及文化战略和发展"软实力"的问题，这对于中国这样的文化大国尤为重要。为此，我准备就"全球化"处境中的宗教文化现状及其发展趋势谈点个人看法，讨论如下几个方面的问题：

　　一、有没有"文化全球化"，是否应该关注这一问题？我个人认为，不管承认还是否认，"文化全球化"已经是一个不争的事实。我们不必假设某一文化会代表"全球文化"，而应观察在"全球化"处境中的多元文化流动、交流，争取我们的"文化话语权"，推动我们的"文化走出去"战略。人们对于文化作为"软实力"的主要表现这一说法仍有争议，所谓"软实力"在我看来就是支撑一个国家、一个民族可持续发展的潜在精神力量和社会凝聚力，这也是我们今天谈论这一话题时的基本考虑。中国文化有着五千年的灿烂历史，理论上说已经为我们今天的文化发展形成了丰厚的积淀，但一个无法回避的悖论就是，今天中国文化的国际影响力其实很弱，我们在中国文化用什么走出去、怎样走出去的问题上仍感到茫然，有着种种不确定因素。所以，讨论世界文化现状与趋势，也必须对中国文化的历史与现状加以深刻反省及反思。

　　二、"宗教文化"是当今"文化全球化"发展的一个重要表现，因此必须重视对"宗教文化"的研究，分析其对我国文化发展的影响。这一说法在国际大舞台上可以用芝加哥世界宗教大会（1893，1993）的召开，国际宗教史大会每五年一次的举行以及全球伦理运动的推广来说明。而且，宗教文化也对中国有着广泛的影响，例如，当今中国的"圣诞文化"现象，实际上就是宗教文化的一种大众化、习俗化、"商业化"的发展，但它会在社会氛围、文化心态上让人们，尤其是年轻的一代潜移默化地认可甚至接受其蕴涵的宗教文化意义，形成在今天中国"节日文化"中一支突起的"异军"。

三、"宗教文化"与中国传统文化的弘扬是一种什么样的关系？谈论中国传统文化及其精神核心，除了"儒佛道"三教之外还有多少内容好谈，对之必须有一个梳理，做到心中有数。我们的"文化输出"应输出什么，别人会接受我们的什么文化，都要认真观察研究，而不要盲目输出，造成浪费资源，给我们的文化带来负面影响。例如，我们在海外建立"孔子学院"的努力，恐怕就存在着热情有余、文化准备不足的问题，有必要改善和提高。由于对中国的宗教文化不好定位，结果其他的说法就总会有一些缺失或不足，甚至难以自圆其说。其实，我们没有必要忌讳或回避宗教在中国传统文化中的地位、意义和影响，宗教是对中华文化的丰富、完善，而不是什么缺点、遗憾。今天中国宗教文化的复兴和繁荣本身就有政府在其中的积极作为，而中国宗教文化在海外的亮相也起的是正面、积极效果。所以，没有必要遮掩政府在宗教文化发展上的引导和指导，更不应该在这种情况下仍对宗教在价值判断、世界观意义上因循守旧地维持以往的负面评价、否定性理解。否则，我们在文化观上就会自我矛盾，在社会实践上则是南辕北辙，在世界文化交流中陷入被动和不利局面。

四、"宗教文化"作为"外来文化"载体的问题，我们对之应该怎么看、怎么办？在现代开放社会，中国文化更有必要发挥我们"海纳百川、有容乃大"的优良传统。在此，中国文化在当代发展中如何能保持"一体多元"，怎样来争取"扶本化外"，都值得深入研究。在世界文化"各美其美、美美与共"的趋势中，的确存在文化的"一体"被弱化、文化的"多元"被强化的事实。但这种文化之你中有我、我中有你并不一定就是坏事，相反，它会刺激相关文化的发展和增强。中国文化要想真正在国际文化舞台上亮相、高歌，少不了宗教文化的积极参与，需要其提供宝贵资源。

五、如何处理、解决"宗教文化"在"全球化"与"本土化"之张力中的生存及发展问题；"宗教文化"比较典型地卷入并体现在不同文化的对比、竞争之中，有其"文化较量"、"文化博弈"的蕴涵。在此，"宗教文化"实际上参与了相关国度和民族"软实力"的构建，我们必须将相关"宗教文化"的"软实力"功能转变为有利于我们"硬实力"发展的"巧实力"，而不要使之劣变为制约其发展的"软肋"。现在我们的文化建设不能仅仅满足于搞"印象"工程，光靠形式大于内容、以恢弘的气势掩盖精神的空虚则不可能维系其持久的吸引力。在现代高科技的帮助下，我们的文化产品确实观赏性强，有着很好的视觉美感，但不能忽视其存在的思想性弱、缺乏深沉、仅满足于符号化、脸谱化的问题。我们应以中华文化的深厚底蕴来打动人、感动世界。

六、在当代中国文化重建、文化复兴中如何看待"宗教文化"的作用，使之尽量发挥其文化建设的"正功能"，化解其文化滞后的"负功能"。在此，我们应该看到文化特色一是在于其历史的延续和传承，二是民族特性、地区特点的保留和发扬。因此，有必要弄清先进文化建设与传统优秀文化的弘扬是什么关系，下大气力搞好我们共同精神家园的建设。这里，也应该注意、分析"宗教文化"与一般文化在意义上、功能上的异同，抓住其特殊性，找到其中起积极作用、能因势利导的内在规律。

36. 关注"网络统战"

——中国统一战线理论研究会
2010 年会讨论发言

    "统战"工作是"人才"工作、"智力"工作，其领域体现出"人才优势、智力密集"等特点。从"统战"工作的对象来讲，"统战"工作一为"精英工作"，二为"群众工作"；前者关注政治、经济、文化各领域的精英人才，尤其在今天社会发展的处境中应特别关注经济界、文化界的精英，主要是做"知识精英"的工作；后者则为对各界群众的普遍关心，体现出"民本"关怀，其中就包括对基层群众、信教群众、少数民族群众的关注、联络，由此形成统战工作的群众基础。这里，"统战"工作在方法上则体现为"沟通工作"、"团结工作"，通过与其工作对象的思想、观念、文化、看法等沟通而达到团结，实现和谐，真正做到最广泛地团结群众，建立最普遍的统一战线。

    由此而论，"统战"工作与思想文化建设密切关联，体现出文化"软实力"的构建。实际上，文化建设也是"看不见的手"，它超越了追求GDP 等指标的具体任务，却直接关涉到社会灵魂的体现，以及这一社会各方面的可持续性发展。而文化"软实力"最核心的意义就是要实现相关文化对其民众的吸引力、凝聚力。在一个多元的社会，这种文化吸引力、凝聚力乃举足轻重，不可轻视。在今天中国社会的政治、经济、社会、文化建设中，文化建设会以其提供的核心价值观、普遍伦理观、共有认同感来保障我们的社会和谐，推动我们的经济发展，指导我们的政治参与。我们谈政治参与时强调"有序"参与，而不是无序、随意参与，这是因为现代中国社会中政治参与的热情已空前高涨，然而其参与的动机、目的却各异。从前我们的政治参与一般都希望参与者"说是",但今天不少参与者则会"说不"。从民主政治的建设来说,这种"参与"当然不仅包括"说是",也应该容忍、允许"说不"。但问题是这种"说不"在多大程度上是"良性"的、可以"调控"的、能维系社会"稳定"的,因为"说不"意喻分歧的存在,这种分歧包括政治、意识形态、思想、信仰、族群等各个层面上的分歧,相关的分歧可以带来社会发展的动力,也有可能演变为阻碍社会发展的"动乱"。从这一角度来考虑,在政治参与上的求同存异则需要其"参与"意义上的民本性、建设性,代表民意上的广泛性、普遍性,以及参与过程的有效性、有序性。这里不仅要"各美其美",体现个性,从社会的共构、共建来说则更需要"美美与共"、多元求同。与以往所不同的是,在争取有序参与上,"网络统战"的独特意义在今天"全球化"的信息社会中则非常突出、极为鲜明地显现出来。

最近"谷歌"网要退出中国市场的传言引起了社会舆论的巨大波动。这直接触动中美双方政界与民间关于"网络自由"和"网络监管"之争。网络的社会导向、网络群体性事件的后果,已经越来越引人注目。其突出性、同步性、难以预测性和传播上的迅速、广泛,使我们不得不高度重视。网络世界看似是一个"虚拟"世界,但其"虚拟"绝非虚无,而有着非常实在的内容,可达到非常真实的效果。随着电子网络市场的出现,我们实际上已经生活在一个"网络社会"之中,各种信息在网络上的传播可谓无处不在、疏而不漏,基本上让人无法抗拒、不可阻挡。而且,人们在网络上既可深藏不露、巧妙包装,也可非常直接地"面对面"、"心连心"。由于"网络社会"的网络共在和网络对话,使我们看到了一种新生的、方兴未艾且潜力巨大的"网络民主",并由此直接催生出一种颇具实效的"网络政治"。这也导致"网络安全"与"国家安全"的直接挂钩,并使人们意识到"网络安全"与相关国家的政治安全、文化安全、意识形态安全的密切关联。

在这种情况下,我们在统战领域就明显感到了"网络统战"的紧迫性和必要性,认识到必须马上认真、科学、有效地开展、推动网络统战工作。当然,网络统战工作也是一项独特的群众工作,有着沟通、谈心、解释、疏导,只不过这一工作需要掌握一定的高科技手段,需要及时、正确地了解情况、作出判断，并在最佳时段投入，起到积极引导、防患于未然的作用。在此，我们就有必要树立网络统战意识，提高网络知识素养，全面、深入、具体、及时地了解网络舆情，观察网络搜索，掌握网络动向，关注网络"宣泄"，严密防范网络事件及其事变的发生，做到能够科学、正确、有序、可持续地利用网络来开展我们新时代的统战工作，善于网络引导、争取团结广大网民。这样，我们的统战工作就有了一条新的"空中通道"，形成了一条虽不能直接触摸或掌控，却可以"看得见"、"管得着"的战线。

四

畅想畅谈

1. 中国宗教与和平：理想与现实

——2000 年 9 月 14—16 日 "世界宗教与
和平" 国际学术研讨会发言

冷战结束后，人们原以为能迎来一个和平的时代。然而，世界局部地区因政治、经济、社会、文化等冲突而响起的枪炮声打破了短暂的宁静，亦使人们丢掉了坐等和平来临的幻想。文明的冲突和民族之间的战火，在许多情况下与宗教有着直接或间接的联系。因此，人们对和平的呼求，再次与宗教问题相关联；宗教与和平的关系成为人们关注的焦点，而拉近其理想与现实之间的距离，则正是人们努力以求之实际目的。

反观历史，曾经有过种种所谓的"宗教战争"，宗教似乎与和平相距甚远，故而难以相提并论。不过，在宗教发展的历程中，并不只是仅有刀与剑、血与火，宗教对话、宽容及和解在人类和平的进程中亦发挥着极为重要的作用。正是在这一意义上，西方天主教思想家孔汉思（Hans Küng）才明确指出，如果没有各宗教之间的相互了解，国与国之间则很难相互了解；如果没有各宗教之间的对话与沟通，诸教之间则很难达到和平与友好；如果诸教之间不能和平相处，诸国之间亦谈不上能够和平相处或安全共存。这样，宗教与和平的关系及其意义遂得以凸显。

在中国历史上，不曾出现过严格意义上的"宗教战争"，各宗教之间虽有纷争，却保持了和平共处、相安无事之态。中国宗教精神自远古以来就提倡人与人之间的平和、社会中的安宁，强调以"护生"为"至善与大德"。儒家传统曾提出"仁爱"、"仁者爱人"，以"仁、义、礼、智、信"来治天下，实施仁政，并认为这"五常"乃天命，即上帝赋予人的东西。墨家的宗教观尤其突出了其"兼爱"、"非政"的思想，提倡一种普世之爱和人人共享之和平。道教亦主张回归自然，与自然保持平和，由此强调万物平等、物我合一、世界和谐及共融。从印度传入中国的佛教则以其"不杀生"的基本原则而为中国宗教精神注入了新的和平因素，在华夏这块广袤的土地上推动了其"大悲为首"、"慈悲为怀"、以牺牲自我来"普度众生"的"菩萨行"伟业。这些宗教中的和平精神铸成了中国人"为善"、"致和"、"成仁"、"赞天地之化育"、"为万世开太平"的理想追求，并凝练为"忠孝仁爱、信义和平"这一中国传统之伦理精华。外来宗教如基督教、伊斯兰教、犹太教等在中国发展中不仅带入了其自身传统中的和平思想，而且也深深受到中国传统宗教之和平精神的浸润、濡染。

然而，这些宗教中的和平理想在其现实奉行中并非一帆风顺，它因错综复杂的社会政治、经济、文化因素而被扭曲，出现嬗变。中国历史上曾频频出现打着宗教旗号的农民起义或农民战争，儒释道三教相争中也因政治的干预而有过剑拔弩张、腥风血雨的紧张局面，而伊斯兰教的"圣战"、基督教在西方列强枪炮声中对中国的"占领"，自古至今都使不少人痛感宗教中这种和平精神的失落或隳沉。在现代中国社会，人们将民族、宗教问题与国家的安定、稳定及持久和平相关联，亦说明宗教中的和平精神在中国也有待于进一步发掘与弘扬。从上述描写中，我们看到，在宗教与和平之关系中，其理想与现实之间仍有很大的距离，这在古今中外的体验中均有其同感。因此，缩减或取消这段距离，力争理想与现实尽量吻合，再现或弘扬宗教中的和平精神以为世界的稳定和人间的安宁作出其独有贡献，就是我们现代人在跨越世纪和千纪之际的神圣使命及艰巨任务。万事开头难，但我们必须上路。

中国宗教对和平的贡献，及其实现其从理想到现实的过渡，首先必须从宗教对话开始。这种对话是平等、互尊、双向的对话，它有着倾听和交流，提倡宽容和谅解，最终方达相互理解与和平共处。宗教对话以求宗教理解，这种对话正是宗教共存乃至人类共在之智慧。以这种宗教对话精神，中国宗教可以缩小彼此之间的距离、消除传统上留存的隔膜，在相互沟通、相互激励中达到自我的扬弃和升华，从而在自身之中消除独尊、排外等纷争因素，实现宗教内部及宗教之间的和平。就中国宗教的历史与现状而言，要实现这一目标则仍然任重而道远。

　　其次，中国宗教还必须为消除社会纷争、民族冲突作出贡献，即从其自在的自我升华达到对社会的使命及责任。这就要求中国宗教既存在于中国社会又服务于中国社会，从其对社会的积极适应到对社会的重要贡献。也就是说，中国宗教为了中国和平的伟业而应从"独善其身"、"洁身自好"达到"兼及天下"、"自利利他"、"自觉觉人"的飞跃。正是从这一意义上讲，宗教不可能脱离社会，更不可能与社会政治无关。中国宗教的自我存在及其发展乃与其对中国社会的恰当"关注"与"参与"密切相关。宗教作为一种社会现象和社会组织，既存在于又属于其相关社会及其人世时空。在此，中国宗教对中国社会和责任感和使命感则得以昭显。

　　最后，中国宗教的理想对于和平的呼求不仅是此在，而且为未来而存在。宗教以其价值观及其和平精神应为世界持之和平作出贡献，应有助于人类社会的理想发展。这就要求中国宗教有更广远的视域，具备高屋建瓴、洞观未来的能力。这种对未来的把握和对人类文明的推动正体现出宗教中的超越精神。我们衷心希望并朝这一方向努力，以使中国宗教在"服务"社会的"仆人精神"中显现其"先知精神"和"超越境界"，在相互尊重、和平共处中促使人类一家天下大同的理想能尽早实现。

2. "科学与宗教"国际论坛欢迎辞

尊敬的来宾、各位朋友，

　　由中国社会科学院世界宗教研究所和美国神学与自然科学研究中心联合主办的"科学与宗教"国际论坛现在开始。首先，请允许我代表主办单位向来自中外学术机构的专家、学者，与会代表和各界朋友们表示热烈的欢迎！举办这一主题的国际论坛在中国大陆尚属第一次，因而有着独特的现实和历史意义。这一论坛的顺利举行得到了中国社会科学院、中国科学院、北京大学、清华大学、中国人民大学等单位的鼎力相助和积极参与，亦得到国家民委、中国科技馆、九三学社、中国地震局、北京天文台等单位领导及热心朋友的关注和支持，美国神学与自然科学研究中心和香港浸会大学中华基督宗教研究中心的有关学者积极参与了论坛的筹备和组织，美国约翰·邓普顿基金会资助了这次学术活动，我们对这些机构及朋友们的支持和参与，特表示衷心的感谢！

　　正是因为大家的关心、支持，我们这次国际论坛得以成功邀请中美著名科学家出席，亦邀请到中国有关科研机构和高校的许多知名学者和一些单位的负责人出席。现在请允许我对有关代表作简单介绍：在主席台就坐的美方代表有美国欧文加州大学教授、美国总统科学与技术顾问委员会成员、美国科学促进学会理事会主席阿亚拉教授，在他来北京出席这次论坛之际，阿亚拉教授刚接到美国白宫通知，获得美国科学界的最高荣誉，即由美国总统颁发的美国科学奖（American Medal of Science）；美方代表还有美国伯克利加州大学教授、神学与自然科学研究中心创始人及主任罗素教授，美国伯克利加州大学教授、神学与自然科学研究中心"科学与宗教课程计划"主任彼得斯教授，美国神学与自然科学研究中心"科学与宗教课程计划"顾问、香港浸会大学中华基督宗教研究中心副主任江丕盛教授；在主席台就座的中方代表有中国科学院北京天文台名誉台长、中国天文学会名誉理事长、中国科学院院士王绶琯教授，中国科学院自然科学史研究所前副所长李佩珊教授，中国科学院高能物理研究所研究员、中国科学院院士冼鼎昌教授，中国社会科学院世界宗教研究所所长卓新平教授和曹中建副所长。出席我们论坛的还有北京大学哲学系、宗教学系主任赵敦华教授，清华大学哲学系道德与宗教研究中心主任王晓朝教授，国家民委政策法规司铁木尔司长，加拿大维真学院中国研究部主任许志伟教授；出席论坛的还有美国神学与自然科学研究中心的专家学者，中国科学院自然科学史研究所、遗传学研究所、北京天文台、古脊椎动物与古人类研究所、生物物理研究所、科技政策与管理研究所、计算技术研究所，中国社会科学院世界宗教研究所、文献中心，北京大学哲学系、宗教学系、物理系、物理学院、生命科学学院、医学部、科学与社会研究中心，清华大学哲学系、科技所、电子系、物理系、政治系、法学院，中国人民大学佛教与宗教学理论研究所，国家民委、九三学社、中国地震局、北京天文馆等单位的教授、学者，以及朝气蓬勃的研究生、大学生等。

论坛将展开自然科学领域的著名科学家与神学界和宗教学界专家学者的高层对话，对科学与宗教的一些基本问题和相互关系加以研讨。这是一次开放性、讨论性的对谈，是一种新的探讨和尝试。我们期待这样的论坛会取得重大成果和重要突破，并为今后在中国展开科学与宗教的多种对话打下良好的基础。为此，再次向大家表示最热烈的欢迎和最诚挚的谢意！并预祝我们的论坛取得圆满成功！

2002 年 5 月 10 日

3. 祝贺首届"经典阐释与文化传播"研讨会的召开

河南大学圣经文学研究所：

全国首次"经典阐释与文化传播"学术研讨会在贵所和中国比较文学学会的共同努力下，在海内外朋友的关心和支持下，得以在文化古城开封顺利召开，特此表示我们的衷心祝贺和崇高敬意！

学术研究强调原典探究，圣经文本研究及其思想文化意义探讨对于深入、系统的基督宗教研究乃是基础，颇为重要。在过去近二十年的中国圣经研究中，直接深入原典的系统探究并不多。因此，贵所举办的这一研讨会创意独特、主题鲜明，将有力推动我国学术界对古代经典尤其圣经的系统全面的认知和深入透彻的研究，也将为中外经典的比较研究提供新的思路和宝贵经验。以往有不少中国学者已经关注到圣经与中国古代经典的比较、对照和多层面研究，提出了一些值得关注的想法和思路。当今的经典研究理应承前启后、推陈出新，使这一学术传统得以延续并发扬光大。

承蒙大会组织者邀请，我本人亦很想参加这一学术盛会，因为我一直认为圣经研究应该作为基督教研究的一个重要基础，并对圣经的分析和诠释也有着特别的兴趣。可惜因时间安排冲突，此间我必须赴西非贝宁出席联合国教科文组织下属国际哲学与人文科学研究理事会两年一次的大会，故不能前往开封参加这次专门研究经典与文化关系的会议。在此，特向大会主办者深致歉意。

非常值得高兴的是，全国各界学者踊跃参与贵所组织的这次会议，对会议主题表现出浓厚的兴趣和积极的关注。而且，不少青年学者对之积极参加，其专业背景也体现出跨学科的特色，这对我国圣经研究的发展将起到极大的促进作用，亦会进一步活跃宗教文化交流与对话的气氛。我相信在不久的将来一定会读到会议产生的众多优秀论文，学到许多新的知识。请代我向与会代表及各界朋友致敬，并预祝这次学术研讨会取得圆满成功！

2002 年 8 月 12 日

4. 儒教研究中心成立大会致辞

尊敬的汤院长、尊敬的叶局长、尊敬的各位学者、各位来宾:

　　首先，请允许我代表中国社会科学院世界宗教研究所和中国宗教学会及我本人，向大家出席中国社会科学院世界宗教研究所儒教研究中心成立大会和香港孔教学院院长汤恩佳先生的专题学术演讲，表示热烈欢迎和衷心感谢!

　　儒家思想在中国历史悠久的传统文化中起着核心作用，儒教作为一种独特的宗教形态乃有着广远的影响。随着中国改革开放带来的中华文化复兴，人们重新反思中国传统文化的意义和作用，重新开始对儒教及其相关的思想文化体系展开深入、系统的探讨。在新旧世纪之交，儒教、儒家、儒学的讨论已成为中国学界的一门显学。儒教问题之所以在新时期成为学界和社会热点的深层原因在于，人们对宗教在文化认同、政治认同以及个体认同这些随着现代化的深化和全球化的推进而日益凸显的问题上所具有的意义和影响，已经形成了相当程度的共识。对于如何理解"儒教"、怎样看待儒家思想与中国文化的关系，这是当前中国文化建设、形成中国文化自知和自觉的探究中极为重要的一个问题。正是基于这样一种认识，以及对党中央构建和谐社会、实现民族复兴号召的积极响应，中国社会科学院世界宗教研究所儒教研究中心得以在北京成立。

　　我们研究所儒教研究中心的成立，也标志着我们与香港孔教学院建立起了友好的学术合作关系。孔教学院汤院长"长期以来带领孔教学院成员，忠实践行孔子的教导，按孔子的行为标准行事做人，竭诚宣传孔教，使孔教在香港获得了与其他五大宗教平起平坐的身份和地位，充分发挥了孔教教化民众、慰藉人心、稳定社会、促进国家统一完整的功能"。近来，汤院长及其孔教学院成员在给内地捐献孔子像、提议以孔子诞辰为教师节以及资助儒教研究等方面的活动，获得了社会的广泛关注。而且，在世纪之交的"世界宗教与精神领袖高峰论坛"上，汤院长也是全力向世界介绍中国文化，阐述中国儒教的意义、作用及影响。为此，我们特聘汤院长为儒教研究中心名誉主任，并在中心成立之际邀请汤院长发表主题演讲"孔教与中华民族的伟大复兴"。

中国社会科学院世界宗教研究所儒教研究中心为本院专门研究儒教的学术机构，将会充分利用本院本所学科齐全、学者众多的优势，努力承担起开拓论域、整合资源、提供平台以深化儒教研究的责任，形成自己的学术特色。我们对"儒教"的理解和研究乃持一种开放态度，鼓励百花齐放、百家争鸣，不回避在这一理解上的分歧和争议，而主张学术对话、商榷、沟通的积极态度。与此同时，我们也希望并欢迎各位专家学者和各界朋友积极关心和参与我们的学术研究，形成广泛的合作，以使新世纪的儒教研究获得更多的成果，达到新的突破。谢谢大家！

2005 年 6 月 14 日

5. 在"少林学"学术研讨会
闭幕式上的发言

尊敬的永信法师，尊敬的各位专家学者、各界朋友：

经过两天的学术发言、讨论和献计献策，大家对"少林学"的意义、内涵、影响等有了更为清晰的认知，为今后"少林学"的构造和发展打下了坚实的基础。正如基于敦煌历史文献、石窟艺术等研究而形成举世瞩目的"敦煌学"那样，少林寺这一著名古刹作为禅宗祖庭、少林武功的发源地，也将会以其挖掘不尽的研究资源和丰富多彩的文化历史而形成名扬世界的"少林学"。这门学问将涵括历史、宗教、考古、文献、文学、艺术、武术、医学、人文地理、文化交流等领域，有着巨大的发展潜力。常言道，"好的开始就是成功的一半"，我们以这种学术研讨会的方式使"少林学"这一理念在学术界正式亮相，也预示着"少林学"将以其雄厚的文化内容和学术积淀自立于世界学术之林。当然，要使"少林学"真正构建成其完备的学科体系、形成其丰富的学术内容，仍需要我们学界广大同仁坚持不懈的长期努力。这样，"少林"的精神寓意和学术蕴涵，将会以一门学问的形式达其结晶，铸其形态，令世人瞩目。而且，"少林学"将是一门跨学科的学问，既有其具体的地域特点和历史回溯，也有其独特的时空超越性和对未来的延续；既有历史文化中的"少林"真实之探究，也有文学艺术创作中的"少林"形象及其意义之捕捉和品位，"少林学"有其核心本体和其丰富广延，因而富有生机、充满希望。我们相信，只要大家以这次研讨会的立意和旨趣为契机，踏踏实实地开展"少林学"的构建和研究，"少林学"将会成为当今学术界和文化界一道风景线，真正成为一门众人所趋的"显学"。对此，我们中国社会科学院世界宗教研究所很乐意继续为"少林学"的探究提供研究平台和交流论坛，愿意与少林寺和各领域专家学者及各界朋友继续友好合作，共创体现中国文化底蕴、广纳世界文明智慧的"少林学"。我们在这些合作交流方面也已积累了宝贵经验，取得了可喜成果，因此可以进一步推进这种"强强联合"。目前"少林"品牌令人瞩目，全世界都已领略了"少林功夫"的风采，但"文武之道，一张一弛"，"少林禅学"也应该在世人面前有更积极的亮相。博大精深的禅意禅修乃少林传统的本真，这种"禅学"理应走出少林，发扬光大，以便形成与少林"武学"的积极互动、互补。总之，少林文化以其悠远的历史和深厚的蕴藏为我们创建"少林学"提供了条件、积累了资料，因而已达"水到渠成"、"呼之欲出"之境。让我们共同努力，乘这次圆满、成功召开首届"少林学"学术研讨会的清新之风，使"少林学"以其勃发英姿现于当今、立于中国，并且面向世界、走向未来。

再次感谢各界朋友的积极参与，并祝大家新年快乐！谢谢！

2005 年 12 月 30 日

6. 弘扬精神文化　构建和谐社会

——祝贺中国宗教杂志社、宗教文化 出版社成立十周年

今年，我们迎来了中国宗教杂志社、宗教文化出版社创办十周年的纪念。自其1995年成立以来，两社就与我们中国社会科学院世界宗教研究所和我本人有着不解之缘。这十年来，我们与两社有着密切的合作，我们在许多学术著作的出版和相关论文的发表上都得到了两社的热情帮助和大力支持。这些学术成果和学术信息的发布，引起了社会的关注和肯定，亦获得了与各界人士友好交往、切磋的机会。两社还对我所的学术活动、有关专家学者进行了采访、报道，并与我们共同参加学术研讨、策划研究课题、组织相关出版，形成了融洽的合作，建立了深厚的友谊。在当今中国社会发展上，宗教文化对于构建中国的和谐社会、弘扬中华民族精神文化、使之自立于世界文明之林，有着极为重要的意义。而两社十年来的工作，正是以其丰硕成果来对我们弘扬精神文化、构建和谐社会作出了非常重大的贡献。其出版事业已成为党和政府沟通宗教界、学术界等的桥梁，也是展示我国改革开放巨大成就、促进友好国际交往、让世界了解中国的一扇不可缺少的窗口。而且，两社的出版物设计精巧、图文并茂，深受广大读者所欢迎，有了越来越大的知名度，并获得各界人士的好评。

两社的建立，在宗教思想文化及其研究上就有了专门的杂志社和出版社，而且因其设立在国家宗教事务局的管理之中而有其权威性和政策指导性。这些年来，两社的出版给我们从事宗教研究的学者带来极大的方便和好处，使我们的研究成果得以及时面世，发挥积极作用，从而进一步鼓励我们更加深入地进行研究，开创新的领域。这是一种良性互动，与学术界

的有机结合也不断扩大两社的影响，拓展了两社的发展空间。这样，我们大家齐心合力，在中国改革开放的大好形势下不断出成果、出人才、出思想、出智慧，并使两社越办越好。总之，两社十年创业，功绩卓著，影响广远。但在历史发展的长河中，十年仍然只是短暂的一个瞬间，只是创建伟业的一个开端。因此，我们在向两社创办十周年表示热烈祝贺的同时，亦衷心希望两社面向未来继续努力，以求越办越好、臻于至善！

7. "汉语神学"与中国文化的关联

——关于"汉语神学"的讨论发言

"汉语神学"作为一种中国神学理论体系，既要体现其表述的语言载体之特点，即一种"汉语"的言述，又必须反映这一语言所具有或代表的文化底蕴和精神气质，即基督教神学的"汉文化"表达或阐释。因此，"汉语神学"势必与中国文化产生各种关联，它不只是对神学的一种"汉语"语言学意义之翻译或解读，更应该是"汉语"所体现的中国文化对基督教神学的重构和创新。从这一理解来看，"汉语神学"乃唯一的、独特的，而不可与其他神学体系相提并论或完全等同。神学在"汉语"语境及其本质关联的文化处境中重新熔铸，获得新的内蕴和外形，它作为一种处境化的言说已超出语言学上的还愿，已不是任何一种基督教神学体系的汉语"翻译"。在此，"汉语神学"乃有着其"中国魂"，其理论体系和思想框架乃由基督教信仰传统与中国文化因素共同来建构、重组。其语言、结构、本真却已留下浸润在中国文化之中的深深印记。因此，我们有必要探讨"汉语神学"与中国文化究竟有哪些基本要素的关联，由此才可能勾勒出"汉语神学"自成体系所必经具备的中国思想因素和文化内容。

汉语神学有广义和狭义两种理解，其"广义"理解虽旨在海纳百川却在"泛指"中失去了其特色，因此并不是一种学术体系意义上的表述。而其"狭义"理解才真正值得我们注意，因为在此才能体现汉语神学在现代中国语境和社会存在中的真实意义和本质本真。仅从其研究维度和方向来看，汉语神学的学术性就体现在如下一些研究维度与方向：

其一，汉语神学具有非常典型的人文性（文、史、哲）。也就是说，人们是以文学、历史、哲学等人文学科为主要方法论而切入汉语基督教研究，使其具有学术开放性和跨学科性，从而得以充实、丰富其基本构建。在此，汉语神学为一种"人文神学"。

其二，汉语神学具有极为广泛的对话性。汉语神学是一种"对话神学"，会在"汉语"所涵括的多文化、多宗教氛围中展开跨教派、跨宗教、跨文化对话，以体现汉语神学进入多种文化、展开双向互动的活力及能力。

其三，汉语神学具有颇为鲜明的学理性。汉语神学亦是一种"学术神学"，在基督教存在及影响仍比较薄弱的汉语文化处境中应以其学术探索的问题意识、学术方法的严谨性和科学性来促进汉语思想界对一些人类基本问题或根本问题展开研究，由此确立汉语神学的学理基础和学术视域。

仅从这三个方面来看，汉语神学上方兴未艾，在中国思想文化及学术智慧的发展之途上尚任重道远，需艰苦跋涉。

8. 学术神学：一种运用宗教学资源的中国神学研究

——"宗教资源学"研讨会发言

在经过一段时间的研究和思考后，我修改了自己以往的看法，在此提出一些新的构思。我过去曾认为，"神学"应是教会的"专利"，即"教会在思考"，而我们作为教会之外的宗教学者则只能观察、分析神学，为教会神学的发展提供资源、参考和相关准备，其自身根本就不可能参与创建神学、奠立相应的神学体系。但反观西方神学传统以及对"神学"学科体系古希腊之源的回溯，我认识到了修改自己以往看法的必要性。特别是在基督宗教仅作为少数人的信仰的当代中国，"神学"及其研究不可能仅仅为"教会的思考"，而应有更广泛的蕴涵。关注中国学术现实，则会发现"教会之外有神学"。此即一种"学术神学"。

根据对"神学"本身的学术理解，"神学"在西方传统中可以追溯到古希腊思想精神，其对"神学"（theologia）的原初理解乃是对"神"之"言说"、"分析"和"解释"。柏拉图第一个使用"神学"术语，他想以此表述来诗意般地描述神，神话式地谈论神，也试图从理性、逻辑上来阐释神。而当亚里士多德把"对终极实体的沉思"称为"神学"时，则得以接近毕达哥拉斯发明的"哲学"一词所表达的"智慧之爱"或"趋向智慧的努力"。自基督宗教创立以来，最初是对"神学"的表述敬而远之的，只是经过上千年的漫长历史，终于才在中世纪使"神学"成为其"信仰的体系"，并被限定在其"教会"传统之内。尽管如此，"神学"的跨越性和突破性仍在一定程度上得以保留，如与基督宗教神学体系密切关联的经院哲学（Scholasticism）就既是在"学院"（school）中所宣讲的学说，又属于始自古希腊哲学、超出基督教传统的"永恒哲学"（philosophia peren-nial）。回溯并反思这一历史，也自然会感到在中国社会文化氛围中，一种与"教会神学"相区别的学术神学既有可能，亦有必要。

当代中国的宗教研究乃基于其宗教学的发展，它随之亦使中国学术界的"神学"研究成为可能。但这种基于宗教学理论体系和研究方法、运用宗教学研究资源，并在中国非教会传统处境中的神学发展只可能是"学术神学"，而且也势必会与宗教学紧密结合，并受到宗教学研究方法、学术立场的深入影响。这种旨在"研究神的学问"之"学术神学"虽与作为"信仰神的学问"之"教会神学"迥异，却是对后者的重要补充和丰富。为此，我们可以通过当代中国社会处境和文化语境这一背景来说明"学术神学"的意义，分析其应该具有的基本内容。这里，我们就涉及到学术神学与中国宗教学研究之关系。

从广义来看神学与宗教学的关系，我们在基督教自中世纪以来的传统上可以看到对"神学"的传统理解，即把它当作基督宗教内部之"信仰的学问"；而由此在近代19世纪以来出现的对"宗教学"的理解，则是将之视为不以"信仰"为前提的"对宗教的客观研究"。至于谈到中国当今的"学术神学"及其与中国宗教学的关系，则有必要作如下分析：

一　"中国神学"的现状

首先，传统上一般认为"神学是教会在思考"，特别是指中国当代教会的"神学建设"；

其特点就是"教会神学"，为"中国的"、"教会的"、"内涵式的"当代神学。

其次，在当今中国改革开放的处境中出现了"以'汉语'作为'母语'的神学"，这显然已是在中国教会之外发展的"汉语神学"，当然这一术语本身也可涵括中国教会神学。关于"教会之外"的汉语神学，其所突出的有如下几点：

1. 它是在"认信基督"与"信仰中立"之间的定位；

2. 它是不同于"教会神学"的"人文神学"；

3. 它体现出"母语神学"与"本色神学"之张力；

4. 它在广义上是中国早已有之的"神学"：

a）唐朝景教汉语释经为汉语神学之肇端；

b）明末清初的"中西对话"使汉语神学形成其系统性；

c）民国时期的"本土神学"或"本色神学"之探，使之与中国社会处境相结合；

5. 它表明了"神学"的"理想形态"与"历史形态"之间的互动和呼应；

6. 它多为体现出"个我性"的神学走向；

7. 它有必要对"汉语神学"本身加以自我评价和反思。

二 "学术神学"与中国宗教学

首先，"学术神学"之突出表述就在于：

1. 突出"学术性"、"研究性"。它势必超越"信仰的学问"之界，由此则可称为"学问神学"、"学者神学"、"学院神学"等；

2. 强调对神学"信仰中立"理解的历史溯源。从柏拉图对"神学"（theologia）术语的发明及与"学院"之结合，使神学最初就具有"学术性"，由此形成其"前基督宗教时期"的发展；受柏拉图的启迪，其学生亚里士多德也把"神学"解释为"对终极实体的沉思"；

3. 关注"神学"理解在基督宗教思想传统中的嬗变与发展，尤其是其近现代和当代的发展趋势，如西方许多神学院系实际上正在把"神学"等同或演变为"宗教学"。

其次，"学术神学"在学术体系中之可能：

1. "我思"之"我"与"我信"之"我"在出现分离，尽管"我信"之"我"中仍包括"我思"之"我"，而"我思"之"我"中已有不少人成为非"我信"之"我"；

2. "宗教学"与"神学"在西方学科体系中的"分"与"合"：

a）宗教学与自然神学有着密切关系，某些宗教学的萌芽可以在自然神学中去找寻；

b）哈纳克与缪勒之辩开始形成"神学"与"宗教学"各自不同的自我意识；

c）宗教学脱离神学而独立，发展为从"一种宗教"到"多种宗教"的研究；

d）约翰·希克对"宗教"的理解：各种宗教形态是对"同一终极实在"的多元文化表述，"宗教"体现出各种"文明"的色彩，由此达到"一"与"多"的统一；

e）W. C. 史密斯（Wilfred Cantwell Smith）对"神学"的理解：

从"普世神学"（跨越教派）到"世界神学"（"统一神学"：跨越宗教）：体现"人类宗教历史的统一和连贯"；

从"诸宗教神学"（基督宗教对"他者"的认知）到"比较宗教神学"（反映人类宗教历史的神学）：突破"一种宗教"之界："自我"与"他者"平等并立，所有宗教都为"主语"、"主体"。

三　"学术神学"在中国的存在及意义

首先，必须弄清"学术神学"与宗教学的同与异：

1. 二者在研究目的、研究方法上相同；

2. 二者在研究对象上有异：

学术神学：以比较宗教学的视阈来专门研究基督宗教，在研究体系上与基督宗教的系统神学相似；

宗教学：比较研究世界各种宗教，根据其研究方法的不同而形成宗教学体系及其下属分支学科；

其次，在中国学术研究中还应注意"学术神学"与汉学及汉语神学的区分：

1. 学术神学在其中文"母语"意义上与"汉语神学"相似；

2. 学术神学必须关注并借鉴"汉学"（海外学者研究）和"国学"（国内中国学者研究）的研究方法及成果，形成"对话"关系和"双向互动"；

再次，还必须系统说明"学术神学"的"自我身份"及其特点：

1. 其研究主体是中国内地社会科学及各人文学科等"学术界";

2. 其提问方式为"神是什么",即以理解、诠释、究诘"神"（终极实在,终极神圣）为目的;其问题意识不是孔汉思的"神存在吗",而乃是对有神论、无神论等所言之"神"的理解、论述;

3. 其探究会超越"教会传统"和"圣经神学"之前提,从而形成与"教会神学"或"信仰神学"的根本不同;

4. 其致力于比较研究意义上的"系统神学"之构建,切入其相关命题,为更加"开放性"、明显"比较式"的"神学"。

"学术神学"即以宗教学的立场、方法、观点和体系来开展对基督教"系统神学"相关命题的研究,其体系的构建还需进一步的努力。

9. 在世界宗教研究所成立四十周年纪念会上的发言

尊敬的各位领导、各界朋友、各位来宾：

首先，请允许我代表世界宗教研究所和我本人，向莅临我所成立四十周年庆祝大会的诸位表示崇高的敬意和衷心的感谢！

1964年，根据毛泽东主席的指示、在周恩来总理的亲自指导下，世界宗教研究所建立。今年是世界宗教研究所成立四十周年。也就是说，研究所在21世纪初叶迎来了其"不惑"之年。世界宗教研究所是中国唯一的国家级宗教学术研究专门机构，其建立后隶属于中国科学院哲学社会科学部。1977年中国社会科学院成立，世界宗教研究所遂成为其重要研究部门之一。

世界宗教研究所四十年的历程，与20世纪以来中国宗教学的发展密切相关。它标志着宗教研究在中国的真正建构化、组织化。在建立中国宗教学学科体系的过程中，世界宗教研究所从以首任所长任继愈先生为代表的老一辈学者开始，一直担负着举足轻重的责任，并且在四十年的时间里，最先把研究所建设成了国内分支学科最全、科研队伍最大、综合实力最强、学术成果最多的宗教研究机构，亦在国际上获得了相当高的知名度，形成广泛的世界学术联系。尤其在20世纪后半期中国宗教学研究的发展，与世界宗教研究所的名字密不可分。世界宗教研究所在中国宗教学研究重新爆发出生机的新时代，既有着"筚路蓝缕，以启山林"的贡献，亦起到学术牵头和引领的作用。研究所众多知名学者和专家为中国宗教学各领域的形成及其系统化、体系化发挥了极为关键的作用。

世界宗教研究所目前编制约90人，现有研究员20余人，副研究员近

30 人，全所有近 30 人拥有博士学位，20 多人拥有硕士学位，多人获国家有突出贡献的中青年专家称号，先后有 38 人享受政府特殊津贴。研究所下设佛教研究室、基督教研究室、伊斯兰教研究室、道教与中国民间宗教研究室、儒教研究室、宗教学理论研究室、当代宗教研究室、宗教文化艺术研究室等，另有基督教研究中心、佛教研究中心、道家与道教文化研究中心和巴哈伊教研究中心；研究所编辑出版《世界宗教研究》季刊和《世界宗教文化》季刊，编辑《中国宗教研究年鉴》。挂靠世界宗教研究所的全国性民间学术社团有中国宗教学会、出版会刊《中国宗教学》，中国无神论学会、出版双月刊《科学与无神论》。

1978 年中国社会科学院研究生院建立，世界宗教研究所在该研究生院创办了中国第一个宗教研究系，并先后得到中国第一批宗教学硕士、博士研究生的培养权。其间有近 20 位研究人员担任博士生导师，另有 40 多位研究人员担任硕士生导师，迄今共培养博士生 50 多人，硕士生 70 多人，一部分毕业后留所工作，一部分分配到各个高校或其他工作部门，不少人已经成为本学科领域的著名学者和学术带头人。1999 年，世界宗教研究所又设立博士后工作站，先后培养了多名博士后研究人员。

世界宗教研究所亦有着广泛的国际学术联系，与几十个国家和地区的学术机构及专家学者有学术交往和交流，其研究人员被送往世界各地进修、访问或攻读学位，研究所亦培养外国留学生和接待海外进修、访问学者。研究所研究人员可以分别用英、德、俄、日、意、法、阿、印地、乌尔都、希伯来和梵、巴利、拉丁以及藏、蒙、朝鲜等语言开展学术研究。迄今已组织举行数十次国际学术研讨会。

在学术研究上，世界宗教研究所以马列主义、毛泽东思想、邓小平理论和"三个代表"重要思想为指导，运用科学的立场、观点、方法并积极吸收和借鉴古今中外一切有关的学术成果，贯彻"百花齐放，百家争鸣"的方针，坚持实践是检验真理的唯一标准，以开展学术讨论、推动学术交流、提高学术水平。从"六五"计划开始至 2004 年 9 月，世界宗教研究所共立项承担各级各类研究课题近 200 项；出版专著、译著、工具书、论文集、资料集、普及读物、古籍整理等图书约 500 余种，发表学术文章 2000 余篇。近十年来，研究所每年推出的专著都在 10 部以上，发表论文

100 多篇，成果总字数连年超过 1000 万。其中一批精品著作曾荣获"国家图书奖"、"中国社会科学院优秀科研成果奖"、"国家社科基金项目优秀成果奖"、"全国古籍整理奖"和其他一些省部级奖等多种奖项。本着"双百"方针和繁荣宗教学术研究的原则，世界宗教研究所于 1979 年创办了学术刊物《世界宗教研究》。因此，今年亦迎来了《世界宗教研究》创刊二十五周年。在纪念世界宗教研究所建所四十周年、《世界宗教研究》创刊二十五周年之际，我们一方面为过去所取得的成就而感到高兴、加以庆贺，另一方面亦清楚地认识到，宗教学在中国依然是一门年轻的学科，所面临的也还是需"上下求索"的漫漫长路。在过去的研究历程中，我们研究所曾得到有关领导的亲切关怀，获得党政有关部门以及学术界、宗教界、教育界、出版界等社会各界朋友们的热情关爱和大力支持，亦得到许多国际友人的理解、关心和帮助。我们非常感谢这些关怀、关心和支持，亦希望上级领导和各界朋友在今后继续关心、支持我们研究所的发展和建设，有更多的沟通、理解、协调与合作。在研究所目前的发展进程中，我们正面临着前所未有的挑战和各种新的困难。但我们坚信，在党的十六届四中全会精神的鼓舞下，在党中央进一步繁荣发展哲学社会科学的正确方针指引下，中国宗教学仍有着广阔而光明的前景，世界宗教研究所也有着巨大的发展潜力和新的发展机遇。依靠马克思主义的坚强指导和中国宗教学界广大专家学者的共同努力，中国宗教学一定能在 21 世纪迎来新的腾飞和辉煌，世界宗教研究所也一定能在这一新的发展进程中作出新的贡献，发挥重要作用。

"待到山花烂漫时"，世界宗教研究所将为自己历史使命的实现而在"丛中"欢笑。谢谢大家！

10. 改革开放三十年与世界宗教研究所的学术发展

中国改革开放三十年，亦是中国宗教学术研究系统发展的三十年。中国宗教学的形成可以说是 20 世纪中国现代学术史上的重要突破之一，而其真正达成专业化、系统化和学科化，则是中国改革开放的产物，是这三十年积累与创新的成果。中国改革开放三十年发展在宗教学领域的一个显著标志，就是中国社会科学院世界宗教研究所的成长与壮大及其对全国宗教研究的引领与推动。三十年前，中国宗教学研究领域在改革开放的春风吹拂下才真正得以开辟，当时成建制、有专职研究人员的宗教研究机构仅有世界宗教研究所一家，其"一枝独秀"反映出在百废待兴之际中国宗教研究的势单力薄及其筚路蓝缕的艰辛。但随着改革开放带来的大好时光，世界宗教研究所的科研人员与全国学界同仁及各界有识之士密切合作、大胆开拓，推动了中国宗教学的蓬勃发展，创造了学术研究的丰硕成果，完成了宗教学中国体系的奠基与构建。在经历了三十年改革开放、学术繁荣的变化之后，中国宗教学已经异军突起，引人注目，蔚为大观。而在宗教研究领域院所倍增、人才济济的繁荣景观中，世界宗教研究所也获得了一种迎接百花满园、乐"在丛中笑"的由衷喜悦。

当宗教学在 20 世纪初被引入中国时，学术界所关注的乃是"中国有无宗教"的问题。西方宗教形态及其认知标准使不少学界名流在对中国宗教的自我认识上出现困惑与失误，对上述问题的实际悬置亦导致了对宗教探索的回避或沉寂。中国改革开放的实践使人们重新面对这一历史难题，世界宗教研究所的研究工作则正是从讨论"什么是宗教"这一"宗教理解"的根本问题上入手，其对 20 世纪初"中国有无宗教"问题的触动和回答，遂迈开了新时期中国宗教学创新发展的坚实步伐。

对"宗教"的理解，涉及对其信仰意义、政治意义、文化意义和社会意义的探寻。中国宗教学术研究对此高度重视。世界宗教研究所的学者在宗教的信仰层面展开了区分宗教、信仰与迷信的研讨，对世界宗教的共性与中国宗教的特性进行了比较分析，描述出宗教、信仰存在的多种方式及其社会展示的多种模式，从而对中国人的精神生活及宗教信仰有较为客观、科学的阐述说明；在宗教的政治层面，相关学者曾参与了宗教究竟是否为"鸦片"、对马克思关于"宗教是人民的鸦片"之论究竟作何理解的学术争论，由此进一步探讨了宗教与政治的关系及其在历史与现实中的卷入或互渗，提出了科学处理政教关系的理论见解；在宗教的文化层面，世界宗教研究所的一些科研人员与相关人士一道共同推出了"宗教是文化"的观点和论证，为宗教问题上的拨乱反正提供了重要的理论依据和文化资源，指出了宗教在历史上的文化贡献以及在今天中国文化建设上的积极作用；而在宗教的社会层面，相关学者则坚持宗教的本有特征，认为宗教就应该定位为"宗教"，其作为信仰社团乃社会大系统中的一个子系统，是其社会的重要构建和组成，因而在中国现代处境中则有必要"积极引导宗教与社会主义社会相适应"，让宗教在社会服务、公共慈善事业上发挥重要功能，起到"促进经济社会发展"的积极作用。基于这些理解，相关学者还重新提出了宗教的"定义"，分析了其基本内涵与要素，指明了认识中国宗教的一些必要和基本考虑。

这种对"宗教"内在意义的厘清及其构成因素的涵括，使中国宗教学术研究已不再停留在对"宗教"术语的泛泛而论或单层面的政治认知，而更多体现出研究宗教本质内涵上的学理性、科学性和逻辑性。由此可见，在改革开放的三十年发展中，中国的"宗教"探究经历了从宽泛性、功能性、应用性的"宗教研究"向学科性、体系性、方法性的"宗教学"理论系统和学术门类的转向与升华。当然，对宗教的应用性研究并没有放弃，而是有了更为科学的理论指导、方法运用和学理规范。这样，对宗教现实问题的探讨也就更为准确、更有深度，而其相应举措亦会更加合理、更起作用。

对宗教本质的探究同样为对宗教现象的描述奠定了坚实的学科基础。

　　世界宗教研究所在此正是以对"世界宗教"的研究定位及其"全球"视野来展开对世界各种宗教的历史回溯、经典解析、理论探究和现实追踪，为当代中国对宗教的"全景"观察与研究打下了基础、创造了条件。而随着研究范围的扩大和社会需要的增多，世界宗教研究所也从最初的二十多个科研人员发展到今天已达百人的研究队伍，先后建立了八个研究室、多个研究中心和专项课题组，并于1978年在中国社会科学院研究生院建立世界宗教研究系，招收宗教学领域的硕士、博士研究生，从而构成了充满活力、有机衔接的学术梯队，为宗教学研究队伍后继有人、青出于蓝提供了可靠保障。

　　在改革开放三十年中国宗教研究的一个重要转型，就是从零散的学者个人研究走向宗教学科的体系化。通过这三十年的开拓与创新，中国宗教学体系已从无到有、从小到大，宗教研究亦从随意性、个我性发展为规范性、学科性，在传统"问题意识"之外更是增加了理论性、体系性的"学科意识"，从而完成了宗教研究在中国从"个体"到"群体"、从"任意"到"规划"、从"无序"到"系统"、从"局部"到"整体"的转化。宗教学本身就是一个"跨学科"研究，需要建立在开放性、开明性、多元性、对话性认知之上的多边合作、方法对照，以便达到相关研究的有机共构和学科整合。为此，由世界宗教研究所出面协调而在1979年成立了中国宗教学会，开始了全国宗教研究者及其多支队伍的学术交流、信息沟通、资源共享和"学会"共聚。这样，通过全国学者的积极合作、优势互补，中国宗教学在这三十年的历程中已真正成为一门学术成果突出、学科门类齐全、中国风格初显、世界影响激增的人文社会科学，为中国当代学术繁荣、文化建设和"软实力"的构成作出了积极贡献。在构建"和谐社会"、促成"和谐世界"的时代氛围中，中国宗教学已在世界学术领域中展示出"中国元素"、体现出其"自我意识"，呈现出其可持续性科学发展的态势。而世界宗教研究所在这种发展中亦会更好地发挥其学术作用，迎来其更加理想的学术前景。

11. 处理好基础研究、应用研究和 对策研究的关系

　　社会科学研究是基础研究和应用研究的辩证统一。扎实、系统的基础研究一方面可为提高我国学术水平和全民族思想文化素质作贡献，另一方面则可使我们对现实重大问题的应用研究和对策研究达到一种洞若观火、透彻澄明的境界。对此，我们在从事宗教学研究中亦深有体会。

　　宗教研究在探讨人类文明进程、人类精神奥秘上涉及许多基础性、理论性、历史性和知识性问题。它从人的精神世界及精神生活层面触及人的"心路历程"，其研究有学科本身发展的规律性和系统性。但宗教研究又关涉许多"全局性、战略性、前瞻性"的理论和实践问题。由于宗教与现实社会有着极为密切而复杂的联系，宗教问题往往会形成全球性热点或局部地区的焦点，国际竞争和较量亦常以宗教冲突或宗教自由和宗教人权问题之争等形式来表现，所以宗教研究又与应用研究和对策研究有着直接的关系。然而，宗教学的基础研究与应用研究并不矛盾，只要处理得当就能达到融会贯通、学能致用的效果。作为一个学术机构，我们的研究乃立足基础、关注现实，以学科自身应具备的整体性、规律性和系统性来分析、研究宗教问题的来龙去脉与宗教发展的最新动向及影响。而一旦某个问题凸显出来或急需解决，我们则可深入到这一部分进行微观、具体、详细的研究，从而为我们的战略决策等现实应用提供背景知识、信息资源和理论依据，配合有关部门在应用和对策研究上积极有为。

　　自中国社会科学院建院以来，我们以弄清历史、掌握理论、突出重点的基本思路对世界几大宗教开展了系统研究。例如，我们在发展有中国特色、与时俱进的马克思主义宗教观，积极引导宗教与社会主义社会相适

应，支持宗教界努力对宗教教义作出符合社会进步要求的阐释上进行了有益的探讨。自 20 世纪 80 年代以来，我们从历史与现状等层面对基督教在华传教史、中国与梵蒂冈关系、教案问题等开展了系统研究，并于 90 年代取得了初步成果。在伊斯兰教研究上，我们突出了伊斯兰教与国际政治这一重点。在 20 世纪 90 年代，我们又开始对新兴宗教、神秘膜拜团体、邪教等问题进行认真探究。正是这些基础研究的长期积累和阶段性成果，使我们能够及时配合党和政府有关部门，积极参与对宗教问题的应用和对策研究。1998 年，我们举行了与美国宗教领袖代表团访华后的首场对话，从学术对话上为政治对话营造一种寻求沟通的、建设性的气氛。自 1999 年起，我们开始对当代世界出现的各种邪教加以系统研究，提醒有关部门注意海外动向、早作防范准备。2000 年，我们在研讨、出版、咨询等方面积极配合中国宗教界参加在联合国总部举行的"宗教与精神领袖世界和平千年大会"；并依据对中梵关系的历史研究对梵蒂冈"封圣"活动加以谴责和批驳。这些实践活动使我们进一步认识到，必须有充分、系统的基础研究，才可能提高我们应用和对策研究的水平。因此，我们更坚定了踏踏实实从事基础研究并将之与实际有机结合的信心。

12. 第三届全球伦理国际学术
研讨会闭幕式发言

尊敬的来自美国太平洋地区发展与教育协会和世界各地的贵宾和各位
朋友：

我们又一次成功地召开了全球伦理国际研讨会。我们在此欣赏到如此
之多的精彩发言，涉及有关全球共在和人类可持续发展的各种问题和特别
关注。我们也有深入的讨论，以促进相互理解，找到实现全球伦理和其他
一些崇高价值的可行之途。在这次会议上，我们收到了许多有着很高学术
质量的论文，而且特别感受到积极参与的巨大热情。

在我们的研讨会上，一些朋友问我，我们在北京聚会的目的是什么？
我们能够作出什么贡献？我们对未来的希望是什么？这三个"什么"使我
想起了德国哲学家康德的"三大问题"：即从其"纯粹理性"所问"我们
能够知道什么"，从其"实践理性"即"道德理性"所问"我们应该做什
么"，以及从其未来关切的美学之问"我们可以希望什么"。在这种关联
中，我作出了某些回答并对之加以解释。我们知道我们都生活在一个地球
村中，我们分有同样的责任，也有着与这个世界同样的命运。我们的希望
是人类社会的和平共存和理想发展。在当今世界的现实和我们朝向未来的
希望之间，唯一的桥梁是我们大家的适当行动。这意指我们应该怎样行
动，以实现人类最好可能的发展。我们都是建造这一桥梁的工人。在此，
我们肯定为我们的北京聚会获得了一些明确的答案，我们可以从我们草拟
的北京第三届全球伦理国际学术研讨会的总结中清楚看出，即我们刚才听
到的"北京宣言"。当然，对全球伦理的关注不仅反映在我们的理论讨论
中，也体现在我们将这一参与作为实践行动的意愿和热忱中。我们的跨文

化对话和相互理解可以为全球伦理作出具体贡献，如解决冲突、和平教育、社会正义、发现宗教灵性遗产以及人类社会和谐发展等智慧。在我们的共同行动中，我们也可以获得相互帮助和鼓励。

我非常喜欢我们青年大使们所唱的歌，并从中得到更多的启迪和灵感：如果我们生产更多的树叶，我们的大树将迎来长青之春。如果我们有更多的水滴和波浪，我们的海洋将会展示出世界和平、全球伦理的强大力量。如果我们带来更多的花朵，我们的花园将成为人间天堂。我们深知，我们仍有漫长之路要走，我们必须不断努力。但是，我们也确信，这一过程本身已充满意义、非常有用。在我们的系列研讨会中，你们从世界各地走向我们，我们从中国各处走向你们。我们都在同一旅程之中：即争取世界和平、社会和谐，使我们地球村或人类大家庭有一个更好未来的旅程。在这一旅程中我们经历过艰辛，亦有着幸福喜悦。我们有先驱者，也有追随者，我们的接班人会代代相传。为了这一共同事业，我们已在发挥各种必要的作用。例如在我们的会议中，我们从不同的国度、民族、地域以及不同的信仰及宗教而来到一起。我们在这儿是发言者或译者，是教授或学生，是组织者或行政者，是志愿者或报道者。然而，我们以这种多样性而构成了真善美的统一。我们在此创造了相互理解和信任的气氛，达到了共识和共见，促进了合作和发展，确保了我们会议的成功。而这一成功使我们获得了更大的鼓舞，并对未来持乐观之态。

世界宗教研究所向美国太平洋地区发展与教育协会、在座的诸朋友表示衷心的感谢。我们将继续这一旅程，与你们有更密切的合作。我们的旅程不仅会有益于他者，而且也会带来我们自己灵性修养的超越和升华。因此，我们的旅程乃朝向神圣之旅。让我们充满信心，携手并进，走向未来。

谢谢大家！

13. "基督教与当代社会"国际学术研讨会欢迎辞

尊敬的与会代表和各界朋友们：

在中国人民欢度"国庆"和中秋佳节之际，来自海内外的众多专家和基督教界的学者朋友聚集在金秋的北京，参加由中国社会科学院基督教研究中心和德国米索尔友爱团结基金会联合举办的"基督宗教与当代社会"国际学术研讨会。这次会议在新世纪、新千纪的首年举行，它将深化我们对基督宗教的系统研究，加强我们的国际学术合作，促进我们的友谊和友好交往，因而有着独特的现实意义和跨世纪意义。我们的会议能够顺利召开，我们的合作能够取得成功，得力于海内外有关机构和广大朋友的热情支持和全力帮助。在此，我谨代表中国社会科学院世界宗教研究所和基督教研究中心，并以我个人的名义，向远道而来的外国朋友以及来自全国各地包括香港特区的专家学者表示热烈的欢迎和崇高的敬意！并向我们的合作单位德国米索尔友爱团结基金会表示我们的衷心感谢！

这次会议将围绕"当代社会转型与基督宗教"、"当代社会中的基督宗教"和"基督宗教的当代社会关注"这三大主题来展开讨论。基督宗教社会关怀和社会服务是大家非常关注的问题，教会在这一领域有着悠久传统，也积累了较丰富的经验。但在当代中国社会处境中应该如何来体现这种关怀，怎样开展这类服务，却没有多少尝试，更谈不上较为成熟的经验。尤其对中国教会来说，其社会关怀和社会服务尚处于开创阶段，因此颇有研讨和借鉴的必要。我们在此会以学术研讨的方式来触及这一课题，加以摸索和探究。在我们看来，宗教虽有其超越追求和终极关怀，却仍然不能脱离社会。只有社会中的宗教才能体现其鲜活的生命力，才会以人间关怀和社会关怀的方式表达其终极关怀。在此，基督教会应该有其历史及社会经验，有其复杂的人间阅历和深刻的现实体会。我们在研讨会上可以围绕这一主题展开多层面的讨论，并可结合中国实际来具体探讨中国教会的社会服务意义及其可行性。

参加这次研讨会的与会代表共约 50 余人，其中有近 30 位海内外学者将发表论文。其论题涉及到基督宗教信仰及其当代社会关注，基督教会的社会作用和意义，中国、德国、瑞士、拉美、非洲等国教会社会参与及社会服务的比较研究，以及中欧教会与社会的发展合作等方面。大家会对许多关心的问题和关注的热点展开对话和讨论，以此来达到相互了解和理解，争取在全球化国际环境中的求同存异、和平共处。而且，这种研讨也将是我们进行国际学术合作的一次有益探讨，是我们共同走向更好未来的一次友好尝试。为此，我衷心祝愿我们的国际会议和学术合作取得圆满成功！

最后，再次感谢各位朋友的光临，并祝大家健康愉快！

2001 年 10 月 1 日

14. "相遇与对话——明末清初中西文化交流国际学术研讨会"欢迎辞

尊敬的与会代表和各界朋友们：

在金秋送爽的十月，来自海内外的众多专家学者聚集北京，参加由中国社会科学院世界宗教研究所和美国旧金山大学利玛窦中西文化历史研究所联合主办的"相遇与对话——明末清初中西文化交流国际学术研讨会"。在21世纪之初我们举行这一主题的学术研讨会，有着极为独特的学术蕴涵和历史意义。它将是超越时空的回顾与展望，并应成为我们在新的时代氛围中重新相遇、深入对话、沟通且超越东西方的一个学术乃至精神象征。这次会议的顺利召开，得到了海内外有关机构及学术团体的大力支持，亦获得各界朋友们的深切关注和热情关心。在此，我谨代表中国社会科学院世界宗教研究所，并以我个人的名义，向来自世界各地的专家学者和全体与会代表及来宾表示热烈的欢迎！向支持和帮助我们组织召开这一会议的有关机构及人士表示衷心的感谢！并向我们的合作单位美国旧金山大学利玛窦中西文化历史研究所及其奉献的智慧和付出的努力表示崇高的敬意！

在这次国际学术研讨会上，中外专家学者将对明末清初中西文化历史交流的有关问题展开讨论，其议题涉及明末清初中西贸易、外交、传教与文化交流，不同地域的文化交往和沟通，语言文学的比较与对照，宗教与科学的对话，艺术的构思与实践，中西关系之档案文献的搜集发掘，以及历史研究方法的探讨等，其内容包括历史、文学、语言、艺术、科学、宗教、神学、外交关系、经济交往、古籍版本比较等方面。此次研讨会的学术目的，在于推动对中西文化历史交流方面原始材料的开发与研究，借此促进对历史文物及古迹的保护、研究。当然，历史研究的目的不只是为历史而历史，也应该以史为镜、以史为鉴，通过回顾、反思历史上中西文化之间的相遇与对话，而为我们今天的文化相遇和思想对话提供借鉴及启迪意义。这样，我们的历史研究就能成为活生生的、开放性的和具有现实意义的历史研究，就能博古通今，继往开来，走出历史的迷茫，达到现今之澄明。就此而言，我们在历史学意义上所展开的这一研讨又不仅仅是原始史料的发掘，而亦蕴涵着历史哲理的找寻。

明末清初出现的中西文化之相遇与对话，在中外关系史上留下了极为重要的一页。这一页既让人以"好古"之态去追随，亦使人因"疑古"之虑而却步。实际上，中西文化的相遇与对话，正是其文化主体之人的相遇与对话，是其特有甚至信守的精神理念的相遇与对话。这种对话的艰辛和不易常使其筚路蓝缕的有识之士或有志之士"出师未捷身先亡"，留下千古的遗憾和惊叹。总结历史的经验教训，我们今后的相遇与对话则显得倍加珍贵。为此我们在中西文化的沟通和对话上，不仅要找寻其同一性和互补性，也必须清楚认识其个殊性和差异性，既应有求同存异的努力，亦需要和而不同的冷静。让我们以历史学家的执著和姿态，在历史资料的发掘和梳理中，获得解决历史疑难的思路和睿智，从而使我们的历史学有新的收获，并可能促进我们的历史有新的突破。

最后，再次感谢大家的光临，并预祝我们的会议取得圆满成功！

2001 年 10 月 14 日

15. "基督宗教社会学说及社会责任"
国际学术研讨会欢迎辞

尊敬的与会代表和各界朋友们：

在秋高气爽的 10 月，来自海内外的众多专家学者、来自基督宗教界等社会各界的众多朋友聚集在北京，参加由中国社会科学院基督教研究中心和德国米苏尔社会发展基金会联合召开的"基督宗教社会学说及社会责任"国际学术研讨会。这次会议是我们与德国米苏尔社会发展基金会在进入 21 世纪以来合作举办的第二次国际学术研讨会。四年前，我们同样在 10 月，而且在这同一个会场召开了"基督宗教与当代社会"国际学术研讨会。上次会议取得了圆满成功，并在会议后出版了我们的会议论文集。在这一成功合作之尝试的鼓舞下，我们经过认真协商和精心准备，终于又迎来了我们双方这第二次国际合作学术研讨会的开幕。这样，我们不仅能够与许多老朋友再次见面，继续我们的学术合作，并加深我们的友谊，而且还能结识不少新朋友，从而得以建立新的合作关系，共创新的友谊和友好交往。这里，我谨代表中国社会科学院世界宗教研究所和基督教研究中心，并以我个人的名义，向来自远方的外国朋友以及来自全国各地包括香港特区的各位朋友表示热烈的欢迎！并向我们的合作伙伴德国米苏尔社会发展基金会表示我们的真诚谢意！

这次会议是我们 2001 年 10 月会议的继续和深化。如果说，在 2001 年 10 月会议上我们比较注重理论层面的讨论，那么在这一次会议上则会更好地体现理论与实践的有机结合，更多地展示基督宗教社会学说及其社会服务的具体实例和发展趋势。为此，我们将具体讨论"宗教与社会的关系"、"社会、文化与全球化"、"基督宗教社会学说与社会服务"、"基督宗教社会伦理与社会责任"、"社会问题与基督宗教社会工作"、"环境、社会正义与社会服务"以及"基督宗教社会工作在中国的实践和意义"等议题。这次与会代表共约 70 多人,其中有约 40 位代表将会发表论文或介绍情况。不少代表都是来自基督宗教社会服务工作的第一线,有着丰富的实践经验。社会工作和社会服务是宗教深入社会生活、参与社会发展的重要途径,而基督宗教在从事社会救济、开展社会援助和慈善事业方面亦有着悠久的历史传统。因此,我们相信这样的讨论和交流会促进我们的相互了解,扩大我们的共识,有利于当今国际和谐社会的构建和人类世界的和平共处。所以,我衷心祝愿我们这次会议能够贡献更多的睿智和远见,取得更加丰硕的成果!

最后,再次衷心感谢各位朋友的光临,祝大家北京之旅平安、快乐!

2005 年 10 月 15 日

16. "当代世界中的宗教"国际
学术研讨会欢迎辞

尊敬的 Roberto Sani 校长，Agostino Giovagnoli 教授，Claudio Giuliodori 主教，Angelo Lazzarotto 先生，尊敬的意大利朋友，尊敬的各位来宾：

在"金秋十月"，我们在享受"奥运会"成功举办、中国宇航员实现太空行走、中国人民欢庆国庆和中秋等佳节的喜悦之中，又迎来了来自文明古国意大利的朋友，相遇了我们在北京和中国各地的新老朋友。在此，我谨代表"当代世界中的宗教"国际学术研讨会的中方主办单位——中国社会科学院世界宗教研究所，向各位朋友、各方学者的莅临表示热烈欢迎和衷心感谢！

约四百多年前，一位宗教先知、一个文化先驱从遥远的意大利马切拉塔出发，跋山涉水，不远万里，来到东方，来到了中国，开始了中西思想文化交流的伟大历程。这位先知和先驱就是故乡在马切拉塔的利玛窦（Matteo Ricci）神父。他尊重中国社会，热爱并努力学习中国文化，并在中国人认可、赞同的情况下积极传播西方思想文化，他谦虚谨慎、学贯中西，受到中国人尤其是中国知识分子的喜欢和敬佩，从而结下了中西文化交流的善果，留下了一段佳话，并让中国人记住了利玛窦这个响亮的名字，留下了对其故乡马切拉塔的美好印象。今天，沿着利玛窦的足迹，一批来自其故乡、来自其国度的学者、哲人、宗教精英再次来到中国，来到北京这个利玛窦曾经生活和工作过的熟悉都城，展开学术交流，推动宗教对话和理解。对此，我们的确感慨万千，有着无限的思绪和遐想。在感谢、感动之际，我们亦增添了对未来的希望、憧憬。

在中西文化交流的漫长岁月中，在天主教来华传播的复杂历程中，像利玛窦那样认同中国文化、关心中国人的精神生活，尊重中国社会传统并主动向中国思想文化和社会习俗认可、让步的人好似凤毛麟角；而且，利玛窦在中国的开创性义举在西方天主教传统中并没有得到较高的评价，在以往对他的种种批评声中也使他没能享受其应有的重要历史地位。这种状况与中国人对利玛窦的好感形成了意味深长、令人思考的明显反差。它从一个侧面亦折射出中西当代关系以及天主教与中国交往的现状。可以说，利玛窦开启的事业并没有真正完成，中西宗教文化的交往仍然任重道远。今天我们仍需要像利玛窦那样的有识之士，而且越多越好。因此，在迎接远道而来的意大利朋友时，我们既感受到来自利玛窦家乡的问候和亲切，亦增加了"前有古人、后有来者"的欣喜。

我们的学术研讨会以"当代世界中的宗教"为主题，以展开世界不同宗教的当代对话为内容。这是非常重要且极为及时的话题，既有理论意义，更有现实需求。在当前世界社会政治舞台上，"对话"虽已成为人们用得最多的关键词之一，而现实实践中却主要为"共在的独白"，不少人愿意自我宣称、表白，却缺少倾听、吸纳的精神，结果在实际上悬置了"沟通"。因此，"对话"有必要"常新"，"对话"应该深化，应该相互倾听、打动和感动，形成富有意义、积极进取的双向互动。我们的会议主办方不仅有利玛窦家乡的意大利马切拉塔大学，有与我所保持长期合作关系的意大利米兰天主教大学，亦有意大利的"天下一家"协会，而"天下一家"、"世界大同"、"四海之内皆兄弟"也是来自中国远古的理想，源于遥远先民的梦寻。我们深知人类"同心同德"不易，它是各种文明交汇、不同文化交流之大合唱中真正理想的"主旋律"，是人类历史发展哲学的"永恒主题"。所以，在这一意义上应该说"梦可寻，不可醒"。我们必须要有古希腊神话中西西弗斯推石上山的超常毅力和心理准备，但并不希望会有其一样的悲壮结局。在当今错综复杂的世界局势中，我们不知道"路"会通向何方，但"路"就在脚下，我们必须行走，必须努力向前。正如我们今天重温四百多年前的旧梦、继续利玛窦留下的友情和友谊一样，我们也相信历史会带来惊喜与"奇迹"！当中国民间乐曲"茉莉花"的旋律在梵蒂冈宫中荡漾时，我们甚至会感觉到这种"奇迹"或许离我们很近，"未来"也可能是我们会争取到、把握住的。

　　"十月"是收获的季节，是总结的时机，也是展望、规划未来的最佳时刻。我们今天的对话，在很大程度上代表着时代的对话、世界的对话。因此，衷心希望我们的对话卓有成效，祝我们的研讨会取得圆满成功！

　　谢谢大家！

2008 年 10 月

17. "基督宗教在当代中国的
社会作用及其影响"学术
研讨会欢迎辞

尊敬的与会代表、各位学者，尊敬的香港贵宾、各界朋友：

在中央人民政府驻港联络办公室协调部的大力倡导和支持下，我们今天欢聚在北京的温都水城召开第四届"基督宗教在当代中国的社会作用及其影响"学术研讨会。在此，我谨代表会议具体承办、主持方中国社会科学院世界宗教研究所，向来自内地和香港基督宗教界的各位领袖、专家和各界的学者、朋友以及有关部门的领导，表示热烈的欢迎和衷心的感谢！

我们所处的时代是一个"对话"的时代，对话与交流是我们相互了解、彼此沟通的重要桥梁。近年来，在不少有识之士的积极呼吁和关心下，内地学者与香港学者有着密切的交往与联系，尤其是在基督宗教的研究上，这种对话、沟通取得了重大进展，有了意义深远的成果。多元对话，以求共识与"和合"，这是现代社会发展的主要趋势，也是世界和平的重要保障。在基督宗教的发展历史上，从近代到现代，有着从宽容对方到平等对话的变化和升华。这种心态和姿态的积极转变，代表着人类智慧的积累，也说明了基督宗教在与"他者"交往和共处上的不断成熟和完善。在此，"对话"可以消除误解和隔阂，使"不解"变成"理解"，使有着距离的"他者"成为你、我一起的"朋友"。我们虽然已处在知识爆炸的信息时代，仍然可能被繁多甚至虚假的信息所迷惑及误导，因此也更加需要这种"面对面"、"我和你"的真实、直接、坦诚和建设性的"对话"。

谈到基督宗教在当代中国社会的作用及其影响，我们可以发现许多具有积极意义的重要的思想和信仰资源。不过，由于历史原因，中国社会的主流对此关注不多，亦鲜有明确的肯定。既然彼此之间保持着距离，自然也就形成了隔断相互理解的鸿沟。在"全球化"的时代，在已经成为"地球村"的世界，我们有必要跨过这道鸿沟，消除理解上的人为距离和不必要反差。我们的研讨会正是反映出这种努力的一次尝试。这次学术研讨会将重点讨论"基督宗教与当代和谐社会构建"、"基督宗教与当代中国社会公益事业"以及"基督宗教与跨宗教、跨文化对话"等议题。我们的思想及学术奉献可以为今天和谐社会的促成提供睿智和鼓励，也能为基督宗教在这种社会建设、文化建设中的积极参与建言献策。虽然，一次时间有限的研讨会很难解决关涉上述领域的诸多问题，但我们的共聚乃为根本解决这些问题营造了氛围，提供了机会，积累了经验，增强了信心。我们可以从这样的相遇获得对谈的机会，从对谈中增进彼此的了解，而这种了解和理解则能建立起我们彼此之间的信心和信任。只要有这种信心，就一定有成功的希望。

最后，预祝我们这次研讨会取得圆满成功！谢谢大家！

18. "2006 民族宗教问题
高层论坛"评价

由中国统战理论研究会民族宗教理论甘肃研究基地组织召开的"2006民族宗教问题高层论坛"是一个学术水平高、研究内容好的研讨会。我个人认为，这次论坛体现出如下几大特点：

第一，突出马克思主义对研究民族宗教问题的指导意义，体现出这一研究的"主旋律"。论坛系统探究了马克思主义的民族宗教理论，并对这一理论的"中国化"和最新发展展开了研究，如对马克思恩格斯《德意志意识形态》中民族理论的深入剖析，以及对江泽民关于宗教问题之思想的系统阐述等。

第二，注重研究方法，吸收民族宗教研究中的最新理论，善于运用相关学科中的方法体系，从而展示了其方法论上的特点。在这次论坛中，除了以往人们已重视的宗教学、民族学、哲学、文化学、政治学、经济学等理论方法之外，还有许多社会学、人类学以及比较研究的专论，使人们在研究民族宗教问题上认识到其多学科、跨学科的发展。

第三，问题意识明显，善于抓住民族宗教研究上的一些关键、重点问题，从而使论坛的议题具有前沿性和前瞻性。例如，如何处理好积极引导宗教与社会主义社会相适应的问题，如何发展我国21世纪的民族理论，如何在民族宗教研究上有所创新、有所突破等，都被纳入这次论坛的视域之中。

第四，关注个案研究，体现出民族宗教研究的地域特色和时代特色。这次论坛在注意整体关联、平衡、协调的同时，突出了西北地区民族宗教问题的独特点，尤其在伊斯兰教、藏传佛教问题研究上有许多的个案分析和深入研究，使人们意识到西北地区民族宗教研究的重点和特点。

第五，强调比较研究，形成整体洞观。这次论坛特别注意宗教与民族问题的比较、汉族与少数民族的比较、发达地区与西部地区的比较、理论与实践的比较、过去与现在的比较等，这样使人能更多注意从时空处境及其变化来看待民族宗教问题，较为灵活、主动地调整处理、解决相关问题的策略和方法。

总之，这次论坛是一次非常成功的学术研讨会，为研究基地今后的研究工作打下了很好的基础。对于我们研究基地的学术活动，我抱着积极参与、虚心学习的态度，自己从这些学术研讨中也的确学到了不少知识，了解了更多实际情况。我个人对研究基地今后工作的设想和建议是，作为全国性的民族宗教理论研究基地，其研究应加强全球视域和世界眼光，从当前国际整体形势来看待我国民族宗教问题的共性和特性；此外，希望基地的研究应更多突出其政策关注、现实关注和学术关注，通过这一平台而真正起到聚集群贤的桥梁和纽带作用。

19. "与宗教相和谐之途"国际
学术研讨会开幕词

尊敬的梅砚先生，尊敬的与会代表、各界朋友：

在春天来临的北京，我们中国社会科学院世界宗教研究所与德国阿登纳基金会联合组织了"与宗教相和谐之途"国际学术研讨会，这是我们与阿登纳基金会在北京的第二次合作，表达了我们对宗教与社会关系的共同兴趣和学术探究。作为主办方之一和中方机构，我在此谨代表中国社会科学院世界宗教研究所向大家表示热烈的欢迎，尤其是向从德国远道而来的客人们表示诚挚的敬意，亦向我们的合作伙伴阿登纳基金会表示衷心的感谢！

2005年我们双方合作的研讨会以"宗教与现代化"为主题，讨论了世界各大宗教与现代化的关系。"现代化"的人类社会对宗教有着复杂的关联和回应，当人们对"现代化"是否会必然带来社会的"世俗化"这一问题出现分歧和争论时，与宗教有着典型关联的两个关键词即现代社会的"祛魅"或"复魅"引起了人们的广泛兴趣和热烈讨论，无论是社会对宗教的"疏离"还是"亲近"，都说明人类社会过去、现在和将来都不会脱离对宗教的关注。既然宗教反映了人类的永恒追求和终极关怀，体现着世人的返璞归真和灵性升华，那么就应该以一种超然境界来从宗教内外消除或避免其纷争、冲突，找寻宗教与社会融洽、和谐之路。这即是我们这次研讨会以"与宗教相和谐之途"为主题的底蕴所在。

"和谐"是中国思想所体现的精髓，也是人类精神所追求的理想。"和"表达了多元共存的要求，虽彼此"不同"却能"共在"，从而反映出人际关系中的包容、宽容和共融。"和"能在人类社会的政治、经济、文化、法律、思想等层面充分展示，却也往往被遮蔽。因此，"和平"、"和睦"，"和谐"、"和合"往往被作为社会标准、政治原则和文化理念而提出，但在现实社会中并不一定始终能保持其稳定存在。因此，为达成"和谐"仍需要我们去努力追求、争取。其中"与宗教相和谐"则是一项主要及重要内容。只有真正达到与宗教的"和谐"，才能实现"在地上有平安"的祈求、祝福。

我们的研讨会将会从多个层面来探求与宗教相和谐的"途径"，包括在政治、法律、社团、观念、信仰等方面的考量。由于这一问题在真实处境上的复杂性，其探索之"途"或许是前途不明、未来难测的"窄路"，但其获得的成功也显然会将人类发展引上一条康庄大"道"。中国哲学有着"道可道，非常道"的玄奥，而基督教文明则也指出有"道成肉身"的奇迹。因此，我们对此"道"的"言述"既是理论的，也是实践的，而且有着宗教比较、文化交流的精神意义。

在政治层面上，与宗教和谐之探寻曾展示了"政教合一"、"政教协约"、"政教分离"、"政教主从"等模式。在不同国度、不同文化中，这种政教关系及其能否"和谐"给我们留下了种种经验教训，值得我们总结和反思。宗教和政治属于不同的领域，二者却有着密切的关联。因此，探讨宗教和谐，不可能回避对政教关系的审视。在许多社会中，处理好宗教与政治的关系，甚至可能是与宗教真正和谐的关键。这样，宗教与政治、政党、政权、政府的关系，都值得我们去认真研究。

在法律层面上，宗教信仰自由是获得法律保障的重要部分。宗教与政治、宗教与社会等关系往往会用法律的形式来确定下来。所以，宗教和谐与法治建设也有着积极的呼应和双向互动。宗教立法、国家关于宗教的法律等涵括公共法、国际法、国内法、民法、刑法、宗教法（包括伊斯兰教法、教会法等）的丰富内容。与会代表中有不少是法律专家，能够为我们提供走向与宗教相和谐之途的法律构思和睿智。中国在改革开放的当代特别强调"依法治国"，而依法管理宗教也是其中的重要内容。在公平、公正、民主、法治的社会氛围中，与宗教的和谐则更容易达到，亦更有保障。

在社会层面上，宗教的和谐还在于社会对宗教的正确认识、理解，以及宗教对社会的积极参与、贡献。由于人的"政治性"有其不同立场和定位，因此使宗教的"政治参与"过于复杂、曲折，人们对这种宗教的"政治参与"也会褒贬不一、态度不同。而在宗教的"社会参与"上，则促使人们思考宗教的社会"功能"、"作用"、"影响"问题。达成宗教与社会的和谐，就是要防范、避免宗教可能引起社会矛盾、冲突等"负功能"，而积极引导、促成宗教维护社会稳定、民众和睦的"正功能"。这里，宗教的社会工作和慈善福利等服务社会、关爱社会的奉献，就显得格外重要。应该说，宗教在某种意义上"淡出"政治卷入及其冲突，回归社会关爱及服务，可能是实现宗教与社会相和谐的理想之途。对此，当今中国也有积极引导宗教适应社会、服务社会的理论与实践，值得我们来交流和研讨。

在文化层面上，宗教的精神意义和灵性境界是我们领悟宗教和谐的核心所在。精神的沟通、心灵的交流最为困难，而其成功也就最有价值。对此，我们应思考宗教自身从其信仰本真和传统积淀中能为"和谐"理论与实践提供哪些资源、信息或启迪、反思。同理，我们也必须弄清人类社会和谐中的宗教因素和灵性支撑或保障。"和谐"不是权宜之计，而是"可持续发展"，是"永恒"的呼唤与诉求。前两年，中国组织世界佛教论坛时曾提出"和谐世界，从心开始"的理念。的确，有了"心灵"的和谐，才能确保"社会"的和谐；有了"精神"的平静，才能实现"世界"的平安；有了各种"宗教信仰"的和平共处，才能达成"人类各族"的和平共处，真正有"世界大同"、"天下一家"的壮丽景观。

我们的研讨会会面临许多问题意识的挑战，会找到与宗教理想和谐的许多创意和智慧，也会开拓我们的思想，加深我们的了解，促进我们的友谊。在明媚春光中谈论宗教和谐，是一种享受，也是一种责任。所以，特此预祝我们的会议取得成功。谢谢大家！

20. "马克思主义宗教观研究
论坛"欢迎辞

尊敬的各位领导、各位专家学者：

由中国社会科学院世界宗教研究所组织的"马克思主义宗教观研究论坛"今天在北京召开，我们非常荣幸地邀请到在这一研究领域著述甚丰、见解新颖、勇于开创、卓有成就的各位朋友，感到特别的高兴。与会者不仅有中国社会科学院内世界宗教研究所、科研局、马克思主义研究院、网络中心、中国社会科学院研究生院、中国社会科学院院报等单位的领导和学者，而且还有来自中央党校、中央统战部、国家宗教局、中央社会主义学院、人民出版社、北京大学、中国人民大学、首都师范大学、浙江工商大学、河南省社会科学院、西北民族大学、宁夏中阿学校、四川大学等单位的领导和专家学者以及博士研究生等，在与会者中有些朋友与我们已合作、交往多年，有些朋友虽然见面不多或是第一次见面，我们却已在你们的著作中流连忘返、获益匪浅。此外，中央编译局为我们的会议赠送了相关图书资料，《光明日报》、《中国民族报》、《中国宗教》杂志社等媒体派代表来出席会议。对于大家在端午佳节光临我们的论坛和对这一研讨的热情支持，请允许我代表主办方表示衷心的感谢和热烈的欢迎！

在今天中国社会科学院的建设发展中，我们有三大任务：一是建成马克思主义的坚强阵地；二是建成中国哲学社会科学研究的最高殿堂；三是做好党中央、国务院的智囊团、思想库。非常清楚，第一项任务就是要使我们成为坚持马克思主义的理论家、学者，这是完成好后两项任务的前提与保障。对于中国社会科学院世界宗教研究所来说，自觉坚持马克思主义的思想指导，认真研究马克思主义的宗教观，并以马克思主义的立场、观点、理论和方法来统领我们的宗教研究工作，当然是我们的重要任务，而且是我们的首要任务。1963 年 12 月 30 日，毛泽东同志作出了关于宗教研究问题的重要批示，强调了马克思主义在宗教研究中的指导地位。根据毛泽东同志的指示，世界宗教研究所于 1964 年正式成立。研究所创始人任继愈先生于 1963 年出版了《汉唐佛教思想论集》。这部著作被毛泽东同志称赞为当时用马克思主义指导来进行宗教研究的"凤毛麟角"。在这部著作的"后记"中，任先生引用了马克思的三段论述："宗教的苦难既是现实苦难的表现，又是对这种现实苦难的抗议。""废除作为人民幻想的幸福的宗教，也就是要求现实人民的现实的幸福。""彼岸世界的真理消逝以后，历史的任务就是确立此岸世界的真理。"任先生强调，马克思的这些指示，"是我们研究宗教史的原则"。我们这一代学者在步入宗教研究这一领域时，亦把马克思的这些论述称为用马克思主义指导宗教研究的"三把钥匙"。

自世界宗教研究所建成以来，马克思主义思想指导和马克思主义宗教观研究就在我们的研究工作中一直坚持下来。此后四十多年中，我们研究所系统出版了马克思主义经典作家关于宗教的著述，组织了许多学术讨论，并发表、出版了一批又一批研究马克思主义宗教观的著作和论文。尤其是中国改革开放三十年来，马克思主义宗教观的研究在我们所取得了突出的成就。与此同时，全国党政系统、高等院校、研究机构的马克思主义宗教观研究也成就卓著、蔚为大观。在座的不少专家学者，都推出了这一研究领域的重要著作，引起了社会的普遍关注。今年是建国六十周年大庆，也是我们世界宗教研究所成立四十五周年和中国宗教学会成立三十周年的纪念之年，我们应该系统总结这六十年来，尤其是改革开放三十多年来中国马克思主义宗教观的研究成就，并发掘潜力，精诚合作，使这一研究获得新的进展，取得新的成就。

在世界宗教研究所成立四十周年时，中国社会科学院院长陈奎元同志在其为本所所庆的题词中鼓励我们"以科学理论指导宗教学研究，促进宗教同社会主义社会相适应"。回顾四十多年的历程，中国当代的马克思主义宗教观研究取得的突破性进展，的确也与中国社会改革开放、解放思想、勇于创新、与时俱进的发展密切相关。对于马克思主义宗教观的理解与运用，不能采取教条主义、本本主义、机械唯物主义及形而上学的态度，而必须采取发展的、辩证的、创新的态度，在深入学习和实践科学发展观的精神意义上，对马克思主义宗教观的精髓和科学方法加以真正的理解和正确的运用。应该说，这种研究视野、态度和方法，随着关于宗教究竟是"鸦片"还是"文化"之讨论的深化，随着由以往单纯"批判宗教"到今天"积极引导宗教与社会主义社会相适应"的转换，已经有了很大的发展、飞跃和升华。

在今天"全球化"的国际形势和中国经济社会发展初见成效的国内形势下，我们必须以科学、创新、符合时代要求、结合中国国情的思考来继承、发展马克思主义的宗教观，用以指导我们研究今天的国际宗教问题和中国宗教问题。这些年来，我们研究所先后完成了多项马克思主义宗教观的研究课题，出版了相关专著和论文，根据新版《马克思恩格斯全集》和《列宁全集》编辑的《马克思恩格斯列宁论宗教》即将出版。目前我们研究所承担了由中央宣传部指导，由中央编译局、中央党校和中国社会科学院联合进行的"马克思主义基本观点研究"中的"经典作家关于宗教的基本观点"研究课题，由中央宣传部支持、中央统战部负责的"马克思主义宗教观研究"课题，由教育部负责的马克思主义研究"教材"系列的"宗教学"教材课题，以及由我院组织的重点课题"马克思主义宗教观的发展研究"和相关的科学无神论研究等，我所还有多位研究人员担任马克思主义宗教观研究多项课题的首席专家。从国家社科基金课题来看，全国已有多项"马克思主义宗教观研究"课题包括重点课题结项出版，各研究机构、高等院校也推出了一批这一研究领域的力作。尤其是最近这些年来，中央党校、中央统战部、国家宗教局、中央社会主义学院等中直机构及其研究中心或教研室多有创新，硕果累累，令人敬佩。

当然，必须承认，在理解马克思主义宗教观上，在研究方法和进路上，在对相关问题的思考和评价上，我们中国学术界、理论界仍存有一些分歧和不同看法，这是正常现象，也是学术繁荣的积极态势。因此，我们正可以借这次"马克思主义宗教观研究论坛"的机会来展开交流、对话和讨论。对于如何理解和阐释马克思主义宗教观的基本理论、如何促成马克思主义宗教观的"中国化"、如何创立"中国版"和"当代版"的马克思主义宗教观理论体系。如何以"与时俱进"、"科学发展"的马克思主义宗教观来指导当代中国的宗教工作和理论实践，大家都可以畅所欲言，献计献策，在这个"开放性"论坛上"百家争鸣"、"百花齐放"。我们这次研讨涉及的论题将包括"马克思主义宗教观的形成与发展"、"马克思主义宗教观的研究现状"、"马克思主义宗教观的方法论"、"马克思主义宗教观与中国处境"、"马克思主义宗教观的文本文献研究"以及"马克思主义宗教观在国外的研究与发展"等。由此形成广远的视域和多层面、全方位的深入研讨。总之，我们应把这次"论坛"定位为和谐、积极的学术讨论，并对未来的深入研究持开放、持续之态。因此，衷心希望大家积极参与，并祝我们的研究论坛取得成功。感谢大家的光临和贡献！

21."和谐发展，天下有道"
会议发言

尊敬的各位高道大德、各位领导、各位学者、各界朋友：

　　首先，请允许我代表中国社会科学院世界宗教研究所、中国宗教学会，向以"和谐发展，天下有道"为核心主题的"2009 骊山问道"大型文化活动的成功举行表示热烈祝贺！

　　"道法自然"，世界和谐！在我们积极构建和谐社会、促进世界和谐的今天，我们同时面临的一项重大任务，即努力"建设中华民族共有精神家园"，并为人类发展带来和风、迎来和平。正是为了这一崇高目的，我们从各地来到西安研讨，共聚骊山"问道"。"问道"旨在"闻道"，既有回溯、发掘，亦有传承、发扬，此即本次文化活动组织者所言，"以谦和之心"来"弘扬和谐之道"。

　　在唤醒中华文化自我意识、确立中华文化自知、恢复中华文化自觉的当代，中国宗教文化传统的弘扬有着重要而积极的意义。在历史上，儒佛道"三教合一"曾为中国宗教文化乃至整个中国传统文化的核心价值观。我们要重建中华民族的精神家园，则不能忽视儒佛道三教精神资源。然而，若具体分析，我们就不得不面对下述事实：其一是"儒教"的"宗教"性质已很模糊，"儒教"是不是"教"的争论已旷日持久却仍无结论和共识；其核心观念"礼"多被理解为"社会秩序"层面，而"仁"亦常从"人际伦理"方面来界说，此外，"儒教"中具有一定宗教之维的"天"之观念也在自然与超然之间被模糊化、边缘化；在经过多次历史冲撞，尤其是近现代的打击之后，儒教在"三教"之中为元气伤得最重的一"教"，其宗教形态在中国大陆已基本上不再存在或至少已非常边缘化，最多是以一种模糊或不被承认之态藏匿在民俗之中，其思想观念能否恢复以往在中国文化中"核心价值观"的地位已很难说，而今天"儒教"的复兴亦任重道远、步履维艰，目前已遍布世界的"孔子学院"基本上是中国语言教育，与孔子学说几乎没有关系，更谈不上"儒教"。其二是"佛教"在今天中国宗教的复兴中虽独占鳌头却缺失其中国传统文化的本根和本真，佛教在中国的兴盛是中国文化"海纳百川、有容乃大"的结果，也得力于佛教本身通过积极适应中国社会文化而达到其凤凰涅槃般的新生，成为中国传统文化的重要组成部分之一。然而，"佛"之文化象征符号虽已融入中国宗教文化，却毕竟不是中国文化之"本"而乃与印度文明密切关联；在欣喜佛教在中国"本色化"的巨大成就时，尽管我们看到了中华文明与世界文明有机共在、相互交融的发展，却似乎不能以"佛"作为最纯正、最原初的中国文化象征。"佛"是跨文化、跨地域、跨民族、跨国度的宗教象征，表明了"众缘和合"，但其本根在印度文明之中而不是中国文化的独特且典型的表征。这样，在今天中国文化，尤其是中国宗教文化意义的重新发现中，"道教"及其"道"这一核心观念的价值意义遂得以凸显。"道"在中华文明中源远流长，而且高度集中、抽象地反映了中国文化、宗教的精神。因此，我个人认为，今天的"问道"就理应将"道"作为中国宗教和传统精神体系的核心价值，视"道"为中国宗教文化最典型的象征符号和最合适的精神代表。由此而论，在今天中国五大宗教中，作为唯一在中国土生土长并从中国走向世界的"道教"，就理应有其独特的意义和特殊的地位。

在宗教意义上，"道"代表着"超越"、"超然"的精神境界，是最具有宗教性的表述，因此许多中国思想家包括中国基督教思想家都认为，对西文"religion"即今天中文所言之"宗教"，其最好的中文对应词应该是一个"道"字。如谢扶雅就曾说，足与 religion 相当之名，在中国辞书中唯有"道"字，"道兼涵体用两面，Religion 亦具宗旨及方法两面；道可以完全表示个人与宇宙本体之嘘唏关系，同时亦不遗落个人对于社会之活动及适应"。"道"的"超越"与"内在"一体，形成开"地天"通的整体，这在"天下有道"、"替天行道"、"道法自然"、"道通为一"等表述中清楚可见。"道者，虚无之系；造化之根，神明之本，天地之元。"由此而揭示出了"道可道，非常道"的奥秘。在生存意义上，"道生一，一生二，二生三，三生万物"，"生，道之别体也"。"道"体现了"生"之精神，人之"生"就应该"观天之道，执天之行"，领悟并实践"天道"，而且这在中国人的生命中、包括儒道传统中乃"一以贯之"。"道"在这种"生命"、"生存"和"生活"中使天、地、人有机结合，融为一体："立天之道，曰阴曰阳：立地之道，曰柔与刚；立人之道，曰仁与义。"在社会意义上，"道"与"德"相得益彰、天衣无缝，形成社会共在所需要的"人格完善"之教育、修养。正如《道德经》所言："修之于身，其德乃真；修之于家，其德乃余；修之于乡，其德乃长；修之于国，其德乃丰；修之于天下，其德乃普。"在文化意义上，"道"即指以黄帝老子为代表的道家思想理论体系；这里，黄帝乃中华民族的人文始祖，老子乃中国精神的思想先驱；"黄老思想"不仅是道家思想的最高范畴，而且也反映出中华文明的源远流长，展示了炎黄子孙的一脉相承。所以说，"道"能够最权威、最形象地说明中国文化的"本真"和"根柢"。《道德经》之所以是一部能被翻译成仅少于《圣经》的多种语言的宗教经典，就是这个道理！中国传统信仰多以"道"来表达其信仰追求和精神境界，而且许多民间信仰甚至就用"道"或"大道"来给其宗教命名。这些传统中国民间信仰和宗教在"道"之意境上找到了共识，获得其共鸣。因此，中国宗教的真正底蕴和奥秘应在"大道教"中去找寻、体悟；"道"乃中国传统宗教的原创性体现，亦是最为"本土"的中国宗教表征。"道"给我们带来思想、智慧的启迪，迄今仍在不断给我们精神"帮助"和知识营养，"道"让我们学无止境，得以深入领悟宇宙人生。因此，观当今天下理想之势，也应该是"大道行、有和谐"！

22. "信仰之间的重要相遇"国际研讨会开幕式致辞

尊敬的多纳休院长，尊敬的伯克利联合神学研究院的贵宾以及海内外的朋友：

在北京的"金秋"，我们聚集在温特莱酒店召开"信仰之间的重要相遇：亚洲与西方的宗教文化交流"这一富有意义的国际会议。这次会议乃由中国社会科学院世界宗教研究所与美国伯克利联合神学研究院共同主办。我非常荣幸能有机会代表会议的主办者在这个开幕式上发言，并代表中国社会科学院世界宗教研究所向大家表示我们的热烈欢迎和问候，也向大家的关心、帮助和积极参与致以衷心的感谢！

以"信仰之间的重要相遇"作为我们会议的表述，使我想起了一位英国基督教学者所撰写的著作，书名为《未结束的相遇：中国和基督教》（1988）。确实，我们的相遇迄今仍然是一种"未结束的相遇"，它充满历史意义并带有对当代的鼓励。我们在这里又遇见了来自伯克利和旧金山的许多老朋友。例如，我就认识你们中的许多人，一方面是通过你们对我们北京研究所的访问，另一方面则是通过我对伯克利联合神学研究院校园的访问以及在旧金山的会议等。近年来，我们两个机构有着学者交流和学术合作。在 1994 年，魏克利教授和我曾友好合作、共同准备了"基督教与现代化"国际学术会议。那次会议对促进中国基督教学术研究有过重大影响。去年 10 月，我们亦与旧金山大学合作在北京召开了"相遇与对话"国际学术研讨会。今年 5 月，我们与联合神学研究院下属的自然科学与神学研究中心合作，成功地组织了中国首次"科学与宗教"国际论坛。我非常高兴在北京再次遇见罗伯特·罗素教授和来自自然科学与神学研究中心的其他朋友。在这些接触与合作的基础上，我们现在达到了这次重要的相遇，即世界宗教研究所与联合神学研究院的对话及合作。我们相信，借这次机会，也会认识许多新朋友。这意味着，从此刻到未来，我们的对话和友谊又将会有新的进展。我们在这里欢迎来自海外、香港地区和中国内地各地的许多新老朋友，真实感受到"有朋自远方来"的无比愉悦。

在世界宗教研究所和联合神学研究院之间，我们研究世界各种宗教肯定会有一些共同的兴趣和许多相似之处。我们可以找到在各自的研究中交流思想和经验的可能与机遇，并在学术合作中互相成为好伙伴。中国社会科学院世界宗教研究所乃是在中国对宗教进行学术研究的全国性机构，它成立于 1964 年，仅比联合神学研究院的成立晚两年，而在中国则是宗教研究上历史最久、学者群体最大的学术机构。这一研究所对世界各大宗教的教义、经典、历史和现状展开了多维度的研究，目前有八个研究室，从事佛教、基督教、伊斯兰教、道教和中国民间宗教、儒教、犹太教、巴哈伊教、当代宗教或新兴宗教、宗教文化艺术以及宗教基本理论等领域的研究。它在中国社会科学院研究生院也设有一个宗教学系，培养博士及硕士学位的研究生。通过这些研究，世界宗教研究所希望能够增强对人类思想和文化传统的全面理解，对中国社会的精神文明建设有更大范围的服务，并促进全世界人民的友谊。世界宗教研究所亦是中国宗教学会的办公之地，该学会旨在推进中国学者在宗教学术研究上的发展与合作。从这一意义上，联合神学研究院与世界宗教研究所可以为学术交流及合作奠定共有基础。

宗教与文化的关系以及将宗教理解为人类文化的一个重要部分，在当代中国已成为社会关注和学术研究的重要焦点。对当今中国人而言，宗教与文化应是一个重要问题，它吸引着社会上的关心，亦已引起激烈的讨论。在当代中国社会与文化转型时期，对宗教的理解及态度显然已发生了巨大变化。将宗教与文化相关联，或者说将宗教作为文化来思考，在这方面即是一个重要进步。中国正在实行改革和对外开放，以努力实现其现代化。在这一事业中，中国希望能调动一切物质和精神资源，当然也包括宗教因素。为此我们也寻求全世界人民的理解和支持。近年来，我们在关涉宗教在中国乃至整个人类文明进程中的社会功能及意义等问题上与美国人民有着很好的对话和相互理解。例如，我们接待了许多来自美国宗教领域的来访者，包括美国新教、天主教和犹太教的一些著名宗教领袖。我们之间有过很好的讨论，相互交换了涉及宗教理解、宗教自由和中国宗教未来等领域的思想及观点。在学术探讨中，我们也已经与美国学者建立了一些个人或机构之间的联系。随着我们在此联合召开这一会议，我相信我们在促进对宗教的理解以及中美两国人民的友谊上都能往前再迈出一大步。

在我们这次的相遇与对话中，我们将基于可靠的研究和科学的分析来反思并评价亚洲与西方的宗教文化交流。我们将有主题发言和许多有意义的专题发言及讨论，这些专题包括"丝绸之路沿线的宗教与文化交流"，"宗教、科学以及文化相遇"，"文献、翻译以及文化传播"，"文献、翻译与诠释"，"亚洲宗教与文化传播"，"宗教及其相互理解之探"，"宗教、艺术与文化交流"，"儒家思想（儒教）及中西之间的文化交流"，"宗教传统与当代社会"等。大约有 40 位学者将在这次会议上发表论文或进行评论。我们对此将会有很好的会谈与讨论。当然，学者中肯定会有不同的见解。我们的会议应该是以坦率、友好的态度来进行开放式讨论。我们将努力争取在这些信仰之间的重要相遇上达到一些共识。但我们也深知要达到这种共识确有困难。因此，我深为多纳休教授代表美国与会者所表达的"倾听与学习"这一态度所感动。肯定，这也是所有中国与会者在此的态度。只有靠倾听"他者"，我们才可能认识、理解并学习"他者"。在中国儒家思想传统中，乃有着许多关于为了"他者"的利益而"自我克制"（克己）甚至"自我牺牲"的表述。而在中国精神修养中，也有着"毫不利己、专门利人"的精神要求。这种理想境界会鼓励我们对"他者"的考虑。实际上，"自我"与"他者"的一种合理关系乃与相互理解及和平共处的必要性紧密关联，这也是在当前全球处境中对世界和平及世界进步的贡献。在我们的学术讨论中，我也想借用中国的两种说法来回应我们的对话及寻求相互理解的努力：一种是"求同存异"，另一种则是"和而不同"。即使我们不能够取得真正的"同"或"共识"，我们仍能保持"和"（和谐）的气氛。"和"乃中国智慧的秘密及珍宝，或许亦是宗教存在之精神。以这种和谐，我们将继续促进我们的相遇、对话、交流以及相互理解和友谊。

　　最后，我祝愿我们的会议取得完满成功，祝大家在北京愉快！谢谢大家！

2002 年 10 月 21 日

23. "儒学、儒教与宗教学"
学术研讨会发言

　　由国际儒学联合会、上海师范大学和中国社会科学院世界宗教研究所联合举办的"儒学、儒教与宗教学"学术研讨会今天在北京顺利召开，有着独特的意义。北京是儒学研究的重镇，有着悠久的学术历史传统。北京也是关于儒教是否宗教之争论的发源地。从明末来华的西方天主教传教士利玛窦否认儒教是教，经1902年梁启超明确否认儒教是教，到20世纪70年代末延至今天关于儒教、儒学的讨论，其主要学术交流和交锋基本上都发生在北京。这些学术讨论推动了中国学术史的发展。因此，我代表主办单位之一中国社会科学院世界宗教研究所热烈欢迎各位专家学者聚集在北京"锦上添花"，为当代中国学术繁荣作出新的贡献。

　　既然论及宗教，即进入宗教学的视域。在此，我们所讨论的儒学、儒教，与宗教学有着密切关联。可以说，这一研讨也属于宗教学的研究范围和重要组成部分。现代宗教学在中国亦起源于北京，因此，我们在这里讨论宗教学的问题，同样有着特殊的意义。

　　谈到儒学、儒教和宗教学的研究，我们自然会想到世界宗教研究所创始人、名誉所长任继愈先生所做的开创性工作及其重要贡献。1963年，任继愈先生出版《汉—唐中国佛教思想论集》，被毛泽东主席誉为当时国内用马克思主义指导宗教研究的"凤毛麟角"。任先生在书中提出了我们研究宗教史应该遵循的马克思主义"三原则"，后来被我们从事宗教学研究的后学们视为打开宗教学领域的"三把钥匙"。1964年，在毛主席和党中央的直接关怀下，任先生筹建成立了世界宗教研究所，从此使中国内地有了建制性的宗教研究机构及其学者群体。这亦标志着以马克思主义为指导的当代中国宗教学的奠立。1978 年，世界宗教研究所在新成立的中国社会科学院研究生院设立世界宗教研究系，由任先生牵头与研究所的一批著名学者一道招收了中国大陆首批宗教学硕士研究生。从此，中国当代宗教学在教育领域、人才培养上也得以顺利发展。

随着"文化大革命"的结束，中国学术界开始对整个中国传统文化重新加以反思。于此，任继愈先生对中国传统宗教进行了系统探讨和深入分析，在这一基础上提出了"儒教是教"的论断，认为儒教就是中国古代的国教。1978 年底，任先生在中国无神论学会成立大会上首次公开论及"儒教是教"。这一论断被他在 1979 年中国哲学史全国会议上进一步阐述，他于同年访日期间还作了题为"儒家与儒教"的学术报告。此后，任先生在《中国社会科学》1980 年第 1 期上发表《论儒教的形成》重要论文，从而在全国范围引起了关于"儒教"是否为"教"、如何理解"宗教"以及相关宗教学研究的广泛深入的讨论。毫无疑问，这些讨论推动了中国儒学、儒教与宗教学研究的发展，形成其学术繁荣的态势。可以说，上述学术进展乃为我们今天的学术研讨会打下了学术基础，提供了学术背景。

随着孔子学院在世界各地的开办，势必带动中国传统文化的再探讨，儒学及儒教的研究会更令世人瞩目，国际儒学亦会有更广远的发展前景。而儒教之"宗教"意义的探索，当前也在国际学术界不断得以拓展，并且成为国际宗教学的重要构成和关注焦点之一。我们这次研讨会既是对以往学术历史的回顾，也是对未来学术发展的展望。我们将以这次研讨会表达我们对这一领域的现代开创者任继愈先生的崇高敬意，同时也将会在儒学、儒教和宗教学的研究中有新的拓展和收获。最后，祝我们这次学术研讨会取得圆满成功！祝与会专家、学者、所有朋友们健康、愉快！谢谢大家！

24. "人间佛教的当代态势与未来 走向"学术研讨会致辞

尊敬的省政协张主席，尊敬的星云大师，尊敬的高院长，尊敬的叶局长，尊敬的季书记，尊敬的王市长，尊敬的王局长，尊敬的明学会长，尊敬的各位学者，各位法师，各位嘉宾：

在"第二届世界佛教论坛"召开前夕，在烟花三月的美丽扬州，由中国社会科学院世界宗教研究所与台湾佛光大学主办、鉴真学院协办、佛光山文教基金会资助的"人间佛教的当今态势与未来走向"海峡两岸学术研讨会今天隆重开幕。在此，我代表中国社会科学院世界宗教研究所，向到会的各位领导、各位专家学者、各位法师、各位朋友表示热烈欢迎和衷心感谢！

宗教与社会相适应、达和谐，形成积极的双向互动，这是当今社会的重要呼声和发展主流，这种认知也正成为人们的共识。因此，在这样的时代氛围中，佛教与当代社会的关系以及佛教对构建和谐世界的贡献，也就吸引了越来越多的人的关注和探究。中国社会科学院世界宗教研究所与台湾佛光大学决定共同主办"人间佛教的当今态势与未来走向"海峡两岸学术研讨会，正是看到了这一积极的发展态势，表明了对之加以关注、展开研究的意向，从而体现出我们对现实宗教研究"与时俱进"的科学态度。这一研讨会正是旨在对佛教在当代社会处境中的现实存在与能动发展加以深入观察、客观分析和认真研究。在策划、筹备与实施本次会议的整个过程中，中国社会科学院的有关领导非常关心并亲自参与，直接指导工作，给我们极大的鼓舞，增强了我们的信心。国家宗教局的许多领导对我们的合作研讨也充分肯定、积极支持，而且还提出了一系列指导性的意见。江苏省宗教局和扬州市政府及其相关部门，尤其是市民宗局等机构为了会议的顺利召开而全力投入，积极出主意、想办法、解难题，提供了多方面的帮助和便利，让我们深感地方领导和各方朋友的热情、好客。佛教界的各位高僧大德在准备参加"第二届世界佛教论坛"之前仍积极来扬州与会，表示了对我们这次合作的高度重视。特别是星云大师，尽管法务繁忙，依然直接关心这一合作，并且从一开始就不断过问会议的筹备和进展情况，并亲自在会上发表讲演，惠及僧俗。来自各地、各个单位的学者也都是在佛学领域造诣很深、颇有心得的专家，大家认真准备论文，抽出时间莅临扬州，在会上发表相关的学术高见和研究成果，会给我们带来特别的收获。所以说，本次会议能够成功举行，是得到了在座各位代表、各界朋友的热烈响应、积极支持。因此，我想借此机会再次代表会议主办方对所有与会代表和参与筹备本次会议的所有单位和个人表示诚挚的谢意！

我们这次学术研讨会的主题，是探讨"人间佛教"理论与实践的发展历程、当今态势、未来走向和社会功能，既有重要的学术价值，又有重要的现实意义。发端于 20 世纪初的"人间佛教"运动，是中国佛教从古代社会向现代社会转型的产物，是佛教适应社会发展而进行的理论探索和实践探索，而且是一场有僧俗信众广泛参与的佛教改革运动，因此具有现代佛教发端的里程碑意义。特别是到 20 世纪 80 年代以后，"人间佛教"在两岸三地发展已成为超越派系界限、超越地区划分的一种共识，代表了当代中国佛教发展的主导潮流之一。为此，无论是佛教界、学术界还是宗教管理部门，凡涉及中国佛教的现状和未来发展，就无法回避"人间佛教"这个主题，就必须关注佛教与现代人生、社会的密切关联；探索新世纪的中国佛教建设，也不能离开人间佛教这样的发展主流、思想主旋律。人间佛教运动不仅依然保持着旺盛的活力，而且使中国现代佛教与现实社会有了超越以往的紧密接触，为在市场经济处境中的人间社会作出了非常有益的重大贡献。在复杂多元、变幻莫测的现代大千世界，人们依然可以在"人间"体会到佛教的贴近，容易在"人生"结下"佛缘"。

在人间佛教理论和实践的双重探索方面，近现代中国社会转型时期推出了许多贡献卓著的人物，如在人间佛教运动的早期，太虚和印顺两位大师的理论就很有代表性，其探究对中国佛教走入现实社会、关注民生问题、实践人间关怀等革新有着筚路蓝缕之功，并且为新世纪中国佛教现代化建设提供了重要的启示意义，代表着中国佛教发展的现代方向。中国佛教协会前会长赵朴初先生在概括人间佛教的思想时曾特别指出："我们提倡人间佛教的思想，就要奉行五戒、十善以净化自己，广修四摄、六度以利益人群，就会自觉地以实现人间净土为己任，为社会主义现代化建设这一庄严国土、利乐有情的崇高事业贡献自己的光和热。"赵朴初先生"在社会主义社会的殊胜因缘下"，"对人间佛教思想进行了理论创造和实践探索，走出了一条与社会主义社会相适应的道路，取得了重大成就"。为此，我们非常佩服、感谢赵朴初先生在佛教现代发展上的智慧、贡献。同样，在这一革新的当代发展中，星云大师对"人间佛教"的理论和实践也进行了创造性探索，取得了众所周知的成果。他发表有众多的论文和著作，在各地进行过非常精彩、感人的讲演，仅2008年3月出版的《人间佛教论文集》上下卷就有1800多页。他指出："所谓人间佛教，也就是菩萨道的大乘佛教。"星云大师将自己六十多年来所推动的佛教即称为"佛法与生活融合不二的人间佛教"。他强调在诠释佛教时应突出其大众性、通俗性，即应具有现代生活气息的新解释；佛教必须关注"人间万象"、应该过问"人生福祸"，由此体现佛教的"人本精神"。为此，星云大师身体力行，把他的全部精力、全部工作都与推动人间佛教的发展密切结合起来，使"人间佛教"光彩在人间。

在本次学术研讨会上，将有40多篇高质量的专题论文会发表，学者们会全方位、多视角地探讨人间佛教的思想渊源、历史演变、当代趋势和未来发展，以及由此带来的社会影响、推动的社会变革。这些论文自然将会给我们带来启迪、深思、收益和期盼，推动我们对人间佛教的理解和解读，也促使我们更全面、更正确地认识宗教在现代社会中的作用和意义。为此，预祝本次学术会议取得圆满成功！祝各位身体健康！吉祥如意！

25. "现代社会与宗教"
学术研讨会致辞

尊敬的川田洋一所长，尊敬的各位来宾、各界朋友：

在金秋十月的北京，中日学术界的新老朋友在中国社会科学院相聚，共同研讨"现代社会与宗教"这一论题，探究宗教在现代社会中的存在与发展及其社会作用和文化功能。这次研讨以中日佛教与现代社会的关系为重点，从佛教对中日社会的适应和贡献来看宗教在现代社会中的地位及作用，因而既有学术价值，更有现实意义。研讨会由中国社会科学院世界宗教研究所和日本东洋哲学研究所共同主办，这是我们在多次成功合作后的再次携手并进，旨在推动中日学术交流、增进中日人民友谊。在此，我谨代表中方主办单位中国社会科学院世界宗教研究所向远道而来的日本朋友表示敬意，向所有与会学者表示衷心感谢和热烈欢迎！

宗教与现代社会的关系，宗教在现代社会中的生存、发展、意义及作用，这些问题在"冷战"后的国际社会中受到特别的关注和询问。人们有着种种分析与解答，在其认识和评价上观点多元，分歧颇大，似无统一见解，亦难达到共识。应该说，这种对宗教的关注体现在政治、经济、文化、民族等多个层面，现代社会以一种问题意识来考量宗教，而不同宗教，甚至同一宗教的不同教派则以开放或封闭、进步或保守、接近或疏远、融入或排拒、适应或抗争的不同态度来与现代社会接触、交往、磨合、调适。因此，从整体来看，社会与宗教的关系并没有达到理想意义上的和谐、共融；相反，彼此之间仍存有戒心，相互猜忌、防范、误解、排斥，其结果，社会与宗教的冲突、宗教之间的冲突遂成为人们谈论的焦点、关注的热点，甚至乃为现代社会中不少人理解宗教的一种模式、定论。当人们讨论"文明的冲突"时，更多的话题则为宗教的冲突或因宗教缘由所引起的社会冲突。这与宗教信仰者所追求的宗教对现实苦难的超脱、对世俗社会的超越形成强烈的反差。于是，就涉及到现实社会对宗教的理解、宗教对真实社会的体认以及二者之间如何吻合的问题。其实，当我们注意宗教对社会政治难以避免的卷入及由此引发的矛盾、冲突时，同样应该看到宗教对人类文化的积极参与和重要贡献，尤其不能使在社会发展中有着不可替代之影响的宗教对话成为我们认知上的盲点。宗教中的"成佛"、"成道"，正是对现实社会困境的"觉悟"和由此所寻求的"超越"，其"超凡脱俗"既是从社会苦难中解脱，更是对有限人生的"救度"。这样，我们就必须看到宗教卷入社会的另一面，即非常积极地参与人生的重建、促进人心的新生，以达成人类社会的和谐、平安与进步。

以"东方智慧"为特征的佛教是我们这次研讨会关注现代社会与宗教问题的切入点。源自印度文化的佛教虽然不是中日两国最核心的文化代表，却为宗教贡献于社会的文化重建及和谐发展树立了典范，而且今天仍是宗教促进文化交流、交汇和交融的一道亮丽的风景线。佛教在促进"一衣带水"的中日文化交流及发展中起着重要作用，当代中国组织的两次世界佛教论坛亦以"和谐世界，从心开始"、"和谐世界，众缘和合"的鲜明主题而揭示了宗教传播也可以促成社会的和谐、和睦及和平。因此，我们今天的研讨会，虽然仍需清醒地认识到宗教与社会之间的可能冲突，却更应该去发掘、弘扬宗教的积极意义，展示宗教对现代社会发展的宝贵价值和促进作用。与会学者将从宏观、微观两个方面来对之加以审视和研习，既有整体把握，亦有局部深入，以此来探寻宗教与现代社会的最佳关系及其得以实现的可能途径。我们希望宗教能为现代社会的良性发展和美好未来提供精神资源和现实保障。朝着这一方向而努力则会使我们真正体会到宗教的睿智，争取到社会的幸福。

为此，预祝我们的研讨会取得完满成功！祝各位朋友身体健康，万事如意！

2009 年 10 月 13 日

26. 在宗教博学班开学典礼上的发言

非常高兴今天能够有机会跟各位朋友在这里相聚，这对我们来说是一种缘分。从学术的角度来看，大家在此是作为学员而聚在一起的。其实我们每个人在人生的道路上都是学员，因为学无止境，人应该活到老、学到老。这种学习实际上是对我们人生的一个体悟，同样也是对我们精神境界达到升华的一种追求。从这个意义上来讲，我们宗教博学研讨班恰好就符合这些立意，关涉相关主题。我知道，在座的各位有的是宗教界的高僧大德，在宗教教育、学问、修行等方面都有很深的研究和造诣，有的则是在各行各业，尤其是在改革开放以来的经济建设等重要领域中事业有成的成功人士。那么，大家在自己的事业、工作、研习、修持之际，仍能抽出时间来集中思考一些跟宗教相关的东西，学习各大宗教的相关知识，我觉得对我们专门研究宗教学的学者们来说都是值得珍惜的机会。我们因此可以相互交朋友，一起体悟人生真谛。在此，我想对我们宗教博学研讨班的意义和内容，可以从这样几个层面来探讨，即理解在研习宗教上的博、学、深、广，从而拓展我们的知识面和观察问题的视野。

首先，我们从"博"的角度来看。我们研究学问的人常说"为学有如金字塔，要能博大要能高"，学问就像一个金字塔，形成其博大高深的结构。没有博大就没有精深，社会、人文知识就是这样的一种关系。从这个意义上来讲，虽然我们每一位朋友在自己的领域内可能都是出类拔萃的，但是由于当今世界的学问之广博已经超越了我们所能驾驭的范围，所以我们总会有自己知识上的不足或缺失。我们已经处在一个全球化的时代，这就要求我们必须有一个全球的视野，不仅仅只是关注自己眼下的这一点一块，而是要有一个高屋建瓴的审视，即对世界发展和人类精神文化财富有一个宏观把握和整体认知。当然，我们对其所关涉的每一点不可能都做得非常精。我们在自己专门涉及的某一点上应该争取精、深，而在其他方面则只要有一种宏观的把握。从这个意义上讲，我们的博学就是一种宏观把握，在此我们不必进入细节，只需要有一个整体的审视，而这个宏观、整体的审视，则可能有利于我们对自己关注的这一点、这一块上的研究和掌握。我觉得这就体现了我们的博学。各位朋友来此之前已经在不同的研讨班、对某一个具体的宗教或某一个具体的问题进行了深厚的研究。因此，我们今天举办这样的博学班就是要扩大各位朋友的视野，而这种视野的扩大回过头来对我们精、深的研究是有好处的。所以，我们的高级研讨班首先就应该突出一个"博"字。

其次，我们在这里要讲究一个"学"字。这个"学"是有目的性地学，也就是我们在"博"的基础上要有问题意识。大家在平常的生活、修行以及各自的事业等等领域中，肯定会对现实社会、对人类的发展，对这种社会的建构，包括对自己内心的世界形成不少的想法，有些想法自己很快就得到了解答，有些想法自己尝试作出了一些答案，但是并不满意；有些想法自己觉得颇有心得，愿意跟他人分享；有些想法则仍然是百思不得其解，想让老师来指点、让大家共同来解疑答惑。所以说，这个"学"是一个群体之学，是彼此之间进行交流、沟通，并不只是一般意义上的"杂学"或"泛论"。从这个意义上来讲，我们这个"学"是在"博"的基础上要有问题意识，这种问题意识会使我们的"学"有针对性，有相应的"专指"。这就是说，虽然我们会有面上的审视，但与此同时我们每一个学员、每一个朋友仍要有自己的问题意识，对关涉自我的问题则要下工夫，要进行深入地探讨，况且这种探讨不是个人自己孤立的思索，而是会在这样的一个群体中间来彼此交流，使大家能碰撞出一些思想的火花来，并且相互激励、相互提高。也可以这样说，通过"学"，我们要在"学"的方法、境界、成果方面达到一种升华。从这个意义上来讲，"博"与"学"二者是有机的结合，却又分成不同层面。"学"对我们是一种机缘，对我们相互认知、相互沟通、共同提高也是一种机会。以前我们中有些人可能不曾谋面，有些人可能有个别接触，但是这次我们可以从相识而达到一种深层次的了解、接触。平常在社会上，我们讲"君子之交淡如水"，彼此相敬如宾就可以了。但是，在人生探讨之"学"上，我们在这个问题上就要往前跨越一步，这种跨越当然是双刃剑：一方面它使我们彼此更加认识，另一方面它也加大了我们产生分歧的可能性。我们在学的过程中可能会获得一些共识，同时也会发现彼此的差异，其间的差距或许会是很大的。面对面接触既会带来一种"亲近"，也会造成一种"紧张"。可以说，"学"是个我的提高，但也是彼此间的沟通。我们的研讨班在这两个方面都要有提高。

第三个层面，我觉得我们还要追求一个"深"字，在我们以往学习的基础上更进一步的深化。在这次研讨班上，我们研究所在儒释道的讲课上都请了最好的学者，他们在国内乃至国际上都是有很高知名度的学者。例如，在儒学讲课上我们请了余敦康先生，他在北大国学班上是一个非常受欢迎的老师，余先生的口才、学识、幽默、敏锐都是大家非常敬佩的。我们中间有些学员可能跟余先生有过交往，领略过余先生讲课的风采。余先生的家乡在湖北，对楚文化有着深刻的体认，这种南方文化跟北方的文化有着显然的不同，因为楚文化的传统更为讲究浪漫、自由、空灵、超越，而余先生的专攻是体现北方文化特色的儒家，其特点是强调正统、秩序、整体、稳健；这样，余先生自有其南北文化的比较，在审视儒家文化时会参照、对比楚文化及其特点，这种深厚的文化底蕴会使他讲起儒家来风格独特、与众不同。

在讲佛学上我们请了杜继文先生，杜先生是我们研究所第二任所长，长期从事的是佛教哲学、禅宗思想等研究，造诣颇深。杜先生是山东人，而山东是孔子的故乡，有着非常深厚的儒家传统。从这个意义上来讲，杜先生研究佛学天然就有着与儒家的对比分析，能让我们找到一种互为对照、相映成趣的感觉。杜先生看问题敏锐犀利，其谈吐有时会让人感到直率和尖锐；由此我们可以体悟到他对一些问题的认识和原则态度。杜先生研究佛学数十年，形成其对佛学的独特理解，而且已有深远的影响，有很多国外的学者，包括德国的学者，专门来北京请教杜先生，探讨关于佛学、佛教哲学和禅宗以及研究方法上的一些知识。所以，我们能有机会在研讨班听杜先生集中时间专讲佛学，既会在这种学术鉴赏中获得一些新的心得，也会深化我们对佛教和佛学的研究、领悟。

在道教知识方面则是请牟钟鉴先生来讲，牟先生对传统中国文化知识可以说是掌握得非常娴熟，在其运用方面也是得心应手，妙趣横生。在中国传统思想文化中有一些具有核心价值的观念或知识范畴，而曾经被人们有所忽略的就是"道"这样的范畴。我个人认为，对于道的研究，无论是从儒释道的宗教层面还是哲学层面都值得发掘；因为在进行宗教比较研究的过程中，无论是中国人还是外国人，都发现"道"这个字有无限玄机，有独特蕴涵，有深刻哲理，所以是道不尽、说不完、讲不透，对"道"的琢磨或许能为我们理解中国宗教的基本内涵、文化符号和典型象征提供启迪，因此我们应该专心听听牟先生对之是怎么样来揣摩、怎么样来把握以及怎么样来诠释的。这给我们也会带来一种新的感受和体会。牟先生这些年来致力于对传统中国文化的发掘，对其核心思想观念的梳理，而且他是带着一种深厚的感情、高度的责任心来探讨中国传统文化的。所以，他对中国传统文化的这种体悟和理解，应该说这些年已经越来越引起社会的关注和重视。我们请这三位学者来讲儒、佛、道，势必会在我们"宗教博学"的意义上达到一个"深"字。我觉得这是直接向这三位著名学者请教的非常好的机会，我们应该多跟他们沟通，多向他们求教，当然也可以跟他们商榷一些相关的学术问题。有大师的指点，我觉得我们可以使我们的宗教知识、学问达到深化、深入。

另外，通过这个"宗教博学"研讨班，我觉得我们在人际交往、学术沟通上还要争取一个"广"字。我们通过这次学习要广交朋友，广结善缘，我们要争取获得广博的学识，建立起广泛的联系。我们学习的过程使大家得以聚在一起，虽然时间不长，却是一次难得的机会，我们可以通过这个机会在学术上和人脉上广为拓展，尤其是认识到学问的博大精深，体会到学无止境、善无止境。所以，我们在今后的学习层面、在从事各自事业的发展方面，都要有一种宽广、开阔的精神境界和心态。当然，我们的研讨班不可能一次性地彻底理解、体现"博、学、深、广"这几个字的蕴涵和它的意义延伸，但是我们至少可以通过这样的研讨班来在这些方面进行一些有意义、有价值的探讨。我们以前可能在各种专门的研讨班中学习了很多专门知识，但以这样综合性地结合不同知识层面的研讨班来进行学习，可能是一种新的尝试。从这个"广"的意思来讲，除了我刚才谈到的讲授儒、佛、道的这三位老师都是著名的学者之外，我们的日常安排还有其他方面的中国传统文化、宗教研究学的方法、全球化的国际视野等内容，请了不少在相关领域业有专攻、匠心独到、才思敏捷、谈吐不凡的专家学者来讲课，这都是为了体现我们研讨班这种"广"、"博"理念的一个预设。我们有了这种理念和追求，即使研讨班的时间不长，也将是我们的一种贵宝的经历。其实，人生也好，学问也好，它都是由不同的经历所构建的，通过这种经历则可丰富我们的社会阅历，同时也会通过我们自己达到升华的精神世界来普慧人生。"宗教博学"对人的精神境界、具体来讲，对人世上的相关宗教追求会提供一种更为深刻的把握，可能也会使人达成一些更为独到的理解。

所以，衷心希望我们这个研讨班办得成功，也祝福各位朋友有所收获。让我们大家能够在今后的人生道路上、学术道路上不断地相遇，不断地沟通，不断地提高。谢谢大家！

27. "多元视域下的儒教形态与儒教重建学术研讨会"致辞

　　儒教是不是"宗教"？作为"宗教"的儒教曾以何种形态来存在？是作为"国家信仰"的"国教"，还是作为"民间信仰"的社区宗教来呈现其生存形态？儒教在当代中国社会中还能否重建以及如何来重建？"儒教"、"儒家"、"儒学"之间究竟是什么样的关系？这些问题是中国当今学术界所关注的重要焦点。它们涉及到对中国文化特性的认识，触及到中国文化本真有无"宗教性"的敏感话题，关涉到今天"国学"讨论中对"国学"的真正理解，同样也与今天中国文化的重建与弘扬，以及应该如何来实施密切关联。随着"孔子学院"以上百所的规模在世界各地得以迅速建立，随着"孔子"形象的重塑，"儒"与中国文化重新成为人们回避不了的问题。聚焦这些问题，中国社会科学院世界宗教研究所儒教研究中心与山东大学犹太教与跨宗教研究中心、首都师范大学儒教文化研究中心共同在孔子的故乡山东组织召开了"多元视域下的儒教形态与儒教重建学术研讨会"，其现实意义和学术价值乃不言而喻。

　　对于儒教或儒学，我本无"专攻"，因而也就不具备任何"话语权"。但作为中国的宗教学者，我常琢磨美国宗教学芝加哥学派代表人物伊利亚德关于宗教乃"人类学常数"的名言，感到中国不应该是没有涵括在这一"常数"之内的另类，认为中国文化传统也应该与宗教相关联，而"新文化"运动时期梁启超等人关于中国"无宗教"的断言则过于武断和绝对，并不符合中国历史文化的现实和常情。如果坚持中国确有代表自己文化传统的宗教，那么这类宗教则非"儒"、"道"莫属。对"儒"、"道"二教"宗教性"的认知，实际上也关涉到中国人的文化自知、自觉和自信问题，是对中国文化自我意识的反观、反省及反思。

从儒教的"宗教性"理解出发，"儒"的原初意义乃与"水"相关，可以追溯到远古时代中国人的"求雨"、"沐浴"活动。章太炎先生认为"儒者""本求雨之师"，而且早在孔子之前，"儒有澡身而浴德"之蕴涵就揭示出了其宗教的本真意义。老子在论"水"时有过"上善若水"的经典名言，这也使我联想到"亚伯拉罕传统"宗教之初的犹太人所信奉的绝对一神"耶畏"（耶和华）在其游牧民先祖的信仰中亦是"雨神"！从生命之源、洁净所依的"水"而引申出其宗教性和道德性，"儒"遂形成其"以道教民"、"以道德民"的宗教及伦理意义。由此而论，"亚伯拉罕传统"宗教（犹太教、基督教、伊斯兰教）和儒教都是突出其伦理性的宗教，"神威"与"德化"达到了并重。

承认儒教是宗教的学者在对其宗教形态的认识上仍存有分歧。以往多从汉武帝受董仲舒影响而"罢黜百家，独尊儒术"来看待儒教，视其具有"国教"形态，而且形成了具有中国特色的"政教合一"体制。一些学者特别强调儒教作为国教而与中国封建统治者的密切关联，并认为儒教还建立了以孔庙（文庙）、儒士为代表的教团组织，从而构成其组织完备的宗教。针对这种对儒教组织形态的强调，另有一些学者则坚持不存在作为"宗教组织"的儒教，而认为中国历史上曾有过一种宗教组织形态淡化、但"宗法性强烈"的"宗法性传统宗教"。对这种宗教与中国古代封建政治的关联之描述，则可以看出其所言实乃反映出所谓儒教之"实"。

值得指出的是，这次研讨会组织者之一卢国龙等学者则独辟蹊径，不再从"帝王家神道设教"来看待儒教，而将目光转向民间、基层，从基层社区及其草根文化来寻觅儒教在中国社会中的基础性、根本性和本原性，指出儒教乃"礼失求诸野"的产物，并且与中国基层社会有着密切、牢固的关联。这种见解的确使我们眼前一亮，得以关注作为宗教基础、生命力之源的基层社会，观察儒教在中国宗法社会的广泛传播和深远影响，由此悟出儒教对于中国传统社会及其文化的新意。

随着时代的变迁，儒教无论从官方还是从民间都已经颇难"重建"。但这种努力和尝试并没被彻底放弃。例如，民间儒教的"变体"或突出儒释道三教合一的民间信仰，有可能以一种"大道教"的整合或共在形式出现在中国当代社会，逐渐形成"儒教"宗教层面再生或复兴的社会文化氛围，以及具有官方背景的祭奠孔子、黄帝、炎帝的隆重庆典等。因此，从政治及文化关联上，我们仍可从中国核心价值的重树、中国社会文化的重建上来考虑儒教重建的问题，分析其有无可能、应克服哪些障碍，以及需要走什么样的发展道路。可以说，我们的研讨会既会有回顾、总结，也会有观察、反思，当然还会有前瞻、预测。这是一个开放性的论坛，希望各位学者畅所欲言、集思广益，使我们在这一研究领域上有突破、有创新、有惊喜！

预祝我们的研讨会取得圆满成功，有着丰硕成果！

2009 年 10 月 11 日

28. "佛教热点问题高层论坛"致辞

尊敬的各位老师、学界前辈、专家学者、高僧大德和各界朋友：

关注、跟踪宗教热点问题是宗教现实研究中的一个重要内容，也是学术研究理论联系实际的具体举措。在观察、探究宗教与我国经济社会发展的关联及其相应的积极互动和良性发展时，我们发现有许多热点问题和值得深思、研讨的方面，这在当今中国佛教发展上尤其突出，引起了各方的关注。因此，在社会各界的特别关心和积极参与下，就有了我们今天的"佛教热点问题高层论坛"。各位著名学者和社会知名人士莅临论坛，在寒冬腊月前来参加这一关于佛教热点问题，尤其是少林寺经营权与名称权问题的学术研讨，我在此表示深深的感谢，并对大家的光临表示热烈欢迎！

宗教与经济发展的关系，是我国改革开放以来所面对的一个新问题，政界、教界、学界、商界等都有许多思考和探讨，在社会实践层面也有各种各样的尝试、摸索，尤其是著名宗教景观拉动地方经济发展的情况，引起了各界的特别注意。对于这些著名宗教圣地及其景观在当地经济社会发展中的显著作用，我们应该客观分析、正确评价，没有必要挫伤宗教界参加社会建设、经济发展的积极性，影响地方经济的良性发展和可持续性。不过，宗教与经济毕竟本质有别，属于不同的领域。因此，宗教对经济的参与和卷入应体现自身的独特价值，把握一定的尺度，不可完全等同于市场经济。同理，地方经济与宗教的关联也是相对的，不可能也不应该漫无边际地"开发利用"，在此就必须考虑到宗教的本质、特点和传承，因为宗教毕竟与"世俗"社会及其事务有别，宗教从其精神关怀、人本关怀和社会关怀的角度应该"进入世界"，有其"人间"、"人生"形象，但宗教仍有其"信仰"、"精神"和"神圣"的领域，有着其信仰的规范和宗教的传统，因此虽能"入世"却不可"流俗"，必须慎重对待"宗教搭台，经济唱戏"的说法和做法，不应成为市场经济力量所任意支配的道具、被迫在商品经济中沉浮，更不能以任何形式直接或间接被"商业化"、"货币化"和"市场化"。宗教不可以无条件地投入或被拖下"商海"，尤其是宗教作为非物质文化遗产的传承体系和传承空间，其宗教和文化的传承性、丰富性和完整性本身就已经具有宗教史、文化史的重要价值；若发挥好这一价值，相关的地方文化经济自然就会长久受益；而随意改变甚至破坏、肢解宗教文化传承的完整性，则无异于杀鸡取卵，适得其反。

对此，人们最近较为关注并谈论较多的，就是河南的少林寺。少林寺是我国著名的佛教寺院，禅宗的祖庭，历史悠久、影响广远，曾经为中国佛教的发展作出过卓越贡献。改革开放以后，少林寺僧众在当地政府领导下，使其寺庙及其周边地区发生了巨大变化，特别是少林寺方丈永信法师主持寺庙以来，以其独特的组织及管理能力和方式来重建少林、宣传少林，使少林寺在国内外影响越来越大，现在的少林寺已经成为中国佛教文化在海外发展的一个重要符号，很多外国人一提起中国佛教文化传统就会马上想到"少林"二字。

少林寺取得的巨大成就，不仅是我国改革开放三十年的成果，也是中国佛教界走爱国爱教道路的具体表现，更是我国实行全面贯彻宗教信仰自由政策的典型之一。虽然少林寺在近年发展的道路上取得不少成绩，却也受到过一些争议，人们对其现代发展方式有着不同的看法和评价，这当然属于正常现象。但是这些争议和分歧并没有影响少林寺的发展，有时候这些争议或许反而加大了对少林寺的宣传，使其获有更高知名度。

不过，最近媒体上频频出现的少林寺经营权与名称权争论却"一石激起千层浪"，引起了前所未有的讨论和分歧。其事缘自网上报导少林寺门票以及嵩山少林景区经营权等，连同其他景区被当地有关部门打包入股，作价数千万元，与香港某一商业集团联合成立相应的以"嵩山少林文化"为名称的旅游公司，拟于2011年上市等消息和议论。现在各界人士正在热议，每天都有大量消息与评论刊出，成为近期媒体最大热点之一。

将寺院门票经营权作为资产上市，恐怕是当前中国宗教发展中会出现的一件"新事"，有些上市公司或许就想到了所谓"宗教资产"或历史传统上曾属宗教领域的资产是否可以"上市"的问题。有人亦认为跟包括宗教寺庙等场所的整个景区合作与触及宗教领域或宗教资产是两回事，如上述构想及合作跟少林寺就没有牵连、与少林寺本来无关，而媒体的说法则为"误导"。因此，无论上述情况是不是子虚乌有，这种现象本身及其引发的问题都非常值得我们作学术层面的剖析和探讨。显然，宗教与经济已不可能完全分开，宗教也可以为经济发展作出自己的努力，像我国各地佛教寺院对发展地方旅游经济所作的贡献就是有目共睹的。同样，经济的发展也可以促进佛教自身的发展，佛教的自养自传离不开经济，当前我国佛教界各项事业蒸蒸日上，处在黄金发展时期，这也是被大家所感受到的。

党中央提出要积极引导宗教与社会主义社会相适应，为发挥宗教在经济社会发展中的积极作用作出了很好的决策。宗教也确实在我国经济发展、社会工作中起到了其应有的作用。例如，少林寺作为佛教寺院，在促进当地旅游方面作出了成绩，而且受到了政府的表彰，这曾引起人们的普遍关注和各种评论。其成功显然也在一定程度上使某些部门或个人产生"宗教搭台，经济唱戏"的联想，并企图以此来推动地方经济发展。但是，宗教毕竟不是从事经济活动的部门，它的核心功能是重在精神解脱方面，是帮助人解决精神追求及其思想问题。所以，如何正确处理当代宗教与经济的关系问题，特别是我国传统寺院目前应如何去调整地方经济发展与寺院自身发展之关系，已经成为当代宗教学研究的重要课题。而这个课题，在少林寺身上已经表现出来了，少林寺门票经营权与名称权的管理与使用，就涉及宗教功能及其地位与主体性的问题，其处理是否妥当也会有正面或负面的深远影响。无论从理论还是实践意义上来看，这个问题都非常重要，值得我们深入思考和专门讨论。

今天来参加研讨的都是各方面的学术权威和专家、内行。我看了一下名单，里面有宗教学界的老学者，也有著名的文物专家和研究历史文化遗产的权威。这么多高等级、高水平的权威专家聚集一堂，本身就说明少林寺在中国佛教及传统文化中的地位太重要了，所以才有这么多人冒着严寒，专程前来讨论、关心少林寺的发展。这也让我们十分感动。我们今天的论坛讨论是完全务虚的学术研讨，主要是想听听各位专家学者在这方面的高见，给我们开开眼界，用你们的智慧来提升学术研究水平，前瞻未来发展，服务当代社会！

再过几天新的一年就要来到了，借此机会，预祝各位专家学者、各界朋友新年快乐，万事如意！

谢谢大家！

29. 中国社会科学院世界宗教研究所宗教学名词审定委员会成立大会发言

尊敬的武寅副院长，尊敬的各位领导、各位来宾，尊敬的专家学者：

今天我们在中国社会科学院召开"宗教学名词审定委员会成立大会"，标志着宗教学学科规范化、宗教学术语科学化和达其一致性的一项重要工程的启动。语言是交流的工具，术语是人类文化最基本表达方式的高度浓缩和科学表达，是人类交流，尤其是相关领域专门交流相互理解所必需的基本元素，是构建人类理解桥梁的重要材料。因此，一门学科的奠立、发展和成熟，离不开对其基本术语的审定、规范和应用，这是一门基础工程，也是学科发展的奠基工作和必要准备。其学科术语体系反映了这一学科的存在状况和研究水准，其奠立和审定亦是对这一学科的促进和推动。从这一意义上讲，宗教学名词审定对这一学科在中国的发展有着重要的学科发展意义和现实意义。

宗教学在世界范围内都是一门新兴学科。1873 年，西方学者马克斯·缪勒发表《宗教学导论》，首先使用"宗教学"（Science of religion）一词，标志着宗教学的正式诞生。但在这短短一百多年中，宗教学的发展并不是很顺利，特别是在宗教学术语的界定上，迄今仍未达到较大范围的共识。例如，"宗教学"这一术语本身就没有达其通用之效，学界对之争议颇多。西方学术界一般常用的仍是"宗教研究"（religious studies），最早关涉"宗教学"基本术语的有两种表述，一为"比较宗教"（或译"比较宗教学"，comparative religions），另为"宗教史"（或译"宗教史学"，history of religions），迄今国际宗教学研究机构的名称仍是用"宗教史"而没采用

"宗教学",即"国际宗教史协会",由此可见宗教学名词确定的难度和这一过程的漫长。

自改革开放以来,中国宗教研究获得了飞速发展,已经成为哲学社会科学、人文学科领域中发展最快的学科之一。不过,对于相关术语的使用,在当代中国也存有分歧,如宗教学、宗教研究的并列使用以及二者之间的区分与界定,都仍处于商议、探究之中,因此,宗教学名词的审定,对于我国宗教学的学科界定,学术术语的解释都有重要意义,并会以此为契机而推动中国宗教学的健康发展,为中国宗教学在中国学术领域成为一级学科提供有利条件,形成积极舆论。

前面刘青主任、邬江主任和王正局长的讲话,为我们宗教学名词审定工作提供了重要信息,也解释了其相关的术语审定规则,说明了其学术价值及意义。这些重要讲话和专业提示对我们宗教学名词审定是非常重要、非常及时的启迪和引领,尤其对我们宗教学学科而言,因其学科的敏感性、年轻性、跨学科性和在中国学术领域定位上的不确定性,更需要这样的提示和指导。我们衷心感谢这些指导意见,并希望在今后的宗教学名词审定工作进程中不断得到有关部门这样的指示、提醒和引导。

宗教学名词审定工作一是要高度关注其敏感性。与其他学科不同,宗教学名词界定和解释有其价值判断、定位上的特殊敏感。正如"民族、宗教无小事"一样,宗教学名词审定也需要特别的小心,格外的谨慎,要有"讲政治"的考量,尽量客观、科学,减少其在价值判断上的失误或误解,协调好与宗教界及其术语解释的关系。

宗教学名词审定工作二是要特别强调其跨学科性。宗教学从一诞生就是一门跨学科的研究,因此,宗教学名词的界定和解释要注意其相关术语在不同学科中的界定、说明,以及这些学科之审定、解释与宗教学术语的关联、异同或不一样的侧重与说明,使之能相互理解、彼此衔接,有着学科性、科学性沟通及理解。

宗教学名词审定工作三是要格外注意其海内外以及中国两岸四地在学术规范、表述上的一致性,或达其协调。例如,在"基督教"(Christianity)的表述上就存有混乱和不协调之处,"基督教"在中国内地有两层意义,一为这一宗教各教派的总称,二为其中一派即新教在中国的专门称呼

（天主教与基督教名词的不统一），由于中国新教教会如此自称已约定俗成，几乎难以出现新的改变。为此，在海外华人和中国台港澳地区则以"基督宗教"作为这一宗教各教派的总称（基督公教、新教、正教），但这同样涉及与其他宗教术语的一致、协调问题，因为以基督宗教来与佛教、道教、伊斯兰教等来并列，也会给人一种不协调之感。因此，这些术语表达上的难题应引起我们的高度重视和格外注意，力争能找到克服这些难题的理想解决办法。

宗教学名词审定工作四是要充分认识其术语的历史沿革、发展变迁。对宗教的理解是流动的、变化的，所以我们也必须与时俱进，在其名词审定上关注并反映其变化和最新状态，力争作出最切合实际、代表最新发展的解释。当然，科学术语一旦确定，则应保持其权威性和相对的持久性、稳定性，不要随意、轻率地加以变动、修改。这在宗教学术语的审定上更要注意。为了把握好学术发展的历史衔接，我们特别邀请了一批德高望重、富有学术经验的老专家、老一辈学者作为我们宗教学名词审定工作的顾问，为我们把关释疑，帮助我们克服困难。为此，我谨代表宗教学名词审定委员会向这些令人敬仰的前辈专家学者表示崇高的敬意和诚挚的谢意！

总之，宗教学名词审定是一个系统工程，也是一个需要持之以恒的长期工程。我们研究所将会把它作为重要的学科建设来抓，也会动员青年学者、学生来积极参与。如何使宗教学基本术语能够得到言简意赅的科学表述，怎样使宗教学名词具有其权威性、科学性和一致性，这对我们是一项全新任务，也是一种具有独特意义的挑战。为了中国宗教学的未来发展，我们不能急流勇退，而只能知难而进。因此，我们今天的成立大会既是这一工程的启动，也是邀请各界朋友集中全国学界智慧来支持、参与这一项目。我们刚刚迈步，对于未来的状况尚不很明确，现在是"赶着鸭子上架"，故而也只能以"摸着石头过河"的精神来摸索着前进。所以，衷心希望大家能给我们鼓励，并与我们同行。再次感谢各位朋友的与会！

30. 建设好国家级社科研究队伍，形成创新合力

自 1977 年中国社会科学院成立以来，这支国家级的社会科学研究队伍在我国改革开放三十年的历程中为理论创新、繁荣哲学社会科学作出了重要贡献。其特点是研究领域比较广泛、视野开阔，学科门类比较齐全、力量集中，重点探究比较突出、形成亮点。这样，中国社会科学研究以此而发挥出社科战线的团队优势，发扬了专业研究的团队精神，形成了理论创新、学术发展的合力，以其整体成就展示了中国当代学术文化的"软实力"，引起国际学术界以及相关各领域的普遍关注，令世界各国学者瞩目。

这种国家级社科研究的整全体系与当前我国政治、经济、文化的基本建构相吻合，有着知识"精英"集中、能整体协调开展重大研究课题等优势，对中国精神文化及其社会科学构思能够加以全方位、多层次权衡、考虑及实施、发展。经过三十多年的实践，证明这种研究体系是颇为成功的，其研究收获亦是极有成效的。

然而，在近十年来，随着国家相关体制的变化和高等院校社科研究的加强，以中国社会科学院为主体的这种国家级社科研究的整体优势有所动摇，其研究队伍亦明显削弱。究其原因，除了社科研究体系内部改革力度不大、缺少理想调适之外，还在于社科院系统一方面没有"公务员"系统相关的"政治"资源，另一方面比高等院校的"经济"资源明显不足。与高等院校尤其是重点高校同一级水平的专家学者相比较，社科院系统尤其是其人文基础领域研究人员的实际收入仅为其一半或三分之二。其结果，社科院系统的高端科研骨干大量流失，出现科研队伍"人心"的动摇和学科整体布局的失衡，一些学科"消失"或"削弱"，不少研究领域形成断

层和少了"领军人物"。这样对到了"而立"之年，本应更加成熟的国家级社科研究机构明显形成了不利影响。诚然，这些专家学者流入高校增强了其科研力量，但各高校社科研究的布局有其随意性和或然性，缺少一种整体的审视，各高校之间的社科研究配置亦无通盘协调，因而很难形成整体优势。这样，原有的国家级社科研究整全体系被不断解构，而以高校为特色的新型科研体系却并无一种有机、整体性建构。这种走向实际上会导致我国当代社科研究结构由系统、整合而嬗变为分散、随意，削弱了其本已初具规模的"整体"及"合力"优势。

为了改变这种不利局面，贯彻落实中央领导关于要办好中国社会科学院的指示精神，特提出以下建议：

一、改革社会科学院内部体系结构，形成合理的研究层次、梯队，以高等院校教师队伍待遇为参照来改善社科系统科研人员的经济、科研等条件，形成其可持续发展的潜力和动力。

二、对社科研究领域加以合理布局，注重社科院一些独特学科、"绝学"、边缘学科的建设，使社科系统能形成比较齐全的学科门类和相对的整体研究实力及优势，达成其学科中理论基础研究和现实应用研究的有机结合、双向互动和积极呼应，并以社科院为基点来形成全国社科研究的网络体系。

三、巩固和发展中国社会科学院学部委员、荣誉学部委员制度，并在条件成熟时以中国社会科学院为平台来推动其全国性中国社会科学院学部委员的遴选工作，逐步向社会科学院院士制度过渡。学部委员和荣誉学部委员的遴选应以相关专家学者的个人学术资格及个人研究成就为依据，并向全国高等院校或相关研究机构的专家学者开放，由此与中国科学院、中国工程科学院院士制度一起共构中国当代学术文化人才队伍建设上的"生态"平衡，形成合理、能动、积极、有效的科研体制和机制，最有效地体现出其创新合力。

31. 中国社会科学院基督教研究
中心成立大会致辞

中国社会科学院基督教研究中心（亦称"中国社会科学院基督宗教研究中心"）于 1996 年 9 月筹备，1998 年 5 月正式成立。研究中心采取内涵式与外延式发展相结合的方法，以中国社会科学院世界宗教研究所研究人员为主，吸收院内外有关专家学者参加，旨在加强横向联系、扩大学科发展，以涵盖广、水平高的学术群体来合作开展对基督宗教思想文化系统、全面的研究。

本研究中心由刘吉任名誉主任，中心的主任为卓新平，副主任为何光沪、任延黎、张西平，秘书长为曹中建，副秘书长为孙波、段琦。研究中心的组织机构包括学术委员会和顾问委员会，其中学术委员会委员为王美秀、任延黎、孙波、李平晔、李富华、何光沪、卓新平、张西平、张新鹰、周燮藩、段琦、高师宁、高智瑜、郭熹微、耿升、桑世志、倪为国、曹中建、黄夏年、韩琦，顾问委员分委员为文庸、叶秀山、乐峰、许明龙、吴云贵、吴傓深、武维琴、郑天星、唐逸、谢方、薛华、戴康生。

从其内涵式发展来看，本研究中心在人员结构上尽量联合中国社会科学院各研究所有关专业人员，其构成乃以属于中国社会科学院的世界宗教研究所、哲学研究所、历史研究所、世界历史研究所等所的专家学者为主；在研究课题上以中心成员承担的国家社会科学基金项目、中国社会科学院基金项目和世界宗教研究所重点项目为主。

与这种内涵式发展相结合，本研究中心亦以一种开放姿态来寻求外延式发展，如在人员结构上吸收了中国社会科学院之外有关学术研究机构的专家学者参加中心工作，并与全国各地有关研究机构、高等院校的基督宗教或宗教研究中心、研究所及宗教学系建立起广泛的学术联系，这些机构包括北京大学宗教学系、中国人民大学基督教文化研究所、北京外国语大学海外汉学研究中心、中国青年政治学院社会科学部及其现代俄国哲学和宗教研究所、北京师范大学教育系、中国科学院自然科学史研究所、燕京研究院西方文化与宗教研究室、中国明史学会利玛窦分会、上海社会科学院宗教研究所和历史研究所、复旦大学基督教研究中心、原上海教育学院宗教文化研究中心、福建师范大学宗教文化研究所、浙江大学基督教研究中心、华中师范大学中国教会大学史研究中心、武汉大学宗教学系、中山大学文学院宗教研究所、山东大学宗教研究所、陕西师范大学基督教文化研究所、南开大学历史系、河南大学文学院、南京大学宗教研究所、中国天主教神学研究中心、中国天主教神哲学院、天主教上海教区光启社、上海佘山神哲学院、中国基督教协会、金陵协和神学院、华东神学院、燕京神学院等。此外，本研究中心同中国香港和台湾地区以及其他一些国家的学术研究机构也建立了学术联系及合作关系，包括香港汉语基督教文化研究所、浸会大学、中文大学、建道神学院、香港大学亚洲研究中心、基督教中国宗教文化研究社、基督教文艺出版社、圣神研究中心、公教教研中心，台湾宇宙光传播中心、中原大学、中福神学研究所、辅仁大学、利氏学社、欧洲科学艺术研究院世界宗教学部，德国慕尼黑大学、波恩大学、蒂宾根大学、汉堡大学、华裔学志研究所、亚琛宣道学研究所、德国福音教会宣道部、米索尔，美国旧金山大学利玛窦中西文化历史研究所、对华学术交流联会、亚洲高等教育联合董事会、哈佛大学、贝勒大学，英国教会中国部、牛津大学、塞利奥克学院、伯明翰大学，芬兰赫尔辛基大学，比利时鲁汶大学欧中研究所，日本国际基督教大学，加拿大温哥华维真学院，韩国长老会神学大学等。在研究课题上，本研究中心围绕国家社科基金重要项目和院所重点课题亦开展了其他辅助项目和独立项目的研究，并形成了广泛的国际合作。

本研究中心的学术活动大体包括三个方面，一为开展相关研究课题，其从事的研究项目有国家资助的项目、国际合作项目和自助项目等；二为组织学术会议和研讨座谈，积极促进各种形式的学术交往和交流；三为推出本研究中心的学术研究刊物和论丛，以文会友，展开学术讨论和争鸣，活跃基督宗教研究及各种宗教研究比较与对话的气氛。

在本研究中心所从事的研究项目中，获得国家资助的项目有如下三项：一为国家社会科学基金"九五"规划重大项目"当代基督教现状与发展趋势"，由卓新平主持，成果形式为完成一套"当代基督宗教研究丛书"，包括《当代西方新教神学》、《当代西方天主教神学》、《当代东正教神学思想》、《当代亚非拉美神学》、《当代基督宗教教会发展》和《当代基督宗教社会关切》共 6 部专著，目前已由上海三联书店出版《当代西方新教神学》和《当代西方天主教神学》两部。二为福建教育出版社组织的国家新闻出版署"九五"重点图书出版规划项目《20 世纪中国学术大典·宗教学卷》，由任继愈主编，卓新平任执行主编，计划在 1999 年 10 月推出。三为国家人事部资助"百千跨世纪人才"工程项目"当代西方宗教思潮研究"，由卓新平主持，将推出一部研究专著。国际合作项目则有如下一些：一为与欧洲科学艺术研究院世界宗教学部、慕尼黑天主教普世牧民事业部和德国福音教会宣道部合作，从事"当代基督宗教研究译丛"的翻译、出版工作；二为与美国旧金山大学利玛窦中西文化历史研究所和北京外国语大学海外汉学研究中心合作，整理、点校、出版《利玛窦全集》(11 卷)；三为与德国华裔学志研究所合作，从事"宗教理解和对话"研究，并准备推出相关文集和论丛。自助项目即尚无固定合作伙伴的项目则包括本研究中心计划推出的"基督宗教与中西思想文化丛书"（即《宗教与思想》丛书），其中《当代中国基督宗教研究》课题已获得香港汉语基督教文化研究所部分资助。

本研究中心亦组织了相关的学术会议和研讨座谈。其中包括 1998 年 5 月 21 日召开的本研究中心成立大会暨学术研讨会，来自国内科研机构、高等院校、党政部门、宗教团体、文化出版单位的 100 多人出席了成立大会，与会代表还包括部分在京的德国、美国、奥地利、新加坡客人和来自中国香港地区的学者，《中国日报》（英文版）、《人民日报》（海外版）、《光明日报》、《中国新闻》、《新华社中文新闻》、《神州学人》（电子周刊）、"中国国际广播电台"（英文播音）等均报道了这次会议，港台报刊《香港商报》、《南华早报》（英文版）、《新报》、《教友生活周刊》以及美国、德国和日本等国的新闻媒体亦对这次会议进行了报道和述评。这次会议的召开得到了德国亚琛米索尔机构、华裔学志研究所和中国中心、香港汉语基督教文化研究所的友好支持和帮助。本研究中心计划召开的学术会议和联合研讨会还有1999年筹办的"朱谦之学术研讨会"、"《丁光训文集》座谈会"、"当代中国基督宗教研究学术会议"，2000年筹办的"宗教与和平"国际学术研讨会和2001年筹办的"天主教与明末清初中西思想文化交流"国际学术研讨会等。

本研究中心计划推出的学术研究刊物、文辑和论丛包括《基督宗教研究》和《宗教比较与对话》等，旨在为基督宗教研究和宗教的比较与对话提供一个开放性学术园地，反映这一领域的研究成果和最新进展。这一计划的成功尚有待于中外学者和各界人士的关心、参与和支持、帮助。

中国社会科学院基督教研究中心的成立，标志着我们开展国内外基督宗教研究的学术活动已进入一个新的阶段。由于这一中心为非实体型研究机构，不设编制，经费自筹，因而希望得到海内外朋友的大力支持和学界有识之士的积极参与。在积极加强国际合作的同时，我们将联合全国各地基督宗教这一研究领域的学界同仁开展研究活动，进行学术交流，共同从事有关的研究课题，并不断总结交流这一研究的最新成果和学术动向，以提高我国基督宗教研究的整体学术水平，为我国当代宗教研究与理解创造一种良好的学术和社会氛围，促进真诚而深入的相互沟通、对话和认知，迎接新世纪社会科学研究和人类精神生活中的机遇与挑战。为此，我们基督教研究中心衷心希望学界同仁和各界朋友精诚合作、相互支持，开创我国基督宗教研究的全新局面。

32. "中国当代基督宗教研究"
学术研讨会欢迎辞

尊敬的与会代表和各界朋友们：

在海内外各界朋友们的热情关心和大力支持下，由中国社会科学院基督教研究中心主办的"中国当代基督宗教研究"学术研讨会今天在北京温特莱酒店顺利召开。在此，我代表中国社会科学院基督教研究中心和世界宗教研究所，并以我个人的名义，向与会代表和各位来宾表示热烈的欢迎！向各界朋友们对我们中心的支持和帮助表示衷心的感谢！

中国社会科学院基督教研究中心于 1998 年 5 月正式成立。在这一年多的历程中，我们中心与海内外基督宗教学术界及其相关机构建立起广泛的联系，并开展了各种学术活动。自 1998 年 5 月 21 日召开有 120 多人参加的"基督教研究中心成立暨学术研讨会"以来，我们中心于 1999 年 10 月召开了约 50 人参加的"纪念朱谦之先生诞辰 100 周年座谈会"，并举行了一些小型学术研讨和工作会议。在这次会议召开之际，我们中心主办的学术研究论丛《基督宗教研究》（第一辑）和《宗教比较与对话》（第一辑）亦正式出版。我们衷心希望海内外基督宗教研究领域的学术机构和广大学者继续关心和支持我们中心的学术活动，展开更多的学术合作，推出更好的学术成果。

我们在此举行的"中国当代基督宗教研究"学术研讨会将就当代世界基督宗教神学理论、社会思潮、教会发展和热点问题展开研讨，就当代中国对基督宗教在华历史及其发展各方面的研究展开交流，就当代基督宗教现状研究展开座谈。来自各地的学者向大会提交了 32 篇论文，我们根据会议主题及相关问题分为九个专题，以便围绕这些论文进行大会发言和组织讨论。从提交的论文来看，这次研讨会的涉及面较广，其特点一是关注基督宗教思想理论的研究，如基督宗教神学理论的发展、当代基督宗教思想家的评析、理性与信仰关系之探讨等；二是注重中国基督宗教的历史与现状，如中国基督宗教的历史发展与本色化过程、大秦景教与明清天主教研究、教会大学史研究、区域基督宗教历史研究等；三是论及基督宗教与社会的关系、与其他宗教的对话，如基督宗教与北美社会及民族问题、基督宗教与犹太教的对话以及宗教对话之类型等；此外，大会论文还涉及基督教文学研究、耶稣历史形象研究、基督宗教研究与汉学研究的关系等问题。因此，这些研讨必将产生一些新的思想火花，对我们的学术发展提供新的启迪和促进。会后，我们将对这些论文加以精选和编辑，争取在《基督宗教研究》（第二辑）上正式发表。

这次会议不仅是中国基督宗教学术界许多老朋友们的相聚，也是大家结识更多新朋友的机会。随着基督宗教研究学术的发展，加入这一研究行列的学者越来越多。基于这种发展和希望，我们这次会议以中青年学者为主，旨在为我们的研究吹入一股清新之风。而且，我们这次会议不仅有基督宗教之外学界代表的参加，亦邀请了教内学者的积极参与，因此，也就为这些学者之间的沟通、对话和相互理解提供了一个场地和机遇。会议的目的之一，就是营造一种对话的氛围。虽然仅靠一次会议很难达到共识，我们却可求同存异甚至"和而不同"，表达一种倾听、交流和沟通的意向及真诚。我们相信，这种对话和理解也一定会卓有成效、影响深远。

这次会议原定规模为30人左右，但在各界朋友们的关心和支持下，与会人员大大增加。除40多位正式代表之外，还有不少朋友作为观察员来参与或听会，这样与会及听会者共达60人之多，包括来自北京、上海、天津、福建、浙江、湖北、山西、陕西、河南、山东、四川和香港等地的专家学者，以及正在中国讲习的加拿大、英国和奥地利学者。由于会议规模的扩大和我们条件有限，会议安排上的不足之处尚请各位代表多加原谅和宽容。我们将尽最大努力，以使这次会议获得圆满成功。

最后，再次感谢大家的光临，并祝各位代表身体健康！

1999 年 11 月 16 日

33. 走向 21 世纪的基督
宗教——机遇与挑战
——"基督宗教与 21 世纪"学术研讨会欢迎辞

尊敬的与会代表和各界朋友们：

20 世纪即将结束，新的世纪和千纪就要来临，在这一极为独特和难遇的历史时机，我们中国社会科学院基督教研究中心在海内外各界朋友们的大力支持下和热情关心下，在北京组织召开了"基督宗教与 21 世纪"学术研讨会。在新世纪日益临近的脚步声中，我们大家聚集一堂，共同回顾、总结 20 世纪基督宗教的发展历程及其研究特色，分析、展望走向 21 世纪之基督宗教会面临的机遇与挑战。在此，我代表中国社会科学院基督教研究中心和世界宗教研究所向各位朋友的积极参与表示最诚挚的谢意！向大家来此与会、积极回应和关注我们的呼唤表示最热烈的欢迎！

回顾历史，基督宗教已存在了 20 个世纪即两个千纪，基督宗教在 20 世纪的发展演变更是跌宕起落、变化不断。世纪之交、千纪之交的基督宗教仍然呈现为一种极为复杂的景观。走向 21 世纪即其第三个千纪的基督宗教将面临各种挑战，亦将碰到各种机遇。其回应挑战、抓住机遇的能力将影响或决定基督宗教的新世纪、新千纪的发展走向和面世特色。可以说，基督宗教将与新时代人类文化的发展变迁紧密相连、息息相关。

我们所面对的世纪之交和千纪之交，是世界在"全球化"大趋势下的多元涌动，景象万千。基督宗教在世界各种宗教的接触、对话和人类多种文化的沟通、碰撞中生存并发展。作为一种信仰体系，基督宗教在 20 世纪经历了最严重的"非神圣化"、"非神秘化"和"世俗化"的挑战，人的"灵性"与"物欲"的搏斗达到了白热化。人的精神的赇沉和回复亦出现极为戏剧化的局面。20世纪基督宗教思想曾异常活跃，标新立异的神学家亦不断涌现。其对"人性"、"理性"、"物性"、"灵性"和"神性"的沉思及畅言达到了前所未有的深度和高度。然而，面临世纪之交，这种"思"与"论"亦似乎进入其调整、转型阶段。有着全球性影响及意义的基督宗教思想家一个一个正走完其人生历程和思想历程，给后人留下了各种疑问或感叹。20世纪曾经历过的思想"巨人"时代似已结束，在世纪末仍能给人巨大警醒和启迪的精神"大家"已寥若晨星。世纪之交科技、社会发展所出现的突破和嬗变，正使众多思想"群雄"们颇受触动、跃跃欲试。神学是教会的灵魂，它反映出教会发展的精神脉搏。新世纪基督宗教神学将既是其传统思想的延续，又是其面临新处境、新问题时的思索、回答。为此，我们这里触及的神学问题无疑会具有跨世纪意义。

20世纪基督宗教的社会关怀亦有重大进展和突破。在"地球村"的狭小空间中，基督徒以一种新的境界和姿态回到了世界、回到了人间。教会的存在不是要躲避人间的麻烦和纷争另找一块净土，而是要以其信仰者的独有"质量"在人世做盐做光，体现其信仰的"表率"和"见证"。这种大趋势使现代基督徒既仰望天际寻求超越，又回首人世立足社会，把传统上的遁世修行升华为在现实中突破此在、我在之局限的"灵性"之在，达到人的"本在"和理想"真在"。在世纪之交，教会的社会关怀已涵盖"和平"、"发展"、"正义"、"进步"、"生命"、"生态"、"环保"、"化解冲突"、"消除暴力"、"维护人权"、"克服贫困"等方面。而基督宗教本身在这些方面的定位、作为、态度和意义，也成为我们作世纪、千纪之交的回顾与前瞻的重要内容。

尽管人类发展已有悠久历史，人类文明源远流长，但作为"灵性"生物、万物之"首"的人类迄今仍未真正"成熟"。"人性"的复杂性使基督宗教亦不得不继续其关于人的本性和命运的沉思和叙说。人之"罪性"与"神性"的天壤之别和鲜明对照，使古今思想家论"人"之笔格外沉重。基督徒作为"人之存在"，其自身形象亦是一幅极为复杂的图像。人在一次次沉沦和超越中，能从基督宗教得到什么新的启迪或启示？在人的精神世界的构筑中，基督宗教还能提供什么灵感或睿智？这不仅是寻求信仰精神的现代人之问，而且也是在现代氛围中基督徒的自我之问。基督宗教能为新世纪提供一种什么样的人格精神和人格风范，对其生存和发展既是挑战，亦是机遇。宗教的人文精神及价值，关键就在于其对人的关切，表现出人的感情和向往。基督宗教人文价值的深厚积淀，似乎应该为新世纪人格的塑造提供有益的资料和养分。当然，人不仅是个我存在，更是社会存在、集体存在。为此，基督宗教亦无法回避对个人主义、民族主义、普世主义的评价和表态。高扬个性与社会责任应是什么关系？个我伦理与群体伦理的矛盾如何消解？民族主义中的爱国热情和排他极端该怎样把握或扬弃？普世主义的标准和尺度由谁来设定？这都将使基督宗教论"人"的理论趋于系统和完备，亦将使基督宗教"人论"与其他宗教及文化之"人论"的"同"与"异"得以凸显。新的世纪，基督宗教仍将回答"人"是"谁"、"人"往"何处"去的古老问题。

基督宗教经过两千年的风风雨雨，已是一种"全球性"宗教，其"普世性"正被越来越多的人所察觉和辨认。就中国人的关心而言，基督宗教与中国人、中国社会及中国文化的关系问题则显得格外突出。二者之间的碰撞与融合、游离与吻合，使其关心者牵肠挂肚，心绪难宁。世纪之交，正是基督宗教在中国这段复杂历史的反射与回照。约四百年前利玛窦儒服入京，开始其认同、吸收中国文化的艰难历程。此后"礼仪之争"的阴影使两种文化的交流变得暗淡，使二者走向彼此的脚步变得沉重。其矛盾和冲突曾化作一百年前的刀光剑影，而且迄今仍影响、妨碍到彼此的透彻观照。就这一历史而论，我们迈向 21 世纪的步伐难以轻松、其经验教训似仍在重现和续写。在政治、经济因素的影响下，基督宗教在华的"福音化"成为远超出其信仰意义及范围的"占领"。但这种"占领"同样因政治、经济原因而归于失败。历史的教训值得注意，但续写历史的人们真正注意到了吗？时值新的世纪之交，置身于内的当事人似乎仍迷失在扑朔迷离的历史疑云中，似乎在这团错综复杂的历史乱麻中仍未理出一个头绪。在这种背景下，基督宗教的"普世化"自然会与基督宗教在华的"处境化"、"本色化"形成张势、构成矛盾。本来，20 世纪末中国的改革开放给基督宗教与中国文化的相遇提供了千载难逢的机遇，使人们隐约感觉到明末清初利玛窦时期的那种"柳暗花明"，然而历史的阴影却难以摆脱，顺着历史的惯性，"礼仪之争"的一幕又一次在向我们逼近。现在已经到了应找到宽容、大度、胆识和睿智的关键时刻。从基督宗教的现状来看，它有可能成为中国当代最大宗教之一。中国人打开国门看世界所表现的好奇和新奇，客观上讲为基督宗教在华重新发展提供了机遇和可能，实际上基督宗教已成为近20年在中国发展最快的宗教。但纠缠于基督宗教在华历史难题的海外教会人士似乎还没有清醒认识到这一机遇的价值和意义，而中国教会本身似乎心理准备和神学准备尚不足。在世纪之交，中国教会步履维艰的"中国神学"建设方得以重提，教会有识之士正在为创建具有中国特色、体现中国文化底蕴和时代精神的基督教神学思想体系而努力，并发出了意味深长、意义深远的重要呼唤。由于"神学"力度不够、教会人才不够，使中国教会跨越世纪之步并不轻松。中国基督教会人数上的发展主要在民间、在基层，形成一道"民间基督徒"的壮观风景线。但神学上的弱化和理论精神的不足自然会使"民间基督徒"的"民间"色彩越来越浓厚，其结果可能是向中国"民间"传统因素的退化和嬗变，而基督宗教的本真则越来越少、越来越淡。教会的生命力在于其多层次有机共构，在于其能动性神学工作的浸染、扩散和润物无声，中国教会亦不例外。就此而言，中国基督宗教在21世纪的存在与发展，也是我们这次研讨会的一个重要议题。

诚然，学术界推行的这种学术讨论和对话很难直接解决上述各种问题或找到某种理想答案，但其讨论本身及其激起的思想火花可以对这些问题的解决提供智慧、思路和方向，因此它乃积极的、富有意义的。这次会议有约30位学者会宣读论文，就上述各种议题阐述己见，还有许多学者亦会积极参与讨论。我们敬佩并感谢在此积极参与的各界朋友，并希望能有越来越多的朋友参与我们的研讨，关注中国学术界对基督宗教的研究，为新世纪中国基督宗教研究创立一个良好的开端。特此表示衷心的感谢！

最后，谢谢大家的光临和支持、祝各位朋友身体健康，祝我们的会议取得圆满成功！

特别要感谢德国米索尔基金会和英国有关朋友的资助。

2000 年 9 月 19 日

34. "中国当代学人基督宗教研究" 学术研讨会欢迎辞

尊敬的与会代表和各位朋友：

　　自中国实行改革开放这一基本国策以来，基督宗教研究在中国大陆获得了飞速发展，取得了巨大成就。一大批中青年学者从文史哲等领域转而关注宗教研究，尤其是基督宗教研究，由此促成了中国宗教学的发展，推出了众多学术成果。在过去二十多年中，在研究机构和高等院校的许多学者结合自己的专业和研究领域而展开了对基督宗教的学习和研究，并通过自学、进修、专习、留学和访问等形式扩大了自己的研究视域，掌握了基督宗教的知识学问，提高了自己的研究能力和水平。不少曾留学海外、负笈从师的青年学子亦以一种崇高的时代使命感和责任感选择了回国创业之路，从而为我们中国当代的基督宗教研究扩大了队伍，增添了活力。在世纪之交和千纪之交，为了继往开来，巩固并发展中国当代基督宗教研究的这一良好态势，建立在这一领域中当代学人的学术联系和友谊，我们中国社会科学院基督教研究中心与加拿大维真学院中国研究部共同合作，在北京组织召开了这一"中国当代学人基督宗教研究"学术研讨会。在此，我代表这次会议的组织及合作单位向来自全国各地的朋友们表示最热烈的欢迎！这次会议得到了美国亚洲基督教高等教育联合董事会的资助，并得力于加拿大维真学院中国研究部主任许志伟博士的积极支持和多方协调，因此，我亦代表中国社会科学院基督教研究中心和世界宗教研究所在此向美国亚联董、向许志伟博士的大力支持表示衷心的感谢！

　　大家知道，新的时代给我们中国当代学人的基督宗教研究提供了机会和挑战。但现实发展并不令人乐观，前景亦不十分明朗，这势必直接和间接地影响，甚至制约我们的研究。从国际政治大局来看，"全球化"正领导着时代新潮流。虽然人们在"多元化"或"多极化"的口号及努力下力求更多地保留或保存自我及民族的个性、特性和生存权、发展权，而"全球化"大潮已势不可当，人类各群体、民族和国度在这一大潮中不外乎处于如下三种状态：一是"领着走"，在"全球化"过程中起着带领、引导作用；二是"跟着走"，在"全球化"过程中顺应潮流，寻找机遇；三是"被拖着走"，在"全球化"过程中身不由己、被动难堪。这在"全球政府"、"全球秩序"之建立的呼吁中，在几年前席卷亚洲、拉美和欧陆部分地区的金融风暴和金融危机，以及在当前中国力争"入关"、加入 WTO 的努力中，都可深深地感触。"全球化"势必带来某种程度的价值整体观、意识形态和观念的一体化，而源远流长的"世界大同"思想亦会以某种方式再次浮现。但这种"整体"、"一体"或"大同"绝不可能是一个平静的进程，其伴随的"强权"及对之"抗争"自然会对新世纪的发展产生影响。由此而论，当代基督宗教研究应从价值、精神和人类如何"共在"等层面对"全球化"进程展开其世纪之交的沉思。

当今时代以"知识创新"、"网络时代"为标志。这是一个"个性"凸显、标新立异的时代，同时亦是一个瞬息万变、飘浮不定的时代。信息、网络给人带来无奇不有的大千世界，带来巨大的感觉或感观刺激，使人似乎已进入一个"跟着感觉走"的"感觉时代"。然而，"感觉"具有主体性、易变性等特征。在这种"感觉时代"，一些曾被珍视为永恒、普遍的价值和观念却遭到抛弃、被人遗忘。在传统与现实的关系上，正如帕斯卡尔所言"我们整个的基础破裂了，大地裂为深渊"，人们在永恒的找寻或逃遁中不定地漂泊着。个性、主体性在获得人性解放的同时，亦带来人类共存、共在的新问题、新困境。许多人在社会转型的混乱中我行我素、及时行乐甚至铤而走险，缺少人类共在最基本的环顾、关照和倾听。一种"话语霸权"式的"独白"正影响着当今社会、政治、生活及学术。许多"共在之对话"亦往往沦为"共在之独白"。这种处境、这种状况亦唤起我们重新温习基督宗教对人、对人的本性和命运的永恒之思。

现代科学技术的应用给人类社会带来了前所未有的发展，但人们也越来越清醒地认识到，科技创新、科技进步乃是一把双刃剑，它既可给人类带来福祉，亦可酿出灾祸。发展是硬道理，人类真正需要的却是"可持续发展"。那种不顾后果、不惜代价的发展往往会给人类带来无限的危机，从而根本上毁掉人类的生存与发展。从一种有机共在、生态平衡的视域来审视、分析乃至指导科技的发展，似乎已不是一种奢侈，而乃一种必要。这里，自然科学与社会科学、技术发展与人文关怀又重新挂钩。在我们的研究中，过去被视为禁区或认为已有定论不必翻案的话题，即科学与宗教、科技发展与基督教神学、形下实践与形上思考等关系问题，则必须得到重新关顾。

在现代社会氛围中，人文关怀已显得特别必要。人文学者乃有其使命、责任和义务。这种人文关怀将对社会的健康发展加以鼓励，对人类存在潜藏的危机和负面影响加以警示，将以一种洞观时空的超越性来对人之社会存在的现实性加以正确引导和必要制约。为此，社会科学、人文科学的灵性必须加以维护和弘扬。尽管在现实处境中人文和社会科学多遭冷遇，被人轻视，尽管世界许多地区的人文学者都有步履维艰之感，尽管宗教研究，尤其是基督宗教研究仍有其敏感性和复杂性，社会科学工作者、人文学者们必须坚持下去，以其睿智和学识为人类生存提供精神、提供灵性和灵气，提供可持续发展的真正动力和智慧资源。而中国当代基督宗教研究的学人也应有筚路蓝缕、以启山林的创业精神和不怕寂寞、克服困难的思想准备。

基督宗教研究在中国学界为一块充满希望的领地，其深入展开虽有风险和困难，却可大有作为。这一研究不仅在中国学界具有其开创性和独特性，而且亦是在思想上、感情上和灵性上打通东西方、连接中国与世界的一座重要桥梁。如果我们要想将"对抗"转化为"对话"，将"误解"改变为"理解"、将文明"冲突"转换为文化"沟通"，基督宗教研究则是一个重要契入点。基督宗教在中国社会文化处境中的适应和新生，是其进入中国、被中国人认可的必由之路。而在此过程中，基督宗教的灵性智慧亦势必给中国文化走向世界带来重要启迪和有益观照。基督宗教在人类思想史上的意义、其神学思维对人类精神哲学的影响、其社会存在在世界和中国的历史命运、其传统承袭对未来发展的可能作用等，都是我们中国当代学人值得研究的重要课题。

　　中国当代学界的基督宗教研究，既不同于西方历史上"理解以求信仰"的进路，亦非中国以往曾有的"批评以达排斥"之态度。这种研究与信仰界、政治界的思考虽有关联，却本质有别。学界宗教研究尤其我们所从事的基督宗教研究的立意和特点，应是致力于学术构建上的完善、系统，促进人类智慧和知识体系的发展，贡献于人类精神哲学和人文价值的充实。特别在精神哲学和人文价值的弘扬上，学术界这种超越性、客观性研究可以大有作为。而中国当代学界的这种探究乃是全新的、空前的、具有广远前景的。它将显示出中国当代基督宗教研究的与众不同和独特贡献，亦会成为世界学界越来越关注的特别景观。当然，这种独辟蹊径的探讨成功与否、成就大小，还靠中国当代学界同仁的共同努力。

　　我们这次学术研讨会，在学术上旨在深化我们对基督宗教的研究，加强学术联谊和交流。为此，我们没有设定专题，而是请与会者根据自己的研究专长或最近正从事的课题准备论文。这次会议将有近30位学者正式发言，其论题大体涉及到基督宗教与文化的关系、基督宗教与其他宗教的关系、基督宗教及其中国处境研究、基督宗教的时空发展及其本土化问题、圣经的思想及意义、基督宗教的上帝观及其神学研究的理性意义、基督宗教伦理学问题、信仰与理性、宗教神秘主义等方面，将分为八组来展开讨论。约有来自北京、上海、浙江、湖北、福建、海南、广东、陕西、四川、山东等地的60位学者参加我们的会议，与会者中亦包括正在中国从事学术研究的德国、奥地利和芬兰学者。为了深入讨论上述话题和促进今后的学术联系及合作，会议亦安排了自由发言和大会总结的时间，希望大家积极参与，为今后会议的组织、中国基督宗教研究学者的联谊等提供宝贵建议和思路。由于我们能力和条件有限，在会议组织安排上若有不足之处，还请大家多加谅解。

　　感谢大家的积极参与和热情支持，祝各位朋友身体健康，祝我们的会议顺利、成功！

2000 年 11 月 10 日

35. 人：超越与现实之间的存在

——"基督宗教人学研究"学术研讨会欢迎辞

尊敬的与会代表和各位朋友：

在新的世纪和千纪的第一年，我们相聚在北京，继续自上个世纪和千纪之末开始的对话、交流和沟通。这乃跨越世纪和千纪的对话，是超出时空之限的理解。我们把这种相遇和对话称为"神仙会"，即旨在一种不拘形式、不落俗套的学术交流和心灵沟通，力求营造一种自由、平和、轻松、真诚的交谈气氛，以便在我们筑构的研讨平台上实现"百家争鸣、百花齐放、百舸争流"的学界理想。这次研讨会由中国社会科学院基督教研究中心与加拿大维真学院中国研究部再度合作组织，并得到了美国亚洲基督教高等教育联合董事会和德国基督教汉诺威教会的友好资助。在此，我谨代表这次会议的组织者及合作单位向来自各地的朋友们表示热烈的欢迎，并代表中国社会科学院基督教研究中心和世界宗教研究所向上述机构及相关朋友的大力支持与友好合作表示真诚的感谢！

根据学界朋友们的建议，我们这次会议与以往不同之处，一是明确了一个研讨主题，安排了主题发言；二是为深化研讨而将会议分为"思想"与"历史"两大研究论坛，从而使会议有分有合、相得益彰。当然，这是一个全新的尝试，效果如何还得请大家评说和断定。由于有不少朋友听说此会后表示要与会宣读论文或听会参加讨论，人数如滚雪球般地扩大，在一定程度上已超出了我们组织会议的能力，而我们作为一种开放式的学术论坛又应该尽量满足大家的要求，因此基本上采取了来者不拒的态度；这样，若在安排上有不尽人意和不能满足之处，亦请大家多多谅解和包涵。另外，因为要求发言者较多，我们在两天的会议中恐将很难安排每个人都

"畅所欲言"，发言时间会受到一定限制，所以意犹未尽当属自然。这虽然会影响到我们研讨的深度，却能达到某种广度，并为今后的进一步研讨留下伏笔，提供话题。

这次研讨会的主题为"基督宗教人学研究"，即从基督宗教的视域和理解来探讨"人"这一永恒问题，并加以中国智慧之思的比较和对照，从而促进对"自我"的意识和认知。在西方思想文化传统中，康德在提出"我们能够知道什么"、"我们应该做什么"和"我们可以希望什么"这三大问题之后，曾提出"人是什么"这一更根本的问题。帕斯卡尔在寻求回答"人是什么"这一问题时则曾如此感叹道："人对于自己，就是自然界中最奇妙的对象，因为他不能思议什么是肉体，更不能思议什么是精神，而最为不能思议的则莫过于一个肉体居然能和一个精神结合在一起。这就是他那困难的极峰，然而这就正是他自身的生存。"在中国思想文化传统中，古代贤哲曾以"人者，仁也"来为人之界定提供一种伦理、社会之维，找寻"生生之德"、诚信博爱的人间之道。然而，人之性善与性恶之争、伟大与渺小之辨，却使人很难看透"人"、读懂"人"。为此，傅雷先生曾为人"一半为天使、一半为野兽"而深感震惊，我们同时代人亦仍为在"人"身上看到"神"与"魔"的重影而困惑。与"人学"相对应的乃"神学"，"神学"对基督教会而言自然是其思想和精神之探；但按古希腊传统的"神学"（Theologia）理解，这一学问则可宽泛为人对"神"的探索、推断、界说和理解。"天人之究"、"神人之问"虽然探究的是"天人之际"、"神人之间"或"天人合一"、"神人合一"，体现的却是人的终极关切，其探究主体乃是人，即人的向上求索。正如西方宗教学的创始人麦克斯·缪勒在他著名的宗教学奠基之作《宗教学导论》中深刻指出的，"宗教"的本质在于揭示出"人的灵魂"对"神"的关系；而所谓"神的观念"则乃人之心灵"关于完美境界的最高设想"。如此看来，要真正体悟"神学"，亦须从"人学"开始，了解人的知、思、行、信。"千里之行，始于足下"。让我们回到"人"，回到古希腊德尔斐阿波罗神庙"自知"的古训和智者苏格拉底"认识你自己"的箴言。而且，"人"之探不仅是学理意义上的"识人"，更乃实践意义上的"为人"。在与基督宗教界的朋友交谈中，我曾多次提到基督宗教在中国发展的逻辑进路乃先"仆人"、后"先知",即以"行"立"言"。仅其"先知作用"、"先知精神"而论,我亦曾在"基督宗教与21世纪"学术研讨会上呼吁,在新的世纪,"基督宗教仍将回答'人'是'谁'、'人'往'何处'去的古老问题"。这一"回答"就是以其精神智慧来知人、做人和待人,就是把握"人"作为升华与堕落、存在与虚无、永恒与时限、超越与现实之间的存在。

为了深化对"基督宗教人学"的理解,我们在本次研讨会上将请许志伟博士和何光沪博士作主题发言,并将对之展开深入讨论,力争能有收获,不虚此行。另外,为了保持我们"神仙会"的传统特色,我们亦请大家既可围绕这一主题、亦可就自己研究的专长和目前正从事的课题发表论文、自由交流。根据大家的论题,我们将这次会议的发言分为"思想研究"和"历史研究"这两大论坛,每一论坛各有四组发言。其中"思想研究"论坛的四组包括"宗教多元、宗教对话与宗教哲学","基督宗教的人学","神学、人学、人文学",以及"人学、圣经学与中国思想"这四大议题。"历史研究"论坛的四组议题则分别为"中国基督宗教历史之一:景教、天主教","中国基督宗教历史之二:明清天主教与中西文化交流","中国基督宗教历史之三:天主教与新教",以及"中国教会与世界教会:历史与现状"。值得一提的是,不少在华讲学、研究或访问的外国学者、海外华人学者以及来内地交流的香港特区学者亦参加了我们的会议。为了促进基督宗教学术研究上的双向或多向交流,我们遂为之安排了"特邀发言"。希望通过这种交流能达到启迪心智、拓宽思路、学术互补之效。

我们这次在新世纪的学术相聚得到了大家的积极响应,约有近80位学者曾与我们联系,表达其与会的意向,其中将有近50位学者会发表其论文。我们衷心感谢大家的热情支持、参与和贡献,并祝各位朋友身体健康、心情愉快,祝我们的会议圆满成功!

2001 年 10 月 27 日

36. 神圣与世俗：基督宗教存在及发展的现实处境

——"世俗化处境中的基督宗教"学术研讨会欢迎辞

尊敬的与会代表和各位朋友：

北京刚下过今年第一场冬雪，大家不顾严寒和交通不便，来到位于北京商贸中心区域 CBD（Central Business District）的艾维克酒店参加我们今年的"神仙会"。这一地区乃北京未来对外开放的重要标志性地区，选择这一地点开会，乃表达我们会议组织者开放、敞开、对话、沟通的心境和姿态，也算是我们"与时俱进"的一种努力。这次会议是中国社会科学院基督教研究中心与加拿大维真学院中国研究部的又一次学术合作，会议的召开得到了美国亚洲基督教高等教育联合董事会（United Board for Christian Higher Education in Asia）和德国汉堡北易北河地区教会世界服务中心（NMZ，Hamburg）的友好资助。这里，我谨代表会议组织者及合作单位向来自各地的学界同仁及各界朋友们表示热烈的欢迎，代表中国社会科学院基督教研究中心向有关合作机构和资助单位表示诚挚的谢意，向长期以来与我们合作、对我们关心和支持的海内外朋友们表示崇高的敬意和衷心的感谢！中国基督宗教研究有大家的积极参与和奉献，必然会有充满希望的未来和辉煌的学术前景。我们的热心和热情必定会化掉冰雪、驱散严寒，迎来我们学术发展的明媚春天。

今年会议的研讨主题为"世俗化处境中的基督宗教"，会议将围绕世界基督宗教存在与发展的现代处境，尤其是世俗化处境展开讨论。所谓"世俗化"乃与"神圣化"相对应，在人类精神发展史上，宗教本以神圣性、神圣化为特色，强调其自身与现代人世和社会存在的不同，由此与之形成一种张力和对峙。然而，在人类社会的当代进程中，宗教的世俗化嬗变及发展却不言而喻、颇为明显。在"全球化"的浪潮冲击下，人们亦注意到世界各种宗教已出现的世俗化、公民化和现代化趋势，基督宗教自然也不例外。不过，我们在对"世俗化"加以分析时，应该从两个方面来观察、探讨，从而了解其不同内涵和由此所导致的宗教对"世俗化"的不同认知及态度。

一方面，"世俗化"即"非神圣化"，代表着传统上曾有过的神圣观念之"祛魅"，人们曾信奉的神圣象征之退隐，以及有着神秘意义且令人敬畏的神圣符号之破解。对许多重要的宗教观念、意象和符号，过去仅有神秘性和神话化的解说，而现在却被各种理性的、现实的和还原性解释所取代。尽管对神圣的信仰犹存，但人们已经从不同的角度、视域、立场和理解上来讨论"神灵"观念、"神圣"意义、宗教本质、信仰真谛等核心问题。这样，现代人的信仰体悟和理解正在从其梦幻性、模糊性、盲目性、痴迷性中解脱，而更多代以冷静、清醒、理智、洞观性把握。传统意义上的对象性、功利性偶像神圣被消除，体现现代意识的、非人格化却具有精神指导意义的价值神圣开始逐步建立。因此，宗教的理解在世俗化氛围中出现了重大改变，有了新的精神内涵和认知升华。

关于这种"世俗化"之产生，基督宗教神学家和西方基督宗教文化氛围中的思想家及社会学家等早有关注与阐述。美国宗教社会学家贝格尔指出，世界的世俗化发展乃导源于宗教中将超然存在与人世存在的截然分离。基督宗教文化传统中的世俗化现象早在其得以形成之温床——犹太教传统中就已出现。他认为："世俗化的根子可以在古代以色列宗教最早的源泉中发现。换言之，……'世界摆脱巫魅'在'旧约'之中就开始了。"[①] 看到世俗化所带来的严重后果，贝格尔在其晚年呼吁一种"非世俗化"和"复魅"，强调宗教及其"神圣"在现实社会中的意义与作用。新教神学家哥加尔腾亦曾宣称，近代世界所凸显的世俗化过程，

---

① 贝格尔：《神圣的帷幕》中译本，上海人民出版社 1991 年版，第 135 页。

其实早在基督宗教的反异教斗争中，尤其是其反对异教所信奉的所谓
"神圣"、即在反对异教封为"神圣"之对象及其相关行为中就已开始。
在此，"世俗化"被理解为"反对有限物被神圣化之举"，即对有限世界
的"还原"。其基本思想就是强调世界"只是世界"而已，任何受造之
物都不能被敬为神圣，基督教内部涌现的这种看法本身，实际上已意味
着其属世存在之世俗化的开始。按此理解，巴特等人特别强调"世界就
是世界"、"世人就是世人"，基督教会本身亦不可能根本脱离其属世性。
但是，将神圣意义与有限存在截然分开，势必使人们对宗教在世界存在
的合法性及其传统存在方式的适应性产生疑问。① 例如，被称为"世俗
神学"思想家的朋谔斐尔就曾提出了一种"非宗教性解释"，把宗教看
作是尚未成熟之人软弱、依赖、畏惧和恐罪感的反映，这种宗教中的神
明不过是害怕和焦虑之人的"意外救星"而已，但随着人类的"成熟"，
这种"意外救星"已没有必要，他认为应该在现代社会确立一种"非宗
教的基督教"。这里，朋谔斐尔将膜拜、依赖、痴迷层面的传统宗教及
其组织建构与精神、价值层面上具有崇高和思想追求的"基督教"加以
截然区分。其带来的启迪是，作为信仰团体的"基督教会"（Christian
Church）并不就完全等同于体现信仰精神和真谛的"基督教"（Christian-
ity），作为属世群体的"教会"若不意识到其有限性或反而将之神圣化，
则有可能产生与"基督教"本真的异化。在上述认知进路中，不少基督
宗教思想家认为，世俗化所要摆脱的乃有限物的神圣化，因不承认这种
"神圣"之存在而走向截然相反的发展，此即"世界性"之还原，而基
督宗教所持守的超然维度及其"神圣性"实际上并不受其影响，迄今在
现实中依然存在并发挥作用。

　　另一方面，"世俗化"则被理解为宗教的"入世"，即正视并承认其
"此在"及其"属世性"，以一种"进入"的姿态来面世，从而得以积极
地进入世界、回返现实、直面人生、"温暖"人间。这里，宗教的"世俗
化"绝非消解宗教、淡化宗教，而是宗教本身适应现实社会、迎接现实挑
战的一种调整和变化，突出其现实意义和现实关切。因此，基督宗教亦强

---

① 　参见卓新平《当代西方新教神学》，上海三联书店 1998 年版，第 63 页。

调其"神圣性"并非与"世界性"并立共有但相互隔绝的存在,二者并不绝对排斥,"神圣性"或"宗教性"乃通过"世界性"或"此在性"来体现并弘扬。这样,"世俗化"并没有真正"化掉"宗教,而是促使宗教更全面、更广泛地渗入生活,在宗教的社会结构、地位和作用发生变化后,仍能在社会存在及发展的方方面面以直接或间接、公开或潜在的方式顽强地体现并实现其自我。按此理解,所谓宗教的"世俗化"乃是其从社会政治经济结构之表层而深入到人们的心理深层,由公开影响的凸显转移为潜移默化、润物无声。在当代社会之现代化氛围中,基督宗教仍提醒人们在注重现实"谋生"的同时亦要有一种提高人生境界和纯洁心灵的"谋心",在承认、参与物质世界和日常生活之际力求达到一种"灵魂的在场"。所以,"世俗化"或"非神圣化"之后,基督宗教存在的空间或面世的角度发生了变化,但其本真及寓意仍存,其价值体系亦得以保留。对于世俗化处境中基督宗教究竟怎样或应该怎样存在与发展,正是人们当今的关注之所在。

除了探讨世俗化与基督宗教的关系之外,这次会议也将交流和讨论中国当代研究机构及高等院校对基督宗教的研究与相关的教学情况,其学术发展及学术人才的培养等问题。此外,为了保持我们"神仙会"的特色,大家亦将就自己的研究兴趣和最新成果展开研讨及交流。同样,我们在这次会议上也会见到许多"新面孔",结识不少学界新人尤其是基督宗教研究领域的新朋友,由此体现我们新朋老友共聚的另一特色。这种学术会议会营造一种研讨的氛围,提供相互认识、交流、合作和联谊的机会。几年来,通过我们的学术聚会,已有不少新的合作在进行,不少新的会议已召开或正在酝酿,不少新的研究创意和成果在产生,不少学术新秀得以在"学坛"亮相、获得顺利成长。因此,我们希望这种学术会议的作用是联谊性的、扩散性的、辐射性的、互动性的。我们并不奢求通过一两次会议就能解决某一学术难题或达到某种认知共识,而是重在参与、倾听、了解、对话和交流,体现一种和而不同、友好共构的精神。

这次会议共有两天半的时间,约42位学者会宣读他们的论文,其发言将分为9组,讨论的议题包括基督宗教在现代性与世俗化处境中的发展,基督宗教与世俗化、世俗性和世俗主义的关系及张力,基督宗教与人道主义、人本主义、人文主义和人性尊严，世俗化转向中的当代基督宗教哲学及神学，世俗化处境中的圣经研究和诠释，基督宗教神学的历史根源及其发展演变，基督宗教伦理在世俗社会中的意义与作用，宗教对话及其整合之道，世俗化语境中的基督宗教文学，北美历史发展与基督宗教的关联，世俗化进程中的中国基督宗教及其教会大学，当代世俗社会中基督宗教的多元发展及其社会服务，基督宗教与近代资本主义，基督宗教海外传教运动与海外华人社会，基督宗教的区域性发展及其教会结构和社会机构，中国基督宗教历史文献和档案研究等。按照以往惯例，最后我们还将安排自由发言和讨论的时间，让大家畅所欲言，并对未来的合作加以展望，对今后会议主题多提建议。

我们这次会议的正式与会者和听会者分别来自中国社会科学院世界宗教研究所、历史所、近代史所和文献信息中心，以及北京大学、清华大学、中国人民大学、中央民族大学、北京外国语大学、北京师范大学、宗教文化出版社、天津南开大学、天津师范大学、上海社会科学院历史研究所、复旦大学、上海大学、上海师范大学、上海三联书店、浙江大学、江苏镇江高专、武汉大学、湖北大学、河北社会科学院哲学所、河南大学、陕西师范大学、山东大学、中山大学、暨南大学、东北师范大学、黑龙江大学、福建师范大学、厦门大学等单位，亦有香港特区来内地访问讲学的专家学者，包括香港浸会大学、香港中文大学、香港汉语基督教文化研究所的教授等。此外，一些正在中国访问或从事学术研究及教学的美国、英国、加拿大、奥地利、韩国学者及海外华人学者亦出席旁听。大家对这次研讨会所表达的关注和热情，是对我们的极大鼓励和支持，也是中国当代社会发展、思想解放、学术繁荣的生动写照。我们将珍惜这一"共在"的机遇，为中国基督宗教研究及相关学术发展尽我们的努力、有我们的贡献。

今年会议举行的时间虽然选在了严冬，然而与会者热情更高，无论是参与者人数，还是发表论文篇数，都是空前的。大家的积极参与使我们很感动，并对未来充满希望。由于实际与会者已远远超出了我们的会议预算和办会能力，因此会有一些安排不当、照顾不周或关心不够的现象，尚请大家谅解、宽容。我们研究中心一如往常那样为与会代表赠送书籍，这次准备了约 80 套，但仍然不够，只好尽量让正式代表优先。在此，我们亦向宗教文化出版社的积极配合、向香港浸会大学中华基督宗教研究中心的慷慨赠书表示衷心的感谢。最后，祝大家在京共渡愉快的时光，祝我们的会议取得成功！

37.“全球地域化与中国基督宗教”学术研讨会欢迎辞

尊敬的各位来宾、各界朋友：

中国社会科学院基督宗教研究中心自1998年成立以来，即寻求一种开放性、包容性、交友性和辐射性的学术交流及沟通之途。召开这种既有资深专家参加，又向年轻学者开放的学术研讨会，正是上述开放性思路的创意之一。这一创意得到了加拿大维真学院，尤其是许志伟博士的大力支持，也得到海内外有关学术机构、基金会和学界朋友的热情关心和支持，特别是亚联董在近几年的鼎力相助。由此，即形成了我们每年召开这种气氛轻松、形式灵活的学术“神仙会”之局面。每次会议期间和会议之后，我们都能听到不少建议和评议，也有不少同仁向我们提出了相关要求，但由于条件所限和会议的“非正规”特点，我们很难满足所有要求，故请大家多多理解和谅解。例如，今年的会议我们邀请了不少正在攻读博士、硕士学位的研究生与会，但有更多的青年学者也想参加。为使会议规模不至于过于膨胀，我们只能有所限制。值得高兴的是，虽有种种不足和不够完满之处，我们的会议正得到越来越多的学界朋友的支持和参与，使我们受到鼓励和鼓舞，继续策划和组织这类会议，并保持其特色和风格。在此，我谨代表会议组织者和中国社会科学院世界宗教研究所，向与会的新朋老友表示热烈欢迎，并对大家的积极参与和支持表示衷心的感谢！

这次会议选择“全球地域化与中国基督宗教”为主题，反映了我们当今时代发展的特点和人们的关注。在“全球化”（globalization）的浪潮中，“地域化”（localization）的呼声亦与日俱增。“全球化”与“地域化”看似矛盾、指归不一，却在今日世界中有机共构，在二者之张力下彼此共存。自西方学者罗伯逊（Roland Robertson）等人提出"全球地域化"（glocalization）这一主张以来，人们开始关注这种张力与关联之共在，并由此辨认当代社会发展中所出现的一些新迹象及时代特色。中国基督宗教的当今发展，亦自觉或不自觉地卷入这种全球化和地域化的交织进程之中，成为"全球地域化"特色鲜明的宗教。人们所深入讨论的基督宗教之"普世性"和"中国化"，正是这一发展趋势和中国教会现状的生动写照。在"全球地域化"这一处境中，究竟什么是中国基督宗教的"本真"和应有"存在之态"、"中国基督教神学"的特色所在，这是中国基督教界和学术界所普遍关注的问题。实际上，中国基督宗教在"全球地域化"之影响下正出现与其以往传统不同的存在方式、信仰特色、神学理论和人员构成之嬗变。当然，要了解中国基督宗教的现状和发展趋势，不可能仅限于某一静止的横截面，而必须善于捕捉其动态的发展线索。这样，中国基督宗教历史的回溯之纵向及其与世界、中国社会发展密切关联之横向，都应该纳入我们的研究视域，值得我们去发掘、去深思。因此，希望这次会议能有助于我们深化对"全球地域化"境域中的中国基督宗教之认知和研讨，获得突破。

作为学术"神仙会"，我们与会的目的不仅仅是纯学术研讨，亦涵盖学者相遇、交友和寻求合作机遇等意趣。这方面的成功，我想不少与会者也自有体会和同感。所以，我们的研讨会在突出主题的同时亦坚持保证其一定程度的开放性，鼓励其他题目的发言，欢迎学者提交其最新研究成果和介绍学者本人及其所在机构的研究和教学情况。我们不奢望靠一次这样的研讨会来解决某个艰深的学术难题，却希望借此来吸引越来越多的学者，尤其是青年学子关注并加入我们的学术行列，投身于基督宗教的研究领域。当今中国的基督宗教学术研究本身即与这种"全球化"、"地域化"的发展密切关联，它受"全球化"的深刻影响，却有其"地域化"的独有特征。正因为如此，我们不仅在见证历史，更是在创造历史。这一历史究竟会以何种面貌来展示，恰恰在于我们大家"当下"、"此在"的参与和努力。为此，祝我们的参与有积极进展，祝我们的努力有可观成果！谢谢大家！

38. "基督宗教与公民社会" 学术研讨会欢迎辞

尊敬的各位学者、与会代表:

"基督宗教与公民社会"是我们今年研讨会的中心议题。对于"公民社会"这一表述,在我们中国的社会语境中还很模糊,在对其运用上亦仍不习惯。当然,中国当代改革开放在不断深化的进程中,人们也已开始思考、谈论"大社会、小政府"的发展构想,由此则涉及到"公民"在现代公共社会中的意义与作用问题。从其历史溯源来看,"公共社会"的观念最早反映了欧洲社会从"中古"到"近代"的转型。近代欧洲新生的"市民"阶层开始关注社会的公共性意义,认为社会政治应该体现出"公意",并必须以一种"社会契约"来维护这种"公意",为此,法国思想家卢梭甚至提出了相应的"公民宗教"的观念,为我们当代社会讨论"公民宗教"、"公共神学"埋下了伏笔。

不过,我们今天讨论"公民社会"及其与基督宗教的关联,更多的是从当代社会的多元发展来考虑。从人类生存的"公共空间"到"全球化"时代的人类应该建立和共同维系的"公共价值"诸问题,都反映出我们当今对于"公民社会"的理解以及对这一社会向何处发展的关心。就这种公共性而论,"公民社会"一方面需要其个我具有一种"公民意识",基于这种"公意"而体现的即公民在其公共社会中的权利、责任和义务;另一方面则要求这一公共社会建立起一种共同认同感,有其共在的亲和力及凝聚力,这就要求社会发展为一个和谐的共同体,体现出"公共"意识和责任感。在这一发展进程中,基督宗教会发挥什么作用,有着怎样的担当,则是我们的研讨会所特别关注的。

　　公民社会需要信仰的维系，这就是公民宗教的意义之所在。基督宗教能否成为符合现代公共社会所要求的"公民宗教"，则关系到其存在命运和发展前途。现代公共存在既需要"和而不同"，也应该"求同存异"，两个方面都很重要。这里，宗教能起到什么作用，将决定人们对宗教的看法和舍取。这对于基督宗教而言，也涉及到其能否存在和如何存在的问题。特别在当代中国的社会转型时期，基督宗教在中国未来的前途命运仍然是敞开的。

　　预祝我们的研讨会取得圆满成功！

2004 年 12 月 9 日

39. "基督宗教与跨文化对话" 学术研讨会欢迎辞

首先，请允许我代表会议主办方，向来自各地的与会者和各界朋友们表示热烈的欢迎！

这次会议是我们组织的中国基督宗教研究第九次大会，每年的聚会都得到了大家的积极响应和热情支持，使我们这种以学术座谈、研讨为主的"神仙会"呈现出兴旺之景，我们为此而兴奋、激动，同时亦对大家深表感谢！

中国当代的基督宗教研究正一扫数百年来中国学术界的冷淡之风和沉寂之态，开创一个客观、真实、科学研究的全新时代。这种科学态度使我们的研究不再限于历史上由于文化冲突、政治较量而出现的偏颇，也不再是一种排他性、非此即彼的视角，而表现出"海纳百川，有容乃大"的胸襟，让不同信仰背景、政治立场和文化取向的人们以一种彼此沟通、相互了解的态度来真诚对话，切磋、商榷。因此，我们不应规定某一种模式，也不能强求某一种取向，学术的繁荣就在于"百花齐放，百家争鸣"，就在于以"文"会友、以"学"互通，由此而达一种共在之和谐。

正是基于上述考虑，我们今年基督教会的主题为"基督宗教与跨文化对话"。这里展现的是一种更广阔的文化视域，要求的是一种更深人的思想对话。其实，基督宗教本身就是"跨文化"的产物，它以古希伯来文化和古希腊文化为基本，在古罗马帝国时代经历了古代地中海世界多种文化的相聚与碰撞，并在这种跨文化的进程中积极参与了西方文化的构建，形成了自己较为固定的文化特色。但是，基督宗教的这种跨文化运动并未因其进入中古欧洲大一统的基督教世界而终止。相反，其跨文化的对话仍在继续，多文化的重构亦不断进行。目前，基督宗教已成为世界上信徒最多、传播地区最广、影响最大的第一大宗教，与之接触、沟通、交流或冲突的文化也可能是最多的。因此，以其横贯古今、超越东西方的历史经历，基督宗教在跨文化对话中可以说是最为典型的，有着最为丰富的经验教训，由此亦可为人类提供具有普遍意义的问题意识和解答思路。这样，以基督宗教的研究为基点，我们将系统讨论这种跨文化对话的理念、处境、方法、问题、意义及前景，从而对人类文化的多元性和多样性有更深刻的体认，也对文化对话的复杂性、艰难性和长期性有一种独特的感受。认识宗教与文化的关系，弄清在社会文化氛围中宗教的本真及其存在方式，在当今中国亦有着特殊的意义。

在目前中国的宗教学研究中，基督宗教研究是最为薄弱、最为敏感、最有争议的领域之一。但也正是在这一意义上，这一领域的研究亦最需要加强、最需要扩大和深化，以让人们从"不解"到"理解"，从一种"敏感"认识到一种"意义"认知，从而也使这门学科从充满危险的"险"学发展到一种平安、和谐之研究，成为大众所认知并认可的"显"学。而从全球眼光来看，基督宗教与多种文化的关系也是我们当前特别值得探究的重要议题之一。所以说，基督宗教研究的全面展开，这一学科的广泛发展，是我们历史的使命和我们时代的要求，需要大家的积极参与和共同努力。抱着这一美好愿望，我们欢迎大家的光临，亦预祝我们的会议圆满成功！

40. "基督宗教与和谐社会"学术研讨会欢迎辞

尊敬的各位学友、各位来宾：

首先，请允许我代表会议主办单位向大家的光临表示热烈的欢迎！并对大家多年来对我们的热心支持和帮助表示衷心的感谢！

这次会议是我们组织的中国基督宗教研究的第十次大会，今年也是中国社会科学院基督教研究中心成立十周年的纪念。因此，今年的"神仙会"有着独特的意义。在1998年我们召开中国基督宗教研究的第一次大会时，曾向与会学者赠送了《当代西方新教神学》和《当代西方天主教神学》两本书。这一"当代基督宗教研究"课题历经十年，今年终于完成。这次向与会正式代表赠送的一套丛书，正是这十年磨一剑的结果。还望大家继续关心我们的研究，多提宝贵的意见和建议。为了纪念我们研究中心成立十年，祝贺我们第十次大会的召开，在不少学者的帮助下，我们这次亦以上十本书籍送给大家，也算是一种具有祝福意义的巧合与机缘。

今年研讨会的主题是"基督宗教与和谐社会"，这说明我们的学术研究也积极参与了当今中国与世界"和谐社会"的构建，参与了中国社会思想文化界这一"主旋律"的演奏。基督宗教有着丰富的资源，可为我们的和谐共在、和平共处、和睦共融、和合共生作出独特的贡献。希望大家为这一共同目标贡献出自己的睿智和洞见，也将自己的研究心得和收获让大家分享，从而使我们的学术研究亦达到一种多元共存、和而不同的积极态势，升华为一种相互学习、共同提高的向上境界。

多年来，我们的研讨会得到各方面的关注和支持，尤其是亚联董对我们召开这样的学术聚会多有资助且连续数年。为此，我在这里要向亚联董表示特别的感谢！此外，香港汉语基督教文化研究所对我们研讨会的召开也有着无私的支援，一再给予我们热情的帮助。我们对之亦深表谢意！还有其他不少单位和朋友，也多次向我们伸出了友谊和支援之手。今后我们欢迎各界朋友们继续理解我们、支持我们，并多与我们合作。有大家的关心和支持，我们这种类型的中国基督宗教研究之"神仙会"将继续组织、坚持下去。当然，我们会以一种"道法自然"的平静心态来展望和迎接未来，在"有无之境"中达到超越自我、领悟无限。最后，预祝我们的会议取得圆满成功！祝大家在京健康、愉快，并能够获得不虚此行之感。

谢谢！

41. "基督宗教与公共价值"
学术研讨会欢迎辞

各位尊敬的学友和来宾：

在各界朋友的充分理解和大力支持下，"基督宗教与公共价值"学术研讨会今天得以正式开幕。与以往不同，今天的会议是多家合作、共同合办，除了中国社会科学院基督教研究中心的具体组织之外，这次会议的合办单位还包括加拿大维真学院中国研究部、香港中文大学崇基学院神学院、香港中文大学天主教研究中心、香港浸会大学中华基督宗教研究中心、香港汉语基督教文化研究所等，德国汉堡 NMZ 亦友好赞助。作为会议的具体组织方，请允许我借此机会向上述机构的负责人许志伟教授、卢龙光院长、赖品超教授、江丕盛教授、杨熙楠博士表示衷心的感谢！

这次会议是我们在这个会议系列所组织召开的第十一次会议，"基督宗教与公共价值"这一主题即旨在从基督宗教精神资源来寻求公共价值的意义及其应用。我们从"公共社会"、"公民宗教"、"公共神学"的话题中即已感到这种"公共价值"正呼之欲出。在现代文化精神中和对话氛围里，"公共价值"是对"普遍价值"、"普世意义"的追求，也是对社会共在、和而不同的认可。我们今天聚集一堂，同样也表达出在探求"公共价值"、研究基督宗教上的"志同道合"。当然，我们将保持这种聚会一贯所有的"神仙会"的特色，聚贤集思，畅所欲言，展示在座各位专家学者在各自研究领域的真知灼见。由于我们条件有限、资金不足，会议安排上难免有不尽如人意之处，敬请各位朋友谅解、宽容。也因为过分依赖电邮网络，没有察觉在联络之中互联网的中断现象，所以在安排学者在会议发言上也出现了一些缺失，我们将尽量弥补。当然，由于要求发言的人数太多，超出了会议两天半安排的最大容量，所以也请没能安排上发言的朋友原谅、理解。大家的参与，将见证中国基督宗教研究的存在与发展，是在共同创造一种独特的学术景观和奇迹，是在当下投身于历史的创造，体验历史的意义。因此，我谨代表主办单位热烈欢迎大家的光临、真诚感谢大家的参与和支持。

由于这次采取了新的办会模式，一切尚在摸索之中。我们希望上述机构今后继续支持这种办会方式，也盼望有更多的机构和朋友参与和支持我们今后的会议。学术的具体表述在我看来一要有出类拔萃的专家学者，二要有标新立异的学术成果，三要有积极频仍的学术活动，而学术会议则为最突出、最典型的学术活动。因此，我呼吁要有经常的集会和热烈的讨论，以彰显在基督宗教研究上"我会故我在"的现实存在意义和学术发展意义。如果我们不断在此而"在"，则有学术的春天和永恒。

再次感谢大家！

42. "基督宗教与社会转型" 学术研讨会欢迎辞

尊敬的各位来宾、专家学者、各界朋友：

在经济发展出现"拐点"，世界普遍受到金融危机、经济衰退的威胁这一时刻，我们对社会发展变化的风云难测获得了一种临界的感觉和直接的体验，此时召开以"基督宗教与社会转型"为主题的学术研讨会，在学术之外也还有其独特的现实意义。社会的发展与转型，不只是社会经济"物质化"使然，而是与作为社会群体之人的"精神化"有着密切而复杂的关联。"精神化"影响着"物质化"的走向及其嬗变，它作为"精神资本"与物质性的"经济资本"一道共构人类社会不可或缺的"社会资本"。当今由美国次贷危机引发的世界金融危机、经济危机，实质上反映了人们在社会交往、群体共存中出现的"信心危机"、"信任危机"，是对世界经济秩序"信任"的缺失。这种精神层面的"危机"则使整个危机加剧，并可能造成社会结构之物质层面的"崩盘"、坍塌。由此而论，"精神"信仰并非虚无缥缈之在，而会对社会存在及其发展产生举足轻重的作用。我们讨论基督宗教这一信仰体系与社会转型的关系及关联，其关注既是历史的，更是当下的。面对"世俗信仰"出现的危机，宗教层面的"神圣信仰"会有什么反应或新的发展动向及变化，这已引起了人们的兴趣和询问，显然也值得我们去追踪观察和深入研究。

今年的"神仙会"是我们组织的第十二次年会，会议的规模是越办越大，与会者的要求亦越来越高，我们深感这种会议已越办越难，对于会议是否应该"瘦身"或"分流"也无更佳的选择，因而使会议组织者也不时冒出是否要"急流勇退"的念头。例如，今年会议上要求发言者达到空前，已有 70 多人提出了这种希望，而且不少人的大会发言要求也得到我们会议合作者的鼓励和提议、强调及坚持。这实际上已远远超出了我们会议在时间和空间上的容纳量，的确很难满足大家的要求。本来，许多与会者希望能有更多的讨论时间，但目前这一发展态势却恰恰相反，可能会把讨论的时间挤得更少。我们为了协调各方面因素，这次会议在没有更好选择的情况下只得安排了一场"青年学者论坛"，让十多位青年学者拥挤在此，而且每人只有八分钟的发言时间，甚至已无法安排发言之后的讨论，故此还请这些青年学者们谅解、宽恕。当然，"八分钟"的表述在张艺谋组织的希腊奥运会上成为经典浓缩的象征。有人曾提出用两个或多个分会场的方式来解决这一问题，但我们会议的安排很难协调，以前曾有过类似的尝试，但并不很成功，与会者因感到缺失了听某些发言的机会而表示过遗憾和批评。所以，我们尽量让大家在会议上"共聚"，也对今年会议的拥挤安排向大家深表歉意，希望各位朋友能对今后办会方式或构设多有建设性的建议或参与。或许，我们今后办会理念及作用也会出现"转型"。

我们这次由中国社会科学院基督教研究中心组织的研讨会，得到了加拿大维真学院、香港中文大学崇基学院神学院和天主教研究中心，香港浸会大学中华基督宗教研究中心、香港汉语基督教文化研究所和洛杉矶基督教与中国研究中心的支持与合作，我们对之深表感谢！并衷心希望这种合作能以其独特的方式而为构建和谐社会、争取和谐世界作出贡献，促进这种精神、思想、文化、信仰、社会和人际之间的友好交流、对话与沟通得到可持续性发展。在此，请允许我代表会议主办单位向大家的积极与会表示热烈欢迎和衷心感谢，也预祝我们的会议取得完满成功！

43. "基督宗教与经济发展" 学术研讨会欢迎辞

尊敬的各位来宾、各界朋友：

在世界经济危机的严峻形势尚未根本缓解之际，我们怀着"临冬迎春"的心境来到北京飞天大厦，参加一年一度，而且已坚持十多年之久的中国基督宗教研究"神仙会"。我们今年会议的主题是"基督宗教与经济发展"，有着明确的问题意识。中央刚刚召开过经济工作会议，对于克服经济危机、恢复经济发展有了新的部署；我们碰巧以"经济"为这次会议的主题，或许也给人一种"赶时髦"之感。其实，在中国大陆"改革开放"大潮兴起不久，中国经济学界的有识之士就已经关注到基督宗教问题，并曾具体探讨过"新教伦理"与"资本主义精神"的关系这一话题，由此在经济学界率先掀起了"韦伯热"，使"马克斯·韦伯"这一名称在中国当代社会耳熟能详。中国经济学人当时思考的问题是，顺着韦伯的思路，西方不少人将"基督宗教"、尤其是其"新教伦理"作为西方社会运转、经济发展所具有的"潜在的精神力量"；用当前人们所习惯表述的语言来说，宗教这类精神、信仰的无形力量即是保障社会实体"可持续发展"的"软实力"，它与相应的"硬实力"之结合遂成为某一文明、某一社会的"综合实力"。尽管对"软实力"之说及其蕴涵有各种不同的看法和评论，其所揭示的"精神"与"物质"之呼应关系却是不言而喻的。中国经济学人所要考虑的，则是比照或借鉴西方经济社会发展的模式及传统而反躬自问，我们中国经济社会发展所需要的"潜在的精神力量"究竟是什么？我们的文化"软实力"应靠什么来构成？对于这类问题，当时并没有正面回答；坦率而言，我们迄今尚未找到清晰、明确的答案。

　　显而易见，这次席卷全球的经济危机不只是经济体制的运作出了毛病，也不仅仅是人们对金融、经济运作的监控出了漏洞，而更为深层次地触及到人们的"信任"出了问题，即维系以往相应运转、大家遵守的"游戏规则"不再被人们所"相信"，曾有的"信心"不复存在。它所揭示出的奥秘是：人们的精神可以"变出"物质，同样也可以"化掉"物质。看似实实在在的"财富"、"资产"，竟然是如此的"脆弱"、"虚玄"！反其从经济发展来思考宗教的逻辑，我们因而也可以从宗教出发来审视、分析、评说经济发展。这样，我们所选择的讨论主题"基督宗教与经济发展"就既有理论学术意义，更有现实反思意义。

　　当然，与以往一样，我们的讨论虽"基于"这一主题，却不仅仅"限于"这一主题，而是可以讨论各种问题，展示不同领域、不同层面的研究。也就是说，我们"神仙会"的风格乃"任运自然"、"道法自然"，所追求的乃一种"从心所欲不逾矩"的"化境"。这样，也就给大家的发言和讨论留下了想象的空间、准备的余地。有的朋友曾经抱怨，我们的"神仙会"好像是一个学术"庙会"，大家来此往往会有一种学术"赶场"的感觉。说实话，学术研讨会的形式应该多种多样，我们也组织过较为小型、比较深入的研讨会，可大家也仍有"意犹未尽"之感；同样，我们还组织过比较中型、论题相对集中的研讨会，大家亦多会觉得"不过瘾"。所以说，"没有最好，只有更好"，"止于至善"只是一种鞭策我们奋进的境界，在真实存在中乃"可望而不可及"的。若以这种"平常心"来看待我们的"神仙会"，那么各路"神仙"逛逛"庙会"也是很好的，不见得没有收获，很难说就找不到"深奥"。在学术"场有"之境，我们既要有研究学术的认真、执著，同样也应有对其研究环境的"随遇而安"，学会"把玩"般地"鉴赏"，有着必要的飘逸、超脱。对于感到"不过瘾"却又愿意来"潇洒走一回"的朋友，就把我们的聚会当作一次心情放松、忙里偷空的学苑漫步、思绪逍遥吧！

　　中国是一个比较注重实际的国度，中国人的此岸审视要远远强于其彼岸思考。为此，人们在谈论中国特色时习惯把这种现实、人伦、社会的考量推到极端，似乎华夏不再有超然的维度。但实际上这与"神州"大地的传统并不完全符合。例如，于丹在谈到中国人遇到着急或兴奋之事会脱口而出："哎呀，我的妈呀！"而西方人在此则习惯说："Oh, My God!"其实此情此景的中国人也会喊："哎呀，我的天那！"从而与西方人也有相似的呼应。所以，研究经济与宗教的关系问题，也正是要在现实经济实践、运作层面窥见或找出相应的超越维度。

这次由我们中国社会科学院基督教研究中心出面组织的研讨会，仍然得力于加拿大维真学院、香港中文大学崇基学院神学院和天主教研究中心、香港汉语基督教文化研究所、香港浸会大学中华基督宗教研究中心以及基督教教育基金会的大力支持和精诚合作。与会的各位专家学者、老师同学和各方面的朋友不顾严寒从各地赶来北京相聚，也使我们感到了化冰消寒、迎来春色的热心和热情。对于大家的理解、支持和光临，我谨代表会议主办方表示诚挚的谢意和热烈的欢迎！

2009 年 12 月 11 日

44. 膜拜团体国际学术
研讨会开幕词

尊敬的各位来宾、各界朋友：

今天，我们聚集在中国南方最早开始改革开放经济特区建设的城市深圳，召开探究膜拜团体现象的国际学术研讨会。在此，请允许我代表主办单位中国社会科学院世界宗教研究所和我本人，向来自国外和中国各省市的专家学者们表示热烈欢迎和诚挚谢意！

"膜拜团体"现象有着复杂的历史，是当代学术界颇为关注，并正展开深入研究的热点问题之一。对于"膜拜团体"的本质、其兴起和发展演变及其社会作用和影响，人们乃从社会学、人类学、宗教学、心理学、政治学、法学、传播学、历史学、未来学和比较文化学等角度或视域来展开多层次、全方面的研讨探究，以能对之加以客观科学的分析评估。这些研究亦会触及社会结构与组织、人类宗教及信仰、人的精神性与依赖感、新兴宗教与民间信仰、各种俗世崇拜与准宗教现象等问题，由此扩大我们的视野，深化我们的研究，推动我们的创新，促进我们的学术发展。因此，这次研讨会对"膜拜团体"的现象描述，可以体现出我们研究者的敏锐、智识和洞见，为学术发展、社会和谐、人类进步作出我们的积极贡献。

中国社会科学院世界宗教研究所以研究世界各种宗教为其职责和使命，其学术特点即包括跨学科研究和比较研究。以宗教研究为基点，我们的研究自然也会扩展到对人类信仰、崇拜现象的关注，对人的精神性或灵性世界的探索。在对人的精神生活、精神世界的不断探讨、发掘中，我们会对人的宗教性、人的信仰特点有更深刻、更透彻的认识。而在这些研究中，我们也衷心希望将来能与世界各地的研究机构、专家学者有更多的合作与交流，和与会的各位朋友保持学术联系、促进我们的友谊。

最后，祝大家深圳之行健康、愉快、有更多更新的收获！谢谢！

45. "中国宗教与社会"高峰论坛座谈会发言

今年是一个非常有意义的一年，从 1978 年开始到今年正好是三十年的纪念。孔子有句话叫做"三十而立"，中国宗教学也到了而立之年。在这个而立之年，组织这个"中国宗教与社会"的高峰论坛是有它的独特的意义的。

这次研究主要切入点是关于宗教的社会科学研究，这个角度应该讲在中国内地比较新，比较吸引大众的眼球。我们以前研究的主要是人文领域的、或者说"形而上"的东西，对此只有一些知识精英有兴趣，虽然在大众层面对之有兴趣的人也有，但是范围就很小了。那么，就社会层面而言，中国讲的是"三界"，即政界、教界和学界，大家都会对"社会"感兴趣，因为我们就生活在这个"社会"之中。所以，从这个角度来讲，它立论明确，重点突出，很有意义。

中国宗教的社会科学层面的研究是在近十年发展起来的，而且跟杨凤岗教授组织这个暑期班、研讨会密切相关。所以说，杨凤岗教授做这件事确实功不可没。有了这么一个经验积淀之后，他的设想就是要来一个国际对话。以前与国际学者的关系是，他们说他们的，我们说我们的。如果这次有这样一个机会的话，我们一方面希望世界上这些研究宗教的、研究宗教社会科学的学者能够真正关注中国，做一些实质性研究，因为外面对于中国的当代宗教了解得太少，误解太多；迄今仍基本上就是这样一种状况。所以，我们希望通过这样一个会议，能够使国内外学者进行沟通、对话。尤其是在今年这个时期，外界误解会随着北京奥运会的召开而不断地增多，进入了沟通、对话上极为敏感的时刻。我们这个会召开的时间则正是北京奥运会结束以后，大家可以对各种误解及矛盾冲突来个梳理和总结。这样的话就可能为今后增进新的了解和理解打下个很好的基础。

了解中国宗教是了解中国当代社会的一个重要方面。从这个方面来讲，这个论坛的机会非常好。所以，我希望通过这次会议，也使海外宗教社会科学研究的顶尖级学者能够对宗教在中国的发展有一个更客观、更公允的认知和评价。另一方面，中国的学者对海外的学术规范以及研究的态度、立场和意向，了解也不是很多。我们希望能有一种换位思维，让我们也了解一下西方学者在宗教研究、观察宗教与社会的关系时是采取一种什么样的视野，选用的是什么样的方法。这对于我们今后的发展也是很有帮助的。从这个意义上讲，这是一个双向互动，如果弄得好的话就是个"双赢"。所以，我感到组织这个论坛从目前中国社会发展来讲是有意义的，社会是我们生存、我们进行学术活动的大舞台，在这个舞台上会上演什么样的戏剧，会取决于我们大家，因为我们每个人都是演员，而不仅仅是观众。所以，真诚希望我们把宗教社会科学研究的这场戏演好。

尽管现在已经是信息时代，交通、媒体使交流、了解更加便利，但是我们仍然看到，中西在宗教、价值、思想认知方面的误解还是很深的。大家经常讨论这个问题，就是良心跟公平、公正的关系问题，很多西方学者有时谈到中国的宗教时会这样说，"我是凭良心来说话"，但是他的这种凭良心过于主观和独断，往往偏离了观察中国社会的公平、公正的角度。良心和公正很难抽象来谈，对于它的主体和客体的关系，我们只能拿到中国社会来评判，以中国的社会发展作为研究这一问题的一个考量。这是宗教研究与当代社会结合的一个重要场景，通过这个场景我希望能够把它作为一个突破口，促进中国与世界尤其是西方国家更多的了解，在社会发展上能够有一个双向互动。

我们看到今年国际的经济状况不是很景气，中国的经济发展也到了一个关键时期。那么，在经济社会发展中间，宗教到底扮演一个什么样的角色，中国的宗教跟世界的宗教到底是怎样一种沟通和交流，对于诸如此类的问题在社会层面上作一些分析是很重要的。我觉得首先要有社会史层面的分析，然后可以再展开一些深层次的纯理论的探讨，所以宗教社会学的探讨是第一个层面。

　　我们常谈起宗教研究在中国的处境，借用杨凤岗等研究中国宗教社会科学学者朋友们的话来说，它就好比是一个市场，不仅宗教是个市场，宗教研究也是个市场。我从来就以为，宗教研究这个市场要做大的话，就得靠我们各位自己的努力。这个市场做大了以后，宗教学在中国就有发展，我们和我们的学生也就能得到社会的重视，这是铁的道理。如果宗教学萎缩的话，我们日子也就都不好过，我们学生的日子就更不好过，这个学科就很难发展。为此，从这个意义上来讲，我们搞宗教社会科学的研究，应该有一些造势运动。我特别欣赏清华大学中流行的一句话，它说"我们要做事"，但是"我们更要敲锣打鼓地做事"。也就是说，做这个事要让别人知道，不能默默无闻。在中国的宗教研究方面，以前都是羞羞答答、遮遮掩掩，说这是个敏感学科，大家最好不去碰它，不去弄它，结果我们从来就不敢找报社媒体来采访报道，甚至把主动来想参会的中外记者都拒之门外，为此我们的会务人员曾与港台记者发生过口角，我们的大门甚至曾将中央电视台的记者挡在外边。而对于我们的个别有限采访，往往也是在播出前最终还是被撤掉，相关新闻报道一般仅有寥寥数语、一笔带过。这几年我特别感谢《中国民族报》，它的"宗教专版"就是把宗教问题包括一些敏感问题集中展示出来，进行充分讨论。其实几年过去一看，也没出什么大的事吧？而且大家对这个报纸的兴趣越来越大，尤其觉得这个宗教专版办得越来越精彩，大家对之表示了由衷的欢迎。虽然我没有参与投稿，非常惭愧我实在太忙而辜负了报社的厚望，但是我是一个积极的观察者、阅读者。从这个角度来讲，我们就是要通过媒体来把我们中国宗教研究的发展及其意义展示出来，所以高峰会议就应该有媒体的参与，欢迎媒体的报导。"高峰"这两个字就是表明要造势，要敲锣打鼓地进行这层意思，我觉得向媒体开放蛮好。

　　我感觉到，今年关于中国宗教与社会关系的这样一个学术研究会议，在我们中国宗教研究的发展上，可能成为一个承前启后的转折点，对过去的三十年有一个回顾和总结，对未来的发展有一个展望和期盼。所以，让我们大家共同努力把这件事情办好。当然，除了个人的力量之外，还需要有单位的、群体的力量。我们要作为中国宗教研究的一个群体，把这个事情做好。这是非常值得的。我也希望把宗教社会科学研究作为一个突破口，进而普及深入到中国宗教学研究的方方面面。

我们非常幸运中国社会科学领域有杨凤岗这样的热心人，他起了一个很好的沟通作用，有着较为充足的资源。资助他们的这个基金会对我来说应该也是比较熟悉的。几年前这个基金会曾资助过我们办成了一个"宗教与科学"的论坛，应该说是中国内地第一个较大规模的这类涉及宗教与科学问题的论坛。当时我为了请中国的科学院院士与会，把去台湾参加一个相关学术研讨会的机会也放弃了，利用周末、假日三顾茅庐，诚心相邀，最后请动了三位科学院院士，研究领域涉及天文、物理、生物等。一开始，院士们对讨论宗教问题不屑一顾，认为顶尖的科学家谈这些东西不好；但是通过那次开会，大家感到非常成功，我们和科学家之间达成了一种沟通和了解。第二次在北大又召开了这个主题的会议，虽然我没有参加，但我看到了报道，那几位我曾邀请的院士又来了，表现出对于对话的积极之态。所以不要忘记，他们之所以能到北大来参加讨论，我们前面的工作铺垫是重要基础。为了请他们，我多次登门拜访，向他们解释和请教，最后他们为我的诚心所打动，也感觉到这个问题的研究是有意义的，而且是有科学意义的。这次能够运用像坦普顿基金会的这种资源，更多地在中国做点好事，这是我们完全认可的。所以，对于凤岗博士而言，"革命尚未成功，同志仍需努力"，希望今后能联系到更多的这种资源，为中国学术发展出力。

另外，说实话，我觉得用这种社会科学的论坛想解决中国社会的根本问题是不可能的。对于学术研讨会，我从来就有一个观点，它解决不了一些根本性问题，但是它能营造一种解决问题的气氛，为今后解决一些具体问题提供一些可能性。所以，不仅要把会开好，将来的学术论文出版也要跟上，这样才能做到可持续发展，我们中国宗教社会学才会有一个光明的前景。

在20世纪70年代末、80年代初，全国就我们中国社会科学院宗教研究所一家宗教研究机构，很孤寂，当时的研究算是音调比较低的独唱，而现在则是一个全国大合唱的局势。这么多宗教学研究机构相继出现，尤其像顶尖的北大、人大、清华等等这些地方，都有了专门研究宗教的机构，而我们的研究所相比之下就显得好像越来越小了。但是，我老是想起毛泽东老人家的一句诗词："待到山花烂漫时，她在丛中笑"。现在我们的宗教学研究已是山花烂漫，而我们中国社会科学院世界宗教研究所的现实处境也就恰好是"在丛中笑"。当然，这是一种非常快意的笑，是大家共同高兴的笑。大家应一起努力，让我们宗教学的研究成为一个百花园，迎来美好的春天。

46. 迎接 21 世纪中国宗教学的全面发展

　　在中国改革开放、面向世界的社会氛围中，我们迎来了意义极为独特的 2001 年。这个新年标志着人类历史不仅进入了一个新的世纪，而且亦进入了一个新的千年。20 世纪中国宗教学从无到有，从小到大，走过了虽曲折复杂，却带来无限希望和生机。20 世纪的中国宗教学是引入、吸纳现代宗教学理论体系，并结合中国历史文化及学术特色而创立其专业学科、学术体系的世纪。在 20 世纪的最后二十多年中，中国宗教研究空前发展、成绩斐然，为中国宗教学的系统化、专业化奠定了牢固基础。有了这一社会文化和学术知识积淀，我们对 21 世纪中国宗教学的发展充满了信心。在我们所经历的这个辞旧迎新、世纪交替的时代，人类历史发生了巨变，当代社会"全球化"的趋势使世界变"小"、人与人之间的距离拉近，信息互通、知识共享、资源共有、人类共存已成现实。因此，21 世纪的宗教研究也必须具有"全球"意识，在历史与现实之间达到一种"整体"把握。中国宗教学在 21 世纪乃任重道远，需要在基础研究和现实研究这两个方面都取得新的进展和突破。我们应进一步追溯人类宗教的源头和流向，了解当代宗教发展之脉络神髓，分析宗教的文化蕴涵和社会意义，促成宗教学自身体系的完备和完善。

　　20 世纪中国宗教学的诞生代表着中国学术界的一种创新和开拓，但在 20 世纪初西方宗教学首次被引入中国时，中国学术界普遍反映出对宗教的排斥和误解，学界精英多以否定中国有宗教传统为荣，宗教学在初次被奠立时就处于一种极为压抑的气氛中。伴随着"新文化运动"的是 20 世纪初在中国学术界、知识界著名的"非宗教运动"、"非基督教运动"；梁启超、蔡元培、陈独秀等出类拔萃之辈都不约而同地站在否定中国有宗教一边。这样，宗教研究主要是宗教社团内的"护教"之学，并以此来回应社会，表示抗争。整个氛围在当时对于发展宗教学十分不利。所以说，真正的成体系、有规模的宗教学是 20 世纪末、21 世纪初才得以发展的。中国社会自 1978 年以来的改革开放带来了新生，中国的宗教学也只是从那时起才称得上是一种严格意义上的学科体系。有了这二十多年的基础及其形成的积淀，21 世纪中国宗教学更应以其成熟之姿走向世界，为人类学术史和文明发展做出新的贡献。这是我们的使命和责任，也是我们的希望和前途。我们这一代学者赶上了这个时代，所以对我们来说发展中国特色的宗教学应该是当仁不让、义不容辞。使中国宗教学自立于世界学术之林，形成中国风格、中国特色和中国学派乃我们的责任和使命。让我们继往开来、共同努力，迎接 21 世纪中国宗教学的全面发展。

47. 在中国宗教学会第四届理事会第一次全体会议上的发言

　　首先，我在此向中国宗教学界各位领导、前辈、同仁和朋友们对我的信任表示衷心的感谢！在当前中国改革开放、走向世界的形势下，我国的宗教学发展迎来了世纪之交、千纪之交。最近，江泽民总书记《在庆祝中国共产党成立八十周年大会上的讲话》中对"三个代表"的重要思想进行了系统、深入的阐述，这也为我们在新世纪从事宗教学研究提供了指导思想，提出了根本要求。按照"代表中国先进生产力的发展要求"，我们的宗教学必须研究宗教与人类生产力发展的复杂关系，弄清宗教作为"潜在的精神力量"对生产力发展的影响和作用，以便调动全体中国人民、包括广大信教群众的积极性，来全力促进、推动中国先进生产力的发展。朝着"代表中国先进文化的前进方向"，我们的宗教学研究必须与当代中国先进文化建设密切结合，为复兴和发展中华文化作出贡献。文化是文明的灵魂，是人类精神生命的重要体现，先进文化建设因而也应为我们中国当代宗教学学者的文化自觉和历史使命，并使我们能以更新、更广、更深的视域来审视、探究宗教文化与先进文化的关系问题。依据"代表中国最广大人民的根本利益"，我们的宗教学作为重要的"人学"研究乃以信教之"人"即广大的信教群众作为我们学术关注的立足点，因为宗教是人的精神世界和精神生活之反映，展示了人类精神发展的复杂和丰富。我们对人之精神需求的探讨，对广大信教群众根本利益的了解和关心，将有利于党和政府对最广大人民根本利益的维护和代表。我们坚信，在"三个代表"重要思想的指导下，中国的宗教学将有更大的发展，将取得更多的成就。

　　在今后五年，让我们学会新一届理事会和领导班子全体成员共同努力，促进学会四支队伍的精诚团结和密切合作，巩固已有成果，开创全新局面，以使中国宗教学会的工作能上一个更高的台阶，为创立和发展具有中国特色的宗教学体系作出贡献。关于今后五年的学会工作，这里仅谈一点个人的思路和想法，供各位领导和同志们参考。

一、学会将继续加强与各方面的合作，促进与相关部门、机构及个人的联系，发挥学会的学术联络、联谊和研究组织作用，形成有利于中国宗教学系统发展的学术网络。

二、学会作为挂靠中国社会科学院的学术团体，将注意其学术协调和沟通。其主管及所在单位党委将加强对学会职能机构的领导和指导，以保障学会工作有序、顺利进行。

三、学会将积极促进各种学术活动的开展，以学术研讨会、学术调研访问、学术研究课题合作等形式为中国宗教学研究者提供学术活动的平台和机遇，活跃学术气氛，促成学术繁荣。

四、学会将加强国际合作，促进宗教学研究的国际学术交往和交流，积极组织和筹备相关的国际学术研讨会，扩大中国宗教学会在国际学术界的影响和知名度。

五、学会将广泛争取社会支持和各种合作，以提高学会组织学术活动的能力，增强其经济实力。在此，我代表学会向热心支持、赞助学会工作的有关领导、理事和各界朋友表示最诚挚的谢意。

六、学会将争取创办学会会刊《中国宗教学》，以反映学会工作和学术活动，刊登学会会员的相关学术成果。我们将从本次学术研讨会的论文中挑选一批作为学会会刊论文编辑出版。另外，在条件成熟的情况下，学会亦将加强其信息网络建设。

让我们大家共同努力，积极合作，搞好中国宗教学会的各项工作，迎来中国宗教学在 21 世纪发展的全新景观。

谢谢大家！

2001 年 8 月

48. 全国宗教研究、教学机构
负责人联席座谈会欢迎辞

尊敬的学界前辈、各位代表：

在全国各地宗教研究及教学机构的大力支持下，由中国宗教学会和中国社会科学院世界宗教研究所组织的中国宗教学 2002 年年会暨全国宗教研究、教学机构负责人联席座谈会得以顺利召开。在此，特向来自各方的学界朋友、宗教学科的带头人表示衷心的感谢和热烈的欢迎！

自中国改革开放以来，宗教学的系统研究在我国得以真正起步。经过20 多年的努力，目前我国宗教学术研究已初具规模、渐入佳境，呈现出勃勃生机。宗教学已由最初的跨学科边缘性研究而发展为一门具有自我意识的、独立性和主体性鲜明的新兴学科，在我国人文社会科学领域占有重要一席，且令人瞩目，影响深远。伴随着中国宗教学学科主体的崛起及其学术体系的形成，我国各种类型的宗教研究机构，高等院校的宗教学系、宗教研究所或宗教研究中心，以及群众性宗教研究社团快速增加，许多省市亦相继成立了宗教学会，宗教学学科建设蒸蒸日上，学术人才和学科新秀不断涌现，研究成果层出不穷，宗教学专业的本科生、研究生培养也获得显著成效。为了加强我国宗教研究、教学机构之间的学术联系，相互介绍汲取科研教学管理经验，尝试构建全国性宗教学工作信息交流网络，商讨今后一段时间的双边或多边协作方向，以巩固我国宗教学在 20 世纪末取得的成果，开创 21 世纪我国宗教学发展的新局面，中国宗教学会和中国社会科学院世界宗教研究所根据各方面的建议，在北京组织召开了这次全国宗教研究、教学机构负责人联席座谈会。各位与会代表是我国宗教学研究领域的领军人物和学术带头人，各自所在的研究及教学机构亦是我国宗教学重镇和研究基地，邀请大家来参加这一座谈会，一方面想达到相互了解、相互交流和相互学习的目的，另一方面则想实现在未来我国宗教学发展中的合作、协调。因此，这次座谈会实际上是交流我国宗教学经验、构想其未来发展的一次"神仙会"，大家可以不拘形式，畅所欲言，既要介绍各单位的研究经验，又应为我国宗教学发展多提建议和设想。这样，座谈会可分为两大部分，前一部分为交流与沟通，请与会各位代表就所在单位宗教研究的历史沿革、目前状况、工作重点、课题设置、今后设想、意见要求等进行发言，时间安排为一天半，即 7 月 18 日全天和 7 月 19 日上午半天。后一部分为建议与设想，请大家就中国宗教学会今后工作和全国宗教研究、教学机构之间的学术合作提供宝贵意见或相关构想及建议，时间安排为半天，即 7 月 19 日下午半天。由于这种座谈会是中国宗教学会的首次尝试，经验不足，经费有限，会议考虑和安排有不当之处，尚请大家多多批评和谅解。中国宗教学的发展，靠我们大家精诚合作、共同努力，希望大家献计献策，积极参与。

再次感谢各位代表的光临和参与！

2002 年 7 月 18 日

49. 中国宗教学会 2003 年学术
研讨会暨工作会议欢迎辞

尊敬的各位理事、各位代表：

经过认真考虑和种种努力，我们终于在 2003 年即将结束之前组织了这次会议。今年是极不寻常的一年，尤其是北京经受了严峻的考验。在战胜"非典"之后，各项工作恢复了正常，我们的学术会议也重新得以策划和筹办。当然，不少会议都被推迟或安排到年底进行，因此今年的 12 月就成了非常繁忙的一月，也成为各种会议的高峰时期。

中国宗教学会自换届以来，不少会员、理事都希望学会能组织定期会议，能多向学术研究倾斜，能有反映学会学术活动和研究成果的固定刊物。要实现这些目标，需要我们大家共同付出努力，因为这首先需要筹措到组织这些活动的经费，其次也需要各位同仁在百忙之中抽出时间来关注、促进学会的工作。为此，我们采取了比较灵活的合作形式，在时间和精力上亦有一定程度的投入。继去年召开了中国宗教学会的工作会议之后，我们今年又得以在北京相聚。此外，《中国宗教学》第一辑也正式出版发行，初步达到了我们在换届会议上提出的设想。在此，我代表中国宗教学会和中国社会科学院世界宗教研究所向与会者表示热烈的欢迎，也向大家为学会发展付出的共同努力表示衷心的感谢！

我们为这次会议选择了一个学术主题，即"世界宗教中的社会伦理及人文精神：基础、历史与实践"。各宗教中的社会伦理，在一定程度上已为我国学者所探讨，但仍需要进一步深入和深化。而讨论世界宗教与人文精神的关联，则是较新的发展。今年春季，大陆和香港学者组织了有关基督宗教与人文精神之关系的小规模的研讨、座谈。今年夏天，香港浸会大学又组织了相关主题的学术研讨会。我想，这一研讨有必要扩大到研究世界宗教与人文精神的关系，而我们宗教学会荟萃了各大宗教和各宗教研究的人才、精英，完全有条件展开这样的研讨。我们谈积极引导宗教与我们的社会相适应绝不应该成为一句空话，而必须落在实处。在人类文明冲突再现、民族和宗教矛盾时时发生的今天，更有必要弘扬宗教中的积极因素，彰显其人文精髓。在此，宗教中的社会伦理及人文精神正是我们此时此刻需要高扬、需要突出的重要因素。大家知道，前些年德国宗教思想家孔汉思在推崇其"全球伦理"的主张时曾说过一句著名的话："没有宗教之间的和平，则没有真正的世界和平。"这一句话后来被人们所反复引用，已成为当代警句。在此，孔汉思很显然已将宗教的社会伦理与世界和平、稳定和发展密切关联。最近，英国著名宗教学家、宗教对话和宗教多元共存的倡导者希克在回应孔汉思的这句话时亦进一步指出，"没有宗教之间的宽容、对话，则没有真正的宗教和平"。这里，宗教的宽容则明显与宗教中的人文精神直接相关。欧洲近代人文精神发展的显著特点之一，即宗教之间的宽容精神。从这一意义而言，我们今天讨论世界宗教中的社会伦理与人文精神，既是发掘人类宗教传统中的优秀精神传统，更是使宗教关注现实发展从而"与时俱进"的努力。

我们这次会议既是学术研讨会，也是一次工作会议，信息、经验交流的会议。大家可以利用这次聚会的机会介绍各地、各单位一年来宗教研究的进展和最新成果，对中国宗教学会未来的工作提出建议、设想和展望，加强相互之间的学术联系和合作。因此，我们的会议是一个工作平台，有待于大家的积极参与和献计献策，以促进中国宗教学会的发展成熟。

最后，祝我们的会议取得圆满成功！

50. 中国宗教学会 2005 年
学术年会发言

尊敬的各位与会代表、各位来宾：

在上海师大学校领导和哲学系的大力帮助下，在上海民宗委的热情支持下，中国宗教学会 2005 年学术年会在上海顺利召开。这次会议首次由中国宗教学会与大学联合组织进行。在此，请允许我代表会议主办方向各位代表、各位来宾表示热烈的欢迎！也请允许我代表会议合作者向我们的合作伙伴上海师大哲学系表示衷心的感谢！

今年学术年会的主题为"宗教与社会和谐"，以体现我们的宗教研究亦要唱好"构建和谐社会"这一主旋律。当然，限于时间，我们很难在会上充分展开讨论、宣读论文。与会代表提交的论文，我们将编入《中国宗教学》第三辑出版，以反映大家的研究成果和学术新意。在会议有限的时间内，我们争取请各位代表就中国宗教学研究、各教学单位宗教学学科建设的进展情况进行交流和沟通，并对中国宗教学会明年的工作，以及明年中国宗教学会的换届提出宝贵建议和高见。此外，我们亦将在此次大会后就中国宗教学研究生奖学金的评议和推荐工作进行商议和审定。

今年 3 月，我们中国宗教学会派团出席了在日本东京召开的第 19 届国际宗教史大会，中国一些高校也派团或个人代表参加了此次会议。国际宗教史协会前后在亚洲共举行了两次会议，都由日本主办，日本组织的前此会议约在五十年前，而这次在亚洲的会议仍由日本学术界出面组织，而且规模空前，报名者达 1700 多人，真正与会者也有约 1300 多人。这充分显示出日本的实力和日本宗教学发展的规模。这次会议也是中国派出代表最多的一次。我们这些与会者当时就很有感慨，中国作为世界上政治、经济、文化大国，也理应是学术大国，而中国宗教学在世界学术舞台上却仍然显得很弱、很不起眼，这与我们的大国风范极不相符。在中国，宗教学虽方兴未艾，却面临重重困难，举步维艰。因为"宗教"问题较为敏感，"宗教学"也就成了敏感学科，甚至给人入了另册之感。其实，我们应该换一种思路来看，"宗教"问题敏感恰恰说明宗教研究的重要，我们更应该大力发展宗教学，而不是回避这门学问，限制这一学科的发展。我衷心感谢与会各位对中国宗教学的关心和支持。中国宗教学的存在和未来发展，就在于我们的坚持，在于我们的努力，我们必须靠自己的努力和成果来唤醒社会的理解，排除歧视和偏见，将宗教学做大、做强，做出中国特色。这样，中国宗教学才能自立于世界学术之林，赶超世界学术先进水平，无愧于中国文化和中国学术的身份及声誉。

中国宗教学的发展要靠各界朋友的积极参与和支持，这次与上海师大的合作会给我们带来启迪，带来"柳暗花明又一村"的喜悦。实际上，中国宗教学会也基本上是在玩"空手道"，没有专职人员和机构，也没有任何经费和资源。其活动的开展只能依赖国内、国际的各种合作。在此，我也有一个建议，就是除了每五年举行的一次中国宗教学换届大会之外，其每年的学术年会则争取以类似今年与上海师大合作的方式来进行，发挥两个积极性，发掘和利用各地资源，鼓励、号召大家共同为中国宗教学会的存在与发展作出贡献。其实，这一建议早已由相关大学的同志们所提出，我们今年开始将之加以实施，今后在中国宗教学会的学术年会上，争取能确定次年的合作即联合举办者的单位。据我所知，中国的社会科学院院长会议即以这种方式在进行，每次甚至都由各地方社会科学院以竞标方式来确定下次的主办单位和会议地点。当然，我们一方面要鼓励这种积极性，另一方面也应实事求是，灵活掌握。总之，发展中国宗教学，办好中国宗教学会应人人有责，要共同努力。我们也对中国宗教学的更好未来充满希望，抱有信心。最后，再次感谢各位代表的光临和支持，祝大家在上海有愉快的聚会和逗留，祝我们的学术年会取得成功！谢谢！

51. 中国宗教学会第六次全国会议

——暨"科学发展观与宗教研究"学术研讨会（2006）开幕词

尊敬的各位领导、各位来宾：

首先，请允许我代表会议主办单位欢迎大家莅临中国宗教学会第六次全国会议，向大家积极参与和支持中国宗教学的建设与发展表示衷心的感谢，并向大家在这一研究和工作领域作出的卓越贡献表示崇高的敬意！

在当代中国宗教学近三十年的发展中，经老一辈学者和年轻学者的不懈努力，这门学科已从其最初作为鲜为人知的边缘、敏感之学术领域而成为今天被人们所普遍关注和重视的人文、社会科学中的重要研究领域，从事这一研究的学者队伍已颇具规模，其研究成果也在为我国社会主义事业的繁荣兴盛而增光添彩。在我们组织召开这次全国会议之际，全国人民正在认真学习和贯彻落实党的十六届六中全会通过的《中共中央关于构建社会主义和谐社会若干重大问题的决定》，努力使中国特色的社会主义社会继续创新、发展。《决定》指出："社会主义和谐社会既是充满活力的社会，也是团结和睦的社会。必须最大限度地激发社会活力，促进政党关系、民族关系、宗教关系、阶层关系、海内外同胞关系的和谐，巩固全国各族人民的大团结，巩固海内外中华儿女的大团结。"这就使我们清楚地认识到，"宗教关系"是在促进和谐社会建设中五个重大关系之一。因此，促进包括宗教关系在内的各方面关系的和谐，发挥宗教在促进社会和谐方面的积极作用，乃是我们宗教研究者和工作者当前的重要使命和责任。

为了充分发挥宗教在促进社会和谐方面的积极作用，我们应该以科学发展观来指导、引领我们的宗教研究。所以，我们这次会议的学术研讨就以"科学发展观与宗教研究"为主题。科学发展观突出以人为本、全面协调可持续发展。这种发展观强调人与自然的和谐，人类社会的和谐，而我们的宗教研究则正是要用来促进社会和谐、人类发展和历史进步。在宗教研究领域，也就是要研讨、促进宗教内部以及各宗教之间的和谐，促进宗教与其存在社会及民族的和谐，由此使我们的研究为促进人类和平、世界和谐作出贡献。

除了学术研讨之外，我们还将组织中国宗教学会理事会的换届会议，选举产生学会的第六届理事会及其工作班子。在新的五年中，我们坚信中国宗教学将取得新的成果和进展，中国宗教学会亦会更加发展壮大。因此，通过大家的共同努力，我们将为中国宗教学创造新的历史，迎接更美好的未来。最后，祝我们的会议取得圆满成功。谢谢大家！

52. 中国宗教学会（第六次全国会议）工作报告

本届中国宗教学会的工作始于 2001 年下半年，至今正好已有五年之久。现将这五年学会的工作情况简要报告如下：

一 学会会议情况

挂靠中国社会科学院世界宗教研究所的中国宗教学会得到国家宗教局和学会理事、企业家程世平先生的赞助，于 2001 年 8 月 1 日—3 日在京召开了第五次全国会议暨"21 世纪的宗教研究"学术研讨会。中国社会科学院李慎明副院长、国家宗教局叶小文局长和国家图书馆馆长、学会顾问任继愈先生在开幕式上致辞。会议通过了修改章程，在这一届取消了秘书长负责制，增设了常务副会长和名誉理事，由中国社会科学院世界宗教研究所职能部门兼任学会秘书处工作；会议遴选产生了学会第五届理事会，理事会选出了学会新的领导成员，由丁光训任名誉会长，孔繁等 17 人担任顾问，卓新平当选为会长，吴云贵、曹中建、张新鹰任常务副会长，刀述仁、马英林、戴康生、王志远、业露华、李刚、余振贵、牟钟鉴、张继禹、赵敦华任副会长。会议选出名誉理事 21 人，理事 215 人。

2002 年 7 月 18 日至 19 日，中国宗教学会在北京召开全国宗教研究、教学机构负责人联席座谈会，40 余人出席会议，这次座谈会大大促进了各机构的联系，并由此形成在五年一届中每年召开一次中国宗教学会工作会议或座谈会的惯例。

2003 年 12 月 8 日至 10 日在北京召开了全国各宗教研究、教学机构负责人和在京宗教学会部分理事的联席座谈会暨学术研讨会，会议主题："世界宗教中的社会伦理、人文精神：基础、历史与实践。"

2004 年度国内宗教学研究、教学单位代表暨中国宗教学会部分理事联席座谈会于 12 月 13 日—14 日在北京渔阳饭店召开，来自全国社科院系统、高校、党政机关和宗教界的 68 位学者出席了会议。本次座谈会共分六场全体会议，与会代表围绕着各宗教学研究和教学单位的研究情况，对国家社科基金宗教学科"十一五"规划和中国宗教学会今后工作等内容进行了交流和沟通。在 13 日的会议上，共有 35 位代表发言，交流了国家社科基金宗教学科"十一五"规划以来，各宗教学研究和教学单位及个人的课题研究及学科建设情况。14 日的全体会议则是对国家社科基金宗教学科"十一五"规划提出建议。会议组织者大体将宗教学研究领域概括为宗教学基本理论研究、宗教历史研究、宗教现状与现实问题研究、宗教经典文献研究以及宗教名著的翻译五个方面。随后有 19 位代表对"十一五"规划提出不少有价值的建议，对未来中国宗教学发展前景进行了展望。

在 2004 年的学会会议上，经过理事推荐和全体理事表决，增补了 21 位新理事。与会代表还对中国宗教学会今后工作提出了建议，如在条件成熟的省成立中国宗教学会分会，在各地轮流召开中国宗教学会年会等。会议还讨论了以书代刊出版《中国宗教学》、中国宗教学会的网站建设、年会的举办方式、中国宗教学会各专业委员会及各省市宗教学分会的组建、中国宗教学奖学金设立等问题，提出了富有建设性的设想。大家认为，中国宗教学属于刚刚起步和发展的学科，还大有潜力可挖。从世界范围来看，宗教学也是一个新兴学科，然而其研究领域非常广，其许多问题也是非常热门的话题，因此，大家应共同努力，促进中国宗教学不断发展和壮大。

中国宗教学会于 2005 年 11 月 4 日—6 日与上海师范大学哲学系联合在上海召开了 2005 年学术年会暨国内宗教学研究、教学单位代表联席座谈会。这次学术年会主题为"宗教与社会和谐"；座谈会就宗教学研究、教学单位学科建设的进展情况进行交流和沟通，并商讨中国宗教学会今后的工作以及就中国宗教学研究生奖学金的评议和推荐工作进行商议。这次会议是中国宗教学会与高校联合办会的一次成功尝试。会议建议今后五年一次的换届大会在北京召开，而其间每年一次的学会工作会议则在各地与高校联合举办。

2005 年 3 月 24 日—31 日，中国宗教学会还组团参加了在日本东京召开的第 19 届国际宗教史学会世界大会。

二　学会出版情况

在 2001 年中国宗教学会第五次全国会议上，我提议由学会不定期地编辑出版会刊，刊名定为《中国宗教学》。这样，在宗教文化出版社的大力支持下，学会用以书代刊的形式先后编辑出版了两辑《中国宗教学》，其中第一辑内容为选编收录提交给中国宗教学会第五次全国会议暨"21 世纪的宗教研究"的论文以及学会第五次全国会议的有关文件资料。第二辑内容主要为 2003 年中国宗教学会工作会议暨"世界宗教中的社会伦理、人文精神：基础、历史与实践"学术研讨的部分论文。现正在筹备第三辑等的出版工作，其内容将主要为 2005 年中国宗教学会上海会议的部分论文，以及这次会议的相关论文。如果论文较多，篇幅较大，我们将考虑分第三辑、第四辑两本书来出版。

三　中国宗教学研究生奖学金情况

在亚联董的支持下，中国宗教学会于 2005 年开始评选宗教学研究生奖学金，规定正在培养宗教学研究生的各研究单位和高校可以推荐一名博士研究生、一名硕士研究生参评。2005 年全国共评有 25 名博士生，25 名硕士生。每名博士生奖学金为人民币 5000 元，每名硕士生奖学金为人民币 3000 元。今年由于亚联董的资助减少，我们只能将研究生奖学金的名额压缩为 18 名博士生和 18 名硕士生。由于亚联董领导阶层的更换和政策的改变，今后将不再为我们提供这一资助。因此，如果不能获得相关资助，中国宗教学研究生奖学金项目也将停止，特此告之。

四 学会财务情况

学会在 2001 年召开第五次全国会议时，曾得到学会理事、企业家程世平先生和国家宗教局的赞助，款项已用于会务。2006 年学会第六次全国会议的召开得到中央统战部的部分赞助。在此我代表学会向上述赞助部门和个人表示诚挚的谢意。学会工作的行政运转得到主管单位中国社会科学院的少量资助，用于会议和出版补贴。此外，2005 年的学会工作会议由上海师范大学负担与会代表食宿和会务，我们在此亦对上海师大表示衷心感谢。2003、2004 年的工作会议经费则由会长部分筹措和解决。总体而言，中国宗教学会在财政上基本上属于玩"空手道"，依赖于大家的支持和有关部门、大学的帮助。今后，我们将以与高校合作办会的方式解决年会会议经费问题，即每年与一所大学联合组织一次中国宗教学会年会，在这次会议上将商定今后四年学会工作会议的合办单位和时间、地点，如有任何变化则由学会本身设法解决，从而使学会工作得以继续。

这五年学会工作情况报告完毕。谢谢大家！

53. "宗教与世界和谐"暨 2007 年度中国宗教学年会开幕词

尊敬的各位领导、各位来宾：

在党的"十七"大即将召开的金秋十月，我们聚集在美丽的西子湖畔、人间天堂杭州，举行"宗教与世界和谐"学术会议暨 2007 年度中国宗教学年会（2007 年 10 月 13 日）。这次会议由中国宗教学会和浙江大学基督教与跨文化研究基地联合组织召开。作为会议的主办单位之一，我谨代表会议组织者向各位学者、各界朋友的莅临表示热烈的欢迎！而作为会议的合作者之一，我也借此机会代表中国宗教学会向浙江大学表示衷心的感谢！

中国的宗教学在"和谐"的氛围中获得了稳步的发展，取得了可喜的成绩。众所周知，构建"和谐社会"是当今中国发展的主旋律，争取"和谐世界"也是各国人民所努力的共同目标。而宗教与世界的和谐乃有着非常密切的关系。去年，由中国佛教界出面组织召开了"世界佛教论坛"，提出了"和谐世界，从心开始"的口号；去年年底，中国社会科学院基督教研究中心组织召开了"基督宗教与和谐社会"的学术研讨会；而今年中国道教界也在西安和香港组织了"道德经论坛"，并以其"和谐世界，以道相通"的表述而吸引了世界的关注。因此，我们组织这次"宗教与世界和谐"研讨会乃恰逢其时，表达了我们中国宗教研究学者关注"世界和平"、"社会和谐"的心声，以及对构建"和谐社会"的积极参与。

应该承认，"和谐社会"仍然还是人类的一种理想。由于不同政治经济利益、价值观念以及宗教信仰、文化传统和生活方式的碰撞、冲突，这个世界并不"太平",故而少有"宁静"与"和谐",甚至在"冷战"时期结束之后,冲突、碰撞、战争的枪炮声仍不绝于耳,且更有扩散之势。所以说,人类"多中求同"、"和而不同"、"和为贵"、"和"达"通"已是对人类生存与发展的智慧的重要考验。在寻找社会冲突的原因、争取和平的努力中,我们也应该注意到宗教所起的作用。在当前全球化形势下,宗教现象的多元、宗教文化的多样,则是我们宗教研究者所关注的焦点所在。宗教信仰及其表达,是人类多元思想、多元文化最为典型、最为集中的展示之一。宗教的对话与沟通,无论是在理论思想层面还是在社会实践层面,都是实现"世界和平"、使人类真正"安宁"、"和谐"的关键所在。因此,我们的宗教研究既有学术意义,亦有现实意义。

中国宗教学的系统发展已有近三十年的历程,是中国人文社会科学领域发展最快、影响最大的学科之一。尽管宗教研究在中国当今仍有诸多敏感点,仍介乎"险"学与"显"学之间,但其成就乃是有目共睹的,而其在国际学术界的地位也越来越高。这些成绩的获得,与我们宗教研究学界、政界和教界三支队伍的精诚团结、密切合作、相互理解和支持密不可分。宗教学是人文社会科学的一门重要学科,中国作为政治大国、文化大国和学术大国,也必须有宗教学的显著地位。宗教研究有不同的侧重,涉及不同的问题意识,但其归属大致为基础理论研究即所谓"纯学术"研究,现实应用研究即"工作实践"需求这两大类。作为宗教学,我们则应强调其"学理"、"学科"意义,形成我们今天发展"宗教学"的自我意识和身份认同,自觉坚持其"学术"、"学理"之原则。我个人认为,这种宗教学意识的形成和宗教学科体系的发展,应是中国宗教学积极、良性、可持续性发展的可靠之途。为此,我希望能够加强、突出中国宗教学的"学术"、"学科"、"学理"意识,主要将之作为一门"学问"来研究、提高和发展,由此体现中国宗教学的主体性和客观性,为我们的理论创新和文化建设服务。当然,以这种"学问"的基本理论和学科知识,我们同样可以"学以致用"。立足"学术"所取得的成果,完全可以被政界、教界所关注、研习、参考、借鉴和运用。例如,当前世界和中国的宗教形势出现了重大变化,宗教问题更加敏感和突出。在世界范围,宗教冲突、宗教对话等问题已引起人们的高度重视；宗教的发展与传播亦出现了新的动向，这种趋势所带来的中国宗教存在格局的变化、其传播所导致的新问题，都是政界在认识宗教上的一些兴奋点和关注点。世界全球化走向和中国开放性姿态，使宗教问题的国际、国内界线逐渐淡化、模糊，宗教在当代中国的流传和渗透已呈现错综复杂的态势。究竟如何看待、评价宗教在当代的新发展，如何处理宗教在中国引发的新问题，政界的分析、决策和采取相应措施，都需要宗教研究者的敏锐观察、冷静分析提供思想和智慧。宗教学的理论、历史研究信息，可以为政界的相关政策之制定提供其学理基础和知识背景。但宗教学"学问"本身的纯粹性和独立性则可避免它嬗变为随波逐流的"政治"之术或权宜之计，或沦为失去学术客观性、公正性的宣教性或护教性"在教言教"。政治之用主要在宗教研究知识的"工具理性"或"实践理性"层面，这与宗教学知识体系本身的"价值理性"或"学理意义"仍有着明显的区别。宗教学知识可以"被用"，但其理论体系不只是为了"政治"之"用"，而有其自身的问题意识、话语体系和目的旨趣。此外，政、宗、学三界的学者在宗教学范围内也必须突出其"学者"身份和职责，研究者主体观念、态度的客观性、科学性、中立性、学术性乃至关重要，宗教学的研究者应持"学者"之态，不能作为"信者"而被其研究对象所支配、把握，以主观情感、信仰取向来代替客观研究、学术良心。因此，宗教学必须与"护教学"本质有别，如同防范在政治、社会领域已出现的所谓宗教渗透那样，也要防止、避免其对学界的渗透、影响，宗教学不能成为"信者"所用的"宗教神学"。不同人群研究宗教可以有不同的考虑、不同的目的或目标，但作为宗教学，其学科意识、意义本身应具有的超脱性、超越性和客观性，则是我们应该反思和重视的。在复杂、多变、多元，且开放、波动的当今中国社会，强调、突出宗教学的学科意义和学问意识，搞好其学科本身的建设与发展，或许是其能够得到平安、正常和顺利发展的坦途。在此，我们应该多有"学者"的定位和"学术"的意识。这是"学界"与"政界"和"教界"的不同之处。若持守这一原则，我们仍可从学理层面探究、界说宗教的本质和意义，分析、评价其传播、渗透及影响。

宗教研究有其开放性，宗教学发展亦有其未知性。我衷心希望在这次会议中大家能畅所欲言，为世界和谐和宗教在其中的意义及贡献提供睿智卓见，为我们宗教学的发展建言献策。因此，这次会议也是宗教学研究状况、进展的交流会议。最后，祝大家在杭州有健康、愉快的金秋之行，学术之旅，并取得新的收获。谢谢！

54. "改革开放以来的中国宗教学研究"

——纪念中国宗教学会成立三十周年学术研讨会致辞

尊敬的各位领导、各位理事、各位代表：

感谢厦门大学，尤其是厦大人文学院的大力支持和通力合作，感谢中央统战部、国家宗教局、福建省民族宗教事务厅等党政部门及其领导的热情关心和指导，也感谢来自全国高等院校及研究机构各位专家学者的积极响应和参与，2009 年中国宗教学会的年会得以在美丽的海滨城市厦门召开。这次会议由中国宗教学会和厦门大学人文学院联合召开，因此，请允许我代表中国宗教学会和中国社会科学院世界宗教研究所，在中国最美的大学之一厦门大学的校园里，向我们的合作机构厦门大学、向莅临会议的各位来宾，表示衷心的感谢！

今年的会议以"改革开放以来的中国宗教学研究——纪念中国宗教学会成立三十周年"为主题。2009 年是非常值得纪念的一年。我们刚刚欢度了中华人民共和国成立六十周年的节日，紧随着我们又聚集在一起纪念中国宗教学会成立三十周年。对于我们中国宗教学者来说，的确是喜上加喜！

三十年前，乘着中国改革开放的东风，中国宗教学者在南方春城昆明召开会议，成立了中国宗教学学会。1979 年中国宗教学学会的创立在中国当代宗教学发展上具有里程碑意义，三十年来，学会引导、参与并见证了中国宗教学的迅速发展及其取得的巨大成就。中国宗教学学会的首任会长是任继愈先生，任先生是中国马克思主义宗教学的开创者和奠基人，在当代中国宗教学的发展上有筚路蓝缕之功。今年 7 月 11 日，任先生不幸因病去世，在我们纪念中国宗教学会成立三十周年的日子里，我们深切缅怀任继愈先生，并将继承任先生的遗愿，努力完成他未竟的事业，进一步推进马克思主义宗教学的研究和对世界宗教的研究，开创具有中国特色、与时俱进的宗教学学科及其理论体系。

以中国宗教学会为建构的中国宗教学的形成，是 20 世纪以来中国当代学术史上的一个重大突破，它标志着中国宗教研究已从零散的学者个人研究走向了其作为宗教学学科的真正系统化、体系化、规范化、专业化的全面发展。尽管宗教学在某种程度上仍是一门"险学"，面临着各种"敏感"和发展上的困难，却已走过了"早春二月"的艰难时日，我们所感受到的已不再是"春寒料峭"，而已经有了"春华秋实"的收获。

中国宗教学作为社会主义体制中的一门人文社会科学，按其"国情"理应以马克思主义为指导。因此，马克思主义宗教观的研究在中国宗教学的构建中有着核心和关键作用。我们的一个重要使命，就是要系统、全面、客观、科学地研究马克思主义宗教观的理论体系及其观点、方法，并以此指导我们的宗教学研究，争取创建具有中国特色、与时俱进、辩证发展的马克思主义宗教观及其体系、学说。中国宗教学目前研究的突出特点，就是主要由哲学人文学科、社会科学领域中一批没有宗教信仰前提的学者来进行宗教研究，这在世界范围的宗教研究中都乃"一枝独秀"，引人注目。尽管这种"教外"研究受到一些批评，在西方社会的当代宗教学发展正面临着步履维艰的处境，我们仍然坚持宗教学研究应该是客观、科学的，不应以信仰为前提，甚至有着宗教信仰背景的学者在宗教学研究上也必须"悬置"其信仰，不能做"护教论者"。与西方宗教学的衰微相对照，中国当代的宗教学可谓"风景这边独好"，在短短的三十年中有了飞跃式发展，取得了令世人瞩目的成就。为此，我们有责任坚持并继续发展这种客观的、科学的宗教学研究势头。其实，在西方不少神学院中，也正出现改"护教"为客观、多视角研究宗教的嬗变，形成了超出传统神学、体现出宗教学特征的全新发展，其走向值得观察、耐人寻味。

必须承认，马克思主义宗教学是中国当代宗教学的核心、主流，然而在整个世界范围，甚至在中国范围的宗教学研究中却并不是其全部和唯一。在一个开放的时代，不可避免有"百家争鸣、百花齐放"的多元。因此，我们必须正视"在教言教"的宗教研究之存在，认识宗教界内部早已有之的宗教研究，并且必须尊重这些宗教界的学者或具有宗教情怀的学者，与他们展开对话、交流，达到"和而不同"、相互尊重。当代"中国版"的马克思主义宗教观，并不突出"斗争哲学"，而乃提倡"和谐理念"；其立意和目的就是"要全面贯彻党的宗教工作基本方针，发挥宗教界人士和信教群众在促进经济社会发展中的积极作用"、"着力激发信教群众的爱国热情和建设中国特色社会主义事业的积极性"，这是中国共产党对我们"做好新形势下宗教工作的根本要求"。根据党的十七大精神，我们所继承发扬的马克思主义宗教观不应该是教条主义的、僵化的、机械唯物主义的、形而上学的、脱离中国实际的，而必须是辩证唯物主义的、创新发展的、符合中国国情和新时代之新形势的。中国宗教学的当代发展也应该符合党的宗教工作这一精神指导的要求。

必须指出，马克思主义宗教观包括有科学无神论的重要内容。"科学"的无神论不应该是机械的、封闭的、僵化的，也与18世纪的"战斗无神论"、19世纪的"人本主义无神论"明显不同。从与时俱进、"坚持党的宗教工作基本方针"、"坚持积极引导宗教与社会主义社会相适应"的角度来看，"科学"的无神论应该是辩证的、开放的、发展的、对话的、建设性的，由此构成马克思主义无神论的基本框架和体系。无神论研究和宣传必须是开放性的、以理服人的，起到团结教育广大人民群众的积极作用。因此，我们真正迫切需要的无神论研究和宣传，主要不是在已经相信无神论的部分人们圈子之内的封闭性、"自言自语"、"自说自话"，而必须"走出去"，真正面向广大群众，有效说服、打动、教育群众，这种研究和宣传尤其在党政干部中、在青少年中，在积极争取向共产党靠拢、志在加入这一先锋队的先进分子中有其迫切性，必需且必要。科学无神论的真正意义不仅是要坚守无神论者自己已有的阵地，而是在于不断扩大这一阵地，形成广泛而且有效的感染力、影响力。我们现在真正需要的，不是把无神论研究和宣传变成封闭性的"同仁"、"行话"或"自语"，而应该以开放、开明的心态及举措，团结、联合更多的人来推动"科学无神论"的研究和宣传。在这一意义上，中国宗教学与科学无神论的研究完全可以有机结合，携手并进。我们已经进入一个"对话"的时代，我们的理念是"和谐"、"和合"、"和睦"。"批判"的目的在于"建设"，"破"旨在"立"。因此，我们应该在宣传科学无神论与积极引导宗教与社会主义社会相适应、发挥宗教界人士与信教群众在经济发展、社会和谐建设中的积极作用之间找到理想的协调之处，形成良性的呼应与对照。这样，无神论不只是关于"有神"或"无神"之争，还应该从双方"对抗"及"对话"的角度论及对各自所言述之"神"本身的"理解"、"解释"，看到人类宗教在"神明"观上的发展演变。如果仅以"独白"来取代"对话"，以"指责"来堵塞"理解"，以"分离"来排斥"联合"，则有可能把无神论研究和宣传本身孤立起来，脱离群众和现实，结果反而不利于我们当今"和谐社会"的构建。所以，科学的无神论研究应正视当代宗教学的上述问题意识和研究范围，在对话中使无神论者与宗教界能够比翼双飞，达到双赢。

中国宗教学开创、发展的三十年，有许多经验要总结，同样也有一些教训应汲取。在这次研讨会上，与会代表对于中国宗教学的成长及其特色会有精彩的回顾、总结，观察、思考，以及前瞻、展望。因此，衷心祝愿我们的研讨会取得圆满成功！

55. 湖南读书会感言

　　非常感谢社科书店组织这个意义独特的"湖南读书会"，也非常感谢各位湘籍学人及相关朋友来积极参加这一活动。中国社会科学院作为中国哲学社会科学的最高学术殿堂而有如此之多的湘籍学者，我感到非常高兴和激动。大家因为爱书、读书、研究学问而走到了一起，供职于社会科学院的各个研究所或其他部门，这是一种缘分，也是一份责任。在书的面前，我们是书生、书友，自然也不乏"书生意气"。

　　记得我自己和书结缘始于高中毕业以后。在中学时期，其实我已经有了对书的特别爱好。当时处于"文革"期间，不允许读书，也不让藏书。我就读的中学当时曾经开展过所谓"收黑书"运动，让学生们把家里的书都拿来交给学校。我那时恰好是班干部，负责把本班学生交来的书集中收齐后上交。这就给了我一个"先睹为快"的绝好机会。我利用这个时间差而拼命阅读大家交上来的各种书籍，并把我喜欢的一些文章、诗歌抄录下来。可以说这是我第一次"博览群书"，意外开了一次读书的"洋荤"。高中毕业后我几经波折而进了家乡当地的一所大专，成为非"工农兵"的"工农兵大学生"，以英语为专科。由于比其他同学晚进校两个多月，我拼命地补功课，结果落了一个"走白专道路"的嫌疑。这样，我不敢再专攻英语，而是开始阅读文史哲的各种书籍，尤其是马克思主义的一些经典著作就是在这种情况下开始接触的。那时学校图书馆借书师生有别，许多书只能借给老师而与学生无缘。但我们总会找到变通的办法，如在周末向自己熟悉的青年老师借书，利用周六一个通宵、周日全天和夜晚抓紧阅读，囫囵吞枣，在周一清早返校后还给老师。以这种方式，我在上大学期间读了不少书，包括许多只供给老师阅读的"内部发行的书籍"。在那个时期尚无电脑和复印机，我利用同学、朋友的关系而也借到了一些在北京、长沙的大学中颇有影响的书籍，我感到对这些书光阅读还很不够，于是干脆抄下来。两年下来抄了十多本书，但其中一些是"节录"，而不全是全部抄下的"手抄本"。由于喜欢读书和在图书馆借书，学校图书管理员也很高兴，多次在其总结中把我写进去，并告诉我学校图书馆为数不多的文史哲藏书已被我借得差不多啦。大专毕业后经过一年在农村的劳动"改造"、接受贫下中农的"再教育"，我非常"荣幸"地留校任教，但同时通知我马上去农村参加农村工作队的工作；但这回角色有了改变，不是去接受贫下中农的再教育，而是去像村干部那样"管理"贫下中农。这一去又是两年半之久，结果是学外语的我没有"留洋"，而是前后"留乡"三年多，到1977年底回到城里时几乎已不会说洋文，手上老茧也厚得拿不住笔。终于，学校开了恩，送我去省城的湖南大学进修三个月。这样，我住在岳麓山下、湘江北岸，每天都可以经过岳麓书院旧址，也经常到设在山下自卑亭中的大学图书馆借书处借书，再次从农民成为书生。

岳麓书院曾经辉煌，它以"造就人才，传道济民"为宗旨，一度达到"道林三百众，书院一千徒"的鼎盛，于是留下了"唯楚有材，于斯为盛"的佳话。虽然当时岳麓书院尚未恢复和开放，但身临其境、在周边环境的熏陶下，自己开始体悟"湖湘性格"的蕴涵及意义，感到了一种历史的传承和责任。在三个月的进修中我自学、补充了大学四年应上的课程，为第二年考研究生打下了重要基础。从湖南的乡下到首都北京，这一历史时期我们一同经历了湖南人命运、作用的巨大变化和转型。

湖南曾是名人辈出的省份，尤其是中国革命时期，以毛泽东为代表的湖南人直接参与并主要引领了中国革命的成功，由此使许多湖南人成为中国现代政治史上指点江山、叱咤风云的"出类拔萃之辈"。在革命开创时期，湖南人的"霸蛮"精神得到了淋漓尽致的发挥，其典型之例就是把老子的名言"不敢为天下先"硬是改为"敢为天下先"。一字之减遂有着天壤之别。然而，在中国的改革开放、经济建设时期，湖南人的后劲却显得不足。经济建设更需要的是仔细、认真、精打细算、深思熟虑，而湖南人传统的"霸蛮"精神则往往行不通，有时甚至会吃亏。从"打天下"的政治到"坐天下"的政治之转型过程中，湖南人逐渐在隐退、让位，慢慢从政治的核心地位向边沿流移。必须承认，与江浙、沪粤一带相比，湖南人在经济发展上并不具优势；从古到今，湖南也缺少像浙江、山西、江苏、广东这些地区所出现的那种富商大贾。在今天的发展中还有没有给湖南"弯道超车"的机遇，也非常难说。在以经济建设为主战场的社会发展中，这种经济领域的弱势则必然影响到其政治领域的作为和参与。不言而喻，今天的湖南人颇有"江山代有才人出，各领风骚数百年"的感慨和失落，也深刻认识到经济上的"稍逊"就可能会带来整体的颓势。

今天的湖南人该怎么办？在一定意义上或许可以说，湖南人的近现代崛起始于湖南人的读书传统和教育发展，而今天的竞争也不会给湖南人任何"捷径"来走。那么，我们就应该回到读书、回到教育，希望能在朗朗的读书声中感受到湖南人重新崛起的抱负及其雄风。记得几年前在北京的书展上曾听到湖南的出版社"湖南人能吃辣椒能出书"的豪言壮语，这或许是以一种较为文雅方式来表现的"霸蛮精神"。可能我们已别无选择，只能从读书开始、从出书做起，尤其对我们湘籍学人来说也只能做到这点。幸运的是，我们毕竟还有这一专长，而不是一无所有。在当今的和平年代，出思想、出文化、出智慧、出学问，我们湖南学人应一马当先！

2010 年 1 月 9 日

附一

卓新平学术简历

卓新平：男，土家族，1955年3月31日生于湖南慈利，现任中国社会科学院世界宗教研究所所长，研究员，中国宗教学会会长。1972年5月至1974年7月就读于湖南常德师专英语专科，1974年8月至1978年9月任湖南常德师专英语科教师，其间曾于1977年11月至1978年1月在湖南大学英语培训班、湖南师范学院英语系进修；1978年10月至1981年9月在中国社会科学院研究生院世界宗教研究系读基督教专业硕士研究生，1981年获哲学硕士学位；1981年8月至1983年5月任中国社会科学院世界宗教研究所助理研究员；1983年5月至1988年11月留学德国慕尼黑大学，1987年获哲学博士学位，1988年9月当选为德国（欧洲）宗教史协会终身会员；1988年11月至1992年8月任中国社会科学院世界宗教研究所副研究员，1989年至1993年任中国社会科学院世界宗教研究所基督教研究室副主任，1991年被人事部和国家教委评为"有突出贡献的留学回国人员"，1992年8月被评为中国社会科学院研究员和享受国务院政府特殊津贴专家，1993年9月至1998年9月任中国社会科学院世界宗教研究所副所长，基督教研究室主任，自1994年任中国社会科学院研究生院教授、硕士生导师，同年当选为中国国际文化交流中心理事和中国统一战线理论研究会理事，1995年至2001年任中国宗教学会副会长，1996年至2003年任中国社会科学院研究生院世界宗教研究系主任，1996年任中国社会科学院研究生院学术委员会委员、博士生导师，任中国社会科学院基督教研究中心主任，被评为国家级有突出贡献的中青年专家和"新世纪百千万人才工程"国家级人选，当选为欧洲科学艺术研究院院士，自1998年9月任中国社会科学院世界宗教研究所所长，1999年当选为中国统一战线理论研究会副秘书长、常务理事，2000 年至 2004 年任联合国教科文组织下属国际哲学与人文科学研究理事会副主席，2001 年当选为中国宗教学会会长，2002 年任清华大学伟伦特聘访问教授，美国伯克利联合神学研究院苏吉特·辛格学术讲座主讲，2003 年 8 月至 2004 年 7 月任英国伯明翰大学佩顿研究员（访问学者），自 2003 年任国家社科基金宗教学评审组组长，被评为优秀留学回国人员，任香港中文大学庞万伦基督教与中国文化讲座主讲，2003 年至 2009 年任美国亚洲基督教高等教育联合董事会董事，2004 年入选中宣部首批"四个一批"人才，连任中国统一战线理论研究会常务理事，2005 年任中国社会科学院学位委员会委员，2006 年 8 月当选为中国社会科学院学部委员，连任中国宗教学会会长；2007 年 12 月参加中共中央第十七届政治局第 2 次集体学习，与牟钟鉴教授共同就"当代世界宗教和加强我国宗教工作"问题进行了讲解；2008 年 3 月当选为第十一届全国人大常委、民族委员会委员、资格审查委员会委员，同年任国务院学位办哲学组成员。

附二

卓新平主要著述目录

一 个人专著（独著）

《全球化的宗教与当代中国》，社会科学文献出版社，2008 年 2 月。

《基督教与中国文化的相遇、求同与存异》，香港中文大学，2007 年 3 月。

《当代亚非拉美神学》，上海三联书店，2007 年 1 月。

《当代基督宗教教会发展》，上海三联书店，2007 年 1 月。

《神圣与世俗之间》（文集），黑龙江人民出版社，2004 年 1 月。

《基督宗教论》（文集），社会科学文献出版社，2000 年 9 月。

《基督教知识读本》，宗教文化出版社，2000 年 8 月。

《宗教理解》，社会科学文献出版社，1999 年 9 月。

《当代西方新教神学》，上海三联书店，1998 年 5 月（2006 年 2 月再版）。

《当代西方天主教神学》，上海三联书店，1998 年 5 月（2006 年 2 月再版）。

《基督教犹太教志》，上海人民出版社，1998 年 10 月。

《基督教文化百问》，今日中国出版社，1995 年 4 月。

《世界宗教与宗教学》，社会科学文献出版社，1992 年 6 月。

《尼布尔》，台湾东大图书公司，1992 年 9 月。

《圣经鉴赏》，中国社会科学出版社，1992 年 2 月，（宗教文化出版社 2000 年 11 月新版）。

《西方宗教学研究导引》，中国社会科学出版社，1990 年 7 月。

《宗教起源纵横谈》，湖南人民出版社，1988 年 12 月。

《宗教与文化》，人民出版社，1988 年 10 月。

《中西当代宗教理论比较研究》（德文），彼得·朗出版社 1988 年版。

（*Theorie über Religion im heutigen China und ihre Bezugnahme zu Religionstheorie des Westens*，Peter Lang Verlag，1988）。

二　主编著作

《基督宗教研究》（第十二辑），共同主编，宗教文化出版社，2009 年 11 月。

《论马克思主义宗教观》，共同主编，社会科学文献出版社，2009 年 10 月。

《20 世纪中国社会科学·宗教学卷》，广东教育出版社，2009 年 7 月。

《基督宗教社会学说及社会责任》，共同主编，宗教文化出版社，2009 年 5 月。

《基督宗教研究》（第十一辑），共同主编，宗教文化出版社，2008 年 12 月。

《中国宗教学 30 年》，中国社会科学出版社，2008 年 10 月。

《基督教小辞典》（修订版），上海辞书出版社，2008 年 7 月。

《当代中国宗教研究精选丛书·基督教卷》，民族出版社，2008 年 1 月。

《基督宗教研究》（第十辑），共同主编，宗教文化出版社，2007 年 11 月。

《马克思主义研究论丛·宗教观研究》，共同执行主编，中央编译出版社，2007 年 9 月。

《基督宗教研究》（第九辑），共同主编，宗教文化出版社，2006 年 11 月。

《基督教文化 160 问》，东方出版社，2006 年 6 月。

《基督宗教研究》（第八辑），共同主编，宗教文化出版社，2005 年 11 月。

《宗教比较与对话》（第六辑），宗教文化出版社，2005 年 10 月。

《中国基督教基础知识》，宗教文化出版社（1999 年 1 月 1 版），2005 年 7 月。

《信仰之间的重要相遇》，共同主编，宗教文化出版社，2005 年 6 月。

《基督宗教研究》（第七辑），共同主编，宗教文化出版社，2004 年 12 月。

《宗教比较与对话》（第五辑），宗教文化出版社，2004 年 11 月。

《基督宗教研究》（第六辑），共同主编，宗教文化出版社，2003 年 12 月。

《相遇与对话》，宗教文化出版社，2003 年 9 月。

《基督宗教与当代社会》，共同主编，宗教文化出版社，2003 年 8 月。

《宗教比较与对话》（第四辑），宗教文化出版社，2003 年 8 月。

《基督宗教研究》（第五辑），共同主编，宗教文化出版社，2002 年 11 月。

《20 世纪中国学术大典·宗教学》，执行主编，福建教育出版社，2002 年
　　9 月。

《基督教小辞典》，上海辞书出版社，2001 年 12 月。

《宗教比较与对话》（第三辑），宗教文化出版社，2001 年 10 月。

《基督宗教研究》（第四辑），共同主编，宗教文化出版社，2001 年 10 月。

《基督宗教研究》（第三辑），共同主编，宗教文化出版社，2001 年 10 月。

《基督宗教研究》（第二辑），共同主编，社会科学文献出版社，2000 年
　　10 月。

《宗教比较与对话》（第二辑），社会科学文献出版社，2000 年 10 月。

《宗教比较与对话》（第一辑），社会科学文献出版社，2000 年 1 月。

《宗教：关切世界和平》，共同主编，宗教文化出版社，2000 年 8 月。

《基督宗教研究》（第一辑），共同主编，社会科学文献出版社，1999 年
　　12 月。

《本色之探：20 世纪中国基督教文化学术论集》，共同主编，中国广播电视
　　出版社，1999 年 4 月。

《基督教文化面面观》，齐鲁书社，1991 年 10 月。

三　参与合著

《当代基督新教》，于可主编，东方出版社，1993 年 7 月，第 24—90 页。

《基督教词典》，文庸等主编，商务印书馆，2005 年 2 月。

《当代世界民族宗教》，李德洙、叶小文主编，中共中央党校出版社，2003
　　年 12 月，第 117—126 页。

《现阶段我国民族与宗教问题研究》，中央党校课题组编，宗教文化出版
　　社，2002 年 9 月，第 34—65 页。

《当代新兴宗教》，戴康生主编，东方出版社，1999 年 12 月，第 279—
　　292 页。

《宗教大辞典》（分科主编），任继愈主编，上海辞书出版社，1998 年
　　8 月。

《简明华夏百科全书》（"宗教学"分科主编），华夏出版社，1998 年。

《简明中国大百科全书》，中国大百科全书出版社，1997 年。

四 论文

"全球化"的宗教与政教关系，高师宁，杨凤岗主编《从书斋到田野：宗教社会科学高峰论坛论文集》（上卷·书斋篇），中国社会科学出版社，2010 年，第 115—126 页。

从中国社会和谐发展看基督宗教与儒家精神，《世界宗教文化》2010 年第 1 期，第 1—6 页。

"全球化"与当代中国宗教，《当代中国史研究》2009 年 6 期，第 94—100 页。

"汉语神学"之我见，何光沪、杨熙楠编：《汉语神学读本》（上册），香港道风书社，2009 年，第 339—346 页。

庞迪我在中国的文化"适应"及"融入"之探，《明清时期的中国与西班牙国际学术研讨会论文集》，澳门理工学院出版，2009 年 10 月，第 9—15 页。

关于中国宗教现状及其发展的一些思考，《民族宗教研究动态》2009 年第 19 期，第 11—27 页。

中国基督教研究 30 年，《30 年回顾与评析》，社会科学文献出版社，2009 年 9 月，第 195—228 页。

Il pensiero filosofico occidentale e cinese nel Novecento（20 世纪中西方哲学思想），*Chiesa a Cina nel Novecento*，2009 eum edizioni universita di macerate，S. 49 – 60。

马克思主义宗教观的方法论探究，《论马克思主义宗教观》，社会科学文献出版社，2009 年 10 月，第 3—9 页。

"本土化"：基督教在中国的发展之途，《中国民族报》2009 年 9 月 1 日，第 6 版。

基督教与当代中国社会的关联，《基督宗教社会学说及社会责任》，宗教文化社，2009 年 5 月，第 3—12 页。

"全球化"的宗教与当代中国，《中国宗教》2009 年第 4 期，第 22—26 页。

论"政教关系"——"全球化"的宗教与当代中国,《宗风》己丑,春之卷,宗教文化出版社,2009 年 3 月,第 32—55 页。

宗教与哲学断想,《华侨大学学报》2009 年第 1 期,第 1—5 页。

金融危机与宗教发展,《中国宗教报告(2009)》,社会科学文献出版社,2009 年 6 月,第 23—34 页。

金融危机下的信仰重建,《绿叶》2009 年第 2 期,第 38—42 页。

Religionen und interreligiöser Dialog in China(中国宗教与宗教之间的对话),Wolfram Weiße(Hg.):*Theologie im Plural*,*eine akademische Herausforderung*,WAXMANN,Münster 2009,S. 21 – 32。

海外华人的文化认同与政治认同,《中国民族报》2008 年 12 月 30 日,第 7 版。

公共生活中的神圣之维——当代中国的宗教理解,《宗教价值与公共领域:公共宗教的中西文化对话》,中国社会科学出版社,2008 年 12 月,第 304—316 页。

中国基督教"爱的神学"及其社会关怀,《中国民族报》2008 年 12 月 5 日,第 14 版。

中国宗教的当代走向,《学术月刊》2008 年第 10 期,第 5—9 页。

"全球化"时代的中国政教关系,《民族宗教研究动态》第 14、15 期,2008 年 9 月,第 27—36 页。

和谐之音,始于对话,陈声柏主编:《宗教对话与和谐社会》,中国社会科学出版社,2008 年 8 月,第 1—11 页。

《基督教与中国文化》导读,吴雷川:《基督教与中国文化》,上海古籍出版社,2008 年 7 月,第 1—38 页。

学术神学:中国当代基督教研究的一种新思路,金泽、邱永辉主编:《中国宗教报告(2008)》,社会科学文献出版社,2008 年 7 月,第 130—156 页。

当代中国宗教研究:问题与思路,金泽、邱永辉主编:《中国宗教报告(2008)》,社会科学文献出版社,2008 年 7 月,第 1—15 页。

基督教思想文化及其对中国的影响,《名家谈哲学》,人民出版社,2008 年 6 月,第 206—242 页。

教堂建筑艺术漫谈,《中国宗教》2008 年第 3 期,第 45—47 页。

当代中国基督宗教神学发展趋势,卓新平主编:《当代中国宗教研究精选
　　丛书·基督教卷》,民族出版社,2008 年 1 月,第 3—24 页。

宗教学的"人学"走向,王建新、刘昭瑞编:《地域社会与信仰习俗——
　　立足田野的人类学研究》,中山大学出版社,2007 年 12 月,第 2—
　　9 页。

Die Rolle der religiösen Ethik im spirituellen Leben der Chinesen(宗教伦理在
　　中国人精神生活中的作用),*Ökumenische Rundschau*,Oktober 2007,
　　56. Jahrgang. Heft 4,Verlag Otto Lembeck,Frankfurt am Main,S.
　　458 – 469。

Religious Studies and Cultural Exchanges in the Context of Globalization(全球
　　化处境中的宗教研究与文化交流),余国良编著:《拆毁了中间隔断的
　　墙:中美基督教交流十五年回顾与思考》,宗教文化出版社,2007 年
　　11 月,第 371—380 页。

全球化处境中的宗教研究与文化交流,余国良编著:《拆毁了中间隔断的
　　墙:中美基督教交流十五年回顾与思考》,宗教文化出版社,2007 年
　　11 月,第 364—370 页。

当代中国社会变迁与宗教重构,《民族宗教研究动态》2007 年第 4 期,中
　　国统战理论研究会民族宗教理论甘肃研究基地秘书处,2007 年 9 月,
　　第 14—15 页。

沙勿略:天主教远东传教和与东方文化对话的奠基者,《文化与宗教的碰
　　撞——纪念圣方济各·沙勿略诞辰 500 周年国际学术研讨会论文集》,
　　澳门理工学院出版,2007 年 10 月,第 15—26 页。

马克思主义关于宗教社会作用的论述及其当代意义,《马克思主义研究论
　　丛,宗教观研究》,中央编译出版社,2007 年 9 月,第 35—47 页。

马克思主义理论体系的"宗教"理解,《中国社会科学院马克思主义研究
　　论丛》下册,社会科学文献出版社,2007 年 5 月,第 624—631 页。

基督教音乐在中国的传播,《中国宗教》,2007 年第 8 期,第 32—34 页。

宗教在当代中国的定位与发展,《当代中国民族宗教问题研究》第 2 集,
　　甘肃民族出版社,2007 年 8 月,第 15—23 页。

基督教与中美关系,《宗教与美国社会》第四辑（下）, 时事出版社, 2007
年 6 月, 第 455—471 页。

《道德经》对宗教和谐的贡献——《道德经》与《圣经》比较初探,《和
谐世界　以道相通》（上）, 宗教文化出版社, 2007 年 4 月, 第 129—
134 页。

基督教信仰与中西文化,《天风》2007 年 2 期, 第 34—37 页。

The Role of Christianity in the Construction of a Harmonious Society Today（基
督教在当今构建和谐社会中的作用）Michael Nai-Chiu Poon ed.：*Pil-
grims and Citizens*：*Christian Social Engagement in East Asia Today*, ATF
Press, Adelaide 2006, pp. 197 – 199。

The Christian Contribution to China in History（基督教在历史上对中国的贡
献）Michael Nai-Chiu Poon（ed.）, *Pilgrims and Citizens*：*Christian So-
cial Engagement in East Asia Today*, ATF Press, Adelaide, Australia,
2006, pp. 157 – 167。

民族主义、爱国主义与宗教信仰在中国,《当代中国民族宗教问题研究》
（第一集）, 甘肃人民出版社, 2006 年 9 月, 第 1—10 页。

The Significance of Christianity for the Modernization of Chinese Society（基督
教对中国社会现代化的意义）Yang Huilin and Daniel H. N. Yeung
（ed.）, *Sino-Christian Studies in China*, Cambridge Scholars Press, New-
castle, UK, 2006, pp. 252 – 264。

Chinese Academic Community：On the Relationship Between Science and Reli-
gion（中国学术界论科学与宗教的关系）, Chan, Tak-Kwong, Tsai, Yi-
Jia and Frank Budenholzer（ed.）, *Religion and Science in the Context of
Chinese Culture*, ATF Press, Adelaide, Australia, 2006, pp. 143 – 160。

Life Theology and Spiritual Theology in East-Asian Encounters（东亚相遇中的
生命神学与灵修神学）*Quest*, Vol. 4, No. 2, November 2005,
pp. 75 – 91。

基督宗教与中国现代化,《宗教比较与对话》（第六辑）, 社会科学文献出
版社, 2005 年, 第 49—55 页。

当代基督宗教各派对话,《宗教比较与对话》（第六辑）, 社会科学文献出

版社，2005年，第83—123页。

"生"之精神：中国宗教中的生命意义及生存智慧，《宗教比较与对话》
（第六辑），社会科学文献出版社，2005年，第171—178页。

当代中国人对宗教与文化的理解，《信仰之间的重要相遇》，宗教文化出版
社，2005年，第23—34页。

Religion and Culture in the Understanding of Contemporary Chinese，《信仰之间
的重要相遇》，宗教文化出版社，2005年，第353—366页。

复杂的历史，当前的警醒——读《台湾基督教史》，《世界宗教文化》2005
年1期，第59—60页。

现代社会中宗教对话的困境与希望，《世界宗教研究》2004年增刊，第
54—62页；《中国宗教》2005年第1期，第13—15页。

当代宗教研究中对"人"的关注，《宗教比较与对话》（第五辑），社会科
学文献出版社，2004年，第235—243页。

宗教学术研究对宗教理解的贡献，《宗教比较与对话》（第五辑），社会科
学文献出版社，2004年，第1—38页。

融贯神学：一种结合基督教与中国文化的尝试，《中国宗教学》（II）2004
年，第283—290页。

世界宗教中的人文精神，《中国宗教学》（II）2004年，第4—29页。

宗教研究是一门"谋心"和"谋事"之学，《中国民族报》2004年9月3
日，第3版。

基督教哲学与西方宗教精神，《基督教思想评论》第一辑，上海人民出版
社，2004年，第3—23页。

道德意识与宗教精神，《基督教学术》第二辑，上海古籍出版社，2004年，
第16—22页。

宗教对社会的作用，《部级领导干部历史文化讲座》，国家图书馆编，北京
图书馆出版社，2004年9月，第45—89页。

Research on Religions in the People's Republic of China，*Social Compass*
Vol. 50，No. 4，Dec. 2003，Oxford，（中华人民共和国的宗教研究）
pp. 441 – 448。

中国教会与中国社会，《基督宗教与当代社会》，宗教文化出版社，2003年

8 月，第 247—253 页。

讲透 "社会主义的宗教论" 需要新思想，《宗教工作的理论与实践》，宗教文化出版社，2003 年 6 月，第 412—415 页。

宗教与人类社会，《宗教比较与对话》（第四辑），社会科学文献出版社，2003 年，第 1—34 页。

基督宗教与欧洲浪漫主义（上），《国外社会科学》2003 年第 5 期，第 2—6 页。

基督宗教与欧洲浪漫主义（下），《国外社会科学》2003 年第 6 期，第 6—11 页。

廿世纪中国学者的基督宗教研究及其对未来的影响，《基督教与中国社会文化》，香港中文大学出版社，2003 年，第 3—15 页。

Die Welt des Geistes und ein Leben im Geist（精神世界与精神生活），*Christentum, Chinesisch in Theorie und Praxis*，Nr. 9，EMW，Hamburg，2003，S. 85 – 93。

问题似路，《博览群书》2003 年第 2 期，第 5—7 页。

全球化与宗教问题，《大学演讲录》第 2 辑，新世纪出版社，2003 年，第 33—46 页。

开创 21 世纪中国宗教学的新局面，《中国宗教学》（Ⅰ）2003 年，第 1—9 页。

全球化与当代宗教，《世界宗教研究》2002 年第 3 期，第 1—15 页。

中国宗教学研究的现状与未来——宗教学研究四人谈（合著），《中国人民大学学报》2002 年第 4 期，第 9—21 页。

社会处境与神学建设，《中国宗教》2002 年第 4 期，第 42 页。

当代西方基督宗教思想研究，《国外社会科学》2002 年第 1 期，第 21—28 页。

西方宗教学与中国当代学术发展，《江苏社会科学》2002 年第 3 期，第 85—87 页。

中国知识界对宗教与科学关系之论，泰德・彼得斯、江丕盛、格蒙・本纳德编：《桥：科学与宗教》，中国社会科学出版社，2002 年 5 月，第 230—245 页。

精神世界与精神文明建设,《中国先进文化的理论探索与实践》, 学习出版
　　社, 2002 年, 第 216—223 页。

全球化进程与世界宗教,《学习时报》2002 年 3 月 11 日, 第 5 版。

走向 21 世纪的基督教——机遇与挑战,《基督宗教研究》(第三辑), 宗教
　　文化出版社, 2001 年, 第 1—5 页。

精神世界与精神生活,《宗教比较与对话》(第三辑), 社会科学文献出版
　　社, 2001 年, 第 1—12 页。

马礼逊汉学研习对基督新教在华发展的影响, 萧卓芬编:《中澳情牵 400
　　年》, 澳门 2001 年, 第 105—129 页。

基督教思想的普世性与处境化, 罗秉祥、江丕盛主编:《基督教思想与 21
　　世纪》, 中国社会科学出版社, 2001 年, 第 26—42 页。

云南旅游业与民族宗教工作,《世界宗教研究》2001 年第 4 期, 第 151—
　　155 页。

基督宗教四次来华的历史命运,《中国宗教》2001 年第 4 期, 第 46—
　　47 页。

宗教在当代中国应有的自我意识和形象,《中国宗教》2001 年第 2 期, 第
　　37—38 页。

"中国当代基督宗教研究" 学术研讨会综述,《中国宗教研究年鉴 1999—
　　2000》, 宗教文化出版社, 2001 年, 第 413—417 页。

Discussion on "Cultural Christians" in China (中国关于 "文化基督徒" 的
　　讨论), *China and Christianity*, Stephen Uhalley Jr. and Xiaoxin Wu ed.
　　M. E. Sharp Armonk, New York 2001, pp. 283 – 300。

基督教伦理与中国伦理的重建, 许志伟、赵敦华主编:《冲突与互补: 基
　　督教哲学在中国》, 社会科学文献出版社, 2000 年, 第 152—172 页。

Kontext der Christlichen Entwicklung in China (中国基督教发展的处境), *Die
　　Welt des Mysteriums*, Klaus Krämer und Ansgar Paus hg. Herder, Freiburg
　　2000, S. 465 – 470。

Das Religionsverständnis im heutigen China (今日中国宗教理解), *Christsein
　　in China*, Monika Gänssbauer hg. Hamburg 2000, S. 82 – 97。

基督教神学与哲学研究百年之路,《中国宗教研究年鉴 (1997—1998)》,

宗教文化出版社，2000 年，第 432—444 页。

中国基督宗教的现代意义，《世界宗教文化》2000 年第 1 期，第 49—
51 页。

宗教对话的时代——世界宗教百年回眸，《中国宗教》2000 年第 4 期，第
32—33 页。

化解冲突——宗教领袖对人类和平的新贡献，《中国宗教》2000 年第 6 期，
第 24—25 页。

中国基督宗教研究的现代处境，《基督宗教研究》（第二辑），社会科学文
献出版社，2000 年，第 260—268 页。

对话以求理解，《宗教比较与对话》（第二辑），社会科学文献出版社，
2000 年，第 1—6 页。

民族主义、爱国主义与宗教信仰在中国，《宗教比较与对话》（第二辑），
社会科学文献出版社，2000 年（甘肃人民出版社，2006 年），第 90—
99 页。

基督宗教在中国的文化处境，《宗教比较与对话》（第二辑），社会科学出
版社，2000 年，第 100—116 页。

对话作为共在之智慧，《宗教比较与对话》（第一辑），社会科学文献出版
社，2000 年，第 1—10 页。

中国基督宗教与中国现代社会，《宗教比较与对话》（第一辑），社会科学
文献出版社，2000 年，第 84—95 页。

中国传统伦理与世界伦理的关系，《宗教比较与对话》（第一辑），社会科
学文献出版社，2000 年，第 169—179 页。

中西天人关系与人之关切，《基督教文化学刊》1999 年第 1 辑，东方出版
社，1999 年 4 月，第 35—53 页。

20 世纪中国宗教研究的历史回顾，《欧美同学会会刊》1999 年第 1 期，第
45—47 页。

揭露愚昧迷信，保护宗教信仰，《世界宗教研究》1999 年第 3 期，第 1—
4 页。

中国神学建设的沉思——读《丁光训文集》，《中国宗教》1999 年第 1 期，
第 60 页。

中国宗教研究百年历程，《中国宗教》1999 年第 2 期，第 50—51 页。

中国基督教与中国现代社会，《世界宗教文化》1999 年第 3 期，第 28—31 页。

当代中国基督宗教研究，《基督宗教研究》（第一辑），社会科学文献出版社，1999 年，第 1—14 页。

论基督宗教的谦卑精神，《基督宗教研究》（第一辑），社会科学文献出版社，1999 年，第 145—160 页。

赵紫宸：《基督宗教研究》（第一辑），社会科学文献出版社，1999 年，第 196—230 页。

Religion and Morality in Contemporary China（当代中国宗教与道德），*China Study Journal* Vol. 14，No. 3，December 1999，London，pp. 5 – 9。

索隐派与中西文化认同，《道风汉语神学学刊》第八期，香港，1998 年春，第 145—171 页。

赵紫宸与中西神学之结合，《世界宗教研究》1998 年第 1 期，第 128—132 页。

当代中国知识分子对基督教的理解，《维真学刊》1998 年第 1 期，第 26—38 页。

基督教研究概说，《中国宗教研究年鉴（1996）》，中国社会科学出版社，1998 年，第 279—283 页。

Dialog als Weisheit der Koexistenz（对话作为共在的智慧），*An-Denken Festgabe für Eugen Biser*，Erwin Möde，Felix Unger，Karl Matthäus Woschitz hg.，Verlag Styria，1998，S. 231 – 237。

Die Bedeutung des Christentums für Chinas Modernisierung（基督教对中国现代化的意义），*Christentum im Reich der Mitte*，Monika Gänssbauer hg.，EMW，Hamburg，1998，S. 78 – 86。

The Significance of Christianity for the Modernization of Chinese Society（基督教对于中国社会现代化的意义），*CRUX*，March 1997，Vol. XXXIII，No. I，pp. 31 – 39。

当代宗教问题之思，《当代宗教研究》1997 年第 2 期，第 10—17 页。

后现代思潮与神学回应，《中国社会科学院研究生院学报》1997 年第 3 期，第 38—45 页。

中国知识分子与基督教,《建道学刊》1997 年第 7 期,香港,第 179—189 页。

基督教与中国文化的双向契合,《世界宗教文化》1997 年夏季号（总第 10 期）,第 8—12 页。

欧洲基督教新动向,《世界宗教文化》1997 年冬季号（总第 12 期）,第 36—37 页。

新福音派神学刍议,《世界宗教研究》1997 年第 4 期,第 19—27 页。

基督教文化概览,《中国宗教》1996 年秋（第三期）,第 29—32 页。

回应 "社会变迁与香港、澳门天主教会的社会服务事业",张家兴主编：《社会变迁与教会回应交流会论文集》,香港公教教研中心有限公司,1996 年 10 月,第 230—231 页。

教会的社会服务事业：机会与局限,《社会变迁与教会回应交流会论文集》,1996 年 10 月,第 271—278 页。

Die Entwicklung des Religionsverständnisses in China seit Beginn der achtziger Jahre（八十年代以来中国宗教理解的发展）, *China Heute*, XV 1996, No. 4, S. 115 – 120。

Das Christentum und die Chinesische Kultur（基督教与中国文化）, *Wege der Theologie an der Schwelle zum dritten Jahrtausend*, *Festschrift für Hans Waldenfels zur Vollzendung des 65. Lebensjahres*, Günter Risse, Heino Sonnemans, Burkhard Thess hg., Bonifatius, Paderborn, 1996, S. 751 – 759。

The Concept of Original Sin in the Cultural Encounter Between East and West（东西方文化相遇中的原罪观念）, *Christianity and Modernization*, Philip L. Wickeri, Lois Cole, ed., DAGA Press, Hong Kong, 1995, pp. 91 – 100。

The renewal of religion in the modernization of Chinese society（中国社会现代化中的宗教复兴）, *Religion and Modernization in China*, *Proceedings of the Regional Conference of the International Association for the History of Religions held in Beijing*, *China*, April 1992, Dai Kangsheng, Zhang Xinying, Michael Pye ed., Published for the International Association for the

History of Religions, Roots and Brabches, Cambridge, England, 1995, pp. 45 – 51。

宗教与文化关系刍议,《世界宗教文化》1995 年春（总第 1 期）,第 10—12 页。

中西文化交流中的基督教原罪观,《世界宗教研究》1995 年第 2 期,第 74—78 页。

当代西方宗教,《中国宗教》1995 年秋（第 2 期）,第 49—50 页。

十字架的象征意义,《中国宗教》1995 年冬（第 3 期）,第 49 页。

基督教与中国社会现代化的意义,《维真学刊》1995 年第 3 期,第 32—40 页。

Religion und Kultur aus chinesischer Sicht（从中国的视野看宗教与文化）, *Dialog der Religionen*, 1994, Nr. 2, Michael von Brück hg. , Kaiser Verlag, 1994, S. 193 – 202。

Original Sin in the East-West Dialogue—A Chinese View（东西方对话中的原罪观——一种中国观点）, *China Study Journal*, Vol. 9, No. 3, December 1994, pp. 11—15。

中国宗教更新与社会现代化,《维真学刊》1994 年第 1 期,第 2—7 页。

改革开放与精神文明建设,《北京青年论坛》1994 年第 1 期,第 7—9 页。

展开多层次的宗教探究,《世界宗教资料》1994 年第 2 期,第 47—49 页。

宗教文化与精神文明建设,《中国社会科学》1994 年第 3 期,第 21—23 页。

三教圣地——耶路撒冷,《世界宗教资料》1994 年第 4 期,第 37—43 页。

Der kulturelle Wert der Religion im Verständnis der Chinesen in der Gegenwart（当代中国人对宗教文化价值的理解）, *Grundwerte menschlichen Verhaltens in den Religionen*, Horst Bürkle hg. , Peter Lang Verlag, Frankfurt am Main, 1993, S. 179 – 186。

Reflections on the Question of Religion Today（今日中国宗教问题之思）, *China Study Journal*, Vol. 8, No. 2, August 1993, London, pp. 4 – 15。

überlegungen zur Frage der Religion heute（关于今日宗教问题的思考）, *China Heute*, Jahrgang XII, 1993, Nr. 6（70）, S. 172 – 180。

欧洲宗教哲学纵览（一），《世界宗教资料》1993 年第 2 期，第 30—37 页。

欧洲宗教哲学纵览（二），《世界宗教资料》1993 年第 3 期，第 40—47 页。

西方的"新时代"运动与宗教复兴，《世界宗教资料》1992 年第 1 期，第 1—7 页。

社会科学与现代化，《群言》1992 年第 10 期，第 13—15 页。

基督教：欧洲发展的一面镜子，《世界知识》1992 年第 24 期（总 1117 期），第 10—11 页。

西方宗教社会学研究概况，《世界宗教资料》1991 年第 1 期，第 1—7、36 页。

范·得·列欧传略，《世界宗教资料》1991 年第 2 期，第 46—47、54 页。

莱因霍尔德·尼布尔，《永恒与现实之间》，傅伟勋主编，台湾正中书局，1991 年 3 月，第 216—239 页。

西方宗教学的历史与现状，《世界宗教研究》1990 年第 3 期，第 139—145 页。

西方传教士与中国古代文化，《世界宗教资料》1990 年第 3 期，第 1—7 页。

论利特的生命哲学和教育哲学，《德国哲学》1990 年第 8 期，北京大学出版社，第 140—150、283—284 页。

Religion im heutigen China——Ein Interview mit Dr. Xinping Zhuo（与卓新平博士谈今日中国宗教），*Der geteilte Mantel*, Nr. 1, 1989, S. 16 – 18。

笛卡儿与近现代西方哲学的反思——兼论西方宗教观的发展，《中国社会科学院研究生院学报》1989 年第 3 期，第 37—44 页。

Theorien über Religion im heutigen China（关于今日中国宗教的理论），*China Heute*, Nr. 5, 1988, S. 72 – 80。

论朋谓斐尔的"非宗教性解释"，《世界宗教研究》1988 年第 1 期，第 60—69 页。

论西方宗教学研究的主体、方法与目的，《中国社会科学院研究生院学报》1988 年第 4 期，第 50—55 页。

宗教现象学的历史发展，《世界宗教资料》1988 年第 3 期，第 11—18 页。

略论西方思想界对宗教的理解，《世界宗教研究》1988 年第 4 期，第 51—

57 页。

西方宗教学的起源与形成，《世界宗教资料》1987 年第 4 期，第 1—6 页。

"世俗神学"思想家——迪特里希·朋谔斐尔，《世界宗教资料》1984 年
第 1 期，第 58—61 页。

基督复临派，《世界宗教资料》1983 年第 1 期，第 52—54 页。

近现代欧洲基督教思想的发展，《世界宗教资料》1983 年第 2 期，第 53—
58 页。

《圣经》是怎样一部书，《环球》1982 年第 10 期，第 24—26 页。

"危机神学"的著名代表——卡尔·巴特，《世界宗教资料》1982 年第 2
期，第 48—51 页。

现代美国新教神学的派别，《世界宗教资料》1982 年第 2 期，第 6—12 页。

五 其他文章

开创乌托邦传奇，《竞争力》2010 年第 1 期，第 91 页。

马基雅维里：奠立政治哲学，《竞争力》2009 年第 12 期，第 75 页。

伊拉斯谟：人文主义兴起，《竞争力》2009 年第 11 期，第 75 页。

网民：徜徉在孤寂与公共空间，香港《时代论坛》第 1140 期，第 13 版，
2009 年 7 月 5 日。

这个社会不要都是"快"，香港《时代论坛》第 1133 期，第 13 版，2009
年 5 月 17 日。

宗教回归社会关爱，香港《时代论坛》第 1125 期，第 12 版，2009 年 3 月
22 日。

哥白尼：颠覆"地球中心论"，《竞争力》2009 年第 10 期，第 75 页。

库萨的尼古拉：有学识的无知，《竞争力》2009 年第 9 期，第 75 页。

奥卡姆：经院哲学的"剃刀"，《竞争力》2009 年第 8 期，第 75 页。

邓斯·司各脱：形而上学的沉思，《竞争力》2009 年第 7 期，第 75 页。

但丁：对神学的"诗化"，《竞争力》2009 年第 6 期，第 75 页。

爱克哈特：找寻神秘之光，《竞争力》2009 年第 5 期，第 75 页。

托马斯·阿奎那：攀援经院哲学的顶峰，《竞争力》2009 年第 4 期，第
75 页。

波拿文都拉：心向神圣之旅，《竞争力》2009 年第 3 期，第 75 页。

亨利·根特：集成与求新，《竞争力》2009 年第 2 期，第 75 页。

哈勒斯的亚历山大：修行与治学，《竞争力》2009 年第 1 期，第 75 页。

纪念中国宗教学体系的开创者任继愈先生，《中国宗教》2009 年第 8 期，
　　第 26—27 页。

以马克思主义的基本立场看待当代中国的宗教问题，《中国社会科学报》
　　2009 年 8 月 11 日，第 5 版。

改革开放三十年来的宗教学研究，《中国宗教》2008 年第 10 期，第 39—
　　40 页。

抓住机遇，推动宗教研究的创新发展，《中国宗教》2008 年第 1 期，第
　　32 页。

全面贯彻党的宗教工作基本方针，《中国社会科学院院报》2008 年 1 月 17
　　日，第 1 版。

大阿尔伯特：德国哲学之始，《竞争力》2008 年第 12 期，第 75 页。

罗吉尔·培根：奇异博士，《竞争力》2008 年第 11 期，第 75 页。

格罗斯特：光之形而上学，《竞争力》2008 年第 10 期，第 71 页。

雨格：科学分类的尝试，《竞争力》2008 年第 9 期，第 69 页。

索尔兹伯里的约翰，《竞争力》2008 年第 8 期，第 75 页。

明谷的伯尔纳：爱与治疗，《竞争力》2008 年第 7 期，第 69 页。

阿伯拉尔：精神与情感，《竞争力》2008 年第 6 期，第 67 页。

安瑟伦：信仰与理性，《竞争力》2008 年第 5 期，第 69 页。

埃里金纳：机敏与神秘，《竞争力》2008 年第 4 期，第 66 页。

鲍埃蒂：苦难与慰藉，《竞争力》2008 年第 3 期，第 69 页。

奥古斯丁：悔过与创新，《竞争力》2008 年第 2 期，第 71 页。

奥利金：会通两希文明，《竞争力》2008 年第 1 期，第 67 页。

德尔图良：荒谬与信仰，《竞争力》2007 年第 12 期，第 67 页。

普罗提诺：充盈与流溢，《竞争力》2007 年第 11 期，第 67 页。

塞涅卡：回返心中的"天国"，《竞争力》2007 年第 10 期，第 67 页。

西塞罗：关注神圣，《竞争力》2007 年第 9 期，第 67 页。

亚里士多德：超然之探与形而上学，《竞争力》2007 年第 8 期，第 69 页。

柏拉图：对话与学园，《竞争力》2007 年第 7 期，第 69 页。

数与哲学，《竞争力》2007 年第 6 期，第 67 页。

爱智精神，《竞争力》2007 年第 5 期，第 71 页。

"契约"精神及其律法构建，《竞争力》2007 年第 3—4 期，第 153 页。

"神秘"精神及其超凡体验，《竞争力》2007 年第 3—4 期，第 152 页。

"禁欲"精神，《竞争力》2007 年第 2 期，第 78 页。

"拯救"精神，《竞争力》2007 年第 1 期，第 73 页。

"先知"精神及其未来洞见，《竞争力》2006 年第 12 期，第 73 页。

"超越"精神及终极关怀，《竞争力》2006 年第 11 期，第 74 页。

"普世"精神及全球观念，《竞争力》2006 年第 10 期，第 72 页。

"谦卑"精神，《竞争力》2006 年第 9 期，第 67 页。

精神与社会："爱"之蕴涵，《竞争力》2006 年第 8 期，第 71—72 页。

精神上的温暖，《神州学人》2002 年第 5 期，第 11 页。

哲学家之路，《神州学人》1998 年第 10 期。

重访慕尼黑，《神州学人》1998 年第 6 期。

人文精神的弘扬，《神州学人》1997 年第 8 期。

香港印象，《神州学人》1997 年第 7 期。

中国智慧之断想，《神州学人》1997 年第 4 期。

呼唤社会沟通，《神州学人》1996 年第 10 期。

选择与定位，《神州学人》1996 年第 8 期。

处境与心境，《神州学人》1996 年第 6 期。

德国慕尼黑大学汉学院，《中国之友》1995 年第 5 期，第 55 页。

归国创业过三关，《神州学人》1994 年第 2 期，第 24—25 页。

精神之探的忧思与期盼，《群言》1994 年第 3 期，第 26—27 页。

成功不必得意，失败不必丧气，《追求奏鸣曲》，中国友谊出版公司，1992
　　年，第 57—60 页。

中青年学者谈改革开放，《群言》1992 年第 9 期，第 10 页。

现实人生觅真情，《神州学人》1992 年第 2 期，第 33—34 页。

在学海中遨游，《群言》1991 年第 3 期，第 35 页。

认识历史、认识国情、认识现实，《神州学人》1990 年第 3 期，第 9 页。

图书馆里的乐趣,《人民日报》(海外版),1988 年 6 月 7 日,第 4 版。

六 主编丛书

"剑桥圣经注疏集"(译丛):华东师范大学出版社

 (1)《出埃及记》释义,米耶斯著,田海华译,2009 年 1 月。

"世界宗教研究丛书":社会科学文献出版社

 (1)宗教之和 和之宗教——中国宗教之和谐刍议,韩秉芳等著,2009 年 11 月。

 (2)徐梵澄传,孙波著,2009 年 10 月。

"世界宗教研究译丛":中国社会科学出版社

 (1)多元主义中的教会,卫弥夏著,瞿旭彤译,2010 年 1 月。

 (2)宗教的科学研究,上下册,英格著,金泽等译,2009 年 6 月。

 (3)奥古斯丁《上帝之城》中的社会生活神学,罗明嘉著,张晓梅译,2008 年 11 月。

 (4)道德自我性的基础:阿奎那论神圣的善及诸美德之间的联系,德洛里奥著,刘玮译,2008 年 11 月。

"基督宗教与公共价值丛书"(共同):中国社会科学出版社

 (1)科学与宗教对话在中国,江丕盛等编,2008 年 12 月。

 (2)宗教价值与公共领域:公共宗教的中西文化对话,江丕盛等编,2008 年 12 月。

"当代基督宗教研究丛书":上海三联书店

 (1)当代基督宗教教会发展,卓新平著,2007 年 1 月。

 (2)当代亚非拉美神学,卓新平著,2007 年 1 月。

 (3)当代西方新教神学,卓新平著,2006 年 12 月。

 (4)当代西方天主教神学,卓新平著,2006 年 12 月。

 (5)当代东正教神学思想,张百春著,2006 年 12 月。

 (6)当代基督宗教社会关怀,王美秀著,2006 年 12 月。

"当代基督宗教译丛":上海三联书店

 (1)基督教导论,拉辛格著,静也译,雷立柏校,2002 年 6 月。

 (2)日本神学史,古屋安雄等著,陆水若、刘国鹏译,卓新平校,2002

年 6 月。

（3）基督宗教伦理学（第一、二卷），白舍客著，静也、常宏等著，雷立柏校，2002 年 6 月。

"宗教研究辞典丛书"：宗教文化出版社

（1）拉 – 英 – 德 – 汉　法律格言辞典，雷立柏编，2008 年 8 月。

（2）古希腊罗马及教父时期名著名言辞典，雷立柏编，2007 年 10 月。

（3）基督教圣经与神学词典，卢龙光主编，2007 年 5 月。

（4）汉语神学术语辞典，雷立柏编，2007 年 2 月。

（5）拉丁成语辞典，雷立柏编，2006 年 4 月。

（6）基督宗教知识辞典，雷立柏编，2003 年 11 月。

"宗教与思想丛书"：社会科学文献出版社

（1）"全球化"的宗教与当代中国，卓新平著，2008 年 12 月。

（2）诗人的神学，李枫著，2008 年 12 月。

（3）早期基督教的演变及多元传统，章雪富、石敏敏著，2003 年 10 月。

（4）古希腊罗马与基督宗教，雷立柏著，2002 年 7 月。

（5）超越东西方，吴经熊著，周伟驰译，2002 年 7 月。

（6）记忆与光照——奥古斯丁神哲学研究，周伟驰著，2001 年 4 月。

（7）论基督之大与小，雷立柏著，2000 年 11 月。

（8）张衡，科学与宗教，雷立柏著，2000 年 11 月。

（9）基督教在中古欧洲的贡献，杨昌栋著，2000 年 10 月。

（10）基督宗教论，卓新平著，2000 年 9 月。

"基督教文化丛书"：宗教文化出版社

（1）汉语学术神学，黄保罗著，2008 年 8 月。

（2）公共神学与全球化：斯塔克豪思的基督教伦理研究，谢志斌著，2008 年 4 月。

（3）谢扶雅的宗教思想，唐晓峰著，2007 年 10 月。

（4）从《神圣》到《努秘》，朱东华著，2007 年 9 月。

（5）赵紫宸神学思想研究，唐晓峰著，2006 年 11 月。

（6）耶儒对话与融合，姚兴富著，2005 年 5 月。

（7）耶稣会简史，哈特曼著，谷裕译，2003 年 3 月。

（8）基督教文学，梁工主编，2001 年 1 月。

（9）基督教音乐，杨周怀著，2001 年 1 月。

（10）基督教的礼仪节日，康志杰著，2000 年 12 月。

（11）圣经与欧美作家作品，梁工主编，2000 年 11 月。

（12）圣经鉴赏，卓新平著，2000 年 11 月。

（13）圣经的语言和思想，雷立柏著，2000 年 10 月。